MANUAL DE AUDITORÍA DE ESTADOS FINANCIEROS EN NIIF

Aplicación práctica

Carlos Filgueira Ramos

Manual de Auditoría de Estados Financieros en NIIF
Aplicación práctica

Ediciones Universidad Alberto Hurtado
Alameda 1869 - Santiago de Chile
mgarciam@uahurtado.cl - 56-228897726 /16
www.uahurtado.cl

Impreso en Santiago de Chile
Julio 2020

ISBN libro impreso 978-956-357-231-5
ISBN libro digital 978-956-357-232-2

Impreso por C y C impresores

Este texto fue sometido al sistema de referato ciego

Coordinación Colección Economía y Negocios
Eduardo Abarzúa

Dirección editorial
Alejandra Stevenson Valdés

Editora ejecutiva
Beatriz García-Huidobro M.

Diseño y diagramación interior
Gloria Barrios A.

Diseño portada
Francisca Toral R.

Imagen de portada
123rf

AUSJAL
MIEMBRO DE LA
RED DE EDITORIALES UNIVERSITARIAS DE AUSJAL
www.ausjal.org

MANUAL DE AUDITORÍA DE ESTADOS FINANCIEROS EN NIIF

APLICACIÓN PRÁCTICA

Carlos Filgueira Ramos

uah/Ediciones
Universidad Alberto Hurtado

CONTENIDO

CAPÍTULO I
Introducción a la auditoría

CAPÍTULO II
Normas Internacionales de Auditoría

CAPÍTULO III
Papeles de trabajo y programas de auditoría

CAPÍTULO IV

Normas Internacionales de Contabilidad

CAPÍTULO V
Taller de auditoría

CAPÍTULO VI

Preguntas de auditoría con alternativa

CAPÍTULO VII

Respuestas preguntas de auditoría

CAPÍTULO VIII

Anexo plan de cuenta general en formato NIIF

CAPÍTULO I

Introducción a la auditoría

Normas Internacionales de Auditoría (NIA)

Las Normas Internacionales de Auditoría se deberán aplicar en las auditorías de los estados financieros. Las NIA contienen principios y procedimientos básicos y esenciales para el auditor. Estos deberán ser interpretados en el contexto de la aplicación en el momento de la auditoría.

Las NIA son emitidas por el IFAC, para desarrollar y emitir normas de auditoría. La emisión de estas normas ayuda a mejorar el grado de uniformidad de las prácticas de auditoría y servicios relacionados en todo el mundo.

Las NIA se estructuran de la siguiente manera:

- ✓ Introducción
- ✓ Objetivo
- ✓ Definiciones
- ✓ Requisitos
- ✓ Aplicación y otro material explicativo.

- Toda desviación de lo prescripto por estas normas debe ser justificada
- Solo deben ser aplicadas en cuestiones significativas
- No invalidan las regulaciones locales que rigen la auditoría en un país en particular
- Si las regulaciones difieren o se contradicen, las organizaciones miembros deben cumplir con sus obligaciones emanadas de la membresía.

Para comprender y aplicar los principios y procedimientos básicos y esenciales junto con los lineamientos relacionados, es necesario tener en cuenta todo el texto de la NIA, incluyendo el material explicativo.

NIA	Descripción
200 - 299	Objetivos globales del auditor independiente
300 - 499	Evaluación de riesgos y respuestas a los riesgos evaluados
500 - 599	Evidencia de auditoría
600 - 699	Utilización del trabajo de otros
700 - 799	Conclusiones informes de auditoría
800 - 899	Áreas especializadas
1000 - 1100	Notas internacionales de práctica de auditoría

La International Federation of Accountants (IFAC) y las normas de auditoría

Es una organización global para la profesión contable, que se encuentra fundada en 1977.

Sirve al interés público y fortalece la profesión contable al:

- ✓ Apoyar el desarrollo de normas internacionales de alta calidad
- ✓ Promocionar la adopción e implementación de normas de auditoría
- ✓ Fomentar la capacidad de organizaciones de profesión contable
- ✓ Manifestarse en problemas de interés público

Desarrolla un rol de liderazgo en la profesión contable a nivel mundial al servir al interés público, contribuye al funcionamiento de la economía internacional y expresa su postura sobre temas de interés público, en donde la experiencia en la práctica profesional juega un papel de gran importancia.

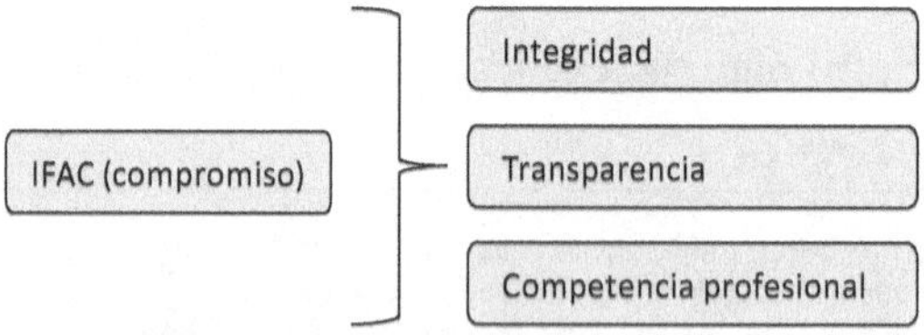

Es una organización internacional no gubernamental, sin fines de lucro ni políticos, con más de 175 miembros y entidades asociadas de 130 países, que representan a casi tres millones de contadores en ejercicio público, en el ámbito de los servicios del gobierno, la educación, la industria y el comercio.

Los miembros de la IFAC son organizaciones contables profesionales reconocidas por ley o consenso general en sus respectivos países como importantes organizaciones contables. La IFAC coordina y supervisa iniciativas a fin de lograr pronunciamientos internacionales para la profesión contable.

Todos los miembros deben adherirse a los objetivos y respaldar su trabajo. Las categorías de miembros son:

a) Miembro pleno
b) Asociado
c) Afiliado

La IFAC se encuentran a cargo de diez comités técnicos que colaboran y elaboran normas.

a) Consejo de Normas Internacionales de Auditoría y Aseguramiento (**IAASB**)	b) Consejo de Normas Internacionales de Ética para Contadores (**IESBA**)	c) Consejo de Normas Internacionales de Formación Contable (**IAESB**)	d) Consejo de Normas Internacionales de Contabilidad del Sector Público (**IPSASB**)
e) Comité de Contadores Profesionales en Empresas	f) Comité de Desarrollo de las Organizaciones Profesionales de Contabilidad	g) Panel Asesor de Cumplimiento	h) Comité de Auditores Transnacionales (**TAC**)
	i) Comité de Pequeñas y Medianas Firmas	j) Comité de Nominación	

a) **Consejo de Normas Internacionales de Auditoría y Aseguramiento** (IAASB) sirve al interés público al elaborar, de forma independiente y bajo su propia autoridad, Normas Internacionales de Auditoría y aseguramiento de alta calidad y facilitar la convergencia de las normas nacionales e internacionales de auditoría y aseguramiento.

b) **Ética (International Ethics Standards Board for Accountants, IESBA) tiene como objetivos:**

- ✓ Establecer normas y otras declaraciones de carácter ético de alta calidad para contadores profesionales, con el objetivo de proteger el interés público en la profesión contable.
- ✓ Promover buenas prácticas de carácter ético entre los organismos miembros de la IFAC y el público en general.

- ✓ Promover el debate internacional sobre las cuestiones éticas que se les plantean los contadores profesionales.

c) **Formación contable (International Accounting Education Standars Board, IAESB) tiene como objetivos:**
- ✓ Desarrollar normas internacionales de formación contable.
- ✓ Desarrollar otras directrices a fin de asistir a los organismos miembros y los formadores en el área contable a implementar y lograr las mejores prácticas en formación contable.

d) **Contabilidad del sector público (International Public Sector Accounting Standards Board, IPSASB):**
- ✓ Desarrollar normas de información financiera de alta calidad para el uso de entidades en el sector público en todo el mundo.

e) **Contadores profesionales en empresas (Professional Accountants in Business, PAIB):**
- ✓ Proporcionar lineamientos para abordar un amplio espectro de cuestiones profesionales.
- ✓ Alentar y respaldar el desempeño de alta calidad por parte de los contadores profesionales en empresas.
- ✓ Esforzarse por generar una conciencia y comprensión pública con respecto a la labor de estos.

f) **Comité de desarrollo de las organizaciones profesionales de contabilidad:**
- ✓ Respaldar la evolución de la profesión contable en las naciones en desarrollo, brindando asistencia para su participación en el proceso de elaboración de normas internacionales.
- ✓ Asegurar que otros consejos y comités de la IFAC consideren de manera apropiada las cuestiones relativas a la profesión en los países en desarrollo.

g) **Panel asesor de cumplimiento:**
- ✓ Evaluar la implementación a nivel nacional de los lineamientos internacionales; el funcionamiento del sistema de monitoreo y los procedimientos disciplinarios utilizados por los miembros a fin de asegurar su cumplimiento.

h) **Auditoría transnacional (Transnational Auditors Committee, TAC):**
   - ✓ Este comité ejecutivo del Foro de Firmas (Forum of Firms, FoF), está abierto para todas aquellas firmas que realizan auditorías transnacionales.
   - ✓ Los miembros deben adherirse a las Normas de Calidad del FoF y prestarse a una evaluación de pares a nivel global.

i) **Comité de Pequeñas y Medianas Empresas (PyME):**
   - ✓ Proporciona recursos y facilita el intercambio de conocimiento y prácticas recomendadas entre las SMP y otros contadores que trabajan en Pequeñas y Medianas Empresas (PyME).

j) **Comité de Nominación:**
   - ✓ Realiza las recomendaciones con respecto a la composición de los consejos y comités de la IFAC.

Marco conceptual de las Normas Internacionales de Auditoría

Por lo general, los estados financieros son preparados y presentados en forma anual, y se enfocan en las necesidades habituales de información de una amplia variedad de usuarios ("estados financieros con propósitos de información general"). Muchos usuarios confían en los estados financieros como su principal fuente de información, porque no cuentan con la posibilidad de obtener información adicional para cubrir sus necesidades específicas.

Todos los estados financieros deben ser presentados de acuerdo con las Normas Internacionales de Información Financiera Full o PyME.

En el desarrollo de una auditoría, el auditor proporciona un nivel alto, pero no absoluto de certeza acerca de que la información sujeta a auditoría se encuentra libre de errores significativos. Ello es expresado en forma positiva en el informe de auditoría como "certeza razonable".

Al formar su opinión de auditoría, el auditor obtiene evidencia de auditoría suficiente apropiada que le permitirá llegar a una conclusión para fundamentar su opinión.

El marco conceptual distingue la auditoría de servicios relacionados. Servicios relacionados comprenden revisiones, procedimientos convenidos y compilaciones. Los trabajos para realizar procedimientos convenidos y compilaciones no tienen la intención de hacer posible que el auditor exprese certeza.

	Auditoría	Servicios relacionados		
Naturaleza del servicio	Auditoría	Revisión	Procedimientos convenidos	Compilación
Nivel comparativo de certeza provisto por el auditor	Certeza alta, pero no absoluta	Certeza moderada	No certeza	No certeza
Informe que proporciona	Certeza positiva sobre aseveraciones	Certeza o seguridad negativa sobre aseveraciones	Descubrimientos actuales de procedimientos	Identificación de información compilada

Las NIA no son aplicables a los servicios no relacionados con la auditoría proporcionados por las firmas contables, tales como servicios impositivos, de consultoría, y asesoramiento financiero y contable.

Mientras que las revisiones proporcionan un nivel moderado de certeza (expresado como seguridad negativa), los procedimientos acordados y los trabajos de compilación no tienen como objetivo proporcionar aseguramiento.

Cuando no se proporciona aseguramiento, los usuarios deben evaluar los procedimientos y hallazgos informados y elaborar sus propias conclusiones.

Niveles de certeza

Se refiere a la satisfacción del auditor sobre la confiabilidad de una aseveración hecha por una de las partes para uso de otra de las partes. Para proporcionar tal certeza, el auditor pondera la evidencia obtenida como un resultado de los procedimientos aplicados y expresa una conclusión.

En un trabajo de auditoría, el auditor proporciona un nivel alto, pero no absoluto, de certeza de que la información sujeta a la auditoría está libre de representaciones erróneas sustanciales. Esto es expresado positivamente en el dictamen de auditoría como certeza razonable.

En un trabajo de revisión, el auditor proporciona un nivel moderado de certeza de que la información sujeta a revisión está libre de representaciones erróneas sustanciales. Esto es expresado en la forma de certeza negativa, ya que el auditor simplemente proporciona un informe de los resultados actuales, no se expresa opinión. Los usuarios del informe ponderan por sí mismos los procedimientos y resultados informados por el auditor y sacan sus propias conclusiones a partir del trabajo del auditor.

En un trabajo de compilación, aunque los usuarios de la información compilada deriven algún beneficio de la participación del contador público, no se expresa certeza en el informe.

Auditoría

El objetivo de una auditoría de estados financieros es hacer posible que el auditor exprese una opinión sobre si los estados financieros están preparados, respecto de todo lo sustancial, de acuerdo con un marco conceptual para informes financieros identificado. Las frases usadas para expresar la opinión del auditor son "dar un punto de vista verdadero o justo" o "presentar razonablemente, respecto de todo lo sustancial"; son términos equivalentes. Un objetivo similar aplica a la auditoría de información financiera o de otro tipo preparada de acuerdo con criterios apropiados.
En la formación de la opinión de auditoría, el auditor obtiene suficiente evidencia de auditoría apropiada para poder sacar conclusiones sobre las cuales basar dicha opinión.
La opinión del auditor enriquece la credibilidad de los estados financieros al proporcionar un alto, pero no absoluto, nivel de certeza. La absoluta certeza en auditoría no es obtenible como un resultado de factores, tales como la necesidad de ejercer juicio, el uso de pruebas, las limitaciones inherentes de cualquier sistema de contabilidad y de control interno, y el hecho de que la mayor parte de la evidencia disponible al auditor es de naturaleza más persuasiva que concluyente.

Servicios relacionados

✓ *Revisiones*

Una revisión comprende investigación y procedimientos analíticos diseñados para revisar la confiabilidad de una aseveración que es responsabilidad de una parte para uso de otra parte. Si bien una revisión implica la aplicación de habilidades y técnicas de auditoría y el acopio de la evidencia, no implica ordinariamente una evaluación de los sistemas de contabilidad y de control interno, pruebas de registros y de respuestas a observación, confirmación y conteo, que son procedimientos ordinariamente llevados a cabo durante una auditoría.

✓ *Procedimientos convenidos*

En un trabajo para realizar procedimientos convenidos, un auditor es contratado para llevar a cabo dichos procedimientos de naturaleza de auditoría sobre los que el auditor y la entidad y cualesquiera terceras partes apropiadas han convenido y a informar sobre los resultados actuales. Los destinatarios del informe deben formarse sus propias conclusiones a partir del informe del auditor. El informe se restringe a aquellas partes que han convenido en que los procedimientos se realicen ya que otros, no enterados de las razones para los procedimientos, pueden malinterpretar los resultados.

✓ *Compilaciones*

En un trabajo de compilación, el contador es contratado para que use los conocimientos contables en oposición a los conocimientos de auditoría para obtener, clasificar y resumir información financiera. Esto ordinariamente conlleva a la reducción de datos detallados a una forma manejable y comprensible sin requerirse poner a prueba las aseveraciones subyacentes a esa información. Los procedimientos empleados no pretenden y no hacen posible que el contador exprese ninguna certeza sobre la información financiera. Sin embargo, los usuarios de la información financiera compilada derivan algún beneficio como resultado de la participación del contador, porque el servicio ha sido desempeñado con la debida habilidad profesional y cuidado.

✓ *Asociación del auditor con la información financiera*

Un auditor es asociado con la información financiera cuando el auditor anexa un informe a esa información o consiente en el uso del nombre del auditor en una relación profesional. Si el auditor no es asociado de esta manera, las terceras partes no pueden asumir ninguna responsabilidad del auditor.

CAPÍTULO II

Normas Internacionales de Auditoría

NIA 200 – Objetivos globales del auditor independiente y realización de la auditoría de conformidad con las Normas Internacionales de Auditoría

Establece los objetivos globales del auditor independiente y explica la naturaleza y el alcance de una auditoría diseñada para permitir al auditor independiente alcanzar dichos objetivos.

En la realización de la auditoría de estados financieros, los objetivos globales del auditor son dos:

1. La obtención de una seguridad razonable de que los estados financieros en su conjunto están libres de incorrección material, debida a fraude o error, que permita al auditor expresar una opinión sobre si los estados financieros están preparados, en todos los aspectos materiales, de conformidad con un marco de información financiera aplicable.
2. La emisión de un informe sobre los estados financieros, y el cumplimiento de los requerimientos de comunicación contenidos en las NIA, a la luz de los hallazgos del auditor.

> La opinión del auditor respalda la credibilidad de los estados financieros, pero el usuario no puede asumir que establece una seguridad de viabilidad futura, ni que confirma la eficiencia o efectividad de la dirección.

Párrafo de opinión:

Hemos efectuado una auditoría a los estados financieros adjuntos del Colegio de Contadores S.A., que comprende el estado de situación financiera al 31 de diciembre de 20X1 y los correspondientes estados de resultados integrales, de cambios en el patrimonio y flujos de efectivo por el año terminado en esa fecha y las correspondientes notas a los estados financieros.

Opinión

En nuestra opinión, los mencionados estados financieros se presentan razonablemente, en todos sus aspectos significativos, la situación financiera del Colegio de Contadores S.A., al 31 de diciembre de 20X1; los resultados de sus operaciones y los flujos de efectivo por el año terminado en esa fecha de acuerdo con Normas Internacionales de Información Financiera.

Responsabilidad del auditor

Nuestra responsabilidad consiste en expresar una opinión sobre estos estados financieros a base de nuestra auditoría. Efectuamos nuestra auditoría de acuerdo con normas de auditoría generalmente aceptadas. Tales normas requieren que planifiquemos y realicemos nuestro trabajo con el objeto de lograr un razonable grado de seguridad de que los estados financieros están exentos de representaciones incorrectas significativas.

Responsabilidad de la administración

La administración es responsable por la preparación y presentación razonable de estos estados financieros de acuerdo con las Normas Internacionales de Información Financiera. Esta responsabilidad incluye el diseño, implementación y mantención de un control interno pertinente para la preparación y presentación razonable de estados financieros que estén exentos de representaciones incorrectas significativas, ya sea debido a fraude o error.

Naturaleza de la auditoría

Una auditoría comprende efectuar procedimientos para obtener evidencia de auditoría sobre los montos y revelaciones en los estados financieros. Los procedimientos seleccionados dependen del juicio del auditor, incluyendo la evaluación de los riesgos de representaciones incorrectas significativas de los estados financieros, ya sea debido a fraude o error. Al efectuar estas evaluaciones de los riesgos, el auditor considera el control interno pertinente para la preparación y presentación razonable de los estados financieros de la entidad con el objeto de diseñar procedimientos de auditoría que sean apropiados en las circunstancias, pero sin el propósito de expresar una opinión sobre la efectividad del control interno de la entidad. En consecuencia, no expresamos tal tipo de opinión. Una auditoría incluye, también, evaluar lo apropiadas que son las políticas de contabilidad utilizadas y la razonabilidad de las estimaciones contables significativas efectuadas por la administración, así como una evaluación de la presentación general de los estados financieros.

Requerimientos

a) Requerimientos de ética relativos a la auditoría de estados financieros
b) Escepticismo profesional
c) Juicio profesional
d) Evidencia de auditoría suficiente y adecuada y riesgo de auditoría
e) Realización de la auditoría de conformidad con las NIA.

a) Ética

El auditor cumplirá los requerimientos de ética, incluidos los relativos a la independencia, aplicables a los encargos de auditoría de estados financieros.

a) *Independencia*: la firma establecerá políticas y procedimientos que le permitan comunicar sus requerimientos de independencia al personal y, de resultar aplicable, a toda otra persona sujeta a dichos requerimientos. Deberá también identificar y evaluar las circunstancias y relaciones que generen una amenaza para la independencia, y tomar las medidas adecuadas para eliminar dichas amenazas o reducirlas a un nivel aceptable mediante la aplicación de medidas preventivas o, si lo considera apropiado, retirarse del encargo.
b) *Integridad*: toda relación profesional implica honestidad, integridad en su proceder y sinceridad.
c) *Objetividad*: se deben tomar en cuenta todas las consideraciones pertinentes a la tarea y presumir honestidad intelectual.
d) *Competencia profesional y diligencia debida*: no se debe aceptar un trabajo que excede la competencia profesional. La tarea profesional deber ser realizada con el debido nivel de aptitud, cautela y diligencia a la altura de normas técnicas y profesionales esperadas.
e) *Confidencialidad*: la información adquirida durante el curso de la tarea profesional no debe ser revelada a terceros sin haber previamente autorización por parte del cliente.

f) Actitud profesional: buen trato y consideración hacia todas aquellas personas con las que se establece contacto.

b) Escepticismo profesional

El escepticismo profesional se define como una actitud que implica una mente inquisitiva, estar alerta a las condiciones que podrían indicar posibles incorrecciones a causa de fraude o error, y una evaluación crítica de la evidencia de auditoría.

Por ejemplo, no puede asumirse que las manifestaciones de la dirección siempre serán correctas. Por lo general, el auditor debe esperar encontrar la correspondiente evidencia de respaldo.

El IAASB ve al escepticismo profesional como un tema central para los auditores, y recientemente ha emitido lineamientos adicionales respecto de cómo los auditores pueden mantener una actitud de escepticismo profesional respecto de las entidades auditadas:

> "Al determinar los procedimientos de auditoría a utilizar para practicar una auditoría de acuerdo con las NIA, el auditor deberá cumplir con cada una de las NIA relevantes para la auditoría".
>
> "El auditor no manifestará en el informe de auditoría haber cumplido con los requerimientos de las NIA a no ser que haya cumplido con los requerimientos de la presente NIA y los de todas las demás NIA aplicables a la auditoría".

Las NIA no invalidan la legislación y la normativa locales que rigen la auditoría, y el auditor puede llevar a cabo procedimientos adicionales necesarios para cumplir con las normas adicionales pertinentes de una jurisdicción o país específico.

A modo de excepción, el auditor podrá desviarse de lo previsto por una NIA siempre y cuando dicha desviación sea necesaria para lograr el objetivo de la auditoría; el auditor deberá documentar dicha desviación de acuerdo con lo prescripto por la NIA 230.

c) Juicio profesional

El juicio profesional es esencial para realizar una auditoría adecuadamente. Esto se debe a que la interpretación de los requerimientos de ética aplicables y de las NIA, así como las decisiones informadas que son necesarias durante toda la auditoría, no son posibles sin aplicar a los hechos y a las circunstancias el conocimiento y la experiencia relevantes.

Los puntos importantes para considerar son los siguientes:

- ✓ La evaluación de los juicios de la dirección en la aplicación del marco de información financiera aplicable a la entidad.
- ✓ La naturaleza, el momento de realización y la extensión de los procedimientos de auditoría.
- ✓ La evaluación de si se ha obtenido evidencia de auditoría suficiente y adecuada.
- ✓ La importancia relativa y el riesgo de auditoría.
- ✓ Las conclusiones sobre la base de la evidencia de auditoría obtenida.

d) Evidencia de auditoría suficiente y adecuada

Con el fin de alcanzar una seguridad razonable, el auditor obtendrá evidencia de auditoría suficiente y adecuada para reducir el riesgo de auditoría a un nivel aceptablemente bajo y, en consecuencia, para permitirle alcanzar conclusiones razonables en las que basar su opinión.

- ✓ La dirección es responsable de identificar los riesgos de negocios y tomar medidas acordes.
- ✓ El auditor solo debe ocuparse de los riesgos que pueden afectar a los estados financieros.
- ✓ El concepto de seguridad razonable admite que existe un riesgo de que la opinión de auditoría sea inadecuada.
- ✓ El riesgo de que el auditor emita una opinión inadecuada cuando los estados financieros contienen incorrecciones materiales es conocido como el riesgo de auditoría.
- ✓ El riesgo de auditoría es una función del riesgo de incorrección material en los estados financieros (en forma previa a la auditoría) y el riesgo de que el auditor no detecte dichas incorrecciones ("riesgo de detección").

e) El proceso de auditoría

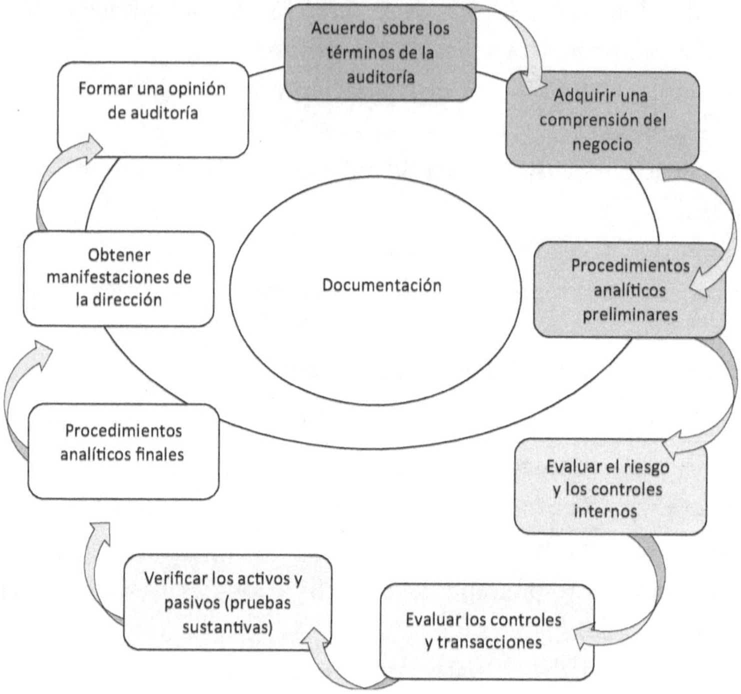

Razonabilidad de los estados financieros

En una auditoría, el auditor proporciona un nivel de seguridad alto, aunque no absoluto, expresado en forma positiva en el informe de auditoría como informe razonable de que la información auditada (es decir, los estados financieros) se encuentra libre de representaciones erróneas significativas.

Seguridad razonable: a fin de proporcionar dicha seguridad, el auditor evalúa la evidencia recopilada en relación con los estados financieros en su conjunto y expresa una conclusión en base a ello.

Limitaciones inherentes: el auditor no puede detectar todas las incorrecciones materiales, porque:

- ✓ Las pruebas han sido realizadas en base a una muestra, ya que resulta impráctico auditar cada elemento en forma exhaustiva, debido a limitaciones de tiempo y costo.

- ✓ Todo sistema de contabilidad y de control interno tiene limitaciones inherentes.
- ✓ La presentación de la información financiera contiene un elemento de juicio por parte de la dirección, decisiones o apreciaciones subjetivas, o un grado de incertidumbre.
- ✓ La mayor parte de la evidencia de auditoría es persuasiva más que concluyente.
- ✓ Las transacciones entre partes relacionadas, en donde una de las partes es capaz de controlar o ejercer una influencia significativa sobre la otra, pueden no ser identificadas como tales.

NIA 230 – Responsabilidad del auditor en la preparación de la documentación

La Normativa Internacional de Auditoría 230 trata de la responsabilidad que tiene el auditor en la preparación de la documentación correspondiente a una auditoría de estados financieros. En el anexo se enumeran otras NIA que contienen requerimientos específicos de documentación y orientaciones al respecto.

Definiciones

Documentación de auditoría: registro de los procedimientos de auditoría aplicados, de la evidencia pertinente de auditoría obtenida y de las conclusiones alcanzadas por el auditor (a veces se utiliza como sinónimo el término "papeles de trabajo").

Archivo de auditoría: una o más carpetas u otros medios de almacenamiento de datos, físicos o electrónicos, que contienen los registros que conforman la documentación de auditoría correspondiente a un encargo específico.

Auditor experimentado: una persona (tanto interna como externa a la firma de auditoría) que tiene experiencia práctica en auditoría y un conocimiento razonable de los procesos de auditoría, las NIA y los requerimientos legales y reglamentarios aplicables, el entorno empresarial en el que la entidad opera y las cuestiones de auditoría e información financiera relevantes para el sector en el que la entidad opera.

El objetivo del auditor es preparar documentación que proporcione:

- ✓ Un registro suficiente y adecuado de las bases para el informe de auditoría.
- ✓ Evidencia de que la auditoría se planificó y ejecutó de conformidad con las NIA y los requerimientos legales y reglamentarios aplicables.

La documentación de auditoría cumple diversos propósitos, entre ellos:

- ✓ Asiste al equipo de auditoría en la planificación y realización de la auditoría.
- ✓ Asiste a los miembros del equipo de auditoría responsable de la supervisión a dirigir y supervisar el trabajo de auditoría.
- ✓ Le permite al equipo de auditoría rendir cuentas de su trabajo.
- ✓ Permite conservar un registro de cuestiones de importancia a ser consideradas en futuras auditorías.
- ✓ Le permite a un auditor experimentado llevar a cabo revisiones e inspecciones de control de calidad.
- ✓ Le permite al auditor experimentado realizar inspecciones externas de acuerdo con los requisitos legales y otros requisitos aplicables.

Naturaleza de la documentación de auditoría

El auditor preparará la documentación de auditoría que sea suficiente para permitir a un auditor experimentado, que no haya tenido contacto previo con la auditoría, la comprensión de:

- ✓ La naturaleza, el momento de realización y la extensión de los procedimientos de auditoría aplicados en cumplimiento de las NIA y de los requerimientos legales y reglamentarios aplicables,
- ✓ los resultados de los procedimientos de auditoría aplicados y la evidencia de auditoría obtenida,
- ✓ las cuestiones significativas que surgieron durante la realización de la auditoría, las conclusiones alcanzadas sobre ellas, y los juicios profesionales significativos aplicados para alcanzar dichas conclusiones.

La documentación de auditoría puede ser almacenada en soporte papel, electrónico u otro.

La documentación de auditoría, reunida en un archivo de auditoría, incluye programas de auditoría, análisis, memorandos emitidos, resúmenes de temas de importancia, cartas de confirmación y de manifestaciones, listas de verificación y correspondencia (incluidos correos electrónicos) sobre temas significativos, y extractos o copias de los registros de la entidad (según resulte apropiado).

No reemplaza a los registros contables propios de la entidad.

Habitualmente no incluye borradores que han sido descartados, notas que reflejan razonamientos incompletos, duplicados de documentos y documentos con incorrecciones que han sido corregidas.

Cuestiones para considerar en toda auditoría

Naturaleza del trabajo

- ✓ Sector privado o público.
- ✓ Otros servicios proporcionados.
    - Estructura del informe de auditoría (un informe estandarizado o informe breve).
    - Naturaleza y nivel de complejidad de la organización y sus sistemas contables y de control interno.
    - Metodología de auditoría específica (p. ej.: el enfoque basado en los riesgos) y tecnología (p. ej.: técnicas de auditoría asistidas por computadora) utilizada durante la auditoría.
    - Estandarización.
    - Alcance de los cronogramas, análisis y otra documentación preparada por la entidad.
    - Necesidades de dirección, supervisión y revisión de las tareas asignadas a los asistentes.

Dirección

Implica informar a los asistentes acerca de:

- ✓ Sus responsabilidades.
- ✓ Los objetivos de las tareas que deben realizar.
- ✓ Cuestiones que pueden afectar la naturaleza, los tiempos y el alcance de los procedimientos de auditoría.

Las herramientas de comunicación incluyen:

- ✓ El plan de auditoría general.
- ✓ Los programas de auditoría.
- ✓ Los presupuestos de tiempo.

Supervisión incluye el monitoreo del progreso a fin de asegurar que:

- ✓ Los asistentes cuentan con la aptitud y competencia necesarias.
- ✓ Los asistentes comprenden las instrucciones.
- ✓ El trabajo se está desarrollando de acuerdo con el plan general de auditoría, el programa de auditoría y el presupuesto de tiempo.

Revisión

Una persona con una competencia al menos equivalente debe considerar si:

- ✓ Los resultados del trabajo realizado han sido documentados de manera apropiada.
- ✓ Todas las cuestiones de auditoría significativas han sido resueltas.
- ✓ Los objetivos de auditoría se han alcanzado.
- ✓ Las conclusiones son coherentes con los resultados del trabajo realizado y respaldan la opinión de auditoría.

Estandarización

La utilización de documentación preimpresa en los encargos de auditoría es práctica habitual para las firmas de auditoría. Por ejemplo:

- ✓ Listas de verificación del estado de avance de la auditoría, de información revelada, u otras.
- ✓ Cuestionarios de control interno.
- ✓ Programas de auditoría.
- ✓ Cartas modelo, p. ej., cartas de manifestaciones de la dirección.
- ✓ Índices para la organización estándar de los papeles de trabajo.

Documentación de auditoría (técnicas de documentación)

Notas descriptivas: las descripciones por escrito requieren muy poca capacitación formal y son más adecuadas para la descripción de sistemas simples y pequeños, o para explicar aspectos periféricos de sistemas más complejos (p. ej.: la emisión de notas de crédito).

Diagramas de flujo: las descripciones visuales destacan los controles y son de fácil comprensión para un usuario capacitado. Sin embargo, las distintas firmas de auditoría y sus clientes utilizan distintos tipos (p. ej.: diagramas de flujo de documentación, diagramas de flujo de información y diagramas de flujo generales).

Cuestionarios: los cuestionarios de control interno (Internal Control Questionnaires, ICQ) son designados para indicar qué partes de un sistema presentan fortalezas o debilidades y así poder realizar una evaluación preliminar del grado de confianza que el auditor podrá depositar en los controles internos.

Factores para considerar en la documentación:

- ✓ El tamaño y nivel de complejidad de la entidad.
- ✓ La naturaleza de los sistemas contables y de auditoría interna, p. ej.: de forma manual o electrónica.
- ✓ El nivel de confianza que el auditor pretende asignar a los controles internos
- ✓ Si ha sido preparada por el cliente (p. ej.: el departamento de auditoría interna) o por un auditor externo.
- ✓ La facilidad de la preparación y/o actualización.

Al documentar la naturaleza, el momento de realización y la extensión de los procedimientos de auditoría aplicados, el auditor dejará constancia de las características identificativas de las partidas específicas o cuestiones sobre las que se han realizado pruebas. **Registrar las características identificativas le permite al equipo de auditoría rendir cuentas de su trabajo y facilita la investigación de excepciones y contradicciones.**

Cuestiones significativas

El auditor deberá documentar las conversaciones acerca de cuestiones significativas mantenidas con la dirección y otras partes de manera oportuna. Es de particular importancia que los detalles relevantes conocidos acerca de las cuestiones significativas (p. ej.: temas de principios, de juicio o que puedan suscitar una inquietud) sean registrados al momento en que se llegó a las conclusiones. Una de las razones por las cuales el informe de auditoría lleva fecha cierta consiste en establecer el momento en la línea de tiempo luego del cual nueva evidencia no hubiera sido considerada a fin de formar la opinión de auditoría.

Si el auditor ha identificado información que contradice o no es coherente con la conclusión final del auditor en relación con una cuestión significativa, el auditor deberá documentar de qué manera fue tratada dicha contradicción o falta de coherencia al formar la conclusión final.

El auditor no necesita conservar documentación incorrecta o que haya sido reemplazada.

Documentación de desviaciones de lo prescripto por requisitos relevantes

Si, en circunstancias excepcionales, el auditor juzga necesario dejar de cumplir un requerimiento aplicable de una NIA, el auditor documentará el modo en que los procedimientos de auditoría alternativos aplicados alcanzan el objetivo de dicho requerimiento, y los motivos de la inaplicación.

Identificación de la persona a cargo de la preparación y la revisión

Al documentar la naturaleza, los tiempos y el alcance de los procedimientos de auditoría realizados, el auditor deberá registrar:

- ✓ Quién realizó el trabajo de auditoría y la fecha en que dicho trabajo fue completado.
- ✓ Quién revisó el trabajo de auditoría realizado y la fecha y alcance de dicha revisión.

El requisito de documentar quién revisó el trabajo de auditoría realizado no implica que cada papel de trabajo específico deba incluir evidencia de la revisión.

Compilación del archivo final de auditoría

El auditor reunirá la documentación de auditoría en el archivo de auditoría y completará el proceso administrativo de compilación del archivo final de auditoría oportunamente después de la fecha del informe de auditoría (No más de sesenta días).

Después de haber terminado la compilación del archivo final de auditoría, el auditor no eliminará ni descartará documentación de auditoría, cualquiera que sea su naturaleza, antes de que finalice su plazo de conservación.

Cuando el auditor estime necesario modificar documentación de auditoría existente o incorporar nueva documentación de auditoría luego de completada la recopilación del archivo final de auditoría, el auditor deberá, independiente de la naturaleza de la modificación o las adiciones, documentar:

- ✓ El momento en que fueron realizadas y (de ser aplicable) revisadas, y por quién.
- ✓ Las razones específicas.
- ✓ Su efecto sobre las conclusiones del auditor.

Modificaciones a la documentación de auditoría en circunstancias excepcionales luego de la fecha del informe de auditoría.

Si, en circunstancias excepcionales, el auditor aplica procedimientos de auditoría nuevos o adicionales o alcanza conclusiones nuevas después de la fecha del informe de auditoría, el auditor documentará:

a) las circunstancias observadas,
b) los procedimientos de auditoría nuevos o adicionales aplicados, la evidencia de auditoría obtenida, y las conclusiones alcanzadas, así como sus efectos sobre el informe de auditoría, y
c) la fecha y las personas que realizaron y revisaron los cambios en la documentación de auditoría.

Documentación de auditoría – indexación

A	Papeles de control de la auditoría
A1	Estados financieros
A2	Listado de comprobación de finalización de auditoría
A3	Cronogramas de revisión
A4	Cuestiones para considerar en el año siguiente
A5	Registro de tiempo y presupuesto
B	Plan de auditoría general
C	Activos intangibles
D	Propiedades, plantas y equipos
E	Inversiones
F	Inventarios
G	Cuentas por cobrar

H	Efectivo y equivalentes de efectivo
J	Cuentas por pagar
K	Provisiones y contingencias
L	Impuestos
M	Capital y reservas
N	Estados de resultados
P	Ingresos
Q	Compras
R	Remuneraciones y honorarios
S	Balance con ajustes

Pueden utilizarse índices estándar tanto para los archivos permanentes como los corrientes. Por lo general, estos están adaptados; p. ej.: las referencias utilizadas están marcadas con un círculo.

Otros sistemas alternativos de referencia pueden incluir secciones separadas para los papeles de trabajo de la auditoría intermedia, trabajo de sistemas o procedimientos analíticos.

Para clientes más grandes

Los archivos corrientes pueden estar subdivididos en "visita interina" y "auditoría final" y los sistemas de documentación pueden estar retenidos en un archivo de "sistemas" por separado.

Los archivos por separado también pueden configurarse para áreas específicas de auditoría (p. ej., inventarios).

Confidencialidad y custodia segura

Los procedimientos variarán en la práctica en función de si la documentación se encuentra en soporte papel o electrónico, pero siempre incluirán:

- ✓ La utilización de una contraseña para restringir el acceso a los usuarios autorizados únicamente.
- ✓ Rutinas para la realización de copias de seguridad en diversas etapas de la auditoría.
- ✓ Procedimientos para la distribución de la documentación a los miembros del equipo al inicio de la auditoría, su procesamiento y compaginación al final del encargo.

- ✓ Restricción del acceso a la copia impresa de la documentación y su almacenamiento de manera confidencial.

Retención

Principio general: Durante un período que resulte suficiente para satisfacer las necesidades de la práctica de auditoría de acuerdo con los requisitos legales y profesionales.
Período mínimo recomendado por la NIA 230: Papeles de trabajo de la auditoría. No debe ser inferior a cinco años a partir de la fecha del informe de auditoría.

NIA 240 – Responsabilidades del auditor en la auditoría de estados financieros con respecto al fraude

Los objetivos son:

- ✓ Identificar y valorar los riesgos de incorrección material en los estados financieros debida a fraude,
- ✓ obtener evidencia de auditoría suficiente y adecuada con respecto a los riesgos valorados de incorrección material debida a fraude, mediante el diseño y la implementación de respuestas apropiadas,
- ✓ responder adecuadamente al fraude o a los indicios de fraude identificados durante la realización de la auditoría.

Requerimientos

- ✓ Escepticismo profesional
- ✓ Discusión entre los miembros del equipo del encargo
- ✓ Procedimientos de valoración del riesgo y actividades relacionadas
- ✓ Identificación y valoración de los riesgos de incorrección material debida a fraude
- ✓ Respuestas a los riesgos valorados de incorrección material debida a fraude
- ✓ Evaluación de la evidencia de auditoría
- ✓ Imposibilidad del auditor para continuar con el encargo
- ✓ Manifestaciones escritas
- ✓ Comunicaciones a la dirección y a los responsables del gobierno de la entidad
- ✓ Comunicaciones a las autoridades reguladoras y de supervisión
- ✓ Documentación.

Definiciones - "Error": Incorrección no intencional en los estados financieros, incluidas las omisiones.

Definiciones - "Fraude": Acto intencional de engaño realizado por una o más personas físicas a fin de obtener una ventaja injusta o ilegal.

Dichas personas físicas pueden ser:

- ✓ Parte de la dirección o estar a cargo del gobierno corporativo (es decir, "fraude por parte de la dirección").
- ✓ Empleados (es decir, "fraude de los empleados").
- ✓ Terceros.

La persona que comete un fraude debe tener un incentivo para hacerlo, que consiste, por lo general, en una ganancia financiera, y debe también percibir una oportunidad para cometer dicho fraude (p. ej.: la posibilidad de burlar o ignorar los controles internos). Existen dos tipos de fraude:

a) Fraude en la presentación de la información financiera

Incorrecciones u omisiones en cuanto a los montos o a la información revelada, a fin de engañar a los usuarios de los estados financieros, motivadas, por ejemplo, por presiones para alcanzar el objetivo de ganancias. Esto incluye:

- Engaño - p.ej. mediante la alteración de los registros contables o documentos comprobatorios
- Omisión de revelar información significativa. Omisión deliberada de cuestiones significativas que generan incertidumbre (p. ej.: relacionadas con la categoría de empresa en marcha o con cuestiones legales pendientes)
- Aplicación errónea deliberada de las políticas contables que afecta la medición, reconocimiento, revelación, etcétera, de elementos de los estados financieros

b) Apropiación indebida (robo) de activos

Usualmente cometido por personas que "gastan más de lo que poseen". Incluye:

- Malversación de fondos
- Sustracción de activos físicos
- Utilización de activos intangibles ajenos (p. ej.: copiar un pendrive)
- Hacer que la empresa pague por bienes y servicios no recibidos
- Utilizar los activos de la entidad para uso personal (p. ej.: como garantía de un préstamo personal)

Es posible que el robo sea ocultado mediante registros o documentos falsificados, pero esto no siempre ocurre

La principal responsabilidad con respecto a la prevención y detección del fraude corresponde a los responsables del gobierno de la entidad, a través de la implementación y operación de un sistema adecuado de controles contables e internos (los sistemas adecuados reducen, pero no eliminan la posibilidad de fraude).

Comunicación con respecto al fraude

Si el auditor identifica un fraude u obtiene información que indique la posible existencia de un fraude, lo comunicará oportunamente al nivel adecuado de la dirección, a fin de informar a los principales responsables de la prevención y detección del fraude de las cuestiones relevantes para sus responsabilidades.

Se debe desarrollar la comunicación con los siguientes integrantes:

Responsables de la administración

- El total de incorrecciones no corregidas.
- El fraude identificado.
- Evidencia que indica la posibilidad de fraude.

Responsables de la dirección

- Se debe comunicar los hallazgos.
- Existe la posibilidad de fraude.
- Existe fraude o representación errónea.

Autoridades regulatorias

Es posible que el deber profesional del auditor de mantener la confiabilidad de la información del cliente, le impida informar acerca del fraude a una parte externa a la entidad cliente. En este caso, se debe buscar asesoramiento legal a fin de determinar el modo adecuado de proceder. Ello puede resultar necesario a fin de considerar los aspectos de interés público del fraude identificado.

Usuarios del informe de auditoría

Si bien el informe de auditoría debe ser explicado mucho después, se debe tomar en cuenta que, si una cuestión no es significativa, no existirá ningún fundamento para emitir un informe de auditoría con modificaciones. Por lo tanto, el fraude no significativo no debe ser llevado a la atención de los usuarios de los estados financieros.

Responsabilidades del auditor

Con respecto a la prevención: el auditor no es responsable ni puede imponérsele responsabilidad alguna en cuanto a la prevención del fraude y error; sin embargo, una auditoría anual puede actuar como un disuasivo.

Con respecto a la detección: el auditor deberá considerar el riesgo de incorrección material debida a fraude y error:

- ✓ Durante la planificación y realización de los procedimientos de auditoría.
- ✓ Durante la evaluación e informe de los resultados.

Existen más probabilidades de detectar el error que el fraude, dado que, por lo general, el fraude es acompañado de actos concebidos específicamente para ocultar su existencia, p. ej.: colusión, falsificación, omisión deliberada del registro de transacciones, manifestaciones erróneas intencionales al auditor.

Existe un riesgo inevitable de que las representaciones erróneas significativas a causa de fraude (y en una menor medida, de error) no sean detectadas, debido a las limitaciones inherentes de la auditoría.

El descubrimiento posterior de incorrecciones materiales no indica en sí mismo una auditoría inadecuada (es decir, que no cumple con los requisitos de las NIA), sino que depende de la propiedad de los procedimientos de auditoría y de la opinión de auditoría en las circunstancias

Las limitaciones inherentes a la auditoría a pesar de su correcta planificación y realización de acuerdo con las NIA

Salvo que la auditoría revele evidencia que indique lo contrario, el auditor podrá aceptar las manifestaciones como verdaderas y los registros y documentos como genuinos; solo los auditores forenses cuentan con la capacitación para ser expertos en la autenticación.

Sin embargo, "el auditor debe planear y realizar la auditoría con una actitud de escepticismo profesional y reconocer la posibilidad de encontrar condiciones o hechos que indiquen la posible existencia de fraude o error".

Es posible que los controles internos no operen según fueron diseñados.

Todo sistema contable y de control interno puede resultar ineficaz contra el fraude donde exista colusión entre empleados o aquel perpetrado por la dirección.

El auditor deberá discutir con el equipo de auditoría la susceptibilidad de la entidad al fraude o error y hacer preguntas a la dirección sobre:

- ✓ La evaluación propia de la dirección acerca del riesgo de fraude (y la gestión de dicho riesgo).

- ✓ Su visión de los sistemas contables y de control interno necesarios para cumplir con sus responsabilidades en cuanto a la prevención y detección de errores.
- ✓ Todo fraude o incorrección material, ya sea presunto o real.
- ✓ Discusiones dentro del equipo de auditoría a fin de generar una conciencia acerca de potenciales incorrecciones materiales y del riesgo de omisión deliberada o incorrecciones de la información a revelar.
- ✓ Las discusiones con la dirección considerarán el rol de la auditoría interna.
- ✓ El auditor puede también reunirse con los responsables del gobierno corporativo a fin de discutir cuestiones de gran importancia, como las que a continuación se sugieren.

El riesgo de fraude de la dirección

La competencia e integridad de la dirección para cumplir con sus responsabilidades, p. ej.: si las recomendaciones para mejoras a los controles internos son implementadas.

Tener conocimiento acerca de un fraude o errores significativos, presuntos o reales, resulta de importancia a fin de:

- ✓ Identificar posibles debilidades en los controles internos (si los procedimientos de control no fueron efectivos a fin de prevenir un cierto hecho), y
- ✓ proporcionar evidencia con respecto a la operación efectiva de los procedimientos de control (en cuanto a la detección de anomalías).

Evaluación de riesgo

Además de considerar el tipo de incorrecciones materiales a causa de fraude o error que pueden presentar los estados financieros, el auditor deberá también considerar si existen factores de riesgo de fraude que sugieren la posibilidad de fraude de cualquiera de los dos tipos descriptos anteriormente. Los factores de riesgo de fraude identificados deben ser documentados (de acuerdo con la NIA 230, Documentos de auditoría).

La evaluación del auditor de los riesgos inherentes y de control se encuentra detallada en la NIA 315, Identificación y valoración de los riesgos de incorrección material mediante el conocimiento de la entidad y de su entorno.

La existencia de factores de riesgo de fraude puede indicar que el riesgo de control no puede ser evaluado a un nivel menor que alto con respecto a ciertas afirmaciones de los estados financieros.

Sin embargo, es posible que las pruebas de control sobre los procedimientos de control interno diseñadas para mitigar dichos factores de riesgo de fraude sustenten una evaluación de riesgo de control inferior a alta.

Fraude en la presentación de la información financiera

Ejemplos de indicadores de riesgo fraudulento:

Sesgo de la dirección que surge de
• Bonificaciones, opciones de compra de acciones, etcétera, que dependen de alcanzar objetivos operativos/financieros agresivos • La necesidad de mantener el precio de las acciones, las ganancias por acción, etcétera • Razones impositivas

Una actitud laxa con respecto a los controles internos y la presentación de la información financiera
• Considerable indiferencia con respecto a las autoridades regulatorias • Inacción para corregir debilidades de control interno significativas de manera oportuna • Omisión deliberada o incorrecciones de la información a revelar

Tensión en las relaciones entre la dirección y los auditores actuales o anteriores sobre
• Desacuerdos sobre cuestiones de presentación de la información financiera • Restricciones irrazonables respecto al tiempo para completar el trabajo de auditoría • Intención de influir en el alcance del trabajo de auditoría

Condiciones de la industria (p. ej.: entorno económico y regulatorio)
• Nuevos requisitos regulatorios, contables o legales que pueden afectar la estabilidad financiera o la rentabilidad de la entidad (p. ej.: legislación ambiental) • Un mercado saturado o de alta competencia (con márgenes decrecientes) y/o productos obsoletos en razón de la tecnología

Una estructura de gobierno corporativo débil o ineficaz (p. ej.: ausencia de directores no ejecutivos)

Características de operación y estabilidad financiera, incluida la naturaleza y complejidad de la entidad, sus transacciones, situación financiera y rentabilidad
• Considerable presión a fin de obtener el financiamiento necesario (p. ej.: para gastos de capital) • Transacciones significativas de partes relacionadas o transacciones complejas • Cuentas bancarias y/o operaciones en paraísos fiscales • Alta vulnerabilidad a las fluctuaciones en las tasas de cambio • Una inminente amenaza de quiebra, ejecución o adquisición en forma hostil de la empresa

Apropiación indebida de activos

Estos factores de fraude pueden surgir de:

Susceptibilidad a la malversación	Ausencia de controles
• Grandes cantidades de efectivo físico • Ítems del inventario pequeños (portátiles) de alto valor • Activos convertibles fácilmente • Activos pequeños no corrientes, comercializables, sin identificación de propiedad (p. ej.: computadoras portátiles)	• Supervisión inadecuada por parte de la dirección, especialmente en emplazamientos remotos • Falta de verificación de los antecedentes de quienes se presentan para puestos de confianza • Registro inadecuado de los activos susceptibles a la malversación • Inadecuada separación de tareas y/o falta de controles independientes • Autorización y aprobación inadecuada de transacciones, p. ej.: compras • Medidas de seguridad física insuficientes para los activos y documentos de propiedad

Procedimientos sustantivos - riesgo de detección

El diseño por parte del auditor, de procedimientos sustantivos a fin de reducir el riesgo de detección a un nivel aceptablemente bajo, se encuentra explicado en los párrafos 18 de la NIA 330, Respuestas del auditor a los riesgos valorados. Los párrafos 13 y A42 a A44 de la NIA 200, Objetivos globales del auditor independiente y realización de la auditoría de conformidad con las Normas Internacionales de Auditoría, describen en más detalle el riesgo de detección.

Los procedimientos sustantivos son realizados a fin de detectar incorrecciones materiales a nivel de las afirmaciones, e incluyen:

- ✓ Pruebas de detalle de clases de transacciones, saldos de cuentas e información revelada.
- ✓ Procedimientos analíticos sustantivos.

Independientemente del riesgo evaluado de incorrecciones materiales, el auditor deberá diseñar y realizar procedimientos sustantivos para cada clase de transacciones, saldo de cuentas e información revelada significativa.

Ello se debe a que la evaluación de riesgo del auditor es subjetiva y puede no ser lo suficientemente precisa para identificar todos los riesgos de incorrecciones materiales.

Para la identificación y valoración de los riesgos de incorrección material debida a fraude, el auditor, basándose en la presunción de que existen riesgos de fraude en el reconocimiento de ingresos, evaluará qué tipos de ingresos, de transacciones generadoras de ingresos o de afirmaciones dan lugar a tales riesgos.

Los procedimientos sustantivos del auditor deberán incluir los siguientes procedimientos relacionados con el proceso de cierre de los estados financieros:

- ✓ Corroborar los estados financieros con los registros contables correspondientes.
- ✓ Examinar los asientos del libro diario significativos y otros ajustes realizados durante la preparación de los estados financieros.

Cuando, de acuerdo con los párrafos 26 a 28 de la NIA 315, el auditor haya determinado que un riesgo evaluado de incorrecciones materiales a nivel de las afirmaciones constituye un riesgo considerable, el auditor realizará procedimientos sustantivos para responder a dicho riesgo específicamente.

Por ejemplo, si la dirección se encuentra bajo presión de satisfacer las expectativas en cuanto a las ganancias de los accionistas o de una bolsa de valores, puede existir entonces el riesgo de que la dirección "infle" las ventas, por ejemplo, facturándolas antes del envío. En estas circunstancias, el auditor tendrá que diseñar las pruebas de auditoría que le permitan detectar dichas situaciones.

A fin de obtener evidencia de auditoría suficiente y adecuada, los procedimientos sustantivos relacionados con riesgos significativos son generalmente diseñados para obtener evidencia de auditoría con un alto grado de fiabilidad.

Cuando los procedimientos sustantivos son realizados en una fecha intermedia, el auditor deberá realizar procedimientos sustantivos adicionales o procedimientos sustantivos combinados con pruebas de control a fin de cubrir el período restante, que proporcionen una base razonable para extender las conclusiones de auditoría desde la fecha intermedia hasta el fin del período.

Realizar procedimientos sustantivos en una fecha intermedia aumenta el riesgo de que incorrecciones existentes al fin del período no sean detectadas por el auditor. Cuanto más alejada del fin del período sea esa fecha, mayor será el riesgo.

Los siguientes factores deben ser considerados a la hora de decidir sobre la realización de procedimientos sustantivos en una fecha intermedia:

- ✓ El entorno de control y otros controles relevantes.
- ✓ La disponibilidad de la información necesaria para los procedimientos de auditoría en una fecha posterior.
- ✓ El objetivo del procedimiento sustantivo.
- ✓ El riesgo evaluado de incorrección material.

- La naturaleza de la clase de transacciones o saldo de cuentas y las afirmaciones relacionadas
- La capacidad del auditor de realizar los procedimientos sustantivos o procedimientos sustantivos combinados con pruebas de control apropiados a fin de cubrir el período restante y así reducir el riesgo de que las incorrecciones que existen al final del período no sean detectadas.
- Cuanto mayor sea el riesgo de incorrección material, mayor deberá ser el alcance de los procedimientos sustantivos.

Procedimientos sustantivos - posibles incorrecciones

Cuando las circunstancias indican que existe la posibilidad de una incorrección material, deben realizarse procedimientos para confirmar si los estados financieros presentan incorrecciones materiales o no.

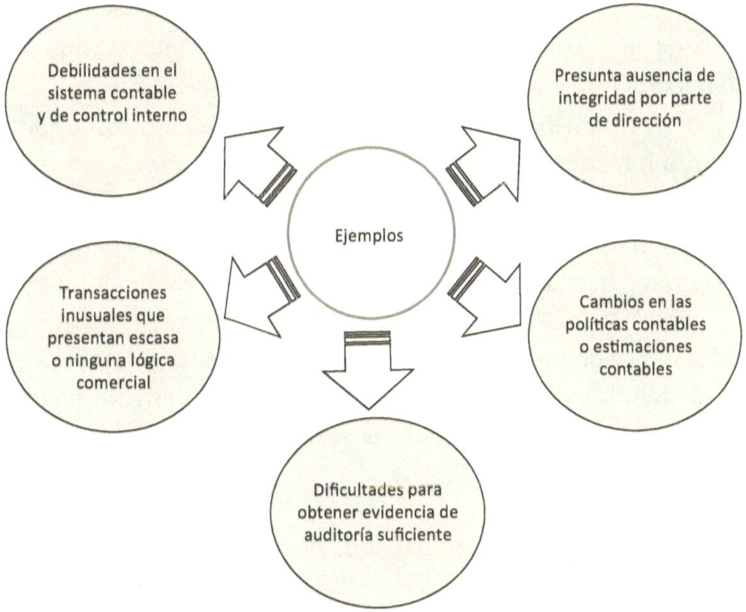

Deben considerarse las implicancias en el informe de auditoría si se confirma que los estados financieros presentan incorrecciones materiales (o no es posible obtener una conclusión acerca de ellos).

Las implicancias del fraude en la auditoría

Si el auditor identifica una incorrección, evaluará si es indicativa de fraude. Si existe tal indicio, el auditor evaluará las implicaciones de la incorrección en relación con otros aspectos de la auditoría, especialmente en relación con la fiabilidad de las manifestaciones de la dirección, reconociendo que un caso de fraude no suele producirse de forma aislada.

Al identificar un fraude, el auditor debe considerar las implicancias que esto tiene para los estados financieros. Algunos fraudes tendrán un impacto más significativo que otros, dependiendo de diversos factores, tales como el valor monetario del fraude, el tiempo durante el cual no ha sido detectado y las personas involucradas.

Los auditores deberán obtener un reconocimiento por escrito de la responsabilidad de la dirección con respecto a los estados financieros que establezcan lo siguiente (vea la NIA 580, manifestaciones escritas):

- ✓ El reconocimiento de su responsabilidad sobre el diseño e implementación de controles internos para prevenir y detectar el fraude.
- ✓ Que la dirección ha revelado al auditor los resultados de su valoración del riesgo de que los estados financieros presenten incorrecciones materiales debido a fraude.
- ✓ Que la dirección ha revelado al auditor información sobre todo fraude o presunto fraude que afecte a la entidad, que involucre a:
  - La dirección,
  - empleados que ocupan puestos de importancia en el control interno,
  - otras personas en caso de que el fraude pudiera tener un efecto significativo en los estados financieros.
- ✓ Que la dirección ha revelado al auditor la información relativa a toda acusación de fraude, o presunto fraude, que afecte a los estados financieros de la entidad, comunicado por empleados, antiguos empleados, analistas, reguladores u otros.

Debido a la naturaleza del fraude y las dificultades encontradas por los auditores para detectar incorrecciones materiales en los estados financieros debido a fraude, es importante que el auditor obtenga manifestaciones escritas de la dirección, que confirmen que ha revelado al auditor los resultados de la evaluación de la dirección sobre el riesgo de que los estados financieros presenten incorrecciones materiales debido a fraude, así como también la información sobre todo fraude real o presunto que afecte a la entidad.

Las consideraciones del auditor acerca del riesgo de incorrecciones materiales debido a fraude y los resultados de las pruebas de auditoría indican un riesgo significativo de fraude material y generalizado.

El auditor tiene grandes inquietudes acerca de la competencia o integridad de la dirección o los responsables del gobierno.

Factores por considerar:

- ✓ Si la dirección y los responsables del gobierno están implicados.
- ✓ Los efectos sobre el auditor de continuar la asociación con el cliente.
- ✓ Toda responsabilidad legal y profesional en dichas circunstancias.
- ✓ Las alternativas de retirarse del encargo de auditoría.
- ✓ Asesoramiento legal.

Si no resulta posible continuar con la auditoría, el auditor debe considerar:

- ✓ Su responsabilidad legal y profesional (p. ej.: de informar a aquellos que lo han designado o, en algunos casos, las autoridades regulatorias).
- ✓ La posibilidad de retirarse del encargo de auditoría.

En caso de retirarse, el auditor debe:

- ✓ Discutir las razones de su retiro con el nivel de la dirección apropiado (y los responsables del gobierno).
- ✓ Considerar todo requisito profesional o legal de informar acerca de su retiro (explicando las razones).

Documentación

La documentación de la comprensión general del auditor acerca de la entidad y su entorno, y su valoración del riesgo de incorrección material de acuerdo con lo estipulado en el párrafo 33 de la NIA 315, deberán incluir:

- ✓ Las decisiones significativas adoptadas durante la discusión entre el equipo de auditoría acerca de la susceptibilidad de los estados financieros de la entidad a incorrecciones materiales debido a fraude.
- ✓ Los riesgos identificados y valorados de incorrección material debido a fraude a nivel de los estados financieros y de las afirmaciones.

La documentación de los procedimientos del auditor en respuesta a la valoración del riesgo de incorrección material según lo establecido en el párrafo 29 de la NIA 330, deberá incluir:

- ✓ Los procedimientos generales en respuesta a los riesgos evaluados de incorrección material, debido a fraude a nivel de los estados financieros y la naturaleza, tiempos y el alcance de los procedimientos de auditoría, así como también la relación entre dichos procedimientos y los riesgos evaluados de incorrección material, debido a fraude a nivel de las afirmaciones.
- ✓ Los resultados de los procedimientos de auditoría, incluidos aquellos diseñados para evaluar el riesgo de que la dirección ignore los controles internos.

NIA 300 – Planificación de la auditoría de los estados financieros

"El objetivo del auditor es planificar la auditoría con el fin de que sea realizada de manera eficaz".

El auditor deberá realizar las siguientes actividades al inicio del encargo de auditoría en curso:

- ✓ Realizar procedimientos con respecto a la relación de continuidad con el cliente y al encargo de auditoría en particular.
- ✓ Evaluar el cumplimiento con los requisitos éticos, incluida la independencia.
- ✓ Establecer la comprensión de los términos del encargo de auditoría.

El objetivo de realizar dichas actividades preliminares es contribuir a asegurar que el auditor haya considerado todos los hechos o circunstancias que pueden afectar la capacidad del auditor de planear y realizar el encargo de auditoría a fin de reducir los riesgos de auditoría a un nivel aceptablemente bajo.

La planificación consiste en:

- Establecer la estrategia general de auditoría para el proyecto
- Desarrollar un enfoque detallado para la naturaleza, tiempos y alcance de los procedimientos de auditoría "el programa de auditoría", a fin de reducir el riesgo de auditoría a un nivel aceptablemente bajo

Rol:

- Dedicar la atención necesaria a las áreas de importancia
- Identificar y resolver problemas potenciales de manera oportuna
- Completar el trabajo de manera efectiva y eficiente (es decir, de manera expeditiva)
- Asistir en la asignación/dirección/ supervisión/ coordinación del trabajo de auditoría

El auditor debe documentar la estrategia general de auditoría; debe ser lo suficientemente detallada como para facilitar el desarrollo del programa de auditoría.

Dependerá de:

- ✓ La entidad, p. ej.: un grupo multinacional dedicado a la ingeniería, una empresa más pequeña de venta al por menor.
- ✓ La complejidad de la metodología de auditoría utilizada (p. ej.: el enfoque de auditoría o del riesgo de negocios y la utilización de TI en la automatización del proceso de auditoría).

Planificación de auditoría	
Términos del encargo de auditoría Las tareas de auditoría, tareas contables que se deben realizar para el cliente, tareas impositivas, cartas que se deben mandar, incluidos los informes requeridos y las expectativas del cliente	**El cliente y su contexto** Historia, productos, emplazamientos, factores a tener en cuenta, como un nuevo director ejecutivo/ sistema informático/producto
Estructura del grupo En un grupo de empresas es importante comprender la estructura de propiedad y el alcance de las operaciones del grupo, especialmente si cuenta con operaciones en el extranjero	**Cifras y ratios importantes (procedimientos analíticos)** De los papeles de trabajo correspondientes a auditorías de ejercicios anteriores y, si se encuentran disponibles, de la dirección y los registros contables preliminares
Enfoque de auditoría Nivel de fiabilidad asignada al control interno, utilización de pruebas de control y procedimientos sustantivos	**Estimación preliminar de la materialidad** El nivel máximo de error aceptable a fin de estar satisfecho de que los estados financieros muestren una imagen verdadera y fiel
Objetivos críticos de auditoría y áreas de riesgo Estas pueden incluir los activos intangibles, inventarios, trabajos en curso en virtud de un contrato, pasivos contingentes, reconocimiento de ingresos, moneda extranjera, transacciones entre partes relacionadas, incluida la información relacionada a revelar	**Asistencia del cliente** Contactos del cliente. Es posible que resulte necesario obtener asistencia del cliente para proporcionar documentos y análisis, facilitar la utilización de computadoras y coordinar las visitas a las sucursales. También el nivel de participación de la auditoría interna
Cronograma Fechas clave, incluidas las visitas (intermedias, al cierre del ejercicio y visitas finales de auditoría), preparación de la carta preliminar a la dirección y fechas de presentación de la información	**Necesidades de personal** Oficinas y personal de auditoría, incluidos los servicios relacionados
Presupuesto de tiempo y honorarios de auditoría estimados	

Programa de auditoría

Sirve como registro de la planificación de los procedimientos de auditoría, que puede ser revisado y debe ser aprobado antes de su realización. La estrategia general de auditoría debe ser actualizada y modificada según resulte necesario durante la auditoría. Los motivos de todo cambio significativo deben ser documentados.

El auditor deberá, entonces, desarrollar el plan con mayor nivel de detalle a partir de la estrategia general que documentará la naturaleza, duración y alcance de los procedimientos de auditoría que deben realizarse.

Consideraciones adicionales para trabajos iniciales de auditoría

El auditor debe realizar las siguientes actividades antes de comenzar una auditoría inicial:

- ✓ Realizar procedimientos con respecto a la aceptación de la relación con el cliente y el encargo de auditoría específico.
- ✓ Comunicarse con el auditor anterior, en donde ha habido un cambio de auditores, en cumplimiento con los requisitos éticos relevantes.

Contenido típico:

- ✓ Objetivos de auditoría.
- ✓ Procedimientos de auditoría.
- ✓ Presupuesto de tiempo.
- ✓ Tiempos de las pruebas de control y los procedimientos sustantivos.

NIA 315 – Responsabilidad del auditor para identificar y valorar riesgos

Objetivo:

La NIA 315, Identificación y valoración de los riesgos de incorrección material mediante el conocimiento de la entidad y de su entorno. Explica la importancia del conocimiento de la entidad y su entorno, incluido su control interno en el proceso de auditoría.

El socio del encargo y otros miembros clave del equipo discutirán el grado de exposición de los estados financieros de la entidad a incorrecciones materiales, y la aplicación del marco de información financiera aplicable a los hechos y circunstancias de la entidad. El socio del encargo determinará las cuestiones que deben ser comunicadas a los miembros del equipo que no participaron en la discusión.

El conocimiento del auditor con respecto a la entidad y su entorno consiste en comprender los siguientes aspectos:

- ✓ La industria, su regulación y otros factores externos, incluido el marco conceptual aplicable para la presentación de la información.
- ✓ Naturaleza de la entidad, incluidas sus operaciones, su estructura de propiedad y gobiernos, sus acuerdos de inversión y financiación.
- ✓ La selección y aplicación de las políticas contables de la entidad.
- ✓ Objetivos y estrategias y los riesgos de negocios relacionados que pueden resultar en incorrecciones materiales en los estados financieros.
- ✓ Medición y evaluación del desempeño financiero de la entidad.
- ✓ Control interno.

Conocimiento de la entidad y su entorno – naturaleza

El auditor deberá adquirir una comprensión acerca de la naturaleza de la entidad, que incluye:

- ✓ Sus operaciones, sus dueños, su gobierno, el tipo de inversiones que realiza, la manera en que la entidad está estructurada, los métodos de financiación.
- ✓ Conocer la naturaleza de la entidad le permite al auditor comprender las clases de transacciones, los saldos de las cuentas y el tipo de información que deben revelar los estados financieros.

El auditor deberá adquirir una comprensión con respecto a la selección y aplicación de las políticas contables por parte de la entidad, y considerar si son apropiadas para su actividad y coherentes con la aplicación del marco conceptual para la presentación de la información financiera y las políticas contables utilizadas en la industria. Este conocimiento comprende:

- ✓ Los métodos utilizados por la entidad para el registro contable de transacciones significativas e inusuales.
- ✓ El efecto de políticas contables significativas en áreas nuevas o de controversia, para las cuales no existe una guía de autoridad o consenso.
- ✓ Cambios en las políticas contables de la entidad y el impacto de dichos cambios en los estados financieros de la entidad.

"El auditor obtendrá conocimiento de los objetivos y las estrategias de la entidad, así como los riesgos de negocio relacionados, que puedan dar lugar a incorrecciones materiales".

La entidad desarrolla su actividad dentro del contexto de la industria, sus requisitos regulatorios y otros factores internos y externos a los que la dirección debe responder definiendo objetivos para la entidad.

Los riesgos de negocios, que son más amplios que el riesgo de incorrección material, surgen ya sea por fijar objetivos y/o estrategias inadecuados, o a partir de condiciones, hechos, circunstancias, acciones o inacciones significativas que podrían afectar la capacidad de la entidad de alcanzar sus objetivos e implementar sus estrategias.

El auditor debe evaluar la probabilidad de que un riesgo de negocios genere un riesgo de incorrección material, mediante la utilización de la documentación producida, como los planes o estrategias formales para la gestión del riesgo de negocios implementados por la entidad; a falta de ellos, el auditor deberá adquirir una comprensión mediante la observación y averiguación.

"El auditor obtendrá conocimiento de la medición y revisión del resultado financiero de la entidad".

La evaluación del desempeño, ya sea en forma externa o interna, genera presiones para la entidad que, a su vez, pueden motivar a la dirección a tomar medidas para mejorar el rendimiento del negocio o incluir incorrecciones materiales en los estados financieros.

La medición y evaluación del desempeño financiero por parte de la dirección debe distinguirse del monitoreo de los controles, si bien sus objetivos son similares.

Los sistemas de medición del desempeño generados en forma interna pueden incluir los indicadores clave de desempeño (Key Performance Indicators, KPI), presupuestos, análisis de variaciones, e información por segmentos.

Comprender el sistema de medición de desempeño de la entidad ayuda al auditor a considerar si las presiones han generado un mayor riesgo de incorrecciones materiales y si dichos sistemas de medición son lo suficientemente precisos para detectar dichas incorrecciones materiales.

Conocimiento de la entidad y su entorno - control interno

"El auditor obtendrá conocimiento del control interno relevante para la auditoría".

No todos los controles establecidos por la dirección serán relevantes para la auditoría. El auditor deberá utilizar su juicio profesional a fin de determinar si un control es relevante para la auditoría.

El auditor utiliza su comprensión de los controles para identificar los tipos de incorrecciones materiales potenciales, considerar los factores que afectan el riesgo de incorrecciones materiales, y diseñar la naturaleza, tiempos y alcance de otros procedimientos de auditoría.

El control interno es el proceso diseñado e implementado por los responsables del gobierno, la dirección y otros miembros del personal, a fin de proporcionar una certeza razonable con respecto a la consecución de los objetivos de la entidad en relación con la fiabilidad de la presentación de la información financiera, la efectividad y eficacia de las operaciones y el cumplimiento con las leyes y regulaciones aplicables.

El control interno tiene cinco componentes:

- ✓ El entorno de control.
- ✓ El proceso de evaluación de riesgos de la entidad.
- ✓ El sistema de información, incluidos los procesos de negocios relacionados, relevantes a la presentación de la información financiera.
- ✓ Actividades de control.
- ✓ Monitoreo del control.

El entorno de control incluye las funciones del gobierno y la dirección, y las actitudes, conciencia y actividad de los responsables del gobierno y la dirección las cuales, en su conjunto, proporcionan una base adecuada para los demás componentes del control interno.

Como parte de la comprensión del entorno de control, el auditor debe considerar si la dirección ha creado y mantenido una cultura de honestidad y comportamiento ético.

Conocimiento de la entidad y su entorno - nuevas auditorías - cuestiones a considerar

Antes de aceptar la designación:

- ✓ Capacidad y recursos:
  - a. Tamaño, emplazamiento
  - b. Naturaleza del negocio
  - c. Tiempos

d. Personal

e. Compromisos actuales

- ✓ Independencia
- ✓ Problemas, p. ej.: razones profesionales para no aceptar la designación expresada por el auditor anterior.

Luego de haber aceptado la designación: Adquirir un conocimiento e información más detallados, suficientes para planear la auditoría y un enfoque de auditoría efectivo.

NIA 570 – Empresa en funcionamiento

Objetivo:

Explicar las responsabilidades del auditor con respecto a la presunción de empresa en funcionamiento en la preparación de los estados financieros, incluida la consideración de la evaluación por parte de la dirección sobre la capacidad de la empresa de continuar en la categoría de empresa en funcionamiento.

Responsabilidades - objetivos del auditor:

- ✓ Obtener evidencia de auditoría suficiente y adecuada sobre la adecuación de la utilización por parte de la dirección de la hipótesis de empresa en funcionamiento para la preparación de los estados financieros.
- ✓ Determinar, sobre la base de la evidencia de auditoría obtenida, la existencia o no de una incertidumbre material relacionada con hechos o con condiciones que pueden generar dudas significativas sobre la capacidad de la entidad para continuar como empresa en funcionamiento.
- ✓ Determinar las implicaciones para el informe de auditoría.

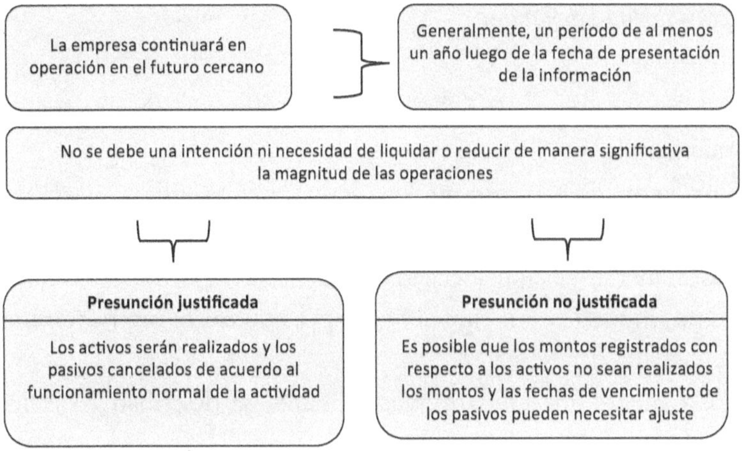

Requisitos contables

Los estados financieros deben ser preparados en base a la categoría de empresa en funcionamiento, salvo que dicha base resulte inapropiada.

Toda incertidumbre de carácter significativo, que puede generar dudas considerables con respecto a la propiedad de la categoría de empresa en funcionamiento, debe ser revelada.

Cuando la base de empresa en funcionamiento no es utilizada, los estados financieros deben revelar:

- ✓ El hecho.
- ✓ La base para su preparación.
- ✓ La razón por la cual se considera que la empresa no corresponde a la categoría de empresa en funcionamiento, p. ej., los activos están bajo liquidación.

La responsabilidad de la dirección

La NIC 1 requiere la evaluación por parte de la dirección de la capacidad de la empresa para continuar operando como una empresa en funcionamiento.

Cuando un marco conceptual para la presentación de la información financiera no establece la responsabilidad de la dirección de manera explícita, la responsabilidad será implícita, dado que la categoría de empresa en funcionamiento es un principio fundamental.

La responsabilidad del auditor

Debe considerar:

- ✓ La utilización por parte de la dirección de la presunción de empresa en funcionamiento.
- ✓ Si los factores de incertidumbre de carácter significativo están adecuadamente revelados.
- ✓ Si existe una revelación adecuada de los hechos que ponen en duda la condición de empresa en funcionamiento, pero no existe incertidumbre significativa ("señales de alarma").

La NIA 570 requiere que estas responsabilidades se describan en el informe del auditor.

Empresa en funcionamiento – consideraciones de planificación

Al aplicar los procedimientos de valorización del riesgo de conformidad con la NIA 315, el auditor tendrá en cuenta si existen hechos o condiciones que puedan generar dudas significativas sobre la capacidad de la entidad para continuar como empresa en marcha.

Es posible que la dirección ya haya realizado una evaluación preliminar con respecto a las cuestiones que hacen a la categoría de empresa en funcionamiento y planificado ocuparse de ellas; p.ej:

- ✓ Obtener capital.
- ✓ Aumentar los préstamos obtenidos.
- ✓ Reestructurar la deuda.
- ✓ Diferir los gastos de capital; o suspender por el momento los proyectos de investigación y desarrollo.
- ✓ Liquidar activos.

De no ser así, debe solicitarse a la dirección que realice una evaluación, particularmente si dichos hechos y condiciones son evidentes.

La evaluación por parte de la dirección no requerirá un análisis detallado cuando la empresa sea rentable y posea los recursos financieros adecuados.

Factores atenuantes

Planes de la dirección a fin de mantener un flujo de efectivo adecuado por otros medios:

- ✓ Disposición de activos.
- ✓ Reprogramación de los pagos de un préstamo.
- ✓ Obtención de capital adicional.

El auditor debe evaluar la viabilidad de los planes y la probabilidad de que contribuyan a mejorar la situación de la entidad.

Disponibilidad de una fuente alternativa adecuada de suministro

Durante la auditoría

El auditor deberá mantenerse alerta en busca de evidencia de auditoría con respecto a hechos o condiciones y riesgos de negocios relacionados que puedan generar dudas significativas con respecto a la capacidad de la entidad de continuar operando como una empresa en funcionamiento. Si los identifica, el auditor deberá:

- ✓ Realizar procedimientos adicionales.
- ✓ Considerar si afectan la evaluación del auditor con respecto a los riesgos de incorrección material.

NIA 320 – Importancia relativa o materialidad en la planificación y ejecución de la auditoría

Objetivo: Describir el concepto de materialidad y su relación con el riesgo de auditoría.

La NIA 320, importancia relativa o materialidad en la planificación y ejecución de la auditoría, contiene principios y requerimientos fundamentales para la planificación y realización de una auditoría, y tiene relevancia para el informe de auditoría. Requiere que el auditor evalúe la importancia de diversos aspectos relacionados con la auditoría.

El marco conceptual del Consejo de Normas Internacionales de Contabilidad para la Preparación y Presentación de los Estados Financieros establece que: "La información será material (o significativa) si su omisión o representación errónea podrían influir en las decisiones económicas de los usuarios, tomadas en base a los estados financieros…”.

La materialidad depende de la magnitud de la partida o el error considerado dentro de las circunstancias particulares de su omisión o representación errónea. Proporciona un criterio límite que le permite al auditor evaluar la importancia de diversos aspectos relacionados con la auditoría.

En la NIA 320 párr. 2, se establece un marco de referencia para uso de los auditores al determinar la materialidad, si el marco conceptual aplicable no proporciona un análisis del concepto de materialidad:

- ✓ Las incorrecciones, incluidas las omisiones, se consideran materiales si, individualmente o de forma agregada, cabe prever razonablemente que influyan en las decisiones económicas que los usuarios toman basándose en los estados financieros.
- ✓ Los juicios sobre la importancia relativa se realizan teniendo en cuenta las circunstancias que concurren y se ven afectados por la magnitud o la naturaleza de una incorrección, o por una combinación de ambas.
- ✓ Los juicios sobre las cuestiones que son materiales para los usuarios de los estados financieros se basan en la consideración de las necesidades comunes de información financiera de los usuarios en su conjunto.
- ✓ La materialidad debe ser considerada durante la planificación y realización de la auditoría, en la determinación de la naturaleza, los tiempos y el alcance de los procedimientos de auditoría, y en la evaluación de las incorrecciones materiales.

La NIA 320 señala que la evaluación de la materialidad es una cuestión de juicio profesional.

La NIA menciona los conceptos de “juicio profesional” y de “monto” y “naturaleza” de las incorrecciones materiales. También reconoce que la determinación de la materialidad por parte del auditor se ve afectada por la percepción del auditor acerca de las necesidades de información de los usuarios de los estados financieros, y establece que los auditores podrán razonablemente asumir que los usuarios:

- ✓ Tienen un conocimiento razonable de la actividad económica y empresarial, así como de la contabilidad y están dispuestos a analizar la información de los estados financieros con una diligencia razonable.

- ✓ Comprenden que los estados financieros se preparan, presentan y auditan teniendo en cuenta niveles de importancia relativa.
- ✓ Son conscientes de las incertidumbres inherentes a la determinación de cantidades basadas en la utilización de estimaciones y juicios, y en la consideración de hechos futuros.
- ✓ Toman decisiones económicas razonables basándose en la información contenida en los estados financieros.

En la práctica, las necesidades de información de los usuarios varían.

Inversores y asesores: Los proveedores de capital necesitan obtener información acerca del riesgo y el retorno de su inversión, a fin de:

- ✓ Poder tomar decisiones (¿comprar, mantener, vender?).
- ✓ Evaluar la capacidad de la entidad para pagar dividendos.

Empleados:

- ✓ Estabilidad y rentabilidad de sus empleadores.
- ✓ Capacidad de proporcionar remuneración, beneficios de jubilación y oportunidades de empleo.

Proveedores de financiamiento: saber si los préstamos e intereses serán pagados cuando se tornen exigibles.

Proveedores y acreedores: saber si los montos adeudados serán pagados cuando se tornen exigibles.

Clientes: duración - importancia de una relación con la empresa o dependencia de ella a largo plazo.

Los gobiernos:

- ✓ Asignación de recursos y, por lo tanto, actividades de las empresas.
- ✓ Información para regular las actividades, determinar las políticas impositivas y como base para el ingreso nacional y estadísticas similares.

El público: contribución a la economía local, incluida la cantidad de empleados y el patrocinio de las tendencias de aprovisionamiento local. Así como también desarrollos recientes en cuanto a la prosperidad y diversas actividades.

La dirección: planificación, toma de decisiones y control de las actividades de operación.

Por lo general, el auditor presenta la información a los accionistas, quienes tienen un alto nivel de influencia en la determinación de los niveles de materialidad. Los distintos usuarios basan su evaluación con respecto a la materialidad en diferentes criterios.

Por ejemplo, al considerar una solicitud de préstamo, un banco considerará significativas las cuestiones que afectan:

- ✓ Las ganancias antes de intereses de la empresa (afectan la cobertura de intereses).
- ✓ Sus activos netos (afectan la solvencia).

Importancia relativa o materialidad en la planificación y ejecución de la auditoría – consideraciones – monto

Al diseñar un plan de auditoría, el auditor establece niveles de materialidad aceptables a fin de detectar incorrecciones materiales en forma cuantitativa.

Al establecer la estrategia general de auditoría, el auditor deberá determinar la materialidad para los estados financieros tomados en su conjunto. Esta puede considerarse como el nivel general de materialidad que debe aplicarse durante la auditoría.

Dentro del contexto general

Evaluar una partida en relación con los estados financieros en su conjunto, p. ej.: comparándola con:

- ✓ Los ingresos
- ✓ Las ganancias antes de impuestos
- ✓ El total de activos
- ✓ El capital y reservas

Como criterio fundamental, la materialidad debe resultar relevante para el usuario más que para quien prepara los estados financieros. Los "puntos críticos" incluyen aquellos en los que:

✓ ganancias → pérdidas

✓ activos netos corrientes → pasivos netos corrientes

Se debe tomar en cuenta que si bien los activos (pasivos) netos corrientes forman parte de la información que debe ser revelada por las empresas del Reino Unido, no se trata de un requisito establecido por la NIC 1, Presentación de los estados financieros.

Dentro del contexto particular

La comparación de una partida con toda una categoría, p. ej.: un error en el inventario de $ 50.000 comparado con el valor total del inventario, de $ 650.000.

Las incorrecciones materiales con respecto a montos relativamente reducidos pueden, en forma acumulativa, tener un efecto significativo sobre los estados financieros, p. ej.: un error en un procedimiento de fin de mes puede ser repetido todos los meses. Dichos errores pueden no ser detectados si el plan de auditoría estaba basado en el nivel general de materialidad.

La materialidad en el desempeño

Además del nivel general de materialidad, la NIA 320 exige que el auditor establezca un nivel de materialidad en cuanto al desempeño. Esto implica la cifra o cifras determinadas por el auditor, por debajo del nivel de la importancia relativa establecida para los estados financieros en su conjunto, al objeto de reducir a un nivel adecuadamente bajo la probabilidad de que la suma de las incorrecciones no corregidas y no detectadas supere la importancia relativa determinada para los estados financieros en su conjunto.

Nivel o niveles de importancia relativa para determinados tipos de transacciones, saldos contables o información a revelar. Los factores que pueden indicar la existencia de uno o más tipos determinados de transacciones, saldos contables o información a revelar que, en caso de que contengan incorrecciones por importes inferiores a la importancia relativa para los estados financieros en su conjunto, quepa razonablemente prever que influyan en las decisiones económicas que los usuarios toman basándose en los estados financieros, son entre otros los siguientes:

- ✓ Si las disposiciones legales o reglamentarias o el marco de información financiera aplicable afectan a las expectativas de los usuarios respecto a la medición o revelación de determinadas partidas (por ejemplo, transacciones con partes vinculadas y la remuneración de la dirección y de los responsables del gobierno de la entidad).
- ✓ La revelación de información clave relacionada con el sector en el que la entidad opera (por ejemplo, gastos de investigación y desarrollo en una sociedad farmacéutica).
- ✓ Si la atención se centra en un determinado aspecto de la actividad de la entidad que se revela por separado en los estados financieros (por ejemplo, un negocio adquirido recientemente).

Algunos saldos pueden determinarse en forma precisa, otros no.

Posibilidad de determinación precisa: por ejemplo, los honorarios de los directores y el capital accionario. Todo error, sin importar cuán pequeño, puede ser considerado significativo y ajustado.

Imposibilidad de determinación precisa: por ejemplo, provisiones de inventario y pasivos contingentes.

Es aceptable un cierto grado de flexibilidad.

Ejemplos de incorrecciones materiales cualitativas:

- ✓ Descripción inadecuada o inapropiada de una política contable, o la omisión de revelar cambios en las circunstancias de la entidad o en el marco conceptual de la presentación de información financiera, que puede confundir a un usuario.
- ✓ La omisión de una violación a los requisitos regulatorios, cuando las restricciones resultantes pueden afectar la capacidad operativa.
- ✓ Evaluación basada en la información financiera fiable disponible más actualizada, relacionada con saldos de cuentas específicos y clases de transacciones.

La NIA 320 señala la importancia del juicio de auditoría en la evaluación de la materialidad, pero reconoce que puede resultar apropiado utilizar parámetros de medición, como los que se ilustran en esta sección.

Guías porcentuales		La utilización de límites "estándar" proporciona uniformidad entre una auditoría y otra
5 – 10%	de las ganancias	Por debajo del límite más bajo carece de materialidad; por encima del límite más alto es material (significativo)
0,5 – 1%	de los activos netos	
1 – 2%	del total de activos	
0,5 – 1%	de los ingresos	

Riesgo de auditoría y la materialidad

El riesgo de auditoría consiste en el riesgo de que el auditor exprese una opinión de auditoría inadecuada cuando los estados financieros contienen incorrecciones materiales. El riesgo de auditoría es una función del riesgo de incorrección material y del riesgo de detección.

La importancia relativa y el riesgo de auditoría se tienen en cuenta a lo largo de la auditoría, en especial al:

- ✓ Identificar y valorar los riesgos de incorrección material.
- ✓ Determinar la naturaleza, el momento de realización y la extensión de los procedimientos de auditoría posteriores.
- ✓ Evaluar el efecto de las incorrecciones no corregidas, en su caso, sobre los estados financieros y en la formación de la opinión a expresar en el informe de auditoría.

La evaluación de la materialidad ayuda al auditor a decidir qué partidas debe examinar y en qué medida el auditor puede utilizar el muestreo y los procedimientos analíticos sustantivos. Esto le permite al auditor seleccionar los procedimientos de auditoría que, combinados, reducirán el riesgo de auditoría a un nivel aceptablemente bajo.

La relación entre la materialidad y el nivel de riesgo de auditoría se describe como "inversa" (es decir, cuanto mayor sea el nivel de materialidad, menor será el riesgo de auditoría y viceversa). Un nivel bajo de materialidad monetaria equivale a un riesgo alto de auditoría, que genera la necesidad de realizar más pruebas de control o procedimientos sustantivos.

Revisión a medida que progresa la auditoría:

El auditor deberá revisar la materialidad de los estados financieros en su conjunto (y la materialidad en cuanto al desempeño y los niveles de materialidad para clases de transacciones, saldos de cuentas o información adicional a revelar en particular) si el auditor encuentra información durante la auditoría a partir de la cual habría determinado un monto (o montos) distinto(s) inicialmente.

NIA 450 – Evaluación de las incorrecciones identificadas durante la realización de la auditoría

En el informe de auditoría, su responsabilidad consiste en determinar si se ha obtenido una certeza razonable de que los estados financieros en su conjunto se encuentran libres de incorrecciones materiales.

El auditor acumulará las incorrecciones identificadas durante la realización de la auditoría, excepto las que sean claramente insignificantes. El auditor determinará si es necesario revisar la estrategia global de auditoría y el plan de auditoría cuando:

- ✓ La naturaleza de las incorrecciones identificadas y las circunstancias en las que se produjeron indican que pueden existir otras incorrecciones que, sumadas a las incorrecciones acumuladas durante la realización de la auditoría, podrían ser materiales.
- ✓ La suma de las incorrecciones acumuladas durante la realización de la auditoría se aproxima a la cifra de importancia relativa determinada de conformidad con la NIA 320.

Incorrecciones materiales no corregidas = incorrecciones materiales específicas + mejor estimación de otras incorrecciones materiales.

Consideraciones adicionales, si la suma total puede ser significativa:

- ✓ Todo ajuste adicional que la dirección propone o está dispuesta a implementar; es más probable que la dirección realice ajustes en razón de una representación errónea específica que por un error proyectado.
- ✓ El impacto, sobre los puntos críticos.
- ✓ Si se pueden reducir los errores proyectados (a fin de llevar el total por debajo de un límite aceptable), extendiendo los procedimientos de auditoría.

Si la dirección se niega a ajustar los estados financieros y los resultados de los procedimientos de auditoría extendidos no le permiten al auditor concluir que la suma total de incorrecciones materiales no corregidas no es significativa, el auditor debe considerar la debida modificación al informe de auditoría de acuerdo con la

NIA 700, Formación de la opinión y emisión del informe de auditoría sobre los estados financieros.

NIA 315 - Identificación y valoración de los riesgos de incorrección material mediante el conocimiento de la entidad y de su entorno

El objetivo del auditor es identificar y valorar los riesgos de incorrección material, debida a fraude o error, tanto en los estados financieros como en las afirmaciones, mediante el conocimiento de la entidad y su entorno, incluido su control interno, con la finalidad de proporcionar una base para el diseño y la implementación de respuestas a los riesgos valorados de incorrección material.

Objetivo: Describir el concepto de materialidad y su relación con el riesgo de auditoría.

Los procedimientos de evaluación de riesgo incluyen:

- ✓ Averiguaciones a través de la dirección y otras personas dentro de la entidad.
- ✓ Procedimientos analíticos.
- ✓ Observación e inspección.

Riesgos que requieren consideración especial de auditoría el auditor determinará si alguno de los riesgos identificados es, a su juicio, un riesgo significativo. En el ejercicio de dicho juicio, el auditor excluirá los efectos de los controles identificados relacionados con el riesgo.

Factores para considerar:

- ✓ Si el riesgo se trata de un riesgo de fraude.
- ✓ Si el riesgo se está relacionado con significativos y recientes acontecimientos económicos, contables o de otra naturaleza y, en consecuencia, requiere una atención especial.
- ✓ La complejidad de las transacciones.
- ✓ Si el riesgo afecta a transacciones significativas con partes vinculadas.
- ✓ El grado de subjetividad en la medición de la información financiera relacionada con el riesgo, en especial aquellas mediciones que conllevan un elevado grado de incertidumbre.
- ✓ Si el riesgo afecta a transacciones significativas ajenas al curso normal de los negocios de la entidad o que, por otras razones, parecen inusuales.

Una vez que el auditor ha determinado la existencia de un riesgo significativo, el auditor obtendrá conocimiento de los controles de la entidad, incluidas las actividades de control, correspondientes a dicho riesgo.

Riesgos para los que los procedimientos sustantivos por sí solos no proporcionan evidencia de auditoría suficiente y adecuada.

Con respecto a ciertos riesgos, el auditor puede juzgar que no es posible o factible obtener evidencia de auditoría suficiente y adecuada, aplicando únicamente procedimientos sustantivos. En tales casos, los controles de la entidad sobre dichos riesgos son relevantes para la auditoría y el auditor obtendrá conocimiento de ellos.

Estos riesgos pueden estar directamente relacionados con el registro de clases de transacciones de rutina, y pueden incluir el riesgo de procesamiento inexacto o incompleto de clases de transacciones significativas, como los ingresos, las compras, y los cobros y pagos en efectivo. El auditor podrá considerar que este es el caso cuando un monto significativo que forma parte de la información de la entidad ha sido iniciado, registrado, procesado e informado en forma electrónica únicamente dentro de un sistema integrado.

Documentación

El auditor incluirá en la documentación de auditoría:

- ✓ Los resultados de la discusión entre el equipo del encargo, cuando lo requiera el apartado 10, así como las decisiones significativas que se tomaron.
- ✓ Los elementos clave del conocimiento obtenido en relación con cada uno de los aspectos de la entidad y de su entorno, así como de cada uno de los componentes del control interno; las fuentes de información de las que proviene dicho conocimiento; y los procedimientos de valoración del riesgo aplicados.
- ✓ Los riesgos de incorrección material en los estados financieros y en las afirmaciones, identificados y valorados.
- ✓ Los riesgos identificados, así como los controles relacionados con ellos, respecto de los que el auditor ha obtenido conocimiento.

Observe que los niveles de las afirmaciones ahora se han dividido en dos categorías: afirmaciones sobre clases de transacciones, hechos y revelaciones relacionadas, y afirmaciones sobre saldos de cuentas y revelaciones relacionadas.

NIA 520 – Procedimientos analíticos

Evaluaciones de información financiera realizadas mediante el análisis de las relaciones plausibles entre datos financieros y no financieros. Los procedimientos analíticos también incluyen, en la medida necesaria, la investigación de las variaciones o de las relaciones identificadas que sean incongruentes con otra información relevante o que difieren de los valores esperados en un importe significativo.

Comparaciones de información financiera

Los procedimientos analíticos se basan, por lo general, en comparaciones, por ejemplo:

- ✓ Comparación de los ingresos de este año con los del año anterior.
- ✓ Comparación de los ingresos de este año con los resultados que se prevén en base a presupuestos y pronósticos.
- ✓ Comparación del aumento de ingresos con el de empresas similares que operan en la misma industria.

Consideración de las relaciones

Entre	Ejemplos
Elementos de información financiera que se espera que actúen en función de un patrón previsto	Margen de ganancia bruta en relación con las ventas
Información financiera e información no financiera relevante	Costos de nómina en relación con la cantidad de empleados

Desde una simple comparación a intrincados análisis que utilizan técnicas estadísticas avanzadas.

Pueden aplicarse a:

- ✓ Estados financieros consolidados.
- ✓ Componentes (p. ej.: subsidiarias, divisiones, segmentos).
- ✓ Elementos individuales de la información financiera (p. ej.: saldos de cuentas).

Necesidad de la evaluación de riesgo

El auditor deberá aplicar los procedimientos analíticos como procedimientos de evaluación de riesgo a fin de adquirir una comprensión de la entidad y su entorno.

Los procedimientos analíticos preliminares son utilizados a fin de:

- ✓ Asistir en la identificación de la existencia de transacciones y hechos inusuales y de montos, ratios y tendencias que podrían indicar cuestiones con incidencia en los estados financieros y en la auditoría.
- ✓ Profundizar la comprensión de la entidad a partir de la acumulación de información sobre tendencias en las relaciones clave.
- ✓ Determinar la naturaleza, tiempos y alcance de los procedimientos de auditoría adicionales.

El deterioro en el rendimiento financiero y la disponibilidad de efectivo aumenta potencialmente el riesgo inherente, ya que existe mayor probabilidad de errores deliberados/manipulación.

La capacidad de cancelar las deudas a medida que se tornan exigibles es un concepto básico de la condición de empresa en marcha para la preparación de los estados financieros.

Modo de evaluación:

- ✓ Corto plazo - indicadores de liquidez, como ser el coeficiente de solvencia
- ✓ Largo plazo - indicadores de apalancamiento y rentabilidad; p. ej.:
  1. Coeficiente deuda/capital.
  2. Rentabilidad sobre el capital empleado (Return on Capital Employed, ROCE).
  3. Porcentaje de ganancia bruta.
  4. Ganancias por acción, para entidades que cotizan en bolsa.
- ✓ Préstamos - incumplimientos y renegociación de pagos.
- ✓ Proyecciones del flujo de fondos - los ingresos de las operaciones son inferiores a la deuda con vencimiento próximo.

Fluctuaciones:

Si los procedimientos analíticos aplicados de conformidad con esta NIA revelan variaciones o relaciones incongruentes con otra información relevante o que difieran de los valores esperados en un importe significativo, el auditor investigará dichas diferencias.

Investigaciones:

- ✓ Las tendencias o desviaciones inesperadas deben discutirse con la dirección como primera medida, u otras personas con conocimiento del tema dentro del personal del cliente.
- ✓ Las explicaciones deben tener su fundamento, p. ej.: a través de la referencia a conocimientos existentes y evidencia de auditoría ya obtenida.
- ✓ Si las explicaciones de la dirección son inadecuadas, es posible que se requieran procedimientos de auditoría adicionales.

NIA 330 – Respuestas del auditor a los riesgos valorados

Describir los procedimientos que el auditor debe emplear en respuesta a los riesgos evaluados a nivel de los estados financieros.

Lo que sigue es un panorama general de los requisitos de esta norma:

- ✓ El auditor deberá designar e implementar respuestas generales al riesgo de incorreción material a nivel de los estados financieros.
- ✓ Cuanto más alto sea el riesgo evaluado por el auditor, más persuasiva deberá ser la evidencia de auditoría.
- ✓ El auditor deberá diseñar y realizar pruebas de control a fin de obtener evidencia de auditoría suficiente y adecuada en cuanto a la eficacia operativa de los controles relevantes cuando:
  - a) La evaluación del auditor acerca del riesgo de incorreción material a nivel de las afirmaciones, incluye la expectativa de que los controles operen de manera efectiva
  - b) Los procedimientos sustantivos únicamente no pueden proporcionar evidencia de auditoría suficiente y adecuada a nivel de las afirmaciones.

Independientemente de los riesgos evaluado de incorreción material, el auditor deberá diseñar y realizar procedimientos sustantivos para cada clase de transacciones, saldo de cuentas e información adicional a revelar significativos.

El auditor deberá establecer si la evaluación del riesgo continúa siendo apropiada y decidir si se ha obtenido evidencia de auditoría suficiente y adecuada.

En la documentación, el auditor deberá incluir:

- ✓ Las respuestas generales a fin de abordar los riesgos evaluados de incorreción material a nivel de los estados financieros y la naturaleza, duración y alcance de los demás procedimientos de auditoría realizados.
- ✓ La relación entre dichos procedimientos y los riesgos evaluados a nivel de las afirmaciones.
- ✓ Los resultados de los procedimientos de auditoría, incluidas las conclusiones, en el caso de que estas no resulten claras de por sí.

Respuesta al riesgo evaluado de incorrección material a nivel de las afirmaciones:

El auditor deberá diseñar y realizar procedimientos adicionales de auditoría cuya naturaleza, tiempos y alcance resulten apropiados en respuesta al riesgo evaluado de incorrección material a nivel de las afirmaciones.

El objeto de esta norma consiste en describir las cuestiones a considerar, que incluyen:

- ✓ La magnitud del riesgo.
- ✓ La probabilidad de ocurrencia de incorreciones materiales.
- ✓ Las características de la clase de transacciones, balance de cuentas o información adicional a revelar relacionada.
- ✓ La naturaleza de los controles específicos utilizados por la entidad, particularmente si son manuales o automáticos.

Si el auditor espera obtener evidencia de auditoría a fin de determinar si los controles de la entidad resultan efectivos a fin de prevenir, detectar y corregir incorreciones materiales.

Los resultados de la evaluación del auditor con respecto a la eficacia de los controles y la eficiencia de las pruebas de dicha efectividad, determinarán si el auditor realizará procedimientos sustantivos únicamente o si empleará una combinación de pruebas de control y procedimientos sustantivos. Es necesario para el auditor estar satisfecho de que la realización de procedimientos sustantivos únicamente para la afirmación en cuestión será de efectividad a fin de reducir el riesgo de incorreción material a un nivel aceptablemente bajo.

Es posible que las entidades pequeñas no cuenten con actividades de control que el auditor pueda identificar. Por ello, es probable que los demás procedimientos de auditoría realizados por el auditor sean procedimientos sustantivos principalmente. En dichos casos, el auditor deberá considerar si, ante la falta de controles, resulta posible obtener evidencia de auditoría suficiente y adecuada.

Respuesta al riesgo evaluado de incorrección material a nivel de las afirmaciones.

La naturaleza de los procedimientos adicionales de auditoría se refiere a su objeto (es decir, si son pruebas de control o procedimientos sustantivos).

Su tipo, que puede ser:

- ✓ Inspección de registros y documentos
- ✓ Inspección de activos tangibles
- ✓ Observación
- ✓ Averiguación
- ✓ Confirmación
- ✓ Recalcular
- ✓ Realizar nuevamente
- ✓ Procedimientos analíticos.

Los tiempos de los procedimientos adicionales de auditoría se refieren al momento en que se realizan los procedimientos de auditoría o al período o la fecha al cual corresponde la evidencia de auditoría.

El auditor puede realizar pruebas de control o procedimientos sustantivos en una fecha intermedia o al final del período. A fin de determinar el momento adecuado para realizar los procedimientos de auditoría, se deben tener en cuenta las siguientes cuestiones:

- ✓ El entorno de control
- ✓ El momento en que la información relevante estará disponible, incluido el momento de preparación de los estados financieros.
- ✓ La naturaleza del riesgo
- ✓ El período o fecha al cual se relaciona la evidencia de auditoría.

El alcance de los procedimientos adicionales de auditoría consiste en una medida cuantitativa del procedimiento de auditoría específico que se va a realizar (p. ej.: el tamaño de una muestra o la cantidad de observaciones de una actividad de control).

El alcance es determinado por el auditor luego de establecer:

- ✓ La materialidad.
- ✓ El riesgo evaluado.
- ✓ El grado de certeza que el auditor desea obtener.

El auditor siempre debe asegurarse de que el procedimiento sea relevante para un riesgo específico; el auditor debe considerar la naturaleza del procedimiento de auditoría. El auditor deberá realizar pruebas de control cuando la evaluación de riesgo realizada por el auditor incluye una expectativa acerca de la eficacia operativa de los controles. Los procedimientos sustantivos únicamente no proporcionan evidencia de auditoría suficiente y adecuada a nivel de las afirmaciones.

Cuando la evaluación de riesgo de incorreción material realizada por el auditor incluye la expectativa de que los controles operan de manera efectiva, el auditor deberá realizar pruebas de control a fin de obtener evidencia de auditoría suficiente y adecuada de que los controles operaban en forma efectiva en momentos relevantes durante el período auditado.

Cuando el auditor hubiere determinado que no resulta posible o factible reducir el riesgo de incorreción material a nivel de las afirmaciones a un nivel aceptablemente bajo mediante la evidencia de auditoría obtenida únicamente a partir de procedimientos sustantivos, el auditor deberá realizar pruebas de los controles relevantes a fin de obtener evidencia de auditoría con respecto a su eficacia operativa. Por ejemplo, puede resultar imposible para el auditor diseñar procedimientos sustantivos efectivos que por sí mismos proporcionen evidencia de auditoría suficiente y adecuada a nivel de las afirmaciones cuando una entidad desarrolla su actividad utilizando TI (Tecnología de la Información) y no se produce ni mantiene ninguna documentación de las transacciones fuera del sistema de TI.

Se realizan pruebas de la eficacia operativa de los controles únicamente sobre aquellos controles que, a determinación del auditor, están diseñados de manera adecuada para prevenir o detectar y corregir una incorreción material con respecto a una afirmación.

La realización de procedimientos de evaluación de riesgo le proporciona al auditor evidencia de que la entidad cuenta con los controles relevantes y que estos están siendo implementados, mientras que las pruebas de la eficacia operativa de los controles le proporcionan al auditor evidencia de que los controles operan de manera efectiva.

Naturaleza de las pruebas de control

El auditor debe realizar otros procedimientos de auditoría combinados con la averiguación, a fin de evaluar la eficacia operativa de los controles.

La ausencia de incorreciones detectada mediante un procedimiento sustantivo, no proporciona evidencia de auditoría de que los controles relacionados con la afirmación evaluada sean efectivos.

Tiempos de las pruebas de control

La duración de las pruebas de control es determinada por el objetivo del auditor y el período durante el cual los controles se consideran fiables.

Cuando el auditor obtiene evidencia de auditoría acerca de la eficacia operativa de los controles durante un período intermedio, el auditor deberá:

- ✓ Obtener evidencia de auditoría acerca de cambios significativos en los controles subsiguientes al período intermedio.
- ✓ Determinar la evidencia de auditoría adicional que se debe obtener para el período restante.

Si el auditor planea utilizar la evidencia de auditoría acerca de la eficacia operativa de los controles obtenida en períodos anteriores, el auditor deberá obtener evidencia que determine si han operado cambios en dichos controles en particular luego de dicho período anterior. Para obtener esta evidencia, el auditor deberá realizar averiguaciones en combinación con la observación o inspección a fin de confirmar su comprensión acerca de dichos controles en particular.

Si el auditor planea fiarse de controles que han sido modificados desde la última vez que fueron evaluados, deberá evaluar la eficacia operativa de dichos controles en la auditoría en curso.

Si el auditor planea fiarse de controles que no han sido modificados desde la última vez que fueron evaluados, el auditor deberá evaluar la eficacia operativa de dichos controles cada tres auditorías (o con mayor frecuencia si lo considera conveniente).

Cuando existen varios controles para los cuales el auditor determina que resulta apropiado utilizar evidencia de auditoría obtenida en auditorías anteriores, el auditor debe evaluar la eficacia operativa de algunos de los controles en cada auditoría.

Cuando el auditor ha determinado que un riesgo evaluado de incorreción material a nivel de las afirmaciones constituye un riesgo significativo y el auditor planea fiarse de la eficacia operativa de los controles diseñados a fin de mitigar dicho riesgo significativo, el auditor deberá obtener la evidencia de auditoría acerca de la eficacia operativa de dichos controles a partir de las pruebas de control realizadas en el período en curso.

Alcance de las pruebas de control

El auditor diseña las pruebas de control a fin de obtener evidencia de auditoría suficiente y adecuada de que los controles han operado en forma efectiva durante todo el período en el que se los ha utilizado. Las cuestiones que el auditor podrá considerar al determinar el alcance de las pruebas de control, incluyen lo siguiente:

- ✓ La frecuencia con la que la entidad realiza los controles durante el período.
- ✓ La cantidad de tiempo dentro del período en el que auditor se fía de la eficacia operativa del control.
- ✓ La relevancia y fiabilidad de la evidencia de auditoría que debe ser obtenida para asegurarse de que el control previene, o detecta y corrige, las incorrecciones materiales a nivel de las afirmaciones.
- ✓ La cantidad de evidencia de auditoría obtenida a partir de pruebas de otros controles relacionados con la afirmación.
- ✓ La medida en la que el auditor planea fiarse de la eficacia operativa del control en la evaluación del riesgo (y así reducir los procedimientos sustantivos basados en la utilización de dichos controles).
- ✓ El nivel de desviación del control esperado.

Cuanto mayor sea el nivel de fiabilidad que el auditor asigna a la eficacia operativa de los controles en la evaluación de riesgo, mayor será el alcance de las pruebas de control del auditor.

Debido a la uniformidad inherente al procesamiento informatizado (cuando un programa informático o la información permanente no sufren cambios), es posible que el auditor no necesite extender el alcance de las pruebas de un control automatizado.

Una vez que el auditor ha determinado que un control automatizado ya se encuentra operativo, el auditor limitará las pruebas a fin de cubrir:

- ✓ Los controles implementados respecto de la autorización de los cambios a los programas.

- ✓ Los controles que aseguran que se utilice la versión autorizada del programa.
- ✓ Otros controles generales relativos al área de TI.

Ello le brindará al auditor evidencia suficiente de que no se han realizado cambios al sistema desde que se evaluaron los controles automatizados específicos.

Evaluación del riesgo de auditoría o riesgo "fundamental"

El riesgo de auditoría consiste en el riesgo de que el auditor exprese una opinión de auditoría inadecuada cuando los estados financieros contienen incorrecciones materiales.

El riesgo de auditoría es una función del riesgo de incorrección material (riesgo inherente y riesgo de control, es decir, el riesgo de que los estados financieros presenten incorrecciones en forma previa a la auditoría) y el riesgo de que la auditoría no detecte dichas incorreciones ("riesgo de detección").

Por ejemplo, emitir una opinión sin modificaciones cuando, de hecho, una opinión con modificaciones era más apropiada.

El nivel de riesgo general de auditoría aceptable puede ser cuantificado en la práctica (por una firma de auditoría) dentro de una política (p. ej.: 5 %). Este % puede proporcionar la base para una derivación matemática del riesgo de detección y los tamaños de las muestras, p. ej.: cuando se utilizan técnicas de muestreo estadístico.

Relación con la materialidad

La relación entre la materialidad y el nivel de riesgo de auditoría se describe como "inversa", es decir, cuanto más alto sea el nivel de materialidad, menor será el riesgo de auditoría y viceversa.

Por ejemplo, si el nivel de materialidad aceptable es bajo, el riesgo de auditoría aumenta.

Para compensar esto, el auditor:

- ✓ Reduce el riesgo evaluado de incorrección material (si esto resulta posible) o realiza pruebas de control extendidas o adicionales.
- ✓ Reduce el riesgo de detección modificando la naturaleza, los tiempos y el alcance de los procedimientos sustantivos planeados.

Evaluación del riesgo inherente

Susceptibilidad de una afirmación sobre un tipo de transacción, saldo contable u otra revelación de información a una incorrección que pudiera ser material, ya sea individualmente o de forma agregada con otras incorrecciones, antes de tener en cuenta los posibles controles correspondientes (NIA 200).

El riesgo inherente debe ser:

- ✓ Evaluado a nivel de los estados financieros.
- ✓ Evaluado a nivel de las afirmaciones (ver a continuación); si no, debe asumirse que es alto.

Los riesgos de incorreción material a nivel de los estados financieros se refieren a aquellos que afectan de manera generalizada a los estados financieros en su conjunto, p. ej.: riesgos que afectan múltiples saldos de cuentas y transacciones, y diversas afirmaciones. Los riesgos a nivel de los estados financieros pueden resultar especialmente relevantes para la evaluación por parte del auditor de los riesgos de incorreción material a causa de fraude o empresa en marcha.

Las afirmaciones son utilizadas por el auditor a fin de considerar los distintos tipos de posibles incorreciones que pueden ocurrir en relación con un saldo o clase de transacción determinado, y su información a revelar relacionada en los estados financieros. La evaluación de los riesgos a nivel de las afirmaciones es, por lo tanto, más específica que la evaluación del riesgo a nivel de los estados financieros.

Tenga en cuenta la suposición: si no es evaluado como menor a alto, se asume que es alto; lo mismo sucede con el riesgo de control. Las NIA, por lo general, no se refieren al riesgo inherente y al riesgo de control de manera separada, sino a una evaluación combinada del "riesgo de incorreción material". El auditor cuenta con la libertad de realizar evaluaciones en forma separada o combinada del riesgo inherente y el riesgo de control, de acuerdo con las técnicas o metodologías de auditoría preferidas y consideraciones de orden práctico.

Considere las dudas acerca de la integridad de la dirección. ¿Es posible que ese riesgo inherente afecte a los estados financieros en su conjunto o solo a los saldos de las cuentas en forma individual? Suponga que la dirección tiene intenciones de sobrestimar la ganancia a fin de recibir bonificaciones. A fin de aumentar las ganancias, la dirección podría:

- ✓ Sobrestimar el ingreso transfiriendo los ingresos por ventas del año siguiente al año en curso, es decir, un error de fecha de corte.
- ✓ Subestimar los costos suprimiendo facturas de compra y gastos.

Dado que cada débito tiene un crédito como contrapartida, existen entonces implicancias para el estado de posición financiera:

- ✓ Sobrestimación de las cuentas por cobrar comerciales (porque no deben el dinero a fin del ejercicio).
- ✓ Subestimación de las cuentas por pagar comerciales (porque los pasivos no han sido registrados).

Las ganancias también pueden ser aumentadas subestimando las provisiones sobre los activos:

- ✓ Provisiones de obsolescencia del inventario.
- ✓ Provisiones de depreciación de los activos tangibles a largo plazo.
- ✓ Deducciones sobre las cuentas por cobrar comerciales.

Para tomar un ejemplo distinto, considere una empresa que atraviesa problemas respecto del flujo de fondos y busca obtener financiamiento adicional a través de un préstamo de su banco.

La dirección sabe que los activos no corrientes, tales como propiedad o terrenos, podrían ser utilizados como garantía del préstamo obtenido. El riesgo inherente implica que, a nivel de los estados financieros, el auditor deberá considerar la probabilidad de que los activos no corrientes se encuentren sobreestimados, lo que incidirá en el estado de situación financiera. Respecto del estado de pérdidas y ganancias, ello podría traducirse en la posibilidad de que el nivel de depreciación se encuentre subestimado y que la dirección se vea motivada a manipular los resultados de otras maneras a fin de demostrar una posición más sólida a los fines del cumplimiento con determinadas cláusulas, como la que exige un mayor índice de cobertura de intereses, dado que ello puede facilitar la obtención de financiamiento.

Por lo tanto, el riesgo inherente afecta la evaluación de riesgo a nivel de los estados financieros, dado que incide en las valuaciones de diversos activos en el estado de situación financiera, y existe un potencial para la manipulación de la correspondiente medición de la amortización y la ganancia. La variedad de riesgos y posibles áreas en las que podrían realizarse incorreciones, dificulta la tarea del auditor de detectar con exactitud las áreas y las afirmaciones que se verán afectadas.

Factores de riesgo bajos:

- ✓ Una industria estable, no muy influenciada por las condiciones externas.
- ✓ Un sólido entorno de control, dirección con un alto nivel de conciencia acerca del control, pocas oportunidades de que la dirección pase por alto los controles.
- ✓ Cliente de auditoría de mucho tiempo, que requiere pocos ajustes con opiniones sin modificaciones.
- ✓ Bajo nivel de rotación en el personal (dirección y empleados).
- ✓ Una dirección con experiencia y alto nivel de competencia.
- ✓ Tenencia de acciones restringida, es decir, una sociedad de responsabilidad limitada.

Nota: lo opuesto a dichos factores genera una evaluación de riesgo más alto.

Evaluación preliminar

La evaluación de la efectividad de los sistemas contables y de control interno en cuanto a la prevención, detección y corrección de las incorrecciones materiales.

La evaluación preliminar del riesgo de control debe ser realizada a nivel de las afirmaciones para cada saldo de cuentas o clase de transacciones significativas, donde el riesgo es considerado como alto a menos que:

- ✓ Se puedan identificar los controles internos que probablemente sirvan para prevenir/detectar/corregir incorreciones materiales pertinentes a la afirmación.
- ✓ Se planea realizar pruebas de control para sustentar la evaluación.
- ✓ Siempre existirá algún tipo de riesgo de control debido a las limitaciones inherentes de todo sistema contable y de control interno.
- ✓ El riesgo de control será evaluado como alto cuando:
- ✓ Los sistemas contables y de control interno no sean efectivos.
- ✓ La evaluación de la efectividad de los sistemas contables y de control interno no sería el método de auditoría apropiado.

Documentación

La manera en que las diversas cuestiones se documentan queda a discreción del auditor, mediante el uso del juicio profesional. Las prácticas contables generalmente aceptadas para documentar la comprensión y la evaluación del riesgo de control son las siguientes:

1. Cuestionarios de control interno.
2. Características de control interno.
3. Listas de verificación con preguntas diseñadas para:
    - Descubrir la existencia de controles internos.
    - Identificar posibles áreas de debilidad.
4. Las preguntas apuntan a destacar las situaciones en las que:
    - No existe una subdivisión de tareas entre las funciones esenciales.
    - No existen controles.
    - No existen los aspectos esenciales de la supervisión por parte de la dirección.

Una pregunta de control interno debe ser formulada en forma concisa, de manera que, por ejemplo, responder con un "sí" indique una fortaleza, y responder con un "no" indique una debilidad.

Cuestionarios de control interno – elaboración

Etapa 1: Identificar el ciclo (ejemplo ventas)

¿Por dónde debemos comenzar?	Cuentas por cobrar comerciales iniciales
¿Qué debemos hacer para modificarlo?	Transacciones
¿A qué vamos a llegar?	Cuentas por cobrar comerciales de cierre

Etapa 2: Consideración del enfoque de auditoría general

✓ Balance de apertura - corroborarlo con los papeles de trabajo del ejercicio anterior.

✓ Transacciones - los controles contribuyen a asegurar la integridad y exactitud.

✓ Balance de cierre - el auditor puede cerciorarse acerca de la integridad y exactitud.

Etapa 3: Desglose de los tipos de transacciones

Pedido del cliente → orden de venta → nota de despacho → facturas de venta → libro diario de venta → libro(s) mayor(es)

Etapa 4: Preguntarse "¿qué podría salir mal?"

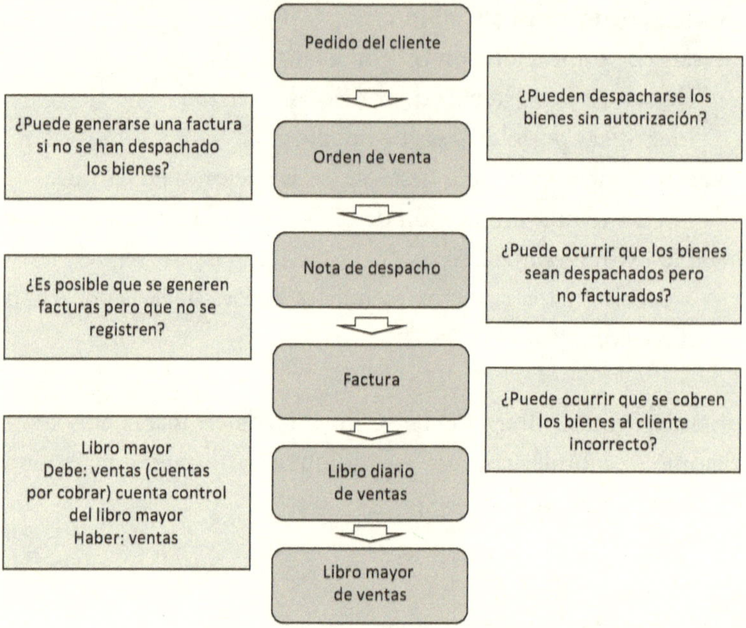

Etapa 5: Formulación de las preguntas de control interno

Las preguntas deben ser formuladas en forma concisa:

¿Las facturas son numeradas previamente y emitidas en una secuencia numérica estricta?

¿Existen procedimientos para asegurar que todas las facturas son canceladas?

Estructura alternativa

En vez de estructurar preguntas "subsidiarias" alrededor de preguntas "clave", el objetivo de control puede ser reformulado como preguntas; p. ej.: ¿Pueden realizarse pedidos de bienes sin autorización? → para asegurarse de que no puedan realizarse pedidos de bienes sin autorización.

Evaluaciones de control interno (Internal Control Evaluation, ICE) – descripción

Una ICE puede ser utilizada en forma complementaria o en remplazo de un ICQ. Muchas firmas de auditoría no distinguen entre un ICQ y una ICE.

Sin embargo, una ICE es, por lo general, más detallada que un ICQ y:

- ✓ Contiene solo preguntas de control clave en base a las cuales se busca determinar la fiabilidad.
- ✓ Registra los controles clave que satisfacen las preguntas de control clave (es posible que un ICQ distinga entre las preguntas de control clave y las no fundamentales).
- ✓ Describe la naturaleza y el alcance de las pruebas de control.
- ✓ Registra las conclusiones de las pruebas y el efecto de los procedimientos sustantivos.

Pruebas paso a paso

Consiste en realizar el seguimiento de ciertas transacciones a través del sistema contable.

Objetivos: Adquirir conocimientos acerca del diseño y operación del sistema.

Confirmar que no existe ningún motivo para suponer que el sistema no opera de acuerdo con la manera registrada, pero es insuficiente para sustentar una evaluación del riesgo de control.

Riesgo de detección

Variación en el riesgo de detección

Métodos	Cuando los riesgos y de control son altos
Modificación de la naturaleza del trabajo de auditoría	Evaluaciones dirigidas hacia terceros independientes en lugar de la documentación dentro de la entidad Utilización de pruebas de detalle, además de procedimientos analíticos
Modificación del alcance del trabajo de auditoría	Utilización de una muestra de mayor tamaño
Modificar los tiempos de auditoría	Realización de un procedimiento al cierre del período en lugar de una fecha anterior (intermedia)

Para un nivel dado de riesgo de auditoría, el nivel aceptable del riesgo de detección se comporta de manera inversa a la evaluación del riesgo de incorreción material a nivel de las afirmaciones. Cuanto mayor considere el auditor que es el riesgo de incorreción material, menor será el riesgo de detección que puede ser aceptado. En forma opuesta, cuanto menor considere el auditor que es el riesgo de incorreción material, mayor será el riesgo de detección que puede ser aceptado.

Nivel evaluado de incorrección material	Respuesta del auditor, es decir, nivel de riesgo de detección	Nivel general de riesgo de auditoría
Alto	Bajo, utilizar muestras de mayor tamaño, basarse más en procedimientos de fin de mes y pruebas de detalle	Bajo
Bajo	Riesgo de detección más elevado aceptable, es decir, muestras de menor tamaño, basarse más en procedimientos intermedios y procedimientos sustantivos analíticos	Bajo

NIA 265 – Comunicación de las deficiencias en el control interno a los responsables del gobierno y a la dirección de la entidad

El objetivo del auditor es comunicar adecuadamente a los responsables del gobierno de la entidad y a la dirección las deficiencias en el control interno identificadas durante la realización de la auditoría y que, según el juicio profesional del auditor, tengan la importancia suficiente para merecer la atención de ambos.

Existe una deficiencia en el control interno cuando:

- ✓ Un control está diseñado, se implementa u opera de forma que no sirve para prevenir, o detectar y corregir incorrecciones en los estados financieros oportunamente.
- ✓ No existe un control necesario para prevenir, o detectar y corregir, oportunamente, incorrecciones en los estados financieros.

Si el auditor ha identificado una o más deficiencias en el control interno, determinará sobre la base del trabajo de auditoría realizado si, individualmente o de manera agregada, constituyen deficiencias significativas.

Una deficiencia significativa en el control interno es una deficiencia o conjunto de deficiencias que, según el juicio profesional del auditor, tiene la importancia suficiente para merecer la atención de los responsables del gobierno de la entidad.

Las deficiencias significativas deben ser comunicadas por escrito de manera oportuna. La comunicación por escrito debe incluir una descripción de las deficiencias y sus potenciales efectos.

Según la NIA 265 párr. A6, a la hora de determinar si una deficiencia o un conjunto de deficiencias en el control interno constituye una deficiencia significativa, el auditor puede tener en cuenta cuestiones como las siguientes:

- ✓ La probabilidad de que las deficiencias den lugar en el futuro a incorrecciones materiales en los estados financieros.
- ✓ La exposición del activo o pasivo correspondiente a pérdida o fraude.
- ✓ La subjetividad y complejidad a la hora de determinar cantidades estimadas como, por ejemplo, las estimaciones contables a valor razonable.
- ✓ Las cantidades en los estados financieros que podrían estar afectadas por las deficiencias.
- ✓ El movimiento que se ha producido o podría producirse en el saldo de las cuentas o los tipos de transacciones que podrían estar afectados por la deficiencia o deficiencias.
- ✓ La importancia de los controles en relación con el proceso de información financiera.

La NIA 265 sugiere que el nivel apropiado de la dirección al que deben comunicarse las deficiencias significativas probablemente será el director ejecutivo o el director financiero.

Ciertas deficiencias significativas identificadas con respecto al control interno podrán cuestionar la integridad o competencia de la dirección. Por ejemplo, pueden existir pruebas de un fraude o incumplimiento intencional de las leyes y reglamentos por parte de la dirección, o determinarse la incapacidad de la dirección para controlar la adecuada preparación de los estados financieros, lo que puede generar dudas en cuanto al nivel de competencia de la dirección. Por lo tanto, quizás no resulte adecuado comunicar dichas deficiencias a la dirección directamente. En este caso, puede resultar apropiado comunicarse directamente con los responsables del gobierno (p. ej.: un comité de auditoría o los directores ejecutivos).

NIA 402 – Consideraciones de auditoría relativas a una entidad que utiliza una organización de servicios

Los objetivos del auditor de la entidad usuaria, cuando esta utiliza los servicios de una organización, son:

- ✓ Obtener conocimiento suficiente de la naturaleza y significatividad de los servicios prestados por la organización de servicios y de su efecto en los controles internos de la entidad usuaria relevantes para la auditoría, para identificar y valorar los riesgos de incorrección material.
- ✓ Diseñar y aplicar procedimientos de auditoría para responder a dichos riesgos.

Introducción

Es posible que un cliente utilice una organización de servicios que, por ejemplo, ejecuta transacciones y mantiene la contabilidad relacionada o registra transacciones y procesa la información relacionada. Algunos ejemplos comunes son los sistemas informáticos o una organización de servicios de nómina.

Si la entidad utiliza una organización de servicios, ciertas políticas, procedimientos y registros mantenidos por la organización de servicios resultarán relevantes para la auditoría de los estados financieros del cliente.

Una organización de servicios puede establecer y ejecutar políticas y procedimientos que afectan el control interno de la entidad. Estas políticas y procedimientos se encuentran separados de la entidad tanto de manera física como operacional.

Los servicios prestados por una organización de servicios son considerados relevantes para la auditoría de los estados financieros de una entidad cuando dichos servicios y sus controles forman parte del sistema de información de la entidad, incluidos los procesos de negocios relacionados, relevantes para la presentación de la información financiera.

El principal aspecto que debe considerar el auditor es cuán significativas son las operaciones de la organización de servicios para los estados financieros. Por ejemplo, por lo general, la función de gestión de nómina es proporcionada por una organización de servicios, y la nómina representa una clase de transacciones significativas para muchas entidades.

El auditor obtendrá una comprensión de las siguientes cuestiones, según resulte apropiado:

- ✓ Naturaleza de los servicios proporcionados por la organización de servicios.
- ✓ Términos del contrato y relación entre la entidad y la organización de servicios.
- ✓ Medida en que los controles internos de la entidad interactúan con los sistemas en la organización de servicios.
- ✓ Los controles internos de la entidad relevantes a las actividades de la organización de servicios como, por ejemplo, los controles aplicados a las transacciones procesadas, y la identificación y gestión de los riesgos relacionados con la utilización de la organización de servicios.
- ✓ La capacidad y solidez de la organización de servicios en términos financieros, incluido el posible efecto de la quiebra de la organización de servicios sobre la entidad.
- ✓ Información sobre la organización de servicios, como la que se refleja en los manuales técnicos.
- ✓ Información disponible con respecto a los controles relevantes al sistema informático de la organización de servicios como, por ejemplo, controles generales de TI y controles de las aplicaciones.

Para la obtención de conocimiento de control interno relevante para la auditoría de conformidad con la NIA 315, el auditor de la entidad usuaria evaluará relacionados con los servicios prestados por la organización de servicios, incluidos los que se aplican a las transacciones procesadas por la organización de servicios.

Es posible que el auditor no logre obtener un nivel suficiente de comprensión de la naturaleza e importancia de los servicios proporcionados por la organización de servicios a través de la empresa cliente. En ese caso, el auditor deberá realizar uno o más de los siguientes procedimientos para obtener este nivel de comprensión:

- ✓ Obtener un informe específico sobre la descripción y diseño de los controles en la organización de servicios de parte del auditor de la organización de servicios; es posible que dicho informe también proporcione un grado de aseguramiento con respecto a la eficacia operativa de los controles en la organización de servicios.
- ✓ Ponerse en contacto con la organización de servicios para obtener información específica.

- ✓ Visitar la organización de servicios y realizar procedimientos que proporcionen la información necesaria con respecto a los controles pertinentes.

Puede leerse el informe de auditoría de la organización de servicios a fin de adquirir un nivel suficiente de comprensión acerca de los controles internos en los que la organización de servicios tiene una incidencia.

Si el auditor utiliza el informe de auditoría de la organización de servicios, el auditor deberá considerar realizar averiguaciones en relación con la capacidad profesional del auditor en el contexto del trabajo de auditoría específico realizado por el auditor de la organización de servicios.

Informes tipo 1 y tipo 2 del auditor

"Al utilizar el informe del auditor de servicios, el auditor debe considerar la naturaleza y el contenido de dicho informe".

El informe de auditoría de servicios puede ser:

Tipo 1: un informe sobre la descripción y el diseño de los controles internos.

Tipo 2: un informe sobre la descripción, el diseño y la eficacia operativa de los controles internos; por lo general, contiene restricciones con respecto a su uso (generalmente limitado a la dirección, la organización de servicios y sus clientes, y los auditores de la entidad).

El auditor deberá considerar el alcance del trabajo realizado por el auditor de la organización de servicios, y evaluar la utilidad y propiedad de los informes emitidos por el auditor de la organización de servicios.

Los informes de tipo 1 no serán utilizados como evidencia de auditoría con respecto a la eficacia operativa de los controles, mientras que los informes de tipo 2 sí. Parte de la evaluación, cuando se utiliza un informe de tipo 2 como evidencia, consiste en considerar la relevancia y suficiencia del trabajo realizado al producir el informe de tipo 2. Con respecto a la suficiencia de las pruebas de control y los resultados, resulta clave considerar la extensión del período cubierto por las pruebas realizadas por el auditor de la organización de servicios y el tiempo que ha transcurrido desde que se realizaron dichas pruebas.

Si el auditor de la entidad usuaria prevé utilizar un informe tipo 2 como evidencia de auditoría de que los controles de la organización de servicios operan eficazmente, el auditor de la entidad usuaria determinará si el informe del auditor de la entidad prestadora del servicio proporciona evidencia de auditoría suficiente y adecuada sobre la eficacia de los controles, que sirva para sustentar la valoración del riesgo efectuada por el auditor de la entidad usuaria:

a. Evaluando si la descripción, el diseño y la eficacia operativa de los controles de la organización de servicios se refieren a una fecha o a un período adecuados para los fines del auditor de la entidad usuaria,
b. Determinando si los controles complementarios de la entidad usuaria identificados por la organización de servicios son relevantes para aquella y, en caso afirmativo, comprobando si la entidad usuaria ha diseñado e implementado dichos controles y, si así es, realizando pruebas sobre su eficacia operativa.
c. Evaluando la adecuación del período cubierto por las pruebas de controles y el tiempo transcurrido desde su realización.
d. Evaluando si las pruebas de controles realizadas por el auditor de la entidad prestadora del servicio y los resultados de dichas pruebas, tal como se describen en su informe, son relevantes para las afirmaciones incluidas en los estados financieros de la entidad usuaria y proporcionan evidencia de auditoría suficiente y adecuada para sustentar la valoración del riesgo efectuada por el auditor de la entidad usuaria.

Es posible que, en virtud de la carta de encargo, el auditor de una organización de servicios deba realizar procedimientos sustantivos que resulten de utilidad para el auditor de la entidad. Dicha carta de encargo puede establecer la realización de procedimientos acordados entre la entidad y su auditor, y la organización de servicios y su auditor.

Cuando el auditor utiliza el informe de auditoría de una organización de servicios, el informe de auditoría de la entidad no debe hacer referencia al informe de auditoría de la organización de servicios.

NIA 500 – Evidencia de auditoría

Establece requisitos fundamentales en relación con la cantidad y naturaleza de la evidencia que el auditor debe obtener.

El objetivo del auditor es diseñar y aplicar procedimientos de auditoría de forma que le permita obtener evidencia de auditoría suficiente y adecuada para poder alcanzar conclusiones razonables en las que basar su opinión.

Evidencia de auditoría: información utilizada por el auditor para alcanzar las conclusiones en las que basa su opinión. La evidencia de auditoría incluye tanto la información contenida en los registros contables de los que se obtienen los estados financieros, como otra información.

Fuentes

Incluyen:

- ✓ Documentos fuente
- ✓ Registros contables
- ✓ La corroboración de información de otras fuentes, como:
  - Activos tangibles
  - Gestión de los clientes
  - Terceros (p. ej.: clientes, asesores legales).

La evidencia documental puede ser:

- ✓ Generada y proporcionada a los auditores por un tercero, es decir, independiente de la entidad
- ✓ Generada por un tercero y conservada por la entidad
- ✓ Generada y mantenida por la entidad.

Factores a considerar:

- ✓ El riesgo de incorrección: cuanto mayor sea el riesgo, mayor será, probablemente, la evidencia de auditoría requerida.
- ✓ La calidad de la evidencia de auditoría: cuanto mejor sea su calidad, menor será la cantidad de evidencia requerida.
- ✓ Es probable que mayor cantidad de evidencia de auditoría no compense su baja calidad
- ✓ La naturaleza de los sistemas contables y de control interno, p. ej.: si están informatizados.

- La evaluación de riesgo y de la efectividad de los controles internos.
- Los conocimientos y experiencia acumulados por el auditor a partir de auditorías previas.
- La materialidad de las partidas: es posible que las partidas que no son significativas requieran muy pocos o ningún hallazgo de auditoría como evidencia (p. ej.: fraude o error).
- La fiabilidad de la información que debe ser utilizada como evidencia de auditoría.

Cuando la información producida por la entidad es utilizada por el auditor para realizar procedimientos de auditoría, el auditor deberá obtener evidencia de auditoría acerca de la exactitud e integridad de la información.

Si bien el auditor deberá considerar la relación entre el costo de obtener evidencia de auditoría y la utilidad de la información obtenida, la dificultad o el costo no constituyen una razón válida para omitir un procedimiento de auditoría necesario. Si la evidencia de auditoría no es suficiente, deberán considerarse las implicancias para la opinión de auditoría.

Propiedad y relevancia

La propiedad se interrelaciona con la suficiencia y presenta dos aspectos en el contexto de la evidencia de auditoría.

Las afirmaciones contenidas en los estados financieros:

Se requiere evidencia para sustentar las afirmaciones contenidas en los estados financieros, es decir, las afirmaciones por parte de la dirección, explícitas o no, incorporadas a los estados financieros.

- Exactitud: los montos y otra información relacionada con las transacciones y hechos registrados han sido registrados correctamente.
- Integridad: no existen activos, pasivos, transacciones o hechos que no hayan sido registrados ni información que no se haya revelado, es decir, todo ha sido correctamente reconocido.
- Corte de operaciones: las transacciones y hechos han sido registrados dentro del período contable correcto.
- Asignaciones: todo ajuste de asignaciones ha sido registrado correctamente.
- Clasificación y comprensibilidad: las transacciones y los hechos han sido registrados en la cuenta apropiada, y se presentan y describen con claridad.

- ✓ Ocurrencia: una transacción o hecho relacionado con la entidad tuvo lugar durante el período equivalente al de existencia de los activos/pasivos, es decir, solo lo que debía ser reconocido.
- ✓ Valoración: los activos, pasivos y participaciones en el patrimonio han sido reflejados en los estados financieros según los montos correctos.
- ✓ Existencia: un activo o pasivo existe a una fecha determinada, equivalente a la ocurrencia para las transacciones/hechos.
- ✓ Derechos y obligaciones: un activo o pasivo tiene relación con la entidad a una fecha determinada, p. ej.: la fecha de presentación de la información.

La NIA 315 (párrafo A124) establece las tres categorías siguientes:

Afirmaciones sobre tipos de transacciones y hechos durante el período objeto de auditoría	Afirmaciones sobre saldos contables al cierre del período	Afirmaciones acerca de la presentación y divulgación
Ocurrencia	Existencia	Ocurrencia y derechos y obligaciones
Integridad	Derechos y obligaciones	Integridad
Exactitud	Integridad	Clasificación y comprensibilidad
Corte de operaciones	Valoración e imputación	Exactitud y valoración
Clasificación		

Ciclo de venta

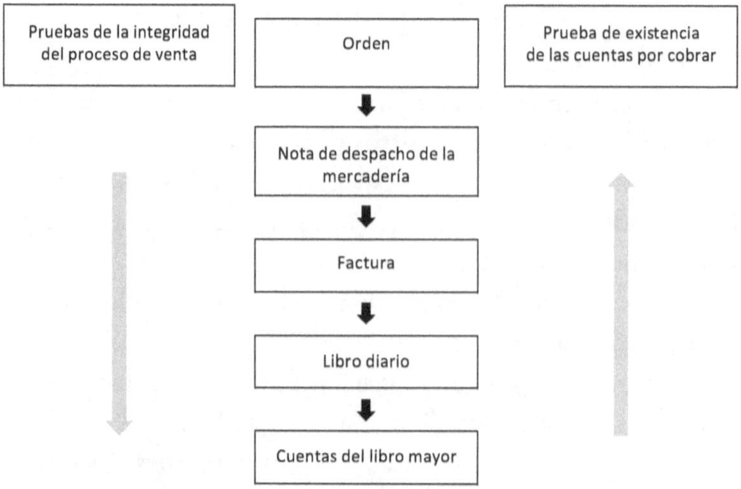

Dirección de las pruebas

La(s) afirmacion(es) para las cuales se requiere evidencia condiciona(n) la fuente de la evidencia y la dirección de las pruebas; p. ej.: La integridad del registro de las transacciones de venta, seguimiento del recorrido de los bienes hasta su registro contable, pruebas de subestimación.
Existencia de planta y equipo, seguimiento de un activo registrado, p. ej.: un activo de planta, a un activo físico, prueba de sobrestimación.

Propiedad y fiabilidad

a) Fiabilidad

Reglas generales (se debe reconocer que pueden existir excepciones):

- ✓ Las fuentes externas independientes son más fiables que la evidencia que surge desde el interior de la entidad (interna).
- ✓ Los registros de la entidad son más fiables cuando los controles internos relacionados son efectivos.
- ✓ La evidencia obtenida directamente del auditor es más confiable que la evidencia obtenida en forma indirecta o por deducción.
- ✓ La evidencia documental/por escrito es más confiable que la obtenida en forma oral.
- ✓ Los documentos originales son más confiables que las fotocopias, faxes.

b) Uniformidad:

- ✓ La uniformidad aumenta el nivel de persuasión, es decir, proporciona certeza acumulativa.
- ✓ Toda contradicción genera duda (y la necesidad de trabajo adicional) hasta que se resuelve. De lo contrario, esto debe ser considerado en la opinión de auditoría.

Evidencia de auditoría – obtención

La evidencia de auditoría es obtenida a partir de la combinación adecuada entre "procedimientos de evaluación de riesgo", "pruebas de control" y "procedimientos sustantivos".

Procedimientos de evaluación de riesgo

El auditor siempre realiza procedimientos de evaluación de riesgo a fin de proporcionar una base satisfactoria para la evaluación de los riesgos a nivel de los estados financieros y de las afirmaciones. Sin embargo, los procedimientos de evaluación de riesgo en sí mismos no proporcionan evidencia suficiente apropiada como base de la opinión de auditoría y deben ser complementados con procedimientos de auditoría adicionales a través de pruebas de control, cuando resulte necesario, y procedimientos sustantivos.

✍ *Ejemplos:*

- ✓ Identificar los riesgos mediante el proceso de adquisición de una comprensión de la entidad y su entorno, incluidos los controles relevantes relativos al riesgo, y teniendo en cuenta las clases de transacciones, los saldos de cuenta y la información adicional a los estados financieros; p. ej.: el cajero realiza las conciliaciones bancarias y nadie más las revisa.
- ✓ Relacionar los riesgos identificados con las posibles dificultades a nivel de las afirmaciones; p. ej.: la sobrestimación del efectivo en el banco.
- ✓ Considerar si la magnitud de los riesgos podría generar representaciones erróneas significativas en los estados financieros; p. ej.: si la sobrestimación del monto de efectivo en el banco, puede ser significativa en los estados financieros.
- ✓ Considerar la probabilidad de que los riesgos puedan resultar en una incorrección material en los estados financieros; p. ej.: evaluar la probabilidad de que el efectivo en el banco sea sobrestimado de manera significativa.

Pruebas de control

Las pruebas de control serán necesarias ante dos circunstancias:

- ✓ Cuando la evaluación de riesgo del auditor contempla la expectativa de que los controles operen de manera efectiva. Se espera que el auditor evalúe dichos controles a fin de sustentar la evaluación de riesgo.
- ✓ Cuando los procedimientos sustantivos por sí mismos no proporcionan evidencia de auditoría suficiente y adecuada, el auditor deberá realizar pruebas de control a fin de obtener evidencia de auditoría sobre su efectividad operativa.

✍ *Ejemplos:*

- ✓ Verificar la conciliación bancaria inicialada como aprobada por el responsable de contabilidad.
- ✓ Observar que el comprador verifique el recibo de entrega de mercadería y la factura antes de autorizar el cheque de pago.

Procedimientos sustantivos

El auditor planea y realiza los procedimientos sustantivos en respuesta a la evaluación correspondiente del riesgo de incorrección material, que incluye los resultados de las pruebas de control, si existen. Sin embargo, la evaluación de riesgo por parte del auditor es subjetiva, y es posible que no tenga el nivel de precisión suficiente a fin de identificar todos los riesgos de incorrección material. Además, el control interno tiene limitaciones inherentes, incluido el riesgo de que la dirección pase por alto los controles, la posibilidad de error humano y el efecto de los cambios a los sistemas. Por lo tanto, los procedimientos sustantivos para las clases de transacciones, saldos de cuentas e información adicional a revelar significativos siempre son necesarios a fin de obtener evidencia de auditoría y adecuada.

✍ *Ejemplos dos tipos:*

- ✓ Pruebas de detalle:
  - Corroborar los totales de la cuenta de gastos del libro mayor general con el libro diario de compras.
  - Verificar (una muestra) de cálculos y extensiones en el libro diario de compras.
  - Corroborar (una muestra de) las cantidades en las facturas de compra con los recibos de entrega de mercadería.

- ✓ Procedimientos analíticos:
  - Cálculo de plazo promedio de conservación del inventario y comparación con el año anterior (análisis de ratio).
  - Cálculo del aumento porcentual en el ingreso y comparación con el pronóstico y con el año anterior (análisis de la tendencia).
  - Realización de un cálculo para evaluar la razonabilidad de los intereses recibidos, p. ej.: saldo bancario promedio x tasa de interés promedio para el año (prueba en total).

Procedimientos

La NIA 500 reconoce los siguientes procedimientos de auditoría para obtener evidencia de auditoría:

- ✓ Inspección (p. ej.: de registros, documentos, activos).
- ✓ Observación (p. ej.: actividades de control).
- ✓ Confirmación externa (p. ej.: confirmación bancaria con respecto a los saldos en efectivo).
- ✓ Reejecución.
- ✓ Nueva realización (p. ej.: la ejecución por parte del auditor en forma independiente de los procedimientos o controles originalmente realizados por el cliente).
- ✓ Procedimientos analíticos
- ✓ Indagación (interna y externa al cliente).

NIA 520 – Procedimientos analíticos

La NIA 520 trata sobre el uso de los procedimientos analíticos para:

- ✓ Obtener información de auditoría relevante y fiable al utilizar procedimientos analíticos sustantivos.
- ✓ Diseñar y realizar procedimientos analíticos hacia el final de la auditoría, que ayuden al auditor a formar una conclusión general con respecto a si los estados financieros son coherentes con la visión que el auditor tiene de la entidad.

Como procedimientos sustantivos en la etapa de las pruebas de detalle, cuando son más efectivos o eficientes que las pruebas de detalle, es decir, en forma opcional.
Como una revisión general, a fin de determinar si los estados financieros en su conjunto son coherentes con la visión que el auditor tiene de la entidad.

Prueba en total

Se llama prueba en total a un tipo distinto de procedimiento analítico utilizado como procedimiento sustantivo. Se realiza cuando el auditor predice el valor de un saldo y lo compara con el saldo informado. Por ejemplo, el auditor puede predecir el cargo por depreciación, utilizando el valor de un activo y la política de depreciación establecida, y luego compararlo con el cargo por depreciación incluido en las cuentas.

Los procedimientos sustantivos son realizados a fin de detectar incorrecciones materiales a nivel de las afirmaciones, e incluyen pruebas de detalle de clases de transacciones, saldos de cuentas e información adicional a revelar, y procedimientos analíticos sustantivos. El auditor planea y realiza los procedimientos sustantivos en respuesta a la evaluación relacionada del riesgo de incorrección material.

Independientemente del riesgo evaluado de incorrección material, el auditor deberá diseñar y realizar procedimientos sustantivos para cada clase de transacciones, saldo de cuenta e información adicional a revelar significativos.

Los procedimientos sustantivos del auditor deberán incluir los siguientes procedimientos de auditoría relacionados con el proceso de cierre de los estados financieros:

- ✓ Corroborar los estados financieros y la información a revelar con los registros contables correspondientes.
- ✓ Examinar los asientos significativos del libro diario y otros ajustes realizados durante la preparación de los estados financieros.

Cuando el auditor haya determinado que un riesgo evaluado de incorrección material a nivel de las afirmaciones constituye un riesgo significativo, el auditor realizará procedimientos sustantivos para responder a dicho riesgo específicamente.

Naturaleza de los procedimientos sustantivos

Los procedimientos sustantivos pueden ser procedimientos analíticos sustantivos o pruebas de detalle.

El auditor debe relacionar la dirección de las pruebas con la afirmación de auditoría (p. ej.: para la sobreestimación [existencia y ocurrencia], las partidas deben ser seleccionadas de los estados financieros/libro mayor, y deberá identificarse la documentación respaldatoria correspondiente a fin de verificar que la transacción es genuina y su inclusión es apropiada. Para la subestimación [integridad], las partidas deben ser seleccionadas a partir de una población alternativa, tal como facturas, y controladas para determinar su inclusión en los estados financieros, para así verificar que todas las partidas genuinas han realmente sido incluidas).

Tiempos de los procedimientos analíticos sustantivos

Cuando los procedimientos sustantivos son realizados en una fecha intermedia, el auditor deberá realizar procedimientos sustantivos adicionales o procedimientos sustantivos combinados con pruebas de control a fin de cubrir el período restante, que proporcionen una base razonable para extender las conclusiones de la auditoría desde la fecha intermedia hasta el fin del período, o si el auditor determina que es suficiente, procedimientos sustantivos adicionales únicamente.

Si se detectan incorrecciones materiales en clases de transacciones o saldos de cuentas en una fecha intermedia, el auditor habitualmente modifica la evaluación de riesgo relacionada y la naturaleza, tiempos o alcance planeados para los procedimientos sustantivos que cubren el período restante en relación con dichas clases de transacciones o saldos de cuenta, o extiende o repite dichos procedimientos de auditoría al cierre del período.

Alcance de los procedimientos sustantivos

Cuanto mayor es el riesgo de incorrección material, mayor será el alcance de los procedimientos sustantivos. Dado que el riesgo de incorrección material toma en cuenta el control interno, el alcance de los procedimientos sustantivos puede ampliarse a causa de resultados poco satisfactorios obtenidos de las pruebas de eficacia operativa de los controles. Sin embargo, ampliar el alcance de un procedimiento de auditoría será apropiado solamente si el procedimiento de auditoría en sí mismo es relevante al riesgo específico.

El auditor deberá realizar procedimientos de auditoría a fin de evaluar si la presentación general de los estados financieros, incluida la información adicional relacionada, cumple con el marco conceptual para la presentación de la información financiera aplicable.

Suficiencia de la evidencia

Sobre la base de los procedimientos de auditoría aplicados y la evidencia de auditoría obtenida, el auditor evaluará, antes de que termine la auditoría, si la valoración de los riesgos de incorrección material en las afirmaciones sigue siendo adecuada.

Si el auditor no ha obtenido evidencia de auditoría suficiente apropiada con respecto a una afirmación significativa en los estados financieros, el auditor deberá intentar obtener evidencia de auditoría adicional. Si no resulta posible obtener evidencia de auditoría suficiente apropiada, el auditor debe expresar una opinión con salvedades o una abstención de opinión.

Documentación

El auditor deberá documentar la totalidad de las respuestas al riesgo evaluado de incorrección material a nivel de los estados financieros y la naturaleza, tiempos y alcance de los procedimientos de auditoría adicionales, la relación entre dichos procedimientos y los riesgos evaluados a nivel de las afirmaciones, y los resultados de los procedimientos de auditoría. Además, si el auditor planea utilizar evidencia de auditoría sobre la eficacia operativa de los controles obtenida en auditorías previas, el auditor deberá documentar las conclusiones alcanzadas con respecto a la fiabilidad de dichos controles evaluados en un período anterior.

La documentación del auditor deberá demostrar que los estados financieros, incluida la información a revelar, coinciden o se concilian con los registros contables correspondientes.

Procedimientos analíticos como parte de una prueba sustantiva

Los procedimientos analíticos pueden, en sí mismos, proporcionar evidencia de auditoría suficiente cuando una partida puede ser verificada directamente en referencia a otra partida (válida), p. ej.: comisiones sobre las ventas, intereses bancarios, gastos por arrendamientos, depreciación.

Los procedimientos analíticos pueden ser efectivos para detectar una subestimación (es decir, la integridad). Por ejemplo, al predecir las ventas a partir de las compras y los márgenes conocidos.

Cuando no es posible obtener evidencia sustantiva suficiente a partir de los procedimientos analíticos únicamente, se requerirán también pruebas de detalle.

Afirmaciones	Procedimientos analíticos	Pruebas de detalle
Integridad	Comparación del costo con el presupuesto/períodos anteriores – mes a mes y para todo el ejercicio	Contabilización de la nómina al libro mayor general
	"Verificación mediante totales de control"	Registro de personal
Ocurrencia	Comparación entre el costo y el presupuesto/períodos anteriores y una organización/industria similar	Pagos en el libro de caja
	Análisis de ratios, costos promedio por empleado por departamento	Empleados que ingresan y se retiran de la entidad
Exactitud	Comparación de montos devengados (deducciones legales, pago de vacaciones)	Contabilización de la nómina al libro mayor general
	Rotación de los empleados (debería disminuir ante un aumento en la remuneración)	Muestra de transacciones de nómina (exactitud)
Presentación	Comparación de la información adicional a revelar con los estados financieros del ejercicio anterior	Lista de verificación de la información adicional a revelar
	Ratios (nómina sobre costo de ventas, pago promedio por empleado)	Contabilización del libro mayor general a la nómina

Procedimientos analíticos - procedimientos sustantivos - alcance de su utilización

Estos son factores a considerar que impactan sobre el alcance al cual los procedimientos analíticos pueden ser efectivos como parte de una prueba sustantiva:

Factores a considerar	Impacto en su utilización
Objetivos de auditoría y "nivel de fiabilidad asignado"	Vea el "nivel de fiabilidad asignado"
Grado de desglose de la información disponible	Los procedimientos resultarán más efectivos cuando se aplican a los componentes
Disponibilidad de la información financiera y no financiera	La información no financiera preparada de manera independiente resultará más efectiva para los procedimientos
Fiabilidad de la información disponible	Los presupuestos preparados con la diligencia suficiente facilitarán la efectividad de los procedimientos
Relevancia de la información	Los presupuestos basados en expectativas son más útiles que las metas a alcanzar
Fuentes de información	Las fuentes independientes son más confiables
Comparabilidad de la información	Es posible que la información general sobre la industria no sea relevante para los productos especializados
Conocimientos adquiridos anteriormente (experiencia y conocimientos de auditoría acumulados)	Los procedimientos efectivos se basan en el reconocimiento de variaciones inusuales/inesperadas. Si los conocimientos son limitados, resulta difícil saber qué esperar

Tipo de pruebas sustantivas

a) Análisis de las tendencias (gráficos de series de tiempo o análisis de regresión)

- ✓ El "gráfico de dispersión" se basa en la inspección visual
- ✓ El análisis de series de tiempo puede ser engorroso
- ✓ La regresión estadística (mediante un programa informático) es la más objetiva
- ✓ Útil para el análisis de cuentas de ingresos y gastos

b) Análisis de ratios, por ejemplo:

- ✓ Período de cobro de las cuentas por cobrar, es decir, días hasta el cobro
- ✓ Rotación del inventario
- ✓ Rotación de activos
- ✓ Período de pago de las cuentas por pagar
- ✓ Los ratios identifican relaciones estables y son, por lo tanto, más relevantes que los cambios absolutos.
- ✓ Son útiles para el análisis de las cuentas de ingresos y gastos y del balance.

c) Prueba de razonabilidad = "verificación mediante totales de control", por ejemplo:

- ✓ Sobre la nómina
- ✓ Depreciación
- ✓ Ingresos por inversiones
- ✓ Ingresos por arrendamientos
- ✓ Los "modelos" pueden ser muy precisos, incluso modelos muy simples pueden ser muy efectivos
- ✓ Resultan más útiles para el análisis de cuentas de ingresos y gastos

d) Revisión de partidas grandes e inusuales, por ejemplo:

- ✓ Revisión del detalle de la cuenta de reparaciones y mantenimiento para partidas de capital
- ✓ Punto de partida útil para identificar movimientos inesperados por parte del auditor

Procedimientos analíticos - pruebas en total

"Una verificación independiente sobre el valor total de la población".

Calcule el valor esperado de una población; la información de base debe ser independiente de la población evaluada. De lo contrario, se debe confirmar que es correcta en su aspecto significativo. Ejemplos: Depreciación - para cada categoría de activos: (costo + incorporaciones - disposición de bienes) x % de depreciación lineal = cargo anual.

En forma alternativa, utilice el método del saldo decreciente para ajustar la depreciación acumulada en función de las incorporaciones y disposición de bienes, y calcule la depreciación sobre el monto neto.

Nómina - utilice información acerca de la fuerza de trabajo, los nuevos empleados y los que dejan la empresa, el nivel de sueldos, los aumentos de sueldos, las bonificaciones por productividad, etcétera, a fin de construir un modelo para la cifra de nómina total, p. ej.: (los gastos auditados del ejercicio anterior (información de base confirmada) nuevos/antiguos empleados) x (1+i) en donde i es el porcentaje promedio de aumentos de sueldo con un ajuste adicional a fin de reflejar el momento en el que los aumentos de sueldo se tornan efectivos.

Ingresos por inversiones (auditados) - aplique las tasas de interés conocidas al valor nominal de las inversiones.

Ingresos de un hotel - ingreso anual.

Tasa de ocupación de las habitaciones.

Ingreso del ejercicio anterior (auditado) x (1+i), en donde i es el incremento porcentual en el precio de las habitaciones.

Costos del combustible - para cada categoría de vehículo que funciona con distintas clases de combustible (p. ej.: con plomo, sin plomo, diésel); calcule el consumo, p.ej.: kilometraje (tacógrafo o cuentakilómetros), nivel de consumo (p. ej.: kilómetros por litro).

Procedimientos analíticos - nivel de fiabilidad asignado

El nivel de fiabilidad asignado dependerá del riesgo de que los procedimientos analíticos identifiquen relaciones según lo esperado cuando, de hecho, existe una incorrección material.

Factor	Impacto sobre la fiabilidad asignada
Materialidad de las partidas en cuestión	No se puede confiar únicamente en procedimientos analíticos para los saldos significativos del inventario, pero se puede confiar en ellos únicamente para partidas no significativas y partidas de ingresos y gastos
Otros procedimientos	El análisis de la secuencia de recibos de efectivo puede confirmar o disipar dudas generadas por los procedimientos analíticos sobre la clasificación de las cuentas de clientes según su antigüedad
Exactitud de las predicciones	Se espera encontrar una mayor uniformidad al comparar los márgenes de ganancia bruta entre un período y otro que al comparar los gastos discrecionales (investigación y publicidad)
Evaluaciones de riesgos (inherente y de control)	Si el control interno sobre el procesamiento de las órdenes de venta es débil (es decir, el riesgo de control es alto), es posible que resulte necesario basarse más en pruebas de detalle para llegar a conclusiones sobre las cuentas por cobrar)

Etapa general de revisión

Los objetivos del auditor son el diseño y la aplicación, en una fecha cercana a la finalización de la auditoría, de procedimientos analíticos que le ayuden a alcanzar una conclusión global sobre si los estados financieros son congruentes con su conocimiento de la entidad.

Ejemplos:

- ✓ Comparación entre los resultados del año en curso con los de años anteriores, a fin de asegurar que las principales tendencias han sido investigadas y comprendidas.
- ✓ Análisis de tendencias y ratios significativos a fin de identificar nuevos patrones o cambios en patrones conocidos, p. ej.: si las ratios de liquidez se deterioran - ratios de liquidez ácida.
- ✓ Recálculo de los ratios y tendencias clave a fin de reflejar los ajustes a los estados financieros.

NIA 530 – Muestreo de auditoría

El auditor empleará una variedad de métodos a fin de determinar las partidas que deben seleccionarse para las pruebas. La aplicación de una combinación de los métodos detallados a continuación dependerá de las circunstancias, es decir, del nivel de ROM y la practicidad y eficiencia de los distintos métodos.

Métodos de selección

Las partidas deben ser seleccionadas para su evaluación, utilizando los métodos apropiados a fin de reunir evidencia de auditoría suficiente apropiada que cumpla con los objetivos de los procedimientos de auditoría.

Mediante cualquiera de las siguientes opciones, o una combinación de ellas:

- ✓ Selección del total de las partidas (evaluación del 100%)
- ✓ Selección de partidas específicas
- ✓ Muestreo de auditoría

N.B. la selección de todas las partidas o de partidas específicas no constituyen técnicas de muestreo de auditoría.

Consideraciones del riesgo

Se debe utilizar el juicio profesional a fin de:

- ✓ Evaluar el riesgo de auditoría (que incluye el riesgo inherente y de control).
- ✓ Diseñar procedimientos de auditoría adicionales a fin de reducir el riesgo de auditoría a un nivel aceptablemente bajo.

Esto requiere tener en cuenta:

- ✓ El riesgo de incorrección material (inherente y de control) y el riesgo de detección.
- ✓ El riesgo de muestreo y aquel ajeno al muestreo.

Selección de partidas específicas

Factores a considerar

- ✓ Comprensión de la entidad.
- ✓ Riesgo evaluado de incorrección material.
- ✓ Características de la población evaluadas.

Partidas específicas

- ✓ Partidas clave o de gran valor, p. ej.: aquellas propensas al riesgo o con un historial de error.
- ✓ Todas las partidas por encima de cierto monto, a fin de verificar una gran proporción de la población.

- ✓ Partidas que permiten obtener información, p. ej.: sobre la naturaleza de las transacciones y los sistemas contables y de control interno.
- ✓ Partidas que permiten evaluar las actividades de control.

Principal ventaja: habitualmente, un medio efectivo de reunir evidencia de auditoría.
Principal desventaja: no se trata de un muestreo de auditoría; por lo tanto, no puede proyectar en forma válida los resultados a la población.

Documentación de auditoría

El objetivo del auditor, al utilizar el muestreo de auditoría, es proporcionar una base razonable a partir de la cual alcanzar conclusiones sobre la población de la que se selecciona la muestra.

Muestreo de auditoría (muestreo): aplicación de los procedimientos de auditoría a un porcentaje inferior al 100 % de los elementos de una población relevante para la auditoría, de forma que todas las unidades de muestreo tengan posibilidad de ser seleccionadas con el fin de proporcionar al auditor una base razonable a partir de la cual alcanzar conclusiones sobre toda la población.

El riesgo de muestreo puede llevar a dos tipos de conclusiones erróneas:

a) Que los controles son más efectivos de lo que realmente son (para una prueba de control) o que un error significativo no existe cuando en realidad sí existe (para una prueba sustantiva); este tipo de riesgo afecta la efectividad de la auditoría y es más probable que conduzca a una opinión de auditoría inapropiada.

b) El riesgo de que el auditor llegue a la conclusión de que los controles son menos efectivos de lo que realmente son (para una prueba de control) o de que existe un error significativo cuando en realidad no existe (para una prueba sustantiva); este tipo de riesgo afecta la eficiencia de la auditoría ya que, por lo general, generará trabajo adicional para establecer que las conclusiones iniciales eran incorrectas.

  - *Riesgo ajeno al muestreo*: riesgo de que el auditor alcance una conclusión errónea por alguna razón no relacionada con el riesgo de muestreo. Por ejemplo, es posible que el auditor utilice procedimientos inapropiados o haga una interpretación errónea de la evidencia y, por ello, no logre reconocer un error. La selección en base al juicio se encuentra sujeta al riesgo ajeno al muestreo.

- *Unidad de muestreo*: elementos individuales que forman parte de una población, por ejemplo, los registros de crédito en un resumen bancario, las facturas de venta, los saldos de cuentas por cobrar comerciales o una unidad monetaria (p. ej.: $ 1).
- *Muestreo estadístico*: tipo de muestreo que presenta las siguientes características:
  - Selección aleatoria de los elementos de la muestra.
  - Aplicación de la teoría de la probabilidad para evaluar los resultados de la muestra, incluyendo la medición del riesgo de muestreo
  - Un método de muestreo que no presenta estas características es considerado un muestreo no estadístico.
- *Estratificación*: división de una población en subpoblaciones, cada una de las cuales constituye un grupo de unidades de muestreo con características similares (habitualmente valor monetario). La reducción de la variabilidad de las partidas dentro de cada estrato, permite una reducción en el tamaño de la muestra (sin aumentar el riesgo de muestreo).
- *Incorrección tolerable*: importe establecido por el auditor con el objetivo de obtener un grado adecuado de seguridad de que las incorrecciones existentes en la población no superan dicho importe.

Aplicación

El muestreo de auditoría puede ser aplicado a través de métodos estadísticos o no estadísticos de muestreo. Las etapas en el proceso de muestreo incluyen:

- ✓ El diseño de la muestra
- ✓ La selección de la muestra
- ✓ La realización de los procedimientos de auditoría (pruebas)
- ✓ La evaluación de los errores.

Al diseñar la muestra de auditoría, el auditor tendrá en cuenta el objetivo del procedimiento de auditoría y las características de la población de la que se extraerá la muestra.

En la práctica, un "plan de muestreo" cubrirá:

- ✓ Los objetivos de auditoría
- ✓ La población y unidad de muestreo (o atributo)
- ✓ La definición de error (o desviación)

- ✓ El tamaño de la muestra
- ✓ Los métodos de selección de la muestra.

El auditor seleccionará los elementos de la muestra de forma que todas las unidades de muestreo de la población tengan posibilidad de ser seleccionadas.

Métodos más comunes para la obtención de una muestra representativa

Selección de números al azar mediante la utilización de tablas de números al azar o un generador informático de números al azar. Todas las partidas tienen claramente la posibilidad de ser seleccionadas. La selección sistemática (también llamada "a intervalos") utiliza un intervalo constante entre partidas seleccionadas (con un punto de partida al azar), p. ej.: un voucher cada 20. La selección ponderada por el valor es un método que utiliza unidades de valor monetario, en vez de las mismas partidas, como población para el muestreo, p. ej.: cada $ 1.000.

¡Atención! Las unidades de muestreo no deben ser estructuradas de manera que el intervalo de la muestra corresponda con un patrón dentro de la población.

La selección irregular, es decir, sin seguir una técnica estructurada, puede resultar una alternativa aceptable (a los métodos al azar), siempre y cuando se evite el sesgo consciente y predecible, p. ej.: evitar seleccionar partidas de fácil localización, la primera y la última partida, etcétera.

Otros métodos no generalmente aceptados

El muestreo en bloque (p. ej.: todas las partidas en una página en particular) no resulta por lo general apropiado, dado que probablemente la población esté estructurada de modo que las partidas en una secuencia tengan características en común entre ellas, pero distintas a otras partidas en otras áreas de la población, p. ej.: los débitos directos registrados al final de cada mes en el libro de caja, es decir, una vez recibido el resumen bancario.

"El auditor aplicará procedimientos de auditoría, adecuados para el objetivo, a cada elemento seleccionado".

- ✓ Si se selecciona una partida inapropiada (p. ej.: un documento que ha sido declarado "nulo"), se deberá entonces elegir un reemplazo adecuado para la evaluación. No existe un error si la partida es anulada de manera apropiada.

- ✓ Si no se puede llevar a cabo el procedimiento planificado (p. ej.: si un cliente no responde a una solicitud de confirmación directa), se deberá realizar un procedimiento alternativo adecuado, p. ej.: la inspección de los recibos de efectivo a cierto plazo de la fecha.
- ✓ Si no se puede realizar ninguna prueba alternativa adecuada, se debe asumir que esa partida es un error, p. ej.: si se descubre que faltan iniciales o firmas al controlar la integridad de una grilla de verificación en una prueba de control.

El auditor deberá considerar:

- ✓ Los resultados de la muestra.
- ✓ La naturaleza y causa de todo error identificado.
- ✓ Su efecto potencial sobre el objetivo de la prueba y otras áreas de auditoría.
- ✓ Evaluar los resultados de la muestra a fin de confirmar o modificar la evaluación preliminar de la característica relevante de la población.

Considerar los aspectos cualitativos:

- ✓ En forma asilada: obtener evidencia corroborativa de un error anormal.
- ✓ Característica en común: Identificar una subpoblación, extender los procedimientos de auditoría en un subestrato.

Proyección de errores. Los errores monetarios, es decir, con respecto a los procedimientos sustantivos, deben ser proyectados, p. ej.: mediante la extrapolación. Se deberá considerar el efecto de un error proyectado sobre el objetivo de la prueba y otras áreas de auditoría.

Compare: Error proyectado + error anormal no corregido vs. representación errónea tolerable.

Tenga en cuenta que no es necesario realizar una proyección para las pruebas de control (es decir, la tasa de error en la muestra representa la tasa de error en la población).

Evaluación de los resultados

Si el error proyectado más el error anormal no corregido excede la representación errónea tolerable, deberá reevaluar el riesgo de muestreo.

a) *Pruebas de control*
Si la tasa de error de muestreo es mayor a la evaluada originalmente, modifique los procedimientos planificados; p.ej.: Amplíe el tamaño de la muestra, evalúe un control alternativo, extienda los procedimientos sustantivos.

b) *Procedimientos sustantivos*
Si el máximo de error potencial y/o error más probable excede la representación errónea tolerable, solicite a la dirección un ajuste en función de los errores identificados y reevalúe los errores no ajustados.

Muestreo estadístico vs. muestreo no estadístico

El muestreo estadístico vs no estadístico consiste en utilizar la selección de muestras al azar y la teoría de la probabilidad a fin de:

- ✓ Evaluar los resultados de las muestras.
- ✓ Medir el riesgo de muestreo.

Es decir, técnicas a partir de las cuales se pueden obtener conclusiones de construcción matemática.

El muestreo estadístico impide la utilización de una selección irregular.

En la práctica, se requiere un alto nivel de competencia matemática a fin de obtener conclusiones válidas de la muestra de evidencia. La mayoría de las firmas diseñan planes complejos que pueden ser operados por personal sin una formación en estadística, p. ej.: utilizando tablas, gráficos y métodos informáticos.

El muestreo no estadístico es también llamado "muestreo de juicio":

- ✓ Todo método que no cumple con las condiciones establecidas en la definición de muestreo estadístico.
- ✓ Incluye no solo la selección que no es al azar, sino también la evaluación de los errores en base al juicio.

NIA 580 – Manifestaciones escritas

El auditor solicitará manifestaciones escritas a los miembros de la dirección que tengan las responsabilidades adecuadas sobre los estados financieros y conocimientos de las cuestiones de que se trate.

Objetivos:

- ✓ Obtener manifestaciones escritas de la dirección y, cuando proceda, de los responsables del gobierno de la entidad relativas a que consideran haber cumplido su responsabilidad en cuanto a la preparación de los estados financieros y a la integridad de la información proporcionada al auditor.
- ✓ Fundamentar otra evidencia de auditoría relevante para los estados financieros o para afirmaciones concretas contenidas en los estados financieros mediante manifestaciones escritas, cuando el auditor lo considere necesario o lo requieran otras NIA.
- ✓ Responder de modo adecuado a las manifestaciones escritas proporcionadas por la dirección y, cuando proceda, por los responsables del gobierno de la entidad, o si la dirección o, cuando proceda, los responsables del gobierno de la entidad no proporcionan las manifestaciones escritas solicitadas por el auditor.

El auditor solicitará a la dirección que proporcione manifestaciones escritas de que ha:

- ✓ Cumplido su responsabilidad de la preparación de los estados financieros de conformidad con el marco de información financiera aplicable.
- ✓ Proporcionado al auditor toda la información y el acceso pertinentes, de conformidad con lo acordado en los términos del encargo de auditoría.
- ✓ El auditor también solicitará una manifestación escrita de que todas las transacciones se han registrado y reflejado en los estados financieros.

Obtención de la evidencia

Las manifestaciones escritas deberán tener la forma de una carta de manifestaciones, dirigida al auditor.

Ilustración:

Hemos cumplido con nuestras responsabilidades con respecto a la preparación y presentación de los estados financieros. Y, en particular, los estados financieros han sido presentados de manera razonable, de acuerdo con (indicar el marco conceptual relevante para la presentación de la información financiera).

Les hemos proporcionado:

- ✓ Toda la información, registros y documentación, y otras cuestiones relevantes para la preparación y presentación de los estados financieros.
- ✓ Información adicional que ustedes nos han solicitado.
- ✓ Acceso sin restricciones para aquellos dentro de la entidad.

La carta de manifestaciones también incluye manifestaciones específicas de cada cuestión.

Otras NIA requieren también que el auditor solicite representaciones por escrito:

- ✓ La NIA 240, Responsabilidades del auditor en la auditoría de estados financieros con respecto al fraude.
- ✓ La NIA 250, Consideración de las disposiciones legales y reglamentarias en la auditoría de estados financieros.
- ✓ La NIA 450, Evaluación de las incorrecciones identificadas durante la realización de la auditoría.
- ✓ La NIA 501, Evidencia de auditoría – consideraciones específicas para determinadas áreas.
- ✓ La NIA 540, Auditoría de estimaciones contables, incluidas las de valor razonable, y la información relacionada a revelar.
- ✓ La NIA 550, Partes vinculadas.
- ✓ La NIA 560, Hechos posteriores al cierre.
- ✓ La NIA 570, Empresa en funcionamiento.
- ✓ La NIA 710, Información comparativa – cifras correspondientes de períodos anteriores y estados financieros comparativos.

Otros casos e inconsistencias

El auditor podrá solicitar manifestaciones adicionales a fin de respaldar otra evidencia de auditoría relevante para los estados financieros. Es posible que las manifestaciones sean consideradas necesarias para respaldar la comprensión que el auditor ha obtenido a partir de otra evidencia de auditoría acerca del juicio de la dirección o de sus intenciones en relación con una afirmación en particular. Por ejemplo, si el objetivo de la dirección es importante para la base de la valuación de las inversiones, puede no resultar posible obtener evidencia de auditoría suficiente apropiada sin manifestaciones escritas de la dirección acerca de sus intenciones.

Ilustración:

La empresa no tiene intenciones de vender las inversiones incluidas en los activos no corrientes y revelados en la nota X a los estados financieros antes de la fecha de vencimiento.

Si bien dichas manifestaciones escritas proporcionan evidencia de auditoría necesaria, no proporcionan evidencia de auditoría suficiente apropiada pon sí mismas para dicha afirmación.

Si se identifica una inconsistencia entre una o más manifestaciones escritas y evidencia de auditoría obtenida de otra fuente, el auditor deberá considerar si la evaluación de riesgo continúa siendo apropiada y, de no ser así, revisar la evaluación de riesgo y determinar la naturaleza, tiempos y alcance de procedimientos adicionales de auditoría como respuesta al riesgo evaluado.

De acuerdo con la guía en la NIA 500, dichas inconsistencias generan dudas y deben ser resueltas.

Documentación

Elementos básicos:

- ✓ Destinatario - el auditor
- ✓ Información especificada
- ✓ Debe llevar la fecha adecuada, usualmente la misma fecha del informe de auditoría
- ✓ Firmada, habitualmente por el director ejecutivo y el director financiero.

Negativa a proporcionar manifestaciones:

La dirección sabe que deberá proporcionar manifestaciones si resulta necesario (según establece la carta de encargo). Por lo tanto, la negativa por parte de la dirección muy probablemente señalará la existencia de reservas acerca de la manifestación.

Si la dirección no proporciona una o más de las manifestaciones escritas solicitadas, el auditor deberá:

- ✓ Discutir la cuestión con la dirección
- ✓ Reevaluar la integridad de la dirección y analizar el efecto que esto puede tener con respecto a la fiabilidad de las manifestaciones (orales o escritas) y sobre la evidencia de auditoría en general
- ✓ Tomar las medidas adecuadas, lo que incluye determinar el posible efecto sobre la opinión en el informe de auditoría (ver a continuación).

El auditor deberá abstenerse de formular una opinión sobre los estados financieros de acuerdo con la NIA 705 si:

- ✓ El auditor llega a la conclusión de que existe una duda suficiente con respecto a la integridad de la dirección, de modo que las manifestaciones escritas con respecto a las responsabilidades de la dirección no son confiables
- ✓ La dirección no ha proporcionado dichas manifestaciones.

NIA 570 – Empresa en funcionamiento

La evaluación de la dirección debe ser monitoreada durante un período equivalente al requerido por el marco conceptual para la presentación de la información financiera. Este período debe extenderse a 12 meses a partir de la fecha de presentación de la información (si es mayor).

Fuentes de información:

- ✓ El sistema del cliente para la identificación oportuna de indicadores de riesgo/ incertidumbre.
- ✓ Presupuestos, información de pronóstico, etcétera.
- ✓ Obligaciones, compromisos, garantías otorgadas a los prestamistas, proveedores, etcétera.
- ✓ Líneas de crédito bancarias y crédito de proveedores.
- ✓ Plan de acción de la dirección para el futuro.
- ✓ Luego del período de evaluación, el auditor deberá preguntarle a la dirección si tiene conocimiento de factores que señalen dudas significativas más allá del período de evaluación (al menos doce meses a partir de la fecha de presentación de la información).

- ✓ Este es el único procedimiento de auditoría necesario con respecto a este período.
- ✓ Proporciona un buen ejemplo de un "momento cierto" en el cual resulta apropiado obtener manifestaciones escritas de la dirección.

Procedimientos adicionales

Existe una incertidumbre significativa cuando la magnitud de su impacto potencial es tal que su revelación se torna necesaria a los fines de la presentación razonable de los estados financieros, es decir, la falta de revelación conduciría a una interpretación errónea de los estados financieros.

Los procedimientos adicionales deben incluir los siguientes:

- ✓ Si la dirección no ha realizado aún una evaluación de la capacidad de la empresa de continuar como empresa en funcionamiento, solicitar a la dirección realizar dicha evaluación.
- ✓ Evaluar los planes de la dirección respecto de acciones futuras en función de su evaluación de empresa en funcionamiento, si el resultado de dichos planes puede mejorar la situación, y si los planes de la dirección son viables en las circunstancias.
- ✓ En el caso de que la entidad haya elaborado un pronóstico de flujo de fondos, un análisis del pronóstico es un factor significativo a la hora de considerar el resultado futuro de hechos o condiciones en la evaluación de los planes de acción futura de la dirección.
- ✓ Considerar si existe algún nuevo hecho o información adicional desde la fecha en que la dirección realizó su evaluación.
- ✓ Solicitar manifestaciones escritas de la dirección y, donde corresponda, a aquellos a cargo del gobierno, respecto de sus planes de acción futura y la viabilidad de dichos planes.

Pronóstico del flujo de fondos

Al analizar y discutir los pronósticos de flujo de fondos y de ganancias con la dirección, se deberá tener en cuenta:

- ✓ La fiabilidad del sistema implementado por la entidad para la generación de dicha información

- ✓ La propiedad de las presunciones subyacentes
- ✓ La comparación de la información financiera estimada:
    - En períodos anteriores recientes con los resultados históricos
    - Para el período en curso con los resultados a la fecha

Otros procedimientos relevantes

- ✓ Analizar hechos posteriores para partidas que afectan la presunción de empresa en funcionamiento.
- ✓ Analizar y discutir los estados financieros intermedios más recientes disponibles.
- ✓ Analizar los términos de debentures/acuerdos de préstamo, a fin de detectar posibles violaciones.
- ✓ Leer las actas de las reuniones para obtener referencias con respecto a posibles dificultades financieras.
- ✓ Consultar al abogado de la entidad con respecto a reclamos y litigios.
- ✓ Confirmar la existencia, legitimidad y posibilidad de asegurar el cumplimiento de acuerdos con partes relacionadas y terceros con respecto a la provisión y mantenimiento de asistencia financiera, y evaluar la capacidad financiera de dichas partes para proporcionar fondos adicionales.
- ✓ Considerar los pedidos de clientes no entregados.
- ✓ Discutir el futuro plan de acción de la dirección - la relevancia, por lo general, disminuirá a medida que aumenta el plazo de implementación.
    - Liquidar activos.
    - Tomar préstamos o reestructurar la deuda.
    - Reducir o postergar los gastos.
    - Aumentar el capital.
- ✓ Solicitar manifestaciones de la dirección con respecto a planes que podrían tener un efecto significativo sobre la solvencia de la entidad en el futuro cercano, confirmar que el plan es viable y que cuenta con probabilidades de ser implementado.

NIA 501 y 505 – Consideraciones específicas

Describir aspectos adicionales de la evidencia de auditoría en relación con montos específicos en los estados financieros y otra información adicional revelada.

La NIA 501, Evidencia de auditoría - consideraciones específicas para determinadas áreas, contiene objetivos relacionados con la obtención de evidencia apropiada suficiente con respecto a:

- ✓ Existencia y condición del inventario.
- ✓ Información completa respecto de litigios y reclamos contra el cliente.
- ✓ Presentación y revelación de la información por segmentos de conformidad con el marco conceptual aplicable para la presentación de la información financiera.

La NIA 505, Confirmaciones externas, trata sobre:

- ✓ Relación entre los procedimientos de confirmación externa y la evaluación del auditor acerca del riesgo de incorrección material.
- ✓ Diseño de la solicitud de confirmación externa.
- ✓ Uso de las confirmaciones positivas y negativas.
- ✓ Proceso de confirmación externa.

Conteo físico del inventario - procedimientos esenciales

Generalmente, se realiza el conteo físico de todo inventario al menos una vez al año:

- ✓ Como base para la preparación de los estados financieros.
- ✓ Para confirmar la fiabilidad de un sistema de inventario perpetuo que, a su vez, proporciona una base para la preparación de los estados financieros.

Cuando el inventario es significativo, el auditor deberá obtener evidencia de auditoría apropiada suficiente con respecto a su existencia y condición, asistiendo al conteo físico del inventario (a menos que esto resulte impracticable).

Objetivos:

- ✓ Evaluar las instrucciones y procedimientos de la dirección para el registro y control de los resultados del conteo físico del inventario de la entidad.
- ✓ Inspeccionar el inventario.

- ✓ Observar el cumplimiento con los procedimientos de conteo establecidos por la dirección para el registro y control de los resultados del conteo.
- ✓ Realizar pruebas de conteo (a fin de obtener evidencia acerca de la fiabilidad de los procedimientos establecidos por la dirección):
  - Registro en libros a conteo físico.
  - Conteo físico a registro en libros.

Si no es posible para el auditor asistir al conteo físico del inventario en la fecha designada:

- ✓ Se debe observar algún conteo físico en una fecha alternativa.
- ✓ Se deben realizar pruebas de las transacciones comprendidas (si resulta necesario).

Si el conteo físico del inventario se realiza en una fecha distinta a la fecha de los estados financieros, el auditor deberá realizar procedimientos de auditoría a fin de obtener evidencia de auditoría para determinar si las modificaciones en el inventario entre la fecha del conteo y la fecha de los estados financieros han sido registradas correctamente.

Cuando la asistencia no es factible (p. ej.: si el inventario es almacenado en un depósito ubicado en una zona remota), ciertos procedimientos alternativos pueden proporcionar evidencia de auditoría suficiente y adecuada de su existencia y condición, a fin de llegar a la conclusión de que no existe ninguna limitación respecto de la evidencia de auditoría que puede obtenerse.

Información por segmentos

El objetivo del auditor es obtener evidencia de auditoría suficiente y adecuada sobre la presentación y revelación de la información por segmentos de conformidad con el marco de información financiera aplicable.

El auditor obtendrá evidencia de auditoría suficiente y adecuada sobre la presentación y revelación de la información por segmentos de conformidad con el marco de información financiera aplicable mediante:

- ✓ La obtención de conocimiento de los métodos utilizados por la dirección para la determinación de la información por segmentos.

- ✓ la evaluación de si dichos métodos pueden generar información acorde con lo requerido por el marco de información financiera aplicable en su caso, la comprobación de la aplicación de dichos métodos.
- ✓ La aplicación de procedimientos analíticos o de otros procedimientos de auditoría adecuados, teniendo en cuenta las circunstancias.

Litigios y reclamos - procedimientos esenciales

El auditor diseñará y aplicará procedimientos de auditoría con el fin de identificar los litigios y las reclamaciones que afecten a la entidad y que puedan originar un riesgo de incorrección material, incluidos los siguientes:

- ✓ indagaciones ante la dirección y, en su caso, ante otras personas de la entidad, incluidos los asesores jurídicos internos;
- ✓ revisión de las actas de reuniones de los responsables del gobierno de la entidad y de la correspondencia entre la entidad y sus asesores jurídicos externos; y
- ✓ revisión de las cuentas de gastos jurídicos.

Los pasivos reales pendientes en virtud de litigios y reclamos pueden tener un impacto material y requerir la revelación y/o provisión en los estados financieros.

Se debe entablar una comunicación directa con los abogados de la entidad cuando se identifican, o exista la posibilidad de que surjan litigios o reclamos. La carta debe ser preparada por la dirección, ser enviada por el auditor, solicitar una comunicación directa con el auditor.

Por lo general especifica:

- ✓ Una lista de litigios y reclamos
- ✓ La evaluación de la dirección acerca del resultado y el impacto financiero estimado (incluidos los costos).

Solicitar a los abogados que:

- ✓ Confirmen la razonabilidad de la evaluación de la dirección.
- ✓ Proporcionen información adicional si la lista está incompleta/incorrecta.

En determinadas circunstancias, el auditor puede reunirse con los abogados a fin de discutir el probable resultado de los litigios y reclamos, con la autorización de la dirección y en presencia de un representante de la dirección.

Denegación de la autorización de comunicación

Si la dirección rehúsa dar permiso al auditor para comunicarse o reunirse con los asesores jurídicos externos de la entidad o si estos rehúsan responder adecuadamente a la carta de indagación o se les prohíbe que lo hagan.

Si la dirección se niega a autorizar al auditor a comunicarse o reunirse con los asesores legales externos de la entidad, o si los asesores legales externos de la entidad se niegan a responder de manera adecuada a una carta de solicitud de información, o no se les permite responder.

El auditor no logra obtener evidencia de auditoría suficiente y adecuada mediante procedimientos de auditoría alternativos, el auditor modificará la opinión del auditor en el informe de auditoría de conformidad con la NIA 705.

Confirmaciones externas (NIA 505) – definición

Confirmación externa - Evidencia de auditoría obtenida mediante una respuesta directa escrita de un tercero (la parte confirmante) dirigida al auditor, en formato papel, en soporte electrónico u otro medio.

El auditor puede solicitar confirmaciones de dos maneras:

Solicitud de confirmación positiva - solicitud a la parte confirmante para que responda directamente al auditor, indicando si está o no de acuerdo con la información incluida en la solicitud, o facilite la información solicitada.

Solicitud de confirmación negativa - solicitud a la parte confirmante para que responda directamente al auditor únicamente en caso de no estar de acuerdo con la información incluida en la solicitud.

Los factores a considerar a la hora de determinar la necesidad de confirmaciones externas son:

- ✓ Las características del entorno predominante.
- ✓ Las prácticas de potenciales personas consultadas al tratar con ese tipo de solicitudes.

Cuanto más débiles sean los controles internos (es decir, cuanto mayor sea el riesgo de control), mayor importancia tendrá la confirmación externa.

La confirmación de los saldos, p. ej.: de las cuentas por cobrar, mediante pruebas puede reducir el alcance de las pruebas de detalle sobre las transacciones relacionadas, p. ej.: las ventas.

Fiabilidad

Recibida por el auditor directamente de terceros independientes y, por lo tanto, relativamente confiable.

Sin embargo, el auditor debe ejercer control sobre las solicitudes de confirmación y las respuestas.

Las características de las personas que responden a las solicitudes y las restricciones impuestas por la dirección (p. ej.: no solicitar saldos de ciertos clientes), pueden afectar la fiabilidad.

Evaluación de riesgo

Cuanto más alta sea la evaluación de riesgo por parte del auditor, más confiable y relevante debe ser la evidencia de auditoría que el auditor busca obtener a partir de los procedimientos sustantivos. En dichas situaciones, el uso de procedimientos de confirmación puede resultar efectivo a fin de proporcionar evidencia de auditoría suficiente y adecuada.

Cuanto más baja sea la evaluación de riesgo de incorrección material, menor será la certeza que el auditor necesita obtener a partir de los procedimientos sustantivos a fin de formar una conclusión con respecto a una afirmación.

Una vez que el auditor haya identificado un riesgo como significativo, el auditor podrá considerar en particular si la confirmación de ciertas cuestiones puede resultar una manera apropiada de reducir el riesgo de incorrección material.

Diseño de la solicitud

Las solicitudes de confirmación externa deben ser diseñadas especialmente para casa objetivo de auditoría.

Factores a considerar:

- ✓ Afirmaciones en los estados financieros.
- ✓ Experiencia previa.
- ✓ Quienes responden a la solicitud (competencia, independencia, motivación, autoridad y disposición para proporcionar información, conocimiento acerca de la cuestión objeto de la confirmación, objetividad).

✓ El tipo de información de quienes responden a una solicitud estará dispuesto a confirmar (p. ej.: facturas de transacciones individuales) en vez del saldo total de la cuenta.

✓ La autorización de la dirección a quienes responden a las solicitudes para revelar la información solicitada.

Métodos

Positivo	Negativo
Solicitar la confirmación de que un monto corresponde al saldo presentado, o expresar una discrepancia	Solicitar una respuesta únicamente en caso de discrepancia con el saldo registrado
Preferible cuando el riesgo inherente o de control son altos, p. ej.: • Debilidad en los controles internos • Sospecha de irregularidad o discrepancia en cuanto a los montos • Numerosos errores de registro contable	Apropiado cuando: • Los controles internos son fiables • Hay una gran cantidad de cuentas pequeñas • No se espera encontrar errores

Si bien es un error común, la diferencia entre "positivo" y "negativo" no recae en si el cliente recibe un saldo que debe corroborar. Se debe proporcionar un saldo en una solicitud negativa, y es habitual proporcionar un saldo en una solicitud positiva (a fin de generar una respuesta en caso de sobrestimación).

Solicitudes de la dirección

Si el auditor está de acuerdo con la solicitud de la dirección de que cierta información no sea confirmada (con un justificativo válido), deberán aplicarse procedimientos alternativos a fin de obtener evidencia suficiente y adecuada.

Si la solicitud de la dirección no es válida, se deberá considerar el posible impacto de la limitación del alcance en el informe de auditoría.

Factores a considerar:

✓ La necesidad de actuar con escepticismo profesional.

✓ Toda implicancia en relación con la integridad de la dirección.

✓ La posible existencia de fraude o error.

Proceso de confirmación

El auditor deberá tener control sobre:

- ✓ El proceso de selección
- ✓ El envío de las solicitudes de confirmación
- ✓ La recepción de las respuestas.

A fin de minimizar los riesgos de:

- ✓ El sesgo de muestreo
- ✓ La interceptación de las solicitudes
- ✓ La alteración de las respuestas.

Los resultados deben ser evaluados dentro del contexto de la NIA 530, Muestreo de auditoría.

NIA 610 – Utilización del trabajo de los auditores internos

La NIA 610 párr. 13 establece que el objetivo del auditor externo consiste en determinar:

Si se puede utilizar el trabajo de la función de auditoría interna o la ayuda directa de los auditores internos y, en caso afirmativo, las áreas en las que se puede utilizar y la extensión de dicha utilización.

Una vez determinada esta cuestión:

- ✓ En caso de utilizar el trabajo de la función de auditoría interna, determinar si dicho trabajo es adecuado para los fines de la auditoría.
- ✓ En caso de utilizar la ayuda directa de los auditores internos, supervisar y revisar su trabajo.

Para empresas que cotizan en una bolsa de valores reconocida, se considera buena práctica establecer una función de control interno, a fin de realizar el monitoreo regular de los controles y procedimientos clave. Por lo tanto, se espera que las empresas que cotizan en bolsa cuenten con auditores internos.

Relación - externo vs interno

Relación	Externo	Interno
Rol establecido por:	Ley (por lo general)	La dirección, en las organizaciones más grandes
Designado por:	Los accionistas (por los general) o los directores	La dirección
Reporta a:	Los accionistas (deber fundamental establecido por ley) y la dirección (responsabilidad profesional)	Los responsables del gobierno, por lo general el comité de auditoría
Informa sobre	Los estados financieros	Los controles internos
Debe formar una opinión sobre:	"Imagen verdadera y fiel" (o conceptos similares)	Suficiencia de los controles internos como contribución a la utilización económica, eficiente y efectiva de los recursos
Situación	Independiente de la empresa cliente	Empleado (y, por lo tanto, potencialmente menos objetivo)
Calificación	Por lo general, ACCA, ICAEW, ICAI, ICAS, CPA o una formación equivalente	Puede también ser miembro de otras asociaciones profesionales (p. ej., IIA) o no tener ninguna calificación
Alcance de la designación	Sin límites a fin de cumplir con la obligación legal	Establecida por la dirección
Realización de la auditoría	De acuerdo con las NIA	Etapas similares: planificación, evaluación del sistema contable y de control interno, evidencia, informes

Auditoría interna - determinación del uso del trabajo de auditoría interna

El auditor externo evaluará:

El grado en que el estatus en la organización, así como las políticas y procedimientos relevantes, sustentan la objetividad de los auditores internos.

El grado de competencia de la función de auditoría interna.

Si la función de auditoría interna aplica un enfoque sistemático y disciplinado, incluido un control de calidad.

Asimismo, la NIA 315 destaca la importancia de una comunicación efectiva entre los auditores internos y externos.

La efectividad de la auditoría interna es solo uno de los factores a considerar en la evaluación del auditor externo sobre el entorno de control.

Criterio de evaluación

Objetividad	• Situación de la organización de la auditoría interna dentro de la entidad • Si aquellos responsables del gobierno supervisan las decisiones de contratación relacionadas con la auditoría interna • Si la dirección o aquellos responsables del gobierno imponen límites o restricciones • Libre de todo conflicto de responsabilidades
Competencia	• Formación técnica/nivel de competencia • Políticas establecidas para la contratación, formación y asignación • Miembros de los organismos profesionales pertinentes • Conocimientos relacionados con la presentación de la información financiera de la entidad y el marco aplicable para dicha presentación de la información financiera
Diligencia profesional debida	• Enfoque sistemático y disciplinado para la planificación, realización, supervisión, revisión y documentación • La existencia, suficiencia y uso de procedimientos o lineamientos de auditoría interna documentados, que abarcan áreas como la evaluación de riesgo, los programas de trabajo, la documentación y la presentación de la información • Políticas y procedimientos de control de calidad apropiados como, por ejemplo, las políticas y procedimientos contenidos en la Norma Internacional de Control de Calidad (International Standard on Quality Control, ISQC) y aquellos establecidos por sus organismos profesionales

Actividades de evaluación

Actividades de las que se obtiene un grado de seguridad y asesoramiento establecidas para evaluar y mejorar la eficacia de los procesos de gobierno de la entidad, de gestión del riesgo y de control interno.

Alcance y objetivos

Operan en las siguientes áreas

Evaluación de los sistemas	Examen de la información financiera y no financiera (incluidas las pruebas de detalle de las transacciones y saldos)
↓	↓
Tienen un interés directo para el auditor	

Análisis del aspecto económico, la eficiencia y eficacia de las operaciones	Evaluación del cumplimiento con los requisitos internos y externos (p. ej.: leyes y políticas de la dirección)	Averiguaciones especiales
↓	↓	↓
Pueden influir en la auditoría externa		

El efecto sobre los procedimientos del auditor externo

Para determinar el efecto planificado del trabajo de los auditores internos sobre la naturaleza, tiempos o el alcance de los procedimientos del auditor externo, este deberá considerar:

- ✓ La naturaleza y el alcance del trabajo específico realizado por los auditores internos
- ✓ Los riesgos evaluados de incorrección material para clases de transacciones, saldos de cuentas e información adicional a revelar en particular
- ✓ El grado de subjetividad de la evaluación de la evidencia de auditoría reunida por los auditores internos para respaldar las respectivas afirmaciones.

Trabajo específico

El auditor externo aplicará procedimientos de auditoría suficientes al conjunto del trabajo de la función de auditoría interna que tiene previsto utilizar, con la finalidad de determinar si son adecuados a los propósitos de la auditoría, incluida la evaluación de si:

- ✓ El trabajo de la función de auditoría interna se ha planificado, realizado, supervisado, revisado y documentado adecuadamente
- ✓ Se ha obtenido evidencia de auditoría suficiente y adecuada que permita a la función de auditoría interna alcanzar conclusiones razonables
- ✓ Las conclusiones alcanzadas son adecuadas a las circunstancias y los informes preparados por la función de auditoría interna son congruentes con los resultados de los trabajos realizados.

El auditor externo realiza procedimientos sobre el trabajo de auditoría interna a fin de determinar su suficiencia. Los procedimientos de auditoría pueden incluir:

- ✓ Realizar averiguaciones respecto de las personas indicadas dentro de la función de auditoría interna
- ✓ Observar los procedimientos realizados por la auditoría interna
- ✓ Revisar los programas de trabajo y los papeles de trabajo.

La NIA 610 requiere que el auditor externo vuelva a realizar alguna parte del trabajo de auditoría interna, como parte de la evaluación de la suficiencia del trabajo realizado.

Ayuda directa

La ayuda directa se define en la NIA 610 párr. 14(b) como la utilización de auditores internos para la aplicación de procedimientos de auditoría bajo la dirección, supervisión y revisión del auditor externo.

La dirección, supervisión y revisión realizada por el auditor externo distingue a la ayuda directa del simple uso del trabajo de la función de auditoría interna, que no se encuentra sujeta a la dirección del auditor externo.

Al determinar la naturaleza y el alcance de la ayuda directa que los auditores internos pueden brindar a los auditores externos, se deben tener en cuenta las siguientes cuestiones:

- ✓ El grado de juicio aplicado en la planificación y aplicación de los procedimientos de auditoría relevantes, y la evaluación de la evidencia obtenida
- ✓ El riesgo valorado de incorrección material.
- ✓ La evaluación por el auditor externo de la existencia y significatividad de amenazas a la objetividad y el grado de competencia de los auditores internos que presten dicha ayuda.

El auditor externo no utilizará auditores internos para brindar ayuda directa a fin de realizar procedimientos que:

- ✓ Impliquen aplicar un nivel de juicio significativo en la auditoría.
- ✓ Estén relacionados con una evaluación de mayor riesgo de incorrección material en la cual el nivel de juicio requerido para llevar a cabo los procedimientos de auditoría pertinentes o evaluar la evidencia de auditoría recopilada es superior a limitado.
- ✓ Estén relacionados con trabajos en los cuales han estado involucrados los auditores internos, y que ya han sido informados o serán informados a la dirección o a los responsables del gobierno por la función de auditoría interna.
- ✓ Estén relacionados con decisiones que tome el auditor externo de conformidad con esta NIA, respecto de la función de auditoría interna y el uso de su trabajo o ayuda directa.

Cabe destacar que, en algunas jurisdicciones, les leyes nacionales prohíben que los auditores internos brinden ayuda directa a los auditores externos.

NIA 560 – Hechos posteriores al cierre

Obtener evidencia de auditoría suficiente y adecuada sobre si los hechos ocurridos entre la fecha de los estados financieros y la fecha del informe de auditoría y que requieran un ajuste de los estados financieros, o su revelación en estos, se han reflejado adecuadamente en los estados financieros de conformidad con el marco de información financiera aplicable.

Existen dos tipos de hechos posteriores al cierre:

- ✓ Aquellos que brindan evidencia de condiciones que existieron a la fecha de los estados financieros (hechos ajustables).
- ✓ Aquellos que brindan evidencia de condiciones que surgieron después de la fecha de los estados financieros (hechos no ajustables).

La dirección deberá hacer los ajustes necesarios a los estados financieros cuando ocurra un hecho ajustable. Los hechos no ajustables pueden requerir divulgación de los estados financieros si es probable que el hecho tenga un impacto material sobre la entidad en el año siguiente.

Con el fin de identificar los hechos posteriores, el auditor deberá obtener un entendimiento de los procedimientos de la dirección para identificar dichos hechos, discutir los hechos potenciales con la dirección, revisar los minutos a bordo y la información financiera más reciente. La revisión debería cubrir "el período tan cerca a la fecha del informe del auditor como sea posible".

La extensión de los procedimientos de auditoría llevados a cabo con relación a cualquier hecho posterior, estará influenciada por la valoración de riesgos del auditor.

La representación escrita deberá ser obtenida por parte de la dirección o aquellas cargadas con gobernanza que todos los hechos posteriores han sido ajustados o divulgados en los estados financieros según sea necesario.

Algunos ejemplos de hechos posteriores incluyen:

- ✓ Nuevas prestaciones o garantías.
- ✓ Venta o adquisición de activos.
- ✓ Aumentos en el capital.
- ✓ Todo activo deteriorado, p. ej.: a través de incendio o alimentación.
- ✓ Ajustes inusuales a la contabilidad.
- ✓ Desarrollo en contingencias.

"El auditor debería considerar si estos hechos tienen algún efecto sobre la opinión del auditor o si requieren que el auditor tenga que modificar el informe".

Si las enmiendas necesarias o las divulgaciones no están efectuadas en los estados financieros con relación a los hechos posteriores, el auditor necesitará modificar la opinión, según lo requerido por la NIA 705.

Los hechos posteriores pueden ocurrir:

- ✓ Entre la fecha de los estados financieros y la fecha del informe del auditor.
- ✓ Después de la fecha del informe del auditor, pero antes que se emitan los estados financieros.

En la primera instancia, el auditor tiene una responsabilidad de desarrollar procedimientos para obtener evidencia apropiada suficiente de auditoría de que todos los hechos han sido identificados y tratados en línea con los requisitos de la NIC 10.

Después que se haya emitido el informe del auditor, el auditor no tiene obligación para desarrollar procedimientos para identificar cualquier hecho posterior adicional, pero si un hecho se vuelve conocido para el auditor, entonces además de desarrollar algunos procedimientos adicionales para comprender los hechos posteriores posibles, el auditor necesitaría considerar bien sea proporcionar un nuevo informe del auditor sobre los estados financieros.

NIA 570 – Utilización de la dirección de hipótesis de empresa en funcionamiento

La NIA 570 párr. 18 establece que:

Basándose en la evidencia de auditoría obtenida, el auditor concluirá si, a su juicio, existe una incertidumbre material relacionada con hechos o condiciones que, individual o conjuntamente, pueden generar dudas significativas sobre la capacidad de la entidad para continuar como empresa en funcionamiento.

Si existe una incertidumbre material, el auditor determinará si los estados financieros revelan adecuadamente los principales hechos o condiciones que pueden generar dudas significativas sobre la capacidad de la entidad para continuar como empresa en funcionamiento y los planes de la dirección para afrontar dichos hechos o dichas condiciones.

Si la información revelada en los estados financieros es adecuada, el auditor deberá expresar una opinión sin modificaciones e incluir una sección en su informe titulada "Incertidumbre material respecto de la capacidad de la entidad de continuar operando como una empresa en marcha" para describir la existencia de una incertidumbre significativa con respecto a hechos o condiciones que pueden generar dudas considerables sobre la capacidad de la entidad de continuar operando como una empresa en marcha, y llamar la atención con respecto a la nota a los estados financieros que revela estas cuestiones.

En casos extremos, tales como situaciones que presentan una incertidumbre sobre diversos aspectos que resultan significativos para los estados financieros, el auditor podrá considerar apropiado expresar una abstención de opinión en vez de incluir una sección titulada "Incertidumbre material respecto de la capacidad de la entidad de continuar operando como una empresa en marcha".

Si la información revelada en los estados financieros no es adecuada, el auditor deberá expresar una opinión con salvedades o una opinión adversa, según corresponda (ver NIA 705). El auditor deberá establecer en la sección "Fundamentos para una opinión con salvedades / adversa del informe" que existe una incertidumbre significativa que puede generar dudas considerables con respecto a la capacidad de la entidad de continuar operando como una empresa en marcha.

Si los estados financieros se han preparado utilizando el principio contable de empresa en funcionamiento, pero a juicio del auditor, la utilización por parte de la dirección de dicho principio contable no es adecuada para la preparación de los estados financieros, el auditor expresará una opinión desfavorable (adversa).

El auditor podrá emitir una opinión sin salvedades con respecto a estados financieros si estos son preparados sobre una base alternativa (p. ej.: base de liquidación) si esto resulta apropiado. Podrá incluirse un párrafo de énfasis en el informe del auditor para llamar la atención con respecto a la utilización de dicha base alternativa de contabilización.

Si la dirección no está dispuesta o no puede realizar o extender su evaluación aun cuando así lo solicita el auditor, este deberá considerar la necesidad de expresar una opinión modificada en el informe del auditor a causa de la imposibilidad de obtener evidencia de auditoría suficiente y adecuada.

Requisitos de revelación en caso de incertidumbre material recomendados por las NIA 570 en vez de estar especificados en una norma NIA.

Descripción de:

- ✓ Hechos o condiciones principales que generan dudas considerables.
- ✓ Los planes de la dirección, incluidos los factores atenuantes.

Declaración de que existe una incertidumbre significativa y, por lo tanto, resulta posible que la entidad no sea capaz de realizar sus activos y cancelar sus pasivos dentro de funcionamiento habitual de la actividad.

Declaración de que los estados financieros no incluyen ajustes en relación con la recuperabilidad y clasificación de los valores registrados para los activos y pasivos.

Hechos y condiciones principales también pueden ser descritos en la sección "Asuntos clave de auditoría del informe del auditor".

NIA 700, 705, 706, 708 y 720 – Informe del auditor sobre los estados financieros

Explicar los elementos del informe del auditor independiente y la expresión de una opinión sobre los estados financieros.

El informe del auditor debe contener una expresión clara de la opinión del auditor con respecto a los estados financieros.

Factores a considerar

i) Marco conceptual para la presentación de la información financiera (las normas NIIF)

ii) Requisitos legales

Los objetivos del auditor y los elementos clave del informe son requisitos establecidos por la NIA 700, Formación de la opinión y emisión del informe de auditoría sobre los estados financieros

Los objetivos del auditor son:

- ✓ la formación de una opinión sobre los estados financieros basada en una evaluación de las conclusiones extraídas de la evidencia de auditoría obtenida; y
- ✓ la expresión de dicha opinión con claridad mediante un informe escrito en el que también se describa la base en la que se sustenta la opinión.

Contenido de un informe del auditor estándar:

Título, p. ej.: "Informe del auditor independiente".

Destinatario, p. ej.: los accionistas y la junta de directores.

Párrafo de opinión:

- ✓ Imagen verdadera y fiel (o "presentación razonable, en todos los aspectos materiales") de acuerdo con el marco conceptual para la presentación de la información financiera.
- ✓ Cumplimiento con los requisitos legales.
- ✓ Estados financieros auditados.
- ✓ Fecha y período cubierto.

Base para la opinión:

- ✓ Establece que la auditoría se llevó a cabo de conformidad con las Normas Internacionales de Auditoría.
- ✓ Se refiere a la sección del informe del auditor que describe las responsabilidades del auditor en función de las NIA.
- ✓ Incluye una afirmación de que el auditor es independiente de la entidad de conformidad con los requisitos éticos correspondientes relacionados con la auditoría y ha cumplido con las demás responsabilidades éticas del auditor según estos requisitos. La afirmación identificará la jurisdicción de origen de los requisitos éticos correspondientes o remitirá al Código de Ética para Contadores Profesionales del Consejo de Normas Internacionales de Ética para Contadores (IESBA).
- ✓ Indica si el auditor considera que la evidencia de auditoría obtenida por el auditor es suficiente y adecuada para proporcionar una base que fundamente la opinión del auditor.

Cuando corresponda, el auditor presentará la información de conformidad con la NIA 570.

Asuntos clave de auditoría

El auditor comunicará los asuntos clave de auditoría en el informe del auditor de conformidad con la NIA 701 (entidades que cotizan en bolsa).

Los asuntos clave de auditoría son aquellos que, según el juicio profesional del auditor, tuvieron la mayor importancia en la auditoría de los estados financieros del período actual. Los asuntos clave de auditoría son seleccionados a partir de asuntos comunicados por aquellos responsables del gobierno.

Responsabilidad de la dirección sobre los estados financieros

- ✓ La dirección es responsable por la preparación y presentación razonable de los estados financieros de conformidad con las normas NIIF.
- ✓ La dirección es responsable por los controles internos con respecto a la preparación de los estados financieros.

Responsabilidades del auditor:

- ✓ Establece que la auditoría ha sido practicada de acuerdo con las NIA o las normas o prácticas nacionales correspondientes. De lo contrario, se podrá presumir que cumplen con las normas del país del domicilio del auditor.
- ✓ Establece que el auditor cumple con las normas éticas.
- ✓ Establece que la auditoría fue planificada y practicada a fin de determinar, mediante una certeza razonable, si los estados financieros se encuentran libres de incorrecciones materiales.
- ✓ Describe la auditoría como un proceso que consiste en:
  - a) procedimientos seleccionados a juicio del auditor
  - b) consideración de los controles internos relevantes para los estados financieros
  - c) evaluar los principios contables utilizados y las estimaciones significativas realizadas por la dirección
  - d) evaluar la presentación general de los estados financieros.
- ✓ Establece que la evidencia de auditoría obtenida es suficiente y adecuada como base razonable para la opinión.

Fecha de finalización de la auditoría, que no puede ser anterior a la fecha en que los estados financieros son firmados y aprobados por la dirección.

Firma en nombre de la firma de auditoría o nombre personal del auditor

Nombre del socio responsable de la auditoría (obligatorio solo para las entidades que cotizan en bolsa).

Domicilio del auditor, p. ej.: ciudad donde se encuentra establecida su actividad.

El informe del auditor debe contener una expresión clara de su opinión.

La opinión puede ser sin modificaciones y modificada.

Cuando los estados financieros brindan una imagen verdadera y fiel (o son presentados de manera razonable, en todos los aspectos materiales), de acuerdo con el marco conceptual aplicable para la presentación de la información financiera, se deberá expresar una opinión sin modificaciones.

Ilustración:

En nombre de quién se realiza la auditoría	**Informe del auditor independiente (destinatario correspondiente)**
La referencia puede ser en números de página	**Opinión** Hemos auditado los estados financieros de ABC Company, que comprenden el estado de situación financiera al 31 de diciembre de 20X1, y el estado de resultado integral, el estado de cambios en el patrimonio neto y el estado de flujo de fondos por el ejercicio finalizado en esa fecha, así como las notas a los estados financieros, incluido un resumen de las principales políticas contables En nuestra opinión, los estados financieros reflejan una imagen verdadera y fiel de (o "presentan de manera razonable, en todos los aspectos materiales") la situación financiera de la empresa ABC al 31 de diciembre de 20X1, y el desempeño financiero y flujo de fondos para el ejercicio finalizado en dicha fecha, de acuerdo con las Normas Internacionales de Información Financiera
Normas cumplimentadas	**Bases para la opinión** Hemos concluido nuestra auditoría de conformidad con las Normas Internacionales de Auditoría. Nuestras responsabilidades, según esas normas, se describen con mayor detalle en la sección de responsabilidades del auditor para la auditoría de los estados financieros de nuestro informe. Somos independientes de la empresa de conformidad con el Código de Ética para Contadores Profesionales del Consejo de Normas Internacionales de Ética para Contadores (IESBA), junto con los requisitos éticos aplicables a nuestra auditoría de los estados financieros en (jurisdicción) y hemos cumplido con nuestras otras responsabilidades éticas de conformidad con estos requisitos. Consideramos que la evidencia de auditoría que hemos obtenido es suficiente y adecuada a fin de proporcionar una base para nuestra opinión
	Asuntos clave de auditoría Los asuntos clave de auditoría son aquellos que, según nuestro juicio profesional, tuvieron la mayor importancia en nuestra auditoría de los estados financieros del período actual. Estos asuntos se trataron en el contexto de nuestra auditoría de los estados financieros en su conjunto y para emitir nuestra opinión al respecto, y no brindamos una opinión separada sobre estos asuntos (Descripción de cada asunto clave de auditoría de conformidad con la NIA 701)

Normas cumplimentadas	**Otra información** La dirección es responsable de la otra información. La otra información comprende [mencione, por ejemplo, el informe de la dirección y la representación del presidente]. Nuestra información sobre los estados financieros no cubre la otra información y no expresamos ningún tipo de conclusión de seguridad al respecto. En relación con nuestra auditoría de los estados financieros, nuestra responsabilidad es leer y considerar si la otra información es sustancialmente incoherente con los estados financieros o nuestro conocimiento obtenido durante la auditoría o si de otro modo parece presentar incorrecciones materiales. Si concluyéramos que existe una incorrección material de la otra información, deberemos informar este hecho. No tenemos nada que informar con respecto a esta cuestión
Marco de presentación de información financiera relevante	**Responsabilidad de la dirección sobre los estados financieros** La dirección es responsable de la preparación y presentación razonable de los presentes estados financieros de acuerdo con las Normas Internacionales de Información Financiera, y del control interno necesario a fin de posibilitar la preparación de estados financieros libres de incorrecciones materiales, ya sea a causa de fraude o error. La dirección es responsable de evaluar la capacidad de la empresa de continuar en la categoría de empresa en marcha. Aquellos responsables del gobierno son responsables de la supervisión del proceso de presentación de información financiera de la empresa
Naturaleza del examen de auditoría Debe incluir	**Responsabilidades del auditor** Nuestros objetivos incluyen obtener un grado razonable de certeza acerca de la inexistencia de incorrecciones materiales, ya sea por hechos de fraude o por error, en los estados financieros en su conjunto y emitir un informe del auditor que incluya nuestra opinión. El grado razonable de certeza es un alto nivel de certeza, pero no es una garantía de que una auditoría siempre detecte una incorrección material cuando esta exista. Como parte de una auditoría, ejercemos el juicio profesional y mantenemos el escepticismo profesional durante toda la auditoría. Además: Diseñamos y realizamos procedimientos de auditoría a fin de responder a los riesgos de incorrecciones materiales y obtener evidencia de auditoría que sea suficiente para fundamentar nuestra opinión Comprendemos el control interno a fin de diseñar procedimientos adecuados según las circunstancias Evaluamos si las políticas contables utilizadas y las estimaciones contables y revelaciones relacionadas efectuadas por la dirección son adecuadas Concluimos si es adecuado el uso por parte de la dirección de la categoría de empresa en marcha. Nuestras conclusiones se basan en la evidencia obtenida hasta la fecha de nuestro informe del auditor. Sin embargo, condiciones o hechos futuros podrían hacer que la empresa deje de ser una empresa en marcha Evaluamos la presentación, la estructura y el contenido en general de los estados financieros Obtenemos evidencia de auditoría adecuada y suficiente para expresar una opinión sobre los estados financieros A partir de los asuntos comunicados por aquellos responsables del gobierno, determinamos los asuntos que fueron más importantes y que son, en consecuencia, asuntos clave de auditoría. Los describimos en nuestro informe del auditor
	Informe sobre otros requisitos legales y regulatorios (La forma y el contenido de esta sección del informe del auditor variarán según la naturaleza de las otras responsabilidades de presentación de información del auditor) (Firma del auditor) (Fecha del informe del auditor) (Dirección del auditor)

Comunicación de asuntos clave de auditoría (NIA 701)

El objetivo de comunicar los asuntos clave de auditoría es optimizar el valor comunicacional del informe del auditor, ayudando a los usuarios a comprender los asuntos de auditoría más importantes.

Los asuntos clave de auditoría son seleccionados a partir de asuntos comunicados por aquellos responsables del gobierno, que requieren la atención del auditor, tales como:

- ✓ Partidas con mayor riesgo evaluado de producirse incorrecciones materiales.
- ✓ Áreas donde se requiere de manera significativa el juicio de la dirección y los auditores, p. ej.: estimaciones contables.
- ✓ Efecto de hechos significativos ocurridos durante el período.

Ciertas cuestiones no deben ser incluidas en la sección de asuntos clave de auditoría:

- ✓ Cualquier otro asunto que haya llevado a modificar la opinión del auditor.
- ✓ Hechos o condiciones que generen una incertidumbre significativa en relación con la empresa en marcha (NIA 570).
- ✓ Cualquier otro asunto cuando el auditor se abstenga de opinar.

Responsabilidades del auditor con respecto a otra información (NIA 720)

"El auditor debe analizar si existe una incoherencia significativa entre la otra información y los estados financieros" o "entre la otra información y el conocimiento del auditor obtenido durante el curso de la auditoría".

La otra información es información financiera o no financiera incluida en el informe anual, como la representación del presidente. Observe que la opinión del auditor no cubre la otra información. El auditor debe verificar si existen incoherencias significativas, ya que estas podrían socavar la credibilidad del informe del auditor y la postura ética del auditor.

Si el auditor detecta una incoherencia significativa, es necesario:

- ✓ Analizarla con la dirección.
- ✓ Realizar los procedimientos necesarios para establecer si la otra información o los estados financieros presentan incorrecciones materiales.
- ✓ Consultar a la dirección/aquellos responsables del gobierno para hacer las modificaciones necesarias.

- ✓ Si se negaran, considerar las consecuencias para el informe del auditor, incluida una posible abstención de opinión.

Ejemplo: incoherencia significativa de otra información

Nuestra responsabilidad es leer la otra información y considerar si es sustancialmente incoherente con los estados financieros o nuestro conocimiento obtenido durante la auditoría o si de otro modo parece presentar incorrecciones materiales. Si, en función del trabajo realizado, concluyéramos que existe una incorrección material de la otra información, deberemos informar este hecho. Tal como se describe a continuación, hemos concluido que existe tal incorrección material de la otra información (descripción de la incorrección material).

Opinión modificada

El objetivo del auditor es expresar, con claridad, una opinión modificada adecuada sobre los estados financieros cuando:

- ✓ El auditor concluya que, sobre la base de la evidencia de auditoría obtenida, los estados financieros en su conjunto no están libres de incorrección material.
- ✓ El auditor no pueda obtener evidencia de auditoría suficiente y adecuada para concluir que los estados financieros en su conjunto estén libres de incorrección material.

Si el auditor ha llegado a la conclusión de que ha identificado una incorrección material, debe contar con evidencia suficiente para respaldar dicha conclusión.

La NIA 705 describe tres tipos de modificaciones, de acuerdo con las circunstancias y el alcance (generalizado o no) de los efectos o posibles efectos de la cuestión sobre los estados financieros.

La opinión solo deberá ser modificada con respecto a cuestiones que el auditor juzgue significativas. La redacción empleada dependerá del juicio del auditor con respecto al alcance generalizado de los efectos o posibles efectos de la cuestión.

El término "alcance generalizado" es utilizado para describir:

- ✓ Los efectos de incorrecciones materiales sobre los estados financieros.
- ✓ Los posibles efectos de las representaciones erróneas sobre los estados financieros, que no son detectados a raíz de la imposibilidad de obtener evidencia de auditoría suficiente y adecuada.

Los efectos con un alcance generalizado sobre los estados financieros son aquellos que, a juzgar por el auditor:

- ✓ No se limitan a elementos, cuentas o partidas específicos de los estados financieros.
- ✓ En caso de limitarse a elementos, cuentas o partidas específicos, estos representan o podrían representar una parte sustancial de los estados financieros.
- ✓ En relación con las revelaciones de información, son fundamentales para que los usuarios comprendan los estados financieros.

Tipos de modificaciones

El auditor expresará una opinión con salvedades cuando:

- ✓ habiendo obtenido evidencia de auditoría suficiente y adecuada, concluya que las incorrecciones, individualmente o de forma agregada, son materiales, pero no generalizadas, para los estados financieros,
- ✓ el auditor no pueda obtener evidencia de auditoría suficiente y adecuada en la que basar su opinión, pero concluya que los posibles efectos sobre los estados financieros de las incorrecciones no detectadas, si las hubiera, podrían ser materiales, aunque no generalizados (NIA 705 párr. 7).

Opinión adversa

El auditor expresará una opinión desfavorable (o adversa) cuando, habiendo obtenido evidencia de auditoría suficiente y adecuada, concluya que las incorrecciones, individualmente o de forma agregada, son materiales y generalizadas en los estados financieros.

Abstención de opinión

El auditor denegará la opinión (o se abstendrá de opinar) cuando no pueda obtener evidencia de auditoría suficiente y adecuada en la que basar su opinión y concluya que los posibles efectos sobre los estados financieros de las incorrecciones no detectadas, si las hubiera, podrían ser materiales y generalizados.

Decisión 1 Naturaleza del hecho que origina la opinión modificada	Decisión 2 Juicio del auditor sobre la generalización de los efectos posibles efectos sobre los estados financieros	
	Material pero no generalizado	Material y generalizado
Los financieros contienen incorrecciones materiales	Opinión con salvedades ("con excepción de")	Opinión desfavorable (o adversa)
Imposibilidad de obtener evidencia de auditoría suficiente y adecuada	Opinión con salvedades ("con excepción de")	Denegación de opinión (o abstención)

Párrafo de fundamentos para la opinión modificada

Si existe incorrección material en los estados financieros que afecta a cantidades concretas de los estados financieros (incluidas revelaciones de información cuantitativa), el auditor incluirá en el párrafo de fundamento de la opinión modificada una descripción y cuantificación de los efectos financieros de la incorrección, salvo que no sea factible. Si la cuantificación de los efectos financieros no es factible, el auditor lo indicará en el párrafo de fundamento de la opinión modificada (NIA 705 párr. 17). Si la opinión modificada tiene su origen en la imposibilidad de obtener evidencia de auditoría suficiente y adecuada, el auditor incluirá en el párrafo de fundamento de la opinión modificada los motivos de dicha imposibilidad (NIA 705 párr. 20).

Fundamentos de la opinión modificada	Detalles que se deben incluir en el párrafo de fundamentos para la opinión modificada
Incorrecciones materiales con respecto a montos específicos en los estados financieros	• Descripción • Cuantificación de los efectos, si esto resulta viable • Si no resulta viable la cuantificación, esto debe ser aclarado
Incorrecciones materiales en relación con información adicional descriptiva	• Explicar en qué consiste la incorrección en la información adicional
Incorrecciones materiales por no haber revelado información cuya revelación es obligatoria	• Descripción de la naturaleza de la información omitida • Incluir la información omitida, siempre y cuando esto resulte viable y no esté prohibido por ninguna ley o reglamento
Imposibilidad de obtener evidencia de auditoría suficiente y adecuada	• Razones de dicha imposibilidad

Aun si el auditor ha expresado una opinión adversa o se ha abstenido de expresar una opinión, deberá describir en el párrafo de fundamentos para la opinión modificada, las razones de toda otra cuestión que habría requerido una opinión modificada, así como también sus efectos.

Opinión con salvedades por incorrecciones materiales en los estados financieros.

Opinión con salvedades

En nuestra opinión, con excepción de los efectos de la cuestión descripta en el párrafo de fundamentos para la opinión con salvedades, los estados financieros reflejan una imagen verdadera y fiel de (o "presentan de manera razonable, en todos los aspectos materiales") la situación financiera de la empresa ABC al 31 de diciembre de 20X1, y el desempeño financiero y flujo de fondos para el ejercicio finalizado en dicha fecha, de acuerdo con las Normas Internacionales de Información Financiera.

Fundamentos para una opinión con salvedades

El inventario de la empresa fue registrado en los estados financieros por un valor de XXX. La dirección no ha registrado el inventario al valor que resulta menor entre el costo y el valor neto realizable, sino únicamente al costo, lo que constituye una desviación de las Normas Internacionales de Información Financiera. Los registros de la empresa indican que si la dirección hubiera registrado el inventario al valor que resulta menor entre el costo y el valor neto realizable, habría sido necesario reducir el valor del inventario en XXX para llevarlo al valor neto realizable. Por lo tanto, el costo de venta habría sido aumentado en XXX, y el impuesto a las ganancias, el resultado neto y el patrimonio de los accionistas se habrían reducido en XXX, XXX y XXX, respectivamente.

Opinión adversa por incorrecciones materiales en los estados financieros

Opinión adversa

En nuestra opinión, dada la relevancia de la cuestión descripta en el párrafo de fundamentos para la opinión adversa, los estados financieros consolidados no reflejan una imagen verdadera y fiel de (o "no presentan de manera razonable") la situación financiera de la empresa ABC y sus subsidiarias al 31 de diciembre de 20X1, ni del desempeño financiero o el flujo de fondos para el ejercicio finalizado en dicha fecha, de acuerdo con las Normas Internacionales de Información Financiera.

Fundamentos para una opinión adversa

Según se explica en la nota X, la empresa no ha consolidado la subsidiaria XYZ, adquirida durante 20X1, dado que todavía no ha podido determinar de manera cierta el valor razonable de algunos de los activos y pasivos significativos de la subsidiaria a la fecha de adquisición. Por lo tanto, esta inversión ha sido registrada en base al costo. De acuerdo con las Normas Internacionales de Información Financiera, la subsidiaria debería haber sido consolidada y contabilizada sobre la base de importes provisionales. Si XYZ hubiera sido consolidada, esto habría afectado significativamente muchos de los elementos en los estados financieros adjuntos. Los efectos de la falta de consolidación sobre los estados financieros no han sido determinados.

Opinión con salvedades por imposibilidad de obtener evidencia de auditoría suficiente y adecuada (se considera que los posibles efectos pueden ser significativos, pero no tener un efecto generalizado en los estados financieros).

Opinión con salvedades
En nuestra opinión, con excepción de los posibles efectos de la cuestión descripta en el párrafo de fundamentos para la opinión con salvedades, los estados financieros brindan una imagen verdadera y fiel de (o "presentan de manera razonable, en todos los aspectos materiales") la situación financiera de la empresa ABC al 31 de diciembre de 20X1, y el desempeño financiero y flujo de fondos para el ejercicio finalizado en dicha fecha, de acuerdo con las Normas Internacionales de Información Financiera.

Fundamentos para la opinión con salvedades
La inversión de la empresa ABC en XYZ, una empresa asociada extranjera, adquirida durante el ejercicio y registrada contablemente mediante el método de la participación, es registrada por un valor de XXX en el estado de situación financiera al 31 de diciembre de 20X1, y la participación de ABC en el resultado neto de XZY, por un valor de XXX, ha sido incluida en el resultado de ABC al cierre de dicho ejercicio. No hemos sido capaces de obtener evidencia de auditoría suficiente y adecuada sobre el importe en libros de la inversión de ABC en XYZ al 31 de diciembre de 20X1, ni de la participación de ABC en el resultado neto de XYZ para el ejercicio, porque se nos negó el acceso a la información financiera y la comunicación con la dirección y los auditores de XYZ. Por lo tanto, no hemos podido determinar si es necesario realizar ajustes a dichos valores.

Abstención de opinión en razón de la imposibilidad de obtener evidencia de auditoría suficiente y adecuada con respecto a un elemento individual de los estados financieros (se estima que los posibles efectos serán significativos y tendrán un alcance generalizado en los estados financieros).

Abstención de opinión

No emitiremos una opinión con respecto a los estados financieros adjuntos debido a que, dada la relevancia de la cuestión descrita en el párrafo de fundamentos para la abstención de opinión, no hemos podido obtener evidencia de auditoría suficiente y adecuada a fin de proporcionar una base para la opinión de auditoría de estos estados financieros.

Fundamentos para la abstención de opinión

La inversión de la empresa en su negocio conjunto, la empresa XYZ, fue registrada por un valor de XXX en el balance de la empresa, lo que representa el 90 % de los activos netos de la empresa al 31 de diciembre de 20X1. No se nos permitió comunicarnos con la dirección ni los auditores de XYZ, ni tampoco pudimos tener acceso a la documentación de auditoría de XYZ. En consecuencia, no hemos podido determinar si resulta necesario realizar algún ajuste con respecto a la participación proporcional de la empresa en los activos de XYZ, controlados en forma conjunta, su participación proporcional en los pasivos de XYZ, por los cuales tiene responsabilidad conjunta, su participación proporcional en los ingresos y gastos de XYZ para el ejercicio, y los elementos que componen el estado de cambios en el patrimonio neto y el estado de flujo de fondos.

CAPÍTULO III

Papeles de trabajo y programas de auditoría

Cliente:		**Año terminado:**	
Colegio de Contadores y Auditores S.A.		**31.12.2027**	
Descripción del trabajo:		**Código cliente:**	
Auditoría al 31.12.2027		**PA31.12.2027**	
A	**Planeación del trabajo**	**B**	**Conclusión del trabajo**
A1	Cálculo de materialidad	B1	Documento de conclusión del trabajo
A2	Documento de planeación	B2	Carta de representación
A3	Comunicación con el cliente	B3	Cédulas sumarias
	A3-1 Listado de requerimientos	B4	Balance general definitivo
A4	Carta de contratación	B5	Resumen diferencias de auditoría cursadas
A5	Presupuesto y resumen (carta Gantt)	B6	Resumen diferencias de auditoría no cursadas
A6	Documento de verificación de auditoría	B7	Revisión analítica final
A7	Control de confirmaciones	B8	Revisión estado flujo de efectivo
A8	Copias de actas de directorios	B9	Revisión consolidación y/o ajustes
A9	Revisión analítica de planeación	B10	Lista de revelaciones contables
A10	Instrucciones de otros auditores	B11	Memorando de TAX
A11	Evaluación de expertos externos	B12	Asuntos para considerar en la siguiente auditoría
A12	Asuntos pendientes		
A13	Revisión de registros oficiales	D	Programas específicos
A14	Documentación de controles generales	D1	Programa - negocio en marcha
A15	Seguimiento carta a la gerencia año anterior	D2	Programa - partes relacionadas
A16	Otros comentarios para carta a la gerencia	D3	Programa - litigios y reclamos
			D3-1 Respuesta de abogados
C	Informes	D4	Programa - leyes y regulaciones
C1	Estados del año actual anterior	D5	Programa - eventos subsecuentes
C2	Carta a la gerencia definitiva	D6	Programa - riesgo de fraude
C3	Otros informes emitidos		
	Programas de auditoría		
E	Efectivo y equivalente al efectivo	L	Inversiones y flujos relacionados
F	Cuentas por cobrar & ventas	M	Obligaciones con bancos
G	Documentos y cuentas relacionadas	N	Documentos por pagar y retenciones
H	Inventarios - compras - costos	O	Provisiones y dividendos
I	Impuestos	P	Patrimonio
J	Otros activos no financieros	Q	Remuneraciones y cuentas relacionadas
K	Propiedades, plantas y equipos	R	Cuentas de resultado
		S	Respaldo revisión laboral

Colegio de Contadores y Auditores S.A. Auditoría al 31 de diciembre de 2027	A1 Materialidad
Cálculo de materialidad	Preparado por:
	Fecha:
	Revisado por:
	Fecha:

Objetivo: Definir los niveles de materialidad para efectos de planificación de nuestra auditoria a los estados financieros.

La materialidad o importancia relativa de acuerdo a la sección 312 de la NIA, se define como la magnitud de una omisión o error en la información contable que, a la luz de las circunstancias presentes, hace probable que el criterio de una persona razonable que confíe en la información podría cambiar o verse influido por esa omisión o error. Los errores de montos relativamente pequeños detectados por el auditor pueden tener un efecto significativo sobre los estados financieros.

Determinación de la materialidad para efectos de planificación (MP)

Los niveles de materialidad para efectos de planificación pueden ser definidos de dos maneras que a continuación detallamos:

a) *Resultado antes de impuestos*

Este indicador se utilizará cuando la sociedad y sus resultados en períodos consecutivos o históricos sean positivos, cuando la sociedad se encuentre consolidada en el mercado nacional, internacional y en su industria, que posee buenos indicadores económicos y financieros, etcétera. Para efectos de la determinación de la materialidad, no utilizaremos los resultados antes de impuestos negativos que posea la sociedad en el período bajo revisión. Cabe destacar que la planificación para efectos de planificación cuando se utiliza la utilidad antes de impuestos y su cálculo se realiza en una fecha interina, debe ser proyectada en el período de revisión de los estados financieros.

Para efectos de nuestra revisión de los estados financieros, se deberá reevaluar la determinación de la materialidad para efectos de planificación en nuestra visita final, con el objeto de determinar si existen fluctuaciones entre el resultado antes de impuestos proyectado en nuestra visita de planificación y el resultado antes de impuestos final de los estados financieros.

El cálculo de la materialidad para efectos de planificación será un 5 % de la utilidad antes de impuestos.

b) *Total de activos o total de ingresos de explotación*
Este indicador se utilizará cuando la sociedad no posee una consolidación en los resultados del ejercicio de períodos consecutivos y del período bajo revisión; esto quiere decir que ha obtenido pérdidas recurrentes del ejercicio o que ha generado pérdidas y ganancias durante un período determinado, cuando la sociedad posee posibles problemas de empresa en marcha o índices financieros y económicos deficientes.

Límites de error tolerable (LET)

La materialidad para efectos de planeación se determina con respecto a los estados financieros. La mayoría de los procedimientos de auditoría no aplica a los estados financieros tomados en conjunto; por lo tanto, asignamos la importancia relativa para efectos de planeación a las clases de transacciones, los saldos de cuentas y las revelaciones cuando planeamos y efectuamos los procedimientos de auditoría. En nuestra auditoría, definimos la importancia relativa para efectos de planeación asignada a las clases de transacciones, los saldos de cuentas y las revelaciones como el "límite de error e irregularidad significativo".
Usamos la importancia relativa para efectos de planeación como punto de partida para determinar el límite de error tolerable.
El cálculo del límite de error tolerable será un 75 % de la materialidad para efectos de planificación.

Materialidad para efectos de planificación al 31 de diciembre de 2027

Base	Monto	Materialidad (MP)
Utilidad antes de impuesto		
Total de activos		
Total de ingresos de explotación		

(Explicación de la decisión en la determinación de la materialidad).

Límite de error tolerable

Base	Monto	%	LET
Materialidad		75%	

Umbral de error tolerable

Base	Monto	%	UET
Materialidad		5%	

Aprobación

Socio a cargo	Fecha	Supervisor a cargo	Fecha
Auditor a cargo	Fecha		

Colegio de Contadores y Auditores S.A. Auditoría al 31 de diciembre de 2027		A2 Planeación
Documento de planeación	Preparado por:	
	Fecha:	
	Revisado por:	
	Fecha:	

Propósito: El propósito de este papel de trabajo es documentar nuestros procedimientos para obtener un entendimiento de las actividades comerciales, operacionales y económicas de una entidad a fin de establecer nuestra estrategia de planeación del desarrollo de nuestra auditoría.

El papel de trabajo incluye aspectos relevantes, los cuales son esenciales para obtener un entendimiento de negocio de la entidad, sus objetivos, las estrategias desarrolladas por la administración para la consecución de los objetivos, los riesgos estratégicos, y los componentes que conforman el modelo de negocio.

En él se documentan:

- ✓ Los objetivos, las estrategias y los componentes del negocio de la entidad (o sea, mercados, productos/servicios, clientes, alianzas) y los procesos básicos y de administración de recursos del negocio,
- ✓ los factores externos relevantes a la entidad (por ej., ambiente general del negocio, características específicas de la industria, partes externas importantes, interesados en el negocio importantes),
- ✓ la manera en que la entidad formula e implanta sus objetivos y estrategias (proceso de administración estratégica),
- ✓ el control circundante del negocio diseñado por la gerencia para apoyar sus objetivos y estrategias,
- ✓ la forma en que la entidad utiliza los sistemas de información computarizados y cómo estos facilitan los procesos del negocio, el ambiente de emisión de informes financieros.

Al término de este documento, los antecedentes recopilados nos darán los lineamientos para comprender los riesgos estratégicos del negocio que amenazan a los objetivos de la entidad y la estrategia de auditoría a desarrollar para cubrir dichos riesgos y su impacto en los estados financieros de la entidad.

El papel de trabajo se divide en las siguientes secciones:

a) *Niveles de materialidad*
Definir los niveles de materialidad para efectos de planificación de nuestra auditoría a los estados financieros.

Materialidad para efectos de Planeación (MP)	Límite de Error Tolerable (LET)	Umbral de Diferencias de Auditoría (UDA)

b) *Programación del trabajo con el cliente*
Realizar un descripción detallada de los procedimientos a realizar en conjunto con el cliente antes del término del cierre del ejercicio, en donde deberíamos coordinar inventarios de existencias, confirmación de cuentas por cobrar, etcétera.

Detalle	**Fecha estimada**	**Actividades**
Planeación		• Obtener un entendimiento de los actuales negocios, de los planes y expectativas de la administración, para evaluar sus eventuales impactos en los estados financieros de la sociedad • Realizar una definición de las áreas significativas y de riesgo en donde centraremos nuestros esfuerzos • Comprender el proceso contable con el objeto de identificar los riesgos específicos asociados • Obtener un entendimiento de los sistemas de información • Realizar procedimientos analíticos y preliminares para identificar variaciones de saldos y/o relaciones inesperadas
Revisiones limitadas		• Revisión de los estados financieros al 30 de junio, a fin de verificar que no existan ajustes significativos que se debieran de efectuar a estos, para que los mismos se encuentren de acuerdo a las Normas Internacionales de Auditoría y las Normas Internacionales de Información Financiera • Revisión de los estados financieros individuales y en formato NIIF y emisión de nuestra opinión sobre la revisión limitada efectuada
Consideración y evaluación del sistema de control interno		• Adquiriremos un entendimiento del control interno de las sociedades que nos permita evaluar el riesgo asociado a los objetivos de auditoría respectivos • Identificar y evaluar los controles relevantes implementados por las sociedades para los siguientes ciclos significativos: - Deudores por venta e ingresos de la explotación - Costos operacionales y gastos de administración y ventas - Propiedades, plantas y equipos - Proceso de remuneraciones del personal - Administración de contratos • Ejecución de las pruebas de cumplimiento de control interno a fin de determinar el alcance, naturaleza y oportunidad de los procedimientos sustantivos

[continuación b: Programación del trabajo con el cliente]

Detalle	Fecha estimada	Actividades
Examen de auditoría preliminar		• Efectuaremos una revisión preliminar de los saldos presentados al 30 de septiembre, considerando nuestras conclusiones del control interno de la sociedad • Evaluación de los riesgos de negocio significativos y comunicación sobre las expectativas de la gerencia • En esta etapa realizaremos pruebas de validación a las áreas críticas de auditoría y a las estimaciones significativas realizadas por la administración • Informaremos a la administración las conclusiones preliminares sobre asuntos significativos de contabilidad y auditoría que deben ser considerados en la preparación de los estados financieros al 31 de diciembre
Examen de auditoría final		• Finalizaremos nuestra auditoría a los estados financieros al 31 de diciembre • En esta etapa realizaremos procedimientos analíticos (utilizando como base las revisiones de saldos realizadas al 30 de septiembre) y pruebas de validación a las áreas críticas de auditoría y a las estimaciones significativas realizadas por la administración
Emisión de informe de auditoría		• Término de nuestra labor con la emisión de los informes de auditoría en las fechas acordadas con la administración de las sociedades

c) *Personal asignado al trabajo*

Detallar las personas asignadas al trabajo a realizar, detallando el cargo y tareas a realizar durante todo el proceso de auditoría de los estados financieros.

Cargo	Nombre	Responsabilidades
Socio a cargo de la auditoría	Carlos Filgueira Ramos	• Reunión de planificación con la administración para coordinar temas de auditoría • Planificar con el equipo de trabajo las áreas significativas de riesgo y comunicación del acuerdo logrado con la administración en la reunión de planificación • Reunión de coordinación en cuanto a la revisión de control interno y con el objeto de evaluar las posibles debilidades detectadas derivadas de nuestra revisión y revisar una posible carta a la gerencia que se emitirá a la administración • Revisar estados financieros y opinión de auditoría y reunirse con la administración para la reunión de cierre de la revisión acordada • Responsable final de los resultados del servicio. Su función es el aporte de la experiencia y apoyo al equipo del proyecto en aspectos técnicos y metodológicos y de la viabilidad de los resultados que se obtengan
Gerente de auditoría	Víctor Hugo Lindsay	• Responsable directa en la ejecución del trabajo en las dependencias del cliente y de supervisar al personal asignado en terreno • Realizar revisión de papeles de trabajo de auditores anteriores • Reunión de coordinación en cuanto a la revisión de control interno y con el objeto de evaluar las posibles debilidades detectadas derivadas de nuestra revisión y revisar una posible carta a la gerencia que se emitirá a la administración • Revisión de papeles de trabajo en cuanto a las pruebas realizadas en la visita final o de cierre • Verificar el correcto cierre de papeles de trabajo y firmar la totalidad de papeles de trabajos realizados en nuestra auditoría • Revisar estados financieros, opinión de auditoría y reunirse con la administración para la reunión de cierre de la revisión acordada • Realizar evaluaciones al encargado del proyecto tanto en la evaluación de controles como en la visita final de nuestra auditoría al 31 de diciembre

[continuación c: Personal asignado al trabajo]

Cargo	Nombre	Responsabilidades
Director de consultoría (TI)	Enson Filgueira Ramos	• Responsable de la evaluación del área de TI, quien deberá planificar y coordinar las actividades del equipo de expertos de TI y realizar la supervisión directa
Gerente legal de impuestos	Juan Carlos Filgueira	• Responsable de los temas legales y de impuestos, a cargo de planificar y coordinar las actividades con el gerente de área
Senior de auditoría	Javiera Filgueira	• Realizar la planificación de la auditoría y sostener reunión con el equipo de trabajo para la evaluación de riesgos y asignación de tareas en cuanto a la auditoría • Realizar revisión de papeles de trabajo de auditores anteriores • Preparar programas de auditoría tanto de controles como pruebas sustantivas • Planificar las visitas y las tareas a realizar por cada miembro del equipo • Revisar los papeles de trabajo de la evaluación del control interno • Determinar la naturaleza, oportunidad y alcance de las pruebas a realizar en nuestra visita final • Coordinar las fechas de revisión de impuestos • Verificar el correcto cierre de papeles de trabajo y firmar la totalidad de papeles de trabajos realizados • Revisar estados financieros • Realizar evaluaciones a cada uno del staff de auditoría que participaron tanto en la evaluación de controles como en la visita final de nuestra auditoría
Staff de auditoría	Julieta Filgueira	• Participar en reunión de planificación interna con el objetivo de verificar los riesgos asociados a la empresa y cuál será la estrategia de auditoría a utilizar en la revisión al 31 de diciembre • Ejecutar la evaluación de control interno • Ejecutar las pruebas sustantivas a ejecutar en la visita final • Responsables de apoyar al senior a cargo de la auditoría

d) *Antecedentes de la sociedad*

Breve descripción de los antecedentes relevantes del cliente: ej., constitución legal, composición societaria, objeto social, etcétera.

✓ Información histórica

Colegio de Contadores y Auditores S.A., desde 1958, ha congregado, representado y contribuido al desarrollo de los profesionales de la contabilidad en el país, velando por su correcto ejercicio y difundiendo el rol de la profesión entre la comunidad.

✓ Estructura legal organizacional

Colegio de Contadores y Auditores S.A., sociedad constituida por escritura pública de fecha 20 de octubre de 1958, otorgada ante el notario, inscrita en el Registro de Comercio, publicada en el Diario Oficial.

✓ Propiedad de la sociedad

Los mayores inversionistas y sus porcentajes de participación se componen de la siguiente forma:

Nombre de accionistas	Porcentaje de acciones
Inversiones NIIF S.A.	51,00%
Inversiones NICSP Spa	13,40%
Inversiones FC S.A.	26,78%
Sociedad PYMES S.A.	08,82%
Total	100,00%

✓ Administración de la sociedad

1	Director: Max Sterling
2	Director: Lynn Minmay
3	Director: Roy Focker
4	Director: Scott Bernard
5	Gerente general: Rick Hunter
6	Representante legal: Lisa Hayes

✓ Partes relacionadas

Partes relacionadas	Naturaleza de la relación	Transacciones relevantes
Inversiones NIIF S.A.	Accionistas comunes	Arriendo de infraestructura
Inversiones NICSP Spa	Accionistas comunes	Arriendo de equipos
Inversiones FC S.A.	Accionistas comunes	Intereses en cta. cte. mercantil
Sociedad PYMES S.A.	Accionistas comunes	Servicios de atención de clientes

✓ Principales clientes, proveedores, mercado objetivo, alianzas estratégicas, productos y servicios

Principales clientes	Principales proveedores
• Filgueira consultores • MC consultores • Blanco y negro • Azul azul • UC • Peor es nada • FC consultores	• Banco Chile • Codelco • Librerías S.A. • Coca Cola SPA • Inmobiliaria S.A. • INDEP • Colegio de auditores S.A.
Detallar los diez principales clientes y documentar los porcentajes de venta; de concentrarse el porcentaje de venta en pocos clientes, indagar y ver los riesgos asociados	Detallar los diez principales proveedores y documentar los porcentajes de compra; de concentrarse el porcentaje en un proveedor, indagar y ver los riesgos asociados
Principales productos	**Principales servicios**
• Diplomados NIIF • Diplomados tributación • Diplomados Recursos Humanos • Taller NIIF • Taller NIIF para pymes	• Asesoría tributaria telefónica • Asesoría NIIF presencial • Auditorías financieras • Servicios contables • Servicios de Recurso Humanos

✓ Factores externos del negocio
Análisis de las fuerzas externas (FODA), análisis de fuerzas económicas, políticas y sociales del cliente (ejemplo).

Fortalezas	Debilidades
• Capacidades fundamentales en áreas clave • Recursos financieros adecuados • Buena imagen de los compradores • Propiedad de la tecnología	• No hay una dirección estratégica clara • Instalaciones obsoletas • Falta de oportunidad y talento gerencial • Seguimiento deficiente al implantar estrategias
Oportunidades	**Amenazas**
• Atender a grupo adicionales de clientes • Ingresar en nuevos mercados • Diversificarse en productos • Complacencia entre las compañías • Crecimiento más rápido en el mercado	• Entrada de competidores con costos menores • Incremento en las ventas y productos sustitutos • Crecimiento más lento en el mercado

✓ Desarrollo del modelo de negocio de la sociedad
El modelo de negocio se refiere a cómo la sociedad va a generar ingresos y beneficios (ejemplos de modelos de negocios).

– *Modelo de ladrillos y click*: Modelo que integra tanto presencia como en línea. Un ejemplo es cuando alguna tienda permite realizar pedidos en línea, pero deja recogerlos en su tienda local.

– *Modelos colectivos*: Sistema de negocios compuesto por un número relativamente grande de negocios, comerciantes y profesionistas. De esta manera, comparten recursos e información que provee beneficios para los miembros. Por ejemplo, un parque de ciencias o un campus de alta tecnología provee recursos compartidos a las empresas y busca crear una comunidad de innovación.

– *Modelo de eliminación de intermediarios*: Eliminar intermediarios en la cadena de suministros. En vez de acudir a los canales tradicionales de distribución, las compañías tratan con cada cliente directamente, por ejemplo, vía Internet.

– *Modelo de ventas directas*: Ventas directas es anunciar y vender los productos directamente sin tener una locación fija. Suelen darse con demostraciones personales u otros arreglos personales. Una definición es: "La presentación directa, demostración y venta de productos o servicios a clientes, usualmente en sus casas o lugar de trabajo".

– *Modelo de revender con valor agregado*: Es un modelo en el cual un negocio revende algún producto, pero con ciertas modificaciones que le agregan valor al producto o servicio. Es un modelo colaborativo reciente que ha sido adoptado por compañías de software.

– *Franquicias*: Franquiciar es la práctica de utilizar el modelo de negocio de alguna otra compañía. Para el que vende las franquicias, es una alternativa para distribuir sus productos y ampliar su marca, sin tener que invertir.

– *Modelo de abastecimiento*: Es un modelo ligado a las relaciones de negocio, donde los participantes requieren trabajar con otros para tener éxito. Es la combinación de dos conceptos: el esquema de relación contractual con proveedores y el modelo económico utilizado.

e) *Factores internos de la sociedad*
Estructura del negocio (incluya un organigrama, para conocer los niveles de supervisión organizacional).

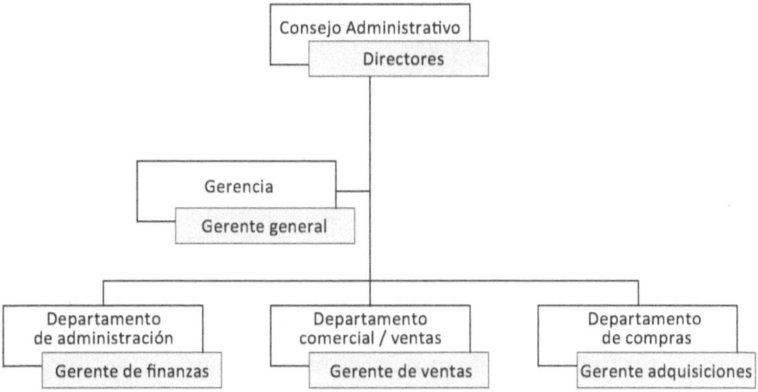

f) *Estructura de los sistemas de información computarizados*

Descripción de los sistemas de información computarizados del cliente y cómo se realizan las interfases para procesar dicha información contable. También se deben detallar las habilidades del personal dedicado a los sistemas de información computarizados.

La entidad ocupa el módulo SAP. La integración en SAP se logra a través de la puesta en común de la información de cada uno de los módulos y por la alimentación de una base de datos común

Los módulos funcionales que mantiene la sociedad son los siguientes:

✓ Gestión financiera (FI): libro mayor, libros auxiliares, ledgers especiales, etcétera.

✓ Controlling (CO): gastos generales, costes de producto, cuenta de resultados, centros de beneficio, etcétera.

✓ Tesorería (TR): control de fondos, gestión presupuestaria, etcétera.

✓ Sistema de proyectos (PS): grafos, contabilidad de costes de proyecto, etcétera.

✓ Gestión de personal (HR): gestión de personal, cálculo de la nómina, contratación de personal, etcétera.

g) *Cultura organizacional* (misión, visión, valores éticos)

Se detallará el modelo de Coca-Cola

✓ Misión

Radica en el objetivo que tiene la empresa Coca Cola a largo plazo, y también se constituye como el criterio de peso a la hora de tomar decisiones y acciones importantes para la marca para lograr tres metas fundamentales:

- Refrescar al mundo.
- Inspirar momentos de optimismo y felicidad.
- Crear valor y marcar la diferencia.

✓ Visión

Es el marco del plan de trabajo y describe lo que se necesita lograr para conseguir la máxima sostenibilidad, calidad y crecimiento. Con ella, se pretenden lograr unos objetivos adaptados a diferentes ámbitos:

- Personas: ser un buen lugar donde trabajar; que las personas se sientan inspiradas para dar cada día lo mejor de sí mismas.

- Bebidas: ofrecer una variada cartera de productos de calidad que se anticipen y satisfagan los deseos y necesidades de los consumidores.
- Socios: desarrollar una red de trabajo para crear un valor común y duradero.
- Planeta: ser un ciudadano responsable que marque la diferencia al ayudar a construir y apoyar comunidades sostenibles.
- Beneficio: maximizar el rendimiento para los accionistas al tiempo que se tienen presentes las responsabilidades generales de la compañía.
- Productividad: ser una organización eficaz y dinámica.

✓ Valores

Guía las acciones y el comportamiento de la empresa Coca-Cola en el mundo, y son:

- Liderazgo: esforzarse en dar forma a un futuro mejor
- Colaboración: potenciar el talento colectivo
- Integridad: ser transparentes
- Rendir cuentas: ser responsables
- Pasión: estar comprometidos con el corazón y con la mente
- Diversidad: contar con un amplio abanico de marcas y ser tan inclusivos como ellas
- Calidad: búsqueda de la excelencia

h) *Ambiente de emisión de estados financieros*

Descripción de las principales políticas contables aplicadas por la entidad y por la industria, como el reconocimiento de ingresos, deterioro de clientes, provisiones, etcétera.

✓ Provisiones

La sociedad reconoce una provisión, si es resultado de un suceso pasado, posee una obligación legal o implícita que puede ser estimada de forma fiable y es probable que sea necesario un flujo de salida de beneficios económicos para resolver la obligación. Las provisiones se determinan descontando el flujo de efectivo que se espera a futuro a la tasa antes de impuestos que refleja la valoración actual del mercado del valor del dinero y, cuando corresponda, de los riesgos específicos de la obligación.

✓ Reconocimiento de ingresos

Los ingresos ordinarios están compuestos por las ventas de productos y servicios, menos los impuestos indirectos sobre dichas ventas y los descuentos efectuados a clientes, traducidos al tipo de cambio del día de la operación en consideración de la moneda funcional definida para cada sociedad.

Los ingresos por ventas de bienes se reconocen después de que la sociedad ha transferido al comprador los riesgos y beneficios inherentes a la propiedad de esos bienes y no mantiene el derecho a disponer de ellos, ni a mantener un control eficaz; por lo general, esto significa que las ventas se registran al momento del traspaso de riesgos y beneficios a los clientes en conformidad con los términos convenidos en los acuerdos comerciales.

✓ Deterioro de cuentas por cobrar

La sociedad genera un deterioro de las cuentas por cobrar en base a la NIIF 9, generando una matriz de riesgo donde se aplica un porcentaje de deterioro (deuda por vencer un 2%, deuda entre 1 y 90 días un 5%, deuda entre 91 y 180 días un 20%, deuda entre 181 y 365 días un 50% y deuda más de un año un 100%); después de generar la matriz de riesgo, se desarrolla una tasa de recuperación promedio, tomando en consideración tres tasas para cumplir con la fiabilidad de la operación.

i) *Reportes financieros*

Frecuencia y el impacto potencial de la estrategia de emisión de informes de la gerencia sobre aspectos específicos de los estados financieros.

- Las entidades reguladas deben presentar cuatro estados financieros en las siguientes fechas: 31.03, 30.06, 30.09 y 31.12.
- Las entidades no reguladas pueden presentar solo un estado financiero al cierre del ejercicio.

j) *Riesgos estratégicos de negocios*

Resuma el (los) riesgos(s) estratégico(s) del negocio (si los hay) que se hayan identificado mediante su entendimiento de los factores externos del negocio en el contexto de los objetivos y estrategias del cliente, indicando los ciclos afectados y si tienen asociado riesgo de fraude. (Se pueden definir estos riesgos en el cambio del entorno competitivo que originen un deterioro en la situación competitiva de la entidad como las guerras de precios y pérdidas de cuota en el mercado. Este riesgo es muy valorado por las agencias de rating, tanto positiva como negativamente; es un riesgo muy difícil de medir y afecta a la capacidad futura de generar beneficios, que es un determinante de solvencia).

Riesgos	Magnitud del impacto	Probabilidad de ocurrencia	Fundamentos
Incremento en la tasa de política monetaria, y deterioro en el panorama inflacionario	Media	Media	Dado el deterioro en el panorama inflacionario en el país, el Banco Central se vio en la necesidad de incrementar la tasa interbancaria en 50 puntos base, dejándola en 7,25% Adicionalmente, la inflación a junio superó significativamente las expectativas del gobierno, provocando un incremento en las necesidades básicas de los consumidores en alimentos y energía, principalmente Lo que conlleva a que los consumidores prioricen el consumo de sus bienes básicos, dejen de lado otros servicios

k) *Riesgos estrategicos de auditoría*

Objetivos críticos	Aseveraciones	Descripción
Deterioro de cuentas por cobrar	Valuación	La determinación del deterioro de deudores incobrables implica la aplicación de un criterio para proyectar el resultado de las gestiones de cobranza respecto de clientes morosos; esto implica que existe el riesgo de que no constituyan suficientemente las provisiones por la posible recuperabilidad de cuentas y documentos por cobrar y, por consiguiente, que dicha provisión se presente subvaluada
Obsolescencia	Valuación	La sociedad mantiene sus ingresos por la prestación de servicios de tecnología, el cual día a día tiene cambios; es un riesgo que la sociedad no esté a la vanguardia con las nuevas tecnologías y tendencias del mercado

l) *Asuntos significativos*

Asunto	Aseveraciones	Descripción
Deudores por ventas	Existencia, exactitud	La sociedad posee muchos clientes, los cuales representan básicamente las ventas de productos y servicios
Recursos humanos	Integridad	La sociedad tiene muchos trabajadores, los cuales son administrados por el departamento de recursos humanos
Empresas relacionadas	Existencia, exactitud y presentación	Las transacciones con empresas relacionadas son un área significativa dentro de las operaciones del grupo, principalmente por el alto volumen de transacciones, sean estos traspasos en cuentas corrientes, préstamos para el financiamiento normal de las operaciones o bien transacciones del giro normal de las operaciones de cada sociedad El riesgo está asociado a que no sean registradas en forma íntegra, exacta y correctamente presentadas, todas las transacciones entre empresas relacionadas

[continuación l: Asuntos significativos]

Asunto	Aseveraciones	Descripción
Proveedores	Existencia, exactitud	La sociedad mantiene principalmente con sus proveedores la adquisición de suministro y derechos de la utilización de los servicios prestados a los clientes
Obligaciones con bancos y el público	Existencia, exactitud	La sociedad mantiene obligaciones con bancos, principalmente con motivo de financiamiento

m) *Asuntos significativos*

Realizar la determinación de las cuentas significativas que se seleccionarán para la aplicación de nuestros procedimientos de auditoría (controles o cumplimiento); en el archivo se encuentra la planilla de determinación de cuentas significativas, la cual exige como datos mínimos el balance del cliente y la determinación del Límite de Error Tolerable (LET), y a través de factores de determinación de riesgo determinar cuáles serán las cuentas significativas a revisar en nuestra auditoría en los estados financieros.

Aprobación

Socio a cargo	Fecha	Supervisor a cargo	Fecha

Auditor a cargo	Fecha

Analisis para la decisión de la revisión de cuentas al 31.12.2027

Límite de Error Tolerable $_________.-

Rubro	Cuenta	Monto	e	f	g	h	i	j	k	l	m	n	o	Riesgo Inherente	Enfoque (control o sustantivo)

Rubro: Rubro bajo NIIF (efectivo y equivalentes al efectivo).

Cuenta: Nombre de la cuenta que se ocupa en la empresa.

Monto: Valor que refleja el balance como saldo.

Riesgo inherente: Es el riesgo propio de la profesión; este puede ser bajo, medio o alto.

Enfoque:

Control: las pruebas de cumplimiento son las que tratan de obtener evidencia sobre el cumplimiento y aplicación correcta de los procedimientos de control interno existentes.

Sustantivas: para verificar si importes específicos están correctamente recogidos en los registros contables y conseguir así llegar a conclusiones razonables, teniendo presente que la certidumbre absoluta sobre la fiabilidad de los contenidos de la información financiera es difícil.

✓ Descripción de la decisión

e	El tamaño y la composición del saldo de cuenta (si el saldo de la cuenta es igual o superior al LET, se debe revisar por obligación)
f	La susceptibilidad a pérdida debido a error o fraude
g	El volumen de actividad, compleja y homogeneidad de las transacciones
h	La exposición a pérdidas u obligaciones no reconocidas
i	La probabilidad de que surjan pasivos contingentes
j	Los cambios de un año a otro de la cuenta
k	La complejidad de la cuenta y emisión de informes
l	La existencia de transacciones relacionadas
m	La naturaleza de la cuenta
n	Sumatoria de las partidas
0	Partidas a revisar

Colegio de Contadores y Auditores S.A. Auditoría al 31 de diciembre de 2027	A3-1 Requerimientos
Listado de requerimientos	Preparado por:
	Fecha:
	Revisado por:
	Fecha:

Santiago, 19 de enero del 2028

Señor
Contador general
Maximiliano Zamorano
Dieciocho 121
Solicitud de requerimientos

Estimado:

Con motivo de dar cumplimiento a nuestros procedimientos de auditoría aplicados a la revisión intermedia de los estados financieros al 30 de septiembre/ revisión final al 31 de diciembre, le hacemos solicitud de la siguiente información:

- ✓ Escrituras de la sociedad
- ✓ Malla de la sociedad
- ✓ Balance tributario de ocho columnas al 31 de diciembre del año pasado y 30.09 de este año
- ✓ Balance clasificado al 31 de diciembre del año pasado y 30.09 de este año
- ✓ Libros de compra y venta mensuales de todo el año
- ✓ Conciliaciones y cartolas bancarias por banco de todo el año
- ✓ Cartolas mensuales de los Fondos Mutuos de todo el año
- ✓ Análisis de los deudores por ventas
- ✓ Análisis de materiales e insumos
- ✓ Detalle de propiedades, plantas y equipos
- ✓ Análisis de documentos y cuentas por cobrar y pagar relacionadas
- ✓ Análisis de préstamos bancarios
- ✓ Análisis de proveedores nacionales
- ✓ Resumen del movimiento de activos intangibles y su amortización acumulada

- ✓ Contratos vigentes de arriendos, servicios, etcétera
- ✓ Formularios 29 de todo el año
- ✓ Libro de remuneraciones de todo el año.

Cabe mencionar que, durante el transcurso de nuestra revisión, podría ser necesario solicitar otros requerimientos para la realización de nuestras pruebas.
Agradecidos de antemano por su tiempo y atención,
saludos cordiales,

CARLOS FILGUEIRA RAMOS
Filgueira Consultores Limitada
www.filgueira.cl

Colegio de Contadores y Auditores S.A. Auditoría al 31 de diciembre de 2027	A4 Carta de contratación
Carta de contratación	Preparado por:
	Fecha:
	Revisado por:
	Fecha:

Santiago, junio 22 de 2027
PA-220-2027

Señor
Rick Hunter
Gerente general
Colegio de Contadores y Auditores S.A.
Dieciocho 121
Presente
Ref.: Carta de contratación auditoría

Estimado señor Rick Hunter:

La presente carta confirma los acuerdos y objetivos de nuestro trabajo, las responsabilidades de la administración y del auditor, y las limitaciones de los servicios que prestaremos.

Objetivos y limitaciones de los servicios

El objetivo de nuestra auditoría es la emisión de una opinión por escrito en relación con la auditoría del balance general de Colegio de Contadores y Auditores S.A. (en adelante también "la Entidad") al 31 de diciembre de 2027 y de los correspondientes estados de resultados por los años terminados en esa fecha.

Tenemos la responsabilidad de realizar y realizaremos la auditoría de los estados financieros de acuerdo con las normas de auditoría generalmente aceptadas, con el objetivo de expresar una opinión sobre la razonabilidad con que los estados financieros, en su conjunto, se presentan de acuerdo con los principios de contabilidad, generalmente aceptados.

Nuestra auditoría de los estados financieros es planificada y realizada para obtener una seguridad razonable, pero no absoluta, de que los estados financieros están libres de errores significativos causados por error o fraude. Por lo tanto, existe el riesgo de que errores significativos, fraude (incluyendo fraude que puede ser un acto ilegal), y otros actos ilegales que pueden existir y no ser detectados por una auditoría realizada de acuerdo con normas de auditoría generalmente aceptadas. Adicionalmente, una auditoría no está diseñada para detectar asuntos que son inmateriales para los estados financieros.

Una auditoría comprende el examen, a base de pruebas de evidencia, que respalde los registros de contabilidad y cualquier otro procedimiento que consideremos necesario en las circunstancias, para proveer una base razonable para nuestra opinión sobre los estados financieros. También evaluaremos los principios de contabilidad utilizados y las estimaciones significativas efectuadas por la administración, y evaluaremos la presentación general de los estados financieros.

Control interno sobre los informes financieros

En la planificación y el desarrollo de nuestra auditoría de los estados financieros, consideraremos los controles internos de la Entidad para determinar la naturaleza, alcance y oportunidad de nuestros procedimientos de auditoría con el propósito de emitir una opinión sobre los estados financieros y no para proveer opinión sobre el control interno.

Aunque el objetivo de nuestra auditoría de los estados financieros no es informar acerca del control interno de la Entidad y no estamos obligados a buscar condiciones a informar como parte de nuestra auditoría a los estados financieros, les comunicaremos en una carta por separado cualquier debilidad significativa en los sistemas de contabilidad y control interno en la medida en que llamen nuestra atención.

También leeremos las minutas, acuerdos de comités y sesiones de directores, para verificar que sean consistentes con nuestro entendimiento de las comunicaciones hechas a ustedes, y determinar si han recibido copias de todas las comunicaciones escritas entre nosotros y la gerencia.

Si, durante el desarrollo de nuestros procedimientos de auditoría, surgen circunstancias que hacen necesario que modifiquemos nuestro informe o nos retiremos del trabajo, les comunicaremos las razones para nuestro retiro.

Responsabilidades de la dirección

La dirección de Colegio de Contadores y Auditores S.A. es responsable de la correcta presentación de los estados financieros y de todas las representaciones en ellos contenidas, de acuerdo con los principios contables, generalmente. La dirección también es responsable de identificar y asegurar que la Entidad cumpla con las leyes y regulaciones aplicables a sus actividades y de informarnos de cualquiera violación material conocida de tales leyes y regulaciones. La dirección también es responsable de prevenir y detectar fraude, incluyendo el diseño e implementación de programas y controles para prevenir y detectar fraude, adoptando políticas contables razonables y por establecer y mantener controles internos efectivos y procedimientos para los reportes financieros para mantener la confiabilidad de los estados financieros y proveer una seguridad razonable contra la posibilidad de errores que son materiales a los estados financieros. La dirección también es responsable de informarnos, cuando esté en conocimiento, de todas las condiciones reportables en el diseño u operación de tales controles.

La dirección de la Entidad, también, acuerda poner a nuestra disposición todos los registros de contabilidad, documentación e información que requiramos en relación con nuestra auditoría, revelarnos toda aquella información importante, y proveernos de la completa cooperación del personal del Colegio de Contadores y Auditores S.A. Tal y como lo requieren las normas de auditoría generalmente aceptadas en Chile, efectuaremos preguntas específicas a la dirección sobre las representaciones contenidas en los estados financieros y la efectividad del control interno y obtendremos una carta de representación de la dirección sobre estos asuntos. Las respuestas a nuestras preguntas, las representaciones escritas y los resultados de nuestras pruebas de auditoría, entre otras cosas, constituyen la evidencia en la que nos apoyaremos para formar nuestra opinión sobre los estados financieros.

La dirección es responsable por los ajustes a los estados financieros para corregir errores materiales y por afirmar a nosotros en su carta de representación que los efectos de errores no corregidos en su conjunto, identificados por el auditor durante la auditoría y que se refieran al período inmediatamente anterior, son inmateriales, tanto individualmente como en su conjunto, respecto de los estados financieros tomados en su totalidad. Debido a la importancia de las representaciones de la dirección en la prestación de nuestros servicios de auditoría, Colegio de Contadores y Auditores S.A. deslinda a Filgueira Consultores Limitada (en adelante "FC"), sus socios, empleados y representantes, de cualquier reclamo, responsabilidad, como a su vez costos y gastos relacionados con los servicios cubiertos en esta carta, atribuibles a cualquier declaración y/o representación falsa o errónea de la dirección contenida en la carta de representación antes mencionada.

Leyes y regulaciones

Esta carta de contratación está hecha, y debe ser regida por las leyes y regulaciones del país. Cualquier disputa que se origine de esta carta o bajo los asuntos cubiertos en esta carta deben ser sujetos a la exclusiva jurisdicción del sistema judicial del país.

Esta carta constituye el entero acuerdo y el entero entendimiento entre nosotros (a la vez que reemplaza cualquier previo acuerdo y entendimiento entre nosotros) con relación a los servicios que se contratan. Cualquier variación a los términos de esta carta debe ser hecha por escrito y no será válida si no es firmada por un socio de FC y por un representante autorizado del Colegio de Contadores y Auditores S.A.

Esta carta servirá como la autorización del Colegio de Contadores y Auditores S.A., para el uso de e-mail y otros métodos electrónicos para transmitir y recibir información, incluida la información confidencial, entre FC y Colegio de Contadores y Auditores S.A., y entre FC y especialistas externos u otras entidades contratadas, ya sea por FC o por Colegio de Contadores y Auditores S.A. La administración de la Entidad reconoce que los correos electrónicos viajan por la Internet pública, la que no representa un medio de comunicación seguro y, en consecuencia, la confidencialidad de la información transmitida podría verse comprometida sin que exista falta alguna de FC. FC empleará los esfuerzos comercialmente razonables y tomará las precauciones adecuadas para proteger la privacidad y confidencialidad de la información transmitida.

Además, solo para los propósitos de los servicios descritos en esta carta, Colegio de Contadores y Auditores S.A., mediante la misma, le otorga a FC una licencia limitada, revocable, no exclusiva, no transferible, pagada y libre de royalty, sin derecho a sub licencias, para utilizar todos los nombres, logos, marcas registradas y marcas de servicio de Colegio de Contadores y Auditores S.A., únicamente para presentaciones o informes emitidos a la Entidad o para presentaciones internas de FC o páginas Intranet.

FC es una sociedad de responsabilidad limitada que incluye tanto a contadores públicos y auditores y ciertos profesionales que no son contadores públicos. Estos ejecutivos pueden participar en los trabajos para prestar los servicios descritos en esta carta.

Los papeles de trabajo preparados en relación con nuestra auditoría son propiedad de FC; contienen información confidencial y serán retenidos por nosotros de acuerdo con nuestras políticas y procedimientos. En el evento que a la firma sean requeridos producto de un comparendo o alguna acción legal, nos veremos obligados a proporcionar sus documentos relativo a este trabajo del Colegio de Contadores y Auditores S.A., en procedimientos judicial o administrativo del cual Filgueira Consultores no sea parte. La Entidad debe rembolsar a la firma, a nuestro precio de facturación, el tiempo y los gastos, incluyendo gastos de abogados, que se incurran para responder a dicho requerimiento.

Honorarios por servicios

Sobre la base de nuestras discusiones y representaciones con la dirección del Colegio de Contadores y Auditores S.A., por la auditoría anual de los estados financieros al 31 de diciembre de 2027 y de los correspondientes estados de resultados, para los períodos terminados en esas fechas; nuestros honorarios ascenderán a 1.700 UF, según el siguiente detalle:

Auditoría al 31.12.2027	Honorarios
Colegio de Contadores y Auditores S.A.	1.480 UF
Total	1.480 UF

Estas estimaciones se basan en el tiempo requerido y al nivel de experiencia de los individuos que prestarán los servicios. Circunstancias que surjan durante el desarrollo de estos servicios que garanticen horas o gastos adicionales podrían ocasionar que no podamos entregar los servicios dentro de las mencionadas estimaciones. Nos esforzaremos por comunicarle estas circunstancias a medida que las evaluemos. Los excesos entre las horas reales y presupuestadas, que pudieran presentarse en el transcurso del desarrollo del trabajo de auditoría, serán discutidos en su oportunidad con la dirección del Colegio de Contadores y Auditores S.A.

En los casos en que Filgueira Consultores reciba reembolsos por gastos, es la política de la firma de facturar a los clientes el monto incurrido al momento en que se adquiere el producto o servicio; estos gastos se facturan para su reembolso en la medida en que se incurran. Si posteriormente la firma recibe un descuento por volumen u otro incentivo de pago de un vendedor en relación con dichos gastos, Filgueira Consultores no abona este pago al cliente. En cambio, aplica los pagos para reducir sus costos generales, cuyos costos son considerados al determinar las tasas estándares de facturación de Filgueira Consultores y ciertos cargos por transacciones que pueden ser cargados a los clientes.

Además, los honorarios relacionados con cualquier proyecto especial relacionado con la auditoría, como la investigación y/o consultas respecto de materias especiales de negocios o finanzas, se facturarán por separado de los honorarios de auditoría por los servicios profesionales y podrían estar sujetos a acuerdos suplementales a los incluidos en esta carta.

Deseamos agradecer a ustedes la oportunidad de servir al Colegio de Contadores y Auditores S.A. y quedamos a su disposición para discutir cualquier aspecto contenido en esta carta. Agradecemos se sirvan firmar y devolver la copia adjunta a esta carta para indicar su comprensión y acuerdo sobre los servicios de auditoría de los estados financieros.

Atentamente,

Filgueira Consultores
Auditores consultores

Aceptación

Acepto las condiciones de esta carta, PA-220-2027 de fecha 22 de agosto de 2027 como un acuerdo de voluntades entre Colegio de Contadores y Auditores S.A. y Filgueira Consultores Limitada. La he leído y entiendo plenamente las condiciones y disposiciones contenidas.

Aceptado por:

Colegio de Contadores y Auditores S.A.
Rick Hunter
Gerente general

Firma ______________________________

Fecha ______________________________

Colegio de Contadores y Auditores S.A. Auditoría al 31 de diciembre de 2027	A5 Carta Gantt
Carta Gantt	Preparado por:
	Fecha:
	Revisado por:
	Fecha:

Propósito:

Básicamente es para ordenar las actividades. Consiste en un gráfico donde, en el lado horizontal, va el tiempo y, en el lado vertical, las actividades, quedando un gráfico de barras horizontales que sirve para saber el tiempo que va a durar cada actividad que en la empresa se realizará. Se puede efectuar esta en una hoja de cálculo, poniendo en cada celda una tarea a realizar. El objetivo es mostrar el tiempo en que se va a efectuar cada tarea o actividades a lo largo de un cierto período determinado, aunque al principio del diagrama no muestra las relaciones entre cada actividad, pero cada tarea expuesta se puede identificar a lo largo del tiempo. Este formato para ordenar las tareas muestra el origen y el final de los proyectos, los detalles de este, mostrando así las diferentes unidades y grupos de trabajo.

Carta Gantt

Actividades	**Tiempo**	**Períodos de auditoría**											**Responsables**
		1	**2**	**3**	**4**	**5**	**6**	**7**	**8**	**9**	**10**	**11**	
Planeación	Estimado												Gerente
	Real												Senior
Revisión limitada	Estimado												Senior
	Real												Asistente
Consideraciones y evaluación	Estimado												Gerente
	Real												Senior
Examen de auditoría Preliminar	Estimado												Senior
	Real												Semi. Senior Asistente
Examen de auditoría final	Estimado												Gerente
	Real												Senior
Emisión de informe	Estimado												Socio
	Real												Gerente

Horas de auditoría

Nombre	Cargo	Horas	Valor hora	Total
Carlos Filgueira Ramos	Socio	40	5 UF	200
Víctor Hugo Lindsay	Gerente	120	3 UF	360
Enson Filgueira Ramos	Director de consultoría (TI)	40	3 UF	120
Juan Carlos Filgueira	Gerente legal de impuestos	20	5 UF	100
Javiera Filgueira	Senior de auditoría	1.000	0,5 UF	500
Julieta Filgueira	Staff de auditoría	1.000	0,2 UF	200
Total UF				1.480

Colegio de Contadores y Auditores S.A. Auditoría al 31 de diciembre de 2027	A6 Lista de verificación
Lista de verificación de auditoría	Preparado por:
	Fecha:
	Revisado por:
	Fecha:

Propósito:

El propósito de este papel de trabajo es documentar el cumplimiento con ciertas políticas y otros requisitos de Filgueira Consultores Ltda. (FC), así como con las normas profesionales. Este documento requiere la revisión y la aprobación del socio y gerente, y cuando corresponda el revisor de control de calidad del trabajo. Este papel de trabajo se requiere para todas las auditorías.

N°	Procedimiento	El procedimiento se ha cumplido			Firma		Documentación
		No	Sí	Referencia	Gerente	Socio	
1	Si este es un cliente nuevo, ¿fueron los procedimientos de aceptación requeridos debidamente completados y aprobados?						Formulario de aceptación del cliente
2	Si este era un cliente existente, ¿se hizo la reevaluación para saber si la firma debería continuar siendo del auditor?						Formulario de reevaluación del cliente
	¿Se envió una propuesta de servicios al cliente antes de comenzar la auditoría?						Propuesta de servicios
4	¿Se obtuvo y documentó la comprensión del negocio y de la industria del cliente, incluido el sistema legal/regulatorio dentro del cual opera?						Características de la industria y del negocio
5	¿Fue evaluado el riesgo de auditoría a nivel global de los estados financieros? ¿Esto debería incluir una revisión analítica preliminar?						Formulario A9 revisión analítica
6	¿Fue calculada la materialidad planeada?						Formulario A1 materialidad
7	¿Se obtuvo y documentó un adecuado entendimiento de la contabilidad del cliente, del control interno y del procesamiento electrónico de datos?						Formulario A2 planeación
8	¿Fueron evaluados el riesgo de control y el riesgo inherente a nivel de saldos contables o clases de transacciones?						Programas de auditoría

[continuación]

N°	Procedimiento	El procedimiento se ha cumplido			Firma		Documentación
		No	Sí	Referencia	Gerente	Socio	
9	¿Fue esta evaluación del control y del riesgo inherente usada para determinar la naturaleza, oportunidad y extensión de los procedimientos de auditoría a ser realizados?						Programas de auditoría
10	¿Fue la planificación documentada y aprobada antes de comenzar la auditoría?						Formulario A2 planeación
11	¿Todo el personal del equipo (incluidos el gerente y socio) han confirmado su independencia del cliente?						Formulario 11
12	¿Si esta auditoría fue realizada con otra firma, las instrucciones entre oficinas fueron adecuadamente enviadas o recibidas?						
13	¿Fue diseñado un programa de trabajo de auditoría completo?						Formulario A2 planeación
14	¿Al finalizar el trabajo, fue hecha una revisión analítica final de los estados financieros?						Formulario B7 revisión analítica
15	¿El legajo de auditoría fue revisado por el senior y gerente antes de ser revisado por el socio?						
16	¿Se comprobó la integridad y corrección de las revelaciones en los estados financieros bajo NIIF?						
17	¿Fue preparado y evaluado un resumen sobre las diferencias / errores no ajustados?						Formulario B6
18	En la conclusión del trabajo, ¿se preparó un resumen de los temas significativos para ser revisados por el socio?						Formulario B1
19	¿Se recibió del cliente una apropiada carta de representación?						Formulario B2
20	¿Se recibieron cartas de representación de los abogados del cliente relacionadas con litigios significativos, demandas que implican o pueden implicar pasivos contingentes?						Programa D3 litigios y reclamos
21	¿Fue enviado al cliente un informe a la gerencia detallando todas las debilidades significativas del control interno y de temas relacionados con el negocio que fueron observados durante la auditoría?						

[continuación]

N°	Procedimiento	El procedimiento se ha cumplido			Firma		Documentación
		No	Sí	Referencia	Gerente	Socio	
22	Si alguna parte de la auditoría fue realizada por otros auditores externos, corresponsales u otras terceras partes, ¿fueron realizados adicionales controles de calidad por nosotros en dichos trabajos antes de confiar en ellos?						
23	¿El socio a cargo del trabajo revisó el legajo de auditoría y luego autorizó la emisión del informe de auditoría?						
24	¿Fue revisado el legajo de auditoría por segundo socio? (solo cuando es requerido)						

Aprobación

Socio a cargo	Fecha	Gerente a cargo	Fecha

Auditor a cargo	Fecha

Colegio de Contadores y Auditores S.A. Auditoría al 31 de diciembre de 2027 **Control de confirmaciones**	A7 Confirmaciones
	Preparado por:
	Fecha:
	Revisado por:
	Fecha:

Propósito:

El propósito de este papel de trabajo es documentar las confirmaciones externas de acuerdo con las Normas Internacionales de Auditoría (NIA). El objetivo del auditor, cuando usa procedimientos de confirmación externa, es diseñar y ejecutar estos procedimientos para obtener evidencia de auditoría adecuada y confiable.

Bancos nombre	**Ejecutivo**	**Mail**	**Fono**	**Fecha**			**Ref.**
				1°	**2°**	**Recepción**	
Santander	Juan Águila	jbanco@banco.cl	9332223	17.01	2.02	15.02	Carta
BCI	Karol Ulloa	Kulloa@banco.cl	2344321	17.01	2.02	20.02	Carta

Clientes nombre	**Contacto**	**Mail**	**Fono**	**Fecha**			**Ref.**
				1°	**2°**	**Recepción**	
NIIF	Ana Moya	amoya@niif.cl	2232223	17.01		20.01	Carta
Indep	Luis Pérez	lperz@indep.cl	5444321	17.01	2.02	05.02	Carta

Proveedores nombre	**Contacto**	**Mail**	**Fono**	**Fecha**			**Ref.**
				1°	**2°**	**Recepción**	
FC	Hans Otth	Hotth@fc.cl	2507323	17.01	2.02	03.03	Carta
UAH	Carolina U.	cu@uah.cl	2223211	17.01	2.02	17.02	Carta

Abogados nombre	**Contacto**	**Mail**	**Fono**	**Fecha**			**Ref.**
				1°	**2°**	**Recepción**	
BYN	Blanco J.	bj@byn.cl	4352223	17.01		25.01	Carta
NAA	Javier M.	jm@aa.cl	5000321	17.01		18.01	Carta

Relacionadas nombre	**Contacto**	**Mail**	**Fono**	**Fecha**			**Ref.**
				1°	**2°**	**Recepción**	
Pymes	Patricio M.	pm@py.cl	7654321	17.01	2.02	28.02	Carta
NF S.A.	Camila F.	cf@nf.cl	8543213	17.01	2.02	28.02	Carta

Aprobación

Socio a cargo	Fecha	Gerente a cargo	Fecha
Auditor a cargo	Fecha		

Referencia carta confirmación bancaria

Santiago 31 de diciembre 2027

Muy señores nuestros:

Les agradeceremos se sirvan llenar la presente solicitud y enviarla en el sobre adjunto, directamente a nuestros auditores externos. Si la respuesta a algunos conceptos es "no aplicable/ no existen", por favor hágalo constar así en el espacio correspondiente.

Banco:	Santander	Nombre:	Colegio de Contadores y Auditores S.A.
Mail:	jbanco@banco.cl	RUT:	77.777.777-7
Attn.:	Juan Águila		

Por: ______________________

Rick Hunter

Gerente general

Filgueira Consultores Limitada

Attn. Víctor Lindsay, gerente auditoría

Estimados señores:

Al cierre de las operaciones del 31 de diciembre del 2027, nuestros registros mostraban la siguiente información en referencia a los saldos que la entidad arriba mencionada mantiene con nuestra institución:

Cuentas corrientes

Número	Monto

Depósitos – inversiones

Descripción	Tasa de interés	Fecha vencimiento	Monto

Préstamos

Deuda	Fecha otorgamiento	Fecha vencimiento	Tasa interés	Garantías	Monto

Comercio exterior

Créditos de importaciones
Cobranzas extranjeras
Exportaciones

Autorizaciones, indicar nombres de las personas autorizadas por la sociedad para representarlas en operaciones bancarias y firmas de cheques.

Muy atentamente

Banco ____________________

Fecha ____________________

Por ________________________________

Firma autorizada y cargo ejecutivo bancario

Referencia carta confirmación clientes

Indep
Attn. Luis Pérez
Providencia 1145
Comuna Providencia
Mail: lperz@indep.cl

Santiago, 31 de diciembre de 2027

De nuestra consideración:

Con motivo de la auditoría a los estados financieros del Colegio de Contadores y Auditores S.A. al 31 de diciembre de 2027, nuestros auditores externos desean conocer si los montos reflejados en nuestra contabilidad como cuentas por cobrar a nuestro favor al 31 de diciembre de 2027 coinciden con vuestros registros.

Por favor, envíen el detalle y saldo de su respuesta al 31 de diciembre de 2027, directamente a nuestros auditores externos, Filgueira Consultores Limitada, attn.: Sr. Víctor Hugo Lindsay, gerente de auditoría.

Cabe señalar que esta comunicación no constituye un requerimiento de cobro.

Desde ya, les agradecemos su atención.

Rick Hunter
Colegio de Contadores y Auditores S.A.
Gerente general

Indep
Saldo al 31 de diciembre de 2027
Saldo del cliente a la fecha de auditoría $ 20.000.000
La información arriba indicada es:
( ) Correcta
( ) Incorrecta (*)
(*) Sírvase brindar detalles en caso de diferencias

Luis Pérez
Indep

Referencia carta confirmación proveedores

Santiago, 31 de diciembre de 2027

FC
Attn. Hans Otth
Presidente Riesco 5501
Comuna Las Condes
Mail: hotth@fc.cl

De nuestra consideración:

Con motivo de la auditoría externa a nuestros estados financieros, nos permitimos hacer llegar a usted (es) el estado de cuenta por pagar (cobrar) a nuestro (su) favor reflejado por nuestra contabilidad al 31 de diciembre de 2027, el cual asciende a $ 15.000.000, agradeciendo se sirvan confirmar, directamente a nuestros auditores, señores Filgueira Consultores Limitada, su conformidad o reparo al mismo, en la parte correspondiente de este formulario.

Por favor, envíen el detalle y saldo de su respuesta al 31 de diciembre de 2027, directamente a nuestros auditores externos, Filgueira Consultores Limitada, attn.: Sr. Víctor Hugo Lindsay, gerente de auditoría.

Desde ya, les agradecemos su atención.

Rick Hunter
Colegio de Contadores y Auditores S.A.
Gerente general

La información arriba indicada es:

( ) Correcta

( ) Incorrecta (*)

(*) Sírvase brindar detalles en caso de diferencias

Hans Otth
FC

Referencia carta confirmación abogados

Señor(es)

BYN

Contacto: bj@byn.cl

Dirección: Matías Cousiño 82

Comuna: Santiago

Santiago, 10 de enero del 2028

Estimados señores:

Como parte del trabajo de auditoría de los estados financieros del Colegio de Contadores y Auditores S.A. por el ejercicio terminado el 31 de diciembre del 2027, por favor, provean lo solicitado más abajo. La información requerida se refiere a asuntos que existían al 31 de diciembre del 2017 y en el período de dicha fecha hasta la fecha efectiva de su respuesta.

Litigios pendientes que pudieran tener un efecto significativo en la situación patrimonial y financiera de la sociedad: descripción y montos en cuestión, juntamente con su estimación profesional sobre el probable resultado final del litigio y, de ser posible, monto de la potencial pérdida para la compañía.

Demandas o reclamos pendientes: cantidades comprometidas y descripción, incluyendo una estimación, si es posible, de las cantidades aproximadas por las cuales estas demandas o reclamaciones pueden ser transadas.

Deudas contingentes en su conocimiento, relacionadas con contratos, garantías recibidas u otorgadas, etcétera.

Juicios o reclamaciones vinculados con asuntos tributarios, leyes sociales y laborales, derechos de aduana en trámite y otros, indicando montos o descripción, que pudieran tener algún efecto significativo en la situación patrimonial y financiera de la sociedad.

Monto correspondiente a honorarios profesionales devengados o adeudados por nosotros por servicios prestados por ustedes al 31 de diciembre del 2027.

Por favor, envíen el detalle y saldo de su respuesta al 31 de diciembre de 2027, directamente a nuestros auditores externos, Filgueira Consultores Limitada, attn.: Sr. Víctor Hugo Lindsay, gerente de auditoría.

Desde ya, les agradecemos su atención.

Rick Hunter
Colegio de Contadores y Auditores S.A.
Gerente general

Referencia carta confirmación empresas relacionadas

Señor(es)
Pymes
Contacto: pm@py.cl
Dirección: Santa Lucía 2545
Comuna: Santiago

Santiago, 10 de enero del 2028

De nuestra consideración:

Con motivo de la auditoría externa a nuestros estados financieros, nos permitimos hacer llegar a usted (es) la solicitud del estado de cuenta sobre todas las transacciones realizadas en el 2027 a nuestro (su) favor, agradeciendo se sirvan confirmar, directamente a nuestros auditores, señores Filgueira Consultores Limitada.

Por favor, envíen el detalle y saldo de su respuesta al 31 de diciembre de 2027, directamente a nuestros auditores externos, Filgueira Consultores Limitada, attn.: Sr. Víctor Hugo Lindsay, gerente de auditoría.

Cabe señalar que esta comunicación no constituye un medio de cobro, y para nosotros es muy importante contar con su estimada colaboración.

Desde ya, les agradecemos su atención.

Rick Hunter
Colegio de Contadores y Auditores S.A.
Gerente general

Colegio de Contadores y Auditores S.A. Auditoría al 31 de diciembre de 2027	A8 Actas
Resumen actas de directorio y de accionistas	Preparado por:
	Fecha:
	Revisado por:
	Fecha:

Propósito:

El propósito de este papel de trabajo es:

- ✓ Documentar en forma resumida las principales decisiones y otras materias relevantes enunciadas en las actas y sesiones de directorio.
- ✓ Si es cliente nuevo, documentar mínimo dos años anteriores.

Resumen sesiones de directorio:

Fecha de la sesión
N° de la sesión
N° y fecha de sesión anterior
Puntos relevantes tratados

Resumen sesiones de accionistas

Fecha de la sesión
N° de la sesión
N° y fecha de sesión anterior
Puntos relevantes tratados

Aprobación

Socio a cargo	Fecha	Gerente a cargo	Fecha
Auditor a cargo	Fecha		

Colegio de Contadores y Auditores S.A. Auditoría al 31 de diciembre de 2027 **Revisión analítica de planeación**	A9 Revisión
	Preparado por:
	Fecha:
	Revisado por:
	Fecha:

Objetivo:

Hemos realizado nuestra revisión analítica de los estados financieros al 30 de septiembre de 2027, del Colegio de Contadores y Auditores S.A., preparado bajo principios de contabilidad generalmente aceptados, con el objetivo de identificar las principales variaciones y áreas de interés para nuestra revisión al 30 de (junio/ septiembre) de 2027.

De acuerdo a nuestros procedimientos realizados y a la validación realizada para efectos de nuestra revisión analítica al 30 de junio/septiembre de 2027, primero realizaremos un análisis de la industria y posteriormente de los estados financieros comparativos de la sociedad a la fecha de nuestra revisión.

En cuanto a los estados financieros al 31 de diciembre de 2026, estos se encuentran con una opinión limpia de acuerdo al informe de los auditores externos, de fecha 23 de abril de 2027. "Detallar cuáles fueron los auditores anteriores y si la opinión fue limpia o contiene salvedades".

✓ Constitución y objeto de la sociedad
"Detallar lo más posible todos los cambios que tenga la sociedad desde el origen respaldando con las escrituras públicas de constitución y analizar las divisiones que pueda tener la sociedad desde el origen"

✓ Productos y servicios
"Detallar todos los productos y servicios que tenga la sociedad; si son muchos, detallar los principales"

✓ Análisis de la industria
"Buscar análisis que se puedan encontrar en Internet, desarrollados por entes regulados o agencias de riesgo, para entender las variaciones que puedan tener las cuentas de resultado, ya que se ven afectados por temas económicos"

✓ Revisión analítica de planeación
Presentar una revisión analítica de las cuentas de resultado y activo como pasivo
Las cuentas de resultado se comparan con el mismo período del año anterior; ejemplo, 30.09.2027 v/s 30.09.2026, argumentando todas las diferencias generadas en un período u otro

Las cuentas de activo y pasivo se deben comparar con el cierre del año anterior; ejemplo, 30.09.2027 v/s 31.12.2026, argumentando todos los aumentos o disminuciones que pueda tener la cuenta contable

✓ Análisis financieros (ratios bajo NIIF)
Presentar los principales ratios financieros con una explicación del monto, diferenciando el ratio generado al cierre del ejercicio anterior vs el período de revisión; ejemplo, 30.09.2027 v/s 31.12.2026

✓ Revisión analítica de planeación (estados de resultados)
Si se está revisando el mes de septiembre, se debe comparar con el estado de resultado del año anterior a la misma fecha

Rubros	30/09/2027	%	30/09/2026	%	Diferencias	%
Ingresos de la explotación	722.340	100,0	675.945	100,0	46.395	6,4
Costo de venta	(256.218)	(35,5)	(287.904)	(42,6)	(31.686)	(12,4)
Margen bruto	466.222	64,5	388.041	57,4	78.181	16,8
Gastos de administración	(324.125)	(44,9)	(296.765)	(43,9)	(27.360)	8,4
Ingresos financieros	57.657	8,0	73.098	10,8	(15.441)	(26,8)
Otros ingresos	10.160	1,4	51.987	7,7	(41.827)	(411,7)
Gastos financieros	(101.317)	(14,0)	(75.432)	(11,2)	(25.885)	25,5
Otros gastos	(2.386)	(0,3)	(17.876)	(2,6)	15.490	(649,2)
Resultado antes de impuesto	106.111	14,7	123.053	18,2	(16.942)	(16,0)
Impuesto renta y diferidos	(18.332)	(2,5)	(4.564)	(0,7)	(13.768)	75,1
Utilidad líquida	87.779	12,2	118.489	17,5	(30.710)	(35,0)

- ✓ Desglosar los ingresos de explotación por cuenta contable y ver cuáles son los que tienen mayores diferencias; también apoyarse con la tendencia de los ingresos por mes, para poder identificar en qué meses hay variaciones más importantes.
- ✓ Generar un organigrama de cómo se reconocen los ingresos en la sociedad (detallar todo el proceso, paso por paso).
- ✓ Identificar en una gráfica la relación entre los ingresos y los costos mes a mes de los períodos en revisión.
- ✓ Desglosar los gastos de administración por cuenta contable y ver cuáles son los que tienen las mayores variaciones con respecto al año anterior; por lo general, puede aumentar este concepto por nuevas aperturas de sucursales; siempre se debe documentar la razón por la variación que se genera de un período a otro.

✓ Revisión analítica de planeación (activos)

Si se está revisando el mes de septiembre, se debe comparar con el mes de diciembre del año anterior y argumentar todos los aumentos y disminuciones que se generen con respecto al cierre del año pasado.

Rubros	30/09/2027	%	31/12/2026	%	Diferencias	%
Activos corrientes						
Efectivo y equivalente efectivo	44.500	4,6	25.970	3,4	18.530	41,6
Otros activos financieros	25.654	2,6	20.320	2,6	5.334	20,8
Deudores comerciales	521.342	53,4	430.234	55,8	91.108	17,5
Inventarios	55.434	5,7	65.780	8,5	(10.346)	(18,7)
Activos por impuestos	22.345	2,3	12.000	1,6	10.345	46,3
Total activo corriente	669.275	68,6	554.304	71,9	114.971	17,2
Activos no corrientes						
Deudores no corrientes	120.435	12,3	58.450	7,6	61.985	51,5
Inversiones relacionadas	50.345	5,2	45.322	5,9	5.023	10,0
Intangibles	15.900	1,6	12.800	1,7	3.100	19,5
Propiedades, plantas y equipo	120.300	12,3	100.200	13,0	20.100	16,7
Total activo no corriente	306.980	31,4	216.772	28,1	90.208	29,4
Total de activos	976.255	100,0	771.076	100,0		

✓ Revisión analítica de planeación (pasivos)

Si se está revisando el mes de septiembre, se debe comparar con el mes de diciembre del año anterior y argumentar todos los aumentos y disminuciones que se generen con respecto al cierre del año pasado.

Rubros	30/09/2027	%	31/12/2026	%	Diferencias	%
Pasivos corrientes						
Otros pasivos financieros	154.000	15,8	144.000	18,7	10.000	6,5
Cuentas por pagar	85.000	8,7	29.000	3,8	56.000	65,9
Pasivos por impuestos	15.000	1,5	12.000	1,6	3.000	20,0
Provisiones	43.678	4,5	56.434	7,3	-12.756	(29,2)
Otros pasivos	66.577	6,8	46.642	6,0	19.935	29,9
Total pasivos corriente	364.255	37,3	288.076	37,4	76.179	20,9
Patrimonio						
Capital	250.000	25,6	250.000	32,4	0	0,0
Resultados acumulados	215.000	22,0	160.000	20,8	55.000	25,6
Reservas	80.000	8,2	18.000	2,3	62.000	77,5
Utilidad del ejercicio	67.000	6,9	55.000	7,1	12.000	17,9
Total de patrimonio	612.000	62,7	483.000	62,6	129.000	21,1
Total de pasivos	976.255	100,0	771.076	100,0		

✓ Análisis financieros

Balance detalle	Año2	Año 1	Vertical		Horizontal	
			Año 2	Año 1	$	%
Caja	7.125	4.182	7,55%	4,87%	2.943	70,37
Clientes	2.834	2.476	3,00%	2,88%	358	14,46
Inventarios	2.494	2.408	2,64%	2,80%	86	3,57
Otros activos	2.100	3.980	2,23%	4,63%	(1.880)	(47,24)
Total activo corriente	14.553	13.046	15,43%	15,19%	1.507	11,55
Propiedades plantas y equipos	99.582	99.169	105,57%	115,48%	413	0,42
Propiedades de inversión	23.121	14.091	24,51%	16,41%	9.030	64,08
Otras reservas	11.543	11.543	12,24%	13,44%	0	0,00
Total activo fijo bruto	134.246	124.803	142,31%	145,34%	9.443	7,57
Depreciación acumulada	(58.749)	(56.218)	(-62,28%)	(65,47%)	2.531	4,50
Total activo fijo	75.497	68.585	80,03%	79,87%	6.912	10,08
Otros activos	4.281	4.241	4,54%	4,94%	40	0,94
Total de activos	94.331	85.872	100,00%	100,00%	8.459	9,85
Otros pasivos financieros	806	499	0,85%	0,58%	307	61,52
Cuentas por pagar	4.722	3.780	5,01%	4,40%	942	24,92
Provisiones	970	1.042	1,03%	1,21%	(72)	(6,91)
Total pasivo corriente	6.498	5.321	6,89%	6,20%	1.177	22,12
Total pasivo no corriente	14.551	10.900	15,43%	12,69%	3.651	33,50
Capital	59.000	58.000	62,55%	67,54%	1.000	1,72
Reservas	10.957	10.436	11,62%	12,15%	521	4,99
Resultado del ejercicio	5.471	2.145	5,80%	2,50%	3.326	155,06
Dividendos provisorios	(2.146)	(930)	(2,27%)	(1,08%)	1.216	130,75
Total patrimonio	73.282	69.651	77,69%	81,11%	3.631	5,21
Total pasivo	94.331	85.872	100,00%	100,00%	8.459	9,85

Estado resultado	Año2	Año 1	Vertical		Horizontal	
			Año 2	Año 1	$	%
Ingresos	30.301	28.600	100,00%	100,00%	1.701	5,95
Costos existencias	(23.102)	(24.310)	876,24%	(85,00%)	(1.208)	(4,97)
Gastos de administración	(1.496)	(800)	(4,94%)	(2,80%)	696	87,00
	5.703	3.490	18,82%	12,20%	2.213	63,41
Otros ingresos	836	200	2,76%	0,70%	636	318,00
Gastos financieros	(133)	(400)	(0,44%)	-1,40%	(267)	(66,75)
Diferencias de cambio	(264)	(600)	(0,87%)	-2,10%	336	(56,00)
Resultado antes de impuesto	6.142	2.690	20,27%	9,41%	3.452	128,33
Impuesto renta y diferido	(671)	(545)	(2,21%)	-1,91%	126	23,12
Resultado del ejercicio	5.471	2.145	18,06%	7,50%	3.326	155,06

Número de acciones	31,5 millones	Política de dividendo	50%
Valor de acciones	800		

✓ Desarrollo índices financieros

Explicar cada índice financiero en el papel de trabajo

1	Rotación capital de trabajo	Capital de trabajo promedio / Ventas anuales/365	7.890 / 83,02	95,04	veces
2	Liquidez corriente	Activo corriente / Pasivo corriente	14.553 / 6.498	2,24	veces
3	Prueba ácida	Activo corriente - inventarios / Pasivo corriente	12.059 / 6.498	1,86	veces
4	Rotación deudores por ventas	Ventas / (Clientes) promedio	30.301 / 2.655	11,41	veces
5	Período de cobro	365 / Rotación deudores por ventas	365 / 11,41	31,98	días
6	Rotación existencias	Costo existencias / (Existencias) promedio	23.102 / 2.451	9,43	veces
7	Nº días existencias	365 / Rotación existencias	365 / 9,43	38,72	días
8	Ciclo de operaciones	Días existencias + período cobro	=	70,71	días
9	Razón deuda capital	Pasivos / Patrimonio	21.049 / 73.282	0,29	veces
10	Razón patrimonio a activo total	Patrimonio / Activo total	73.282 / 94.331	0,78	veces
11	Cobertura gastos financieros	Resultado antes de impuesto / Gastos financieros	6.275 / 133	47,18	veces
12	Rentabilidad operacional sobre las ventas	Resultado de la operación x100 / Ventas	5.703 / 30.301	18,82	%
13	Rentabilidad sobre Ventas	Resultado del ejercicio x100 / Ventas	5.471 / 30.301	18,06	%
14	Rentabilidad sobre Capital	Resultado del ejercicio x 100 / (Capital y reservas) promedio	5.471 / 69.196,50	7,91	%
15	Rentabilidad sobre patrimonio contable	Resultado del ejercicio x 100 / (Patrimonio contable) promedio	5.471 / 71.466,50	7,66	%
16	Rentabilidad sobre activos	Resultado del ejercicio x 100 / (Total activos) promedio	5.471 / 90.101,50	6,07	%
17	Relación bolsa libro	Precio bolsa de acción / Patrimonio contable / Nº acciones	800 / 2.326,41	0,34	veces
18	Relación precio utilidad	Precio bolsa de acción / Utilidad / Nº acciones	800 / 173,68	4,61	veces
19	Rentabilidad de la acción	Utilidad por acción x 100 / Precio bolsa de acción	173,68 / 800	21,71	%
20	Rentabilidad del dividendo	Dividendo por acción / Precio bolsa de acción	86,84 / 800	10,86	%
21	Razón pago dividendo	Dividendo por acción / Utilidad por acción x 100	86,84 / 173,68	50,0	%

Colegio de Contadores y Auditores S.A. Auditoría al 31 de diciembre de 2027		A10 Instrucciones
Instrucción de otros auditores	Preparado por:	
	Fecha:	
	Revisado por:	
	Fecha:	

Propósito:

El propósito de este papel es documentar nuestro trabajo respecto de la revisión del trabajo efectuado por los auditores anteriores en relación con la auditoría a los estados financieros al 31 de diciembre de 2026 del Colegio de Contadores y Auditores S.A., con el fin de satisfacernos sobre la razonabilidad de los saldos de apertura al 1 de enero de 2027, que hemos considerado en nuestra auditoría a los estados financieros al 31 de diciembre de 2027, según se indica en la sección 315 de las Normas Internacionales de Auditoría.

Antecedentes sobre los auditores anteriores:

La auditoría al 31 de diciembre de 2026 fue efectuada por la firma Auditores Consultores Limitada.

El equipo de auditoría se encontraba liderado por Maximiliano Zamorano como socio a cargo de la revisión, y Josefina Ulloa como gerenta a cargo.

El equipo de Filgueira Consultores, a cargo de la revisión de los estados financieros del Colegio de Contadores y Auditores S.A. al 31 de diciembre de 2027, se encuentra liderado por Carlos Filgueira como socio a cargo y de Víctor Hugo Lindsay como gerente a cargo.

Encargos iniciales saldos de apertura:

La Norma Internacional de Auditoría 510 señala lo siguiente:

Saldos de apertura

- El auditor leerá los estados financieros más recientes, en su caso, y el correspondiente informe de auditoría del auditor predecesor, si lo hubiera, en busca de información relevante en relación con los saldos de apertura, incluida la información revelada.

- El auditor obtendrá evidencia de auditoría suficiente y adecuada sobre si los saldos de apertura contienen incorrecciones que afecten de forma material a los estados financieros del período actual mediante:
  - ✓ La determinación de si los saldos de cierre del período anterior han sido correctamente traspasados al período actual o, cuando procesa, si han sido reexpresados.
  - ✓ La determinación de si los saldos de apertura reflejan la aplicación de políticas contables adecuadas.

- La realización de uno o más de los siguientes procedimientos:
  - ✓ La revisión de los papeles de trabajo del auditor predecesor para obtener evidencia en relación con los saldos de apertura, si los estados financieros del ejercicio anterior hubieran sido auditados.
  - ✓ La evaluación relativa relevante en relación con los saldos de apertura.
  - ✓ La aplicación de procedimientos de auditoría específicos para obtener evidencia en relación con los saldos de apertura.

- Si el auditor obtiene evidencia de auditoría de que los saldos de apertura contienen incorrecciones que podrían afectar de forma material a los estados financieros del período actual, aplicará los procedimientos de auditoría adicionales que resulten adecuados en las circunstancias, para determinar el efecto en los estados financieros del período actual. Si el auditor concluye que tales incorrecciones existen en los estados financieros del período actual, comunicará las incorrecciones al nivel adecuado de la dirección y a los responsables del gobierno de la entidad, de conformidad con la NIA 450.

Concluir el papel de trabajo con las observaciones y anexar la carta de auditores anteriores si corresponde, pidiendo los papeles de la auditoría anterior.

Colegio de Contadores y Auditores S.A. Auditoría al 31 de diciembre de 2027 **Carta auditores anteriores**	A10-1 Instrucciones
	Preparado por:
	Fecha:
	Revisado por:
	Fecha:

Incluir nombre del socio de auditoría del año anterior

Señor

Maximiliano Zamorano

Socio

Auditores Consultores Limitada

Providencia 1324

Presente

Santiago, 23 de julio de 2027

De nuestra consideración:

Como resultado del proceso de auditoría a nuestros estados financieros, llevados a cabo por los auditores externos Filgueira Consultores, solicito a usted su colaboración, en permitir a dichos auditores externos, acceso a sus papeles de trabajo relacionados con la auditoría que ustedes realizaron a los estados financieros del Colegio de Contadores y Auditores S.A. al 31 de diciembre de 2026.

Para estos efectos se pondrá en contacto con ustedes el Sr. Carlos Filgueira Ramos, socio de auditoría de Filgueira Consultores.

Desde ya, agradecemos la colaboración que pueda brindarnos en relación a este tema.

Sin otro particular, saluda atentamente,

Rick Hunter
Gerente general
Colegio de Contadores Auditores S.A.

Colegio de Contadores y Auditores S.A. Auditoría al 31 de diciembre de 2027	A11 Expertos
Evaluación de expertos independientes	Preparado por:
	Fecha:
	Revisado por:
	Fecha:

Propósito:

Este papel de trabajo es relevante cuando consideramos el trabajo de los expertos externos para proveer evidencia de auditoría en forma de informes, opiniones, valuación o declaraciones. Este normalmente es el caso cuando los expertos externos proveen información, datos o cálculos que se incorporan en los estados financieros. Evaluamos la competencia profesional y objetividad de los expertos externos y consideramos la suficiencia del trabajo de ellos para los fines de la auditoría, según se indica en la norma de auditoría 620.

Evaluación de la competencia profesional y objetividad de los expertos externos

Cuando tenemos intención de usar el trabajo específico de los expertos externos, evaluamos su competencia profesional y objetividad. Para hacerlo, consideramos si los expertos externos:

- ✓ Tienen la certificación o acreditación de algún organismo profesional correspondiente o son miembros de este.
- ✓ Tienen experiencia y reputación en el campo con respecto al que buscamos evidencia de auditoría.
- ✓ Son empleados de la entidad.
- ✓ Tienen algún tipo de relación con la entidad.
- ✓ Si nos preocupa la objetividad o la competencia de un experto externo, lo discutimos con la gerencia.

Podemos solicitarle a la gerencia que contrate a otro experto externo o nosotros contratamos a otro experto externo o modificamos la naturaleza, la oportunidad o el alcance de nuestros procedimientos de auditoría planeados para compensar nuestra inquietud sobre la objetividad o competencia del experto externo.

Comentarios/evaluación:

Se añadirán las conclusiones de si se utilizarán o no expertos externos en la auditoría a los estados financieros.

Evaluación del trabajo de los expertos externos

Cuando tenemos intención de usar el trabajo específico de expertos externos con respecto a ciertas aseveraciones, consideramos lo apropiado de los siguientes puntos y obtenemos evidencia suficiente y adecuada de auditoría sobre ellos:

- ✓ Los objetivos y el alcance del trabajo de los expertos externos.
- ✓ La información fuente que usen los expertos externos.
- ✓ Las premisas y los métodos usados y su coherencia con el período anterior.
- ✓ Los resultados del trabajo de los expertos externos en vista de nuestro conocimiento general de la entidad obtenido durante la planeación y la evaluación de los controles y de los resultados de otros procedimientos de auditoría.

Sujeto a los requisitos aplicables de confidencialidad de la información de la entidad, al obtener un entendimiento de la entidad, también consideramos si debemos discutir con los expertos externos la susceptibilidad de los estados financieros de la entidad a contener errores e irregularidades materiales debido a error o a fraude.

Cuando los resultados del trabajo de los expertos externos no proveen evidencia suficiente y adecuada de auditoría o si los resultados no son coherentes con otra evidencia de auditoría, debemos solucionar el asunto. En nuestro intento por solucionar el asunto, podemos:

- ✓ Discutir los resultados obtenidos por los expertos externos con la gerencia y con dichos expertos.
- ✓ Efectuar procedimientos adicionales de auditoría.
- ✓ Considerar contratar a otro experto externo o solicitarle a la gerencia que lo haga.

Procedimiento(s)	Hecho por y fecha	Ref. de P/T
[Nota: Nuestros procedimientos, y la documentación de dichos procedimientos, son suficientes para respaldar nuestra decisión de confiar en el trabajo de los expertos externos]		

Colegio de Contadores y Auditores S.A. Auditoría al 31 de diciembre de 2027	A12 Operaciones
Operaciones pendientes	Preparado por:
	Fecha:
	Revisado por:
	Fecha:

Propósito:

El propósito de este papel de trabajo es verificar que se esté dando, cumpliendo a la auditoría de todas las cuentas seleccionas relacionadas con las operaciones pendientes.

Procedimientos

1. Solicitar los análisis pendientes de todas las cuentas pendientes con copia al socio y gerente de la empresa.
2. Analizar la materialidad de las cuentas pendientes.
3. Verificar si corresponde a saldos de ejercicios anteriores.
4. Documentar la justificación del cliente por que el atraso de envió de análisis o respaldos correspondiente a las cuentas.
5. Conclusión del trabajo realizado.

Trabajo realizado

Detallar todo el trabajo realizado, adjuntar cartas, memos, mail enviados, también documentar si se pudo revisar las cuentas pendientes después de abandonar el cliente, antes del desarrollo del informe.

Conclusión

De acuerdo a los procedimientos efectuados para verificar el cumplimiento de los procedimientos de auditorías y las normas de auditorías internacionales, concluir el papel de trabajo.

Colegio de Contadores y Auditores S.A. Auditoría al 31 de diciembre de 2027	A13 Registros
Revisión de registros contables oficiales	Preparado por:
	Fecha:
	Revisado por:
	Fecha:

Propósito:

El propósito de este papel de trabajo es:

- ✓ Documentar la solicitud de los registros contables oficiales de la sociedad, con el fin de verificar su existencia y actualización de estos.
- ✓ Si existen desactualizaciones de dichos registros, esta situación debe ser comunicada al cliente; incluir comentario en "Comentarios para carta a la gerencia".

Revisión de registros contables oficiales:

Registro	Fecha	Tipo de libro	Observación
Libro de ventas			
Libro de compras			
Libro de remuneraciones			
Libro de retenciones			
Libro diario			
Libro mayor			
Libro de inventario y balance			
Balance			
Otros			

Fecha: última fecha actualizado en hoja foliada

Tipo de libro: puede ser manual o computacional

Conclusión de la revisión:

Verificamos la existencia y timbraje de los registros obligatorios contables, de acuerdo a la Normativa Legal Vigente, que señala que estos libros se deben confeccionar en forma cronológica o bien, por lo menos una vez al mes. El no cumplimiento de esta normativa está sancionada con el artículo 97, N° 7 del Código Tributario, el cual estipula "El hecho de no llevar contabilidad o los libros auxiliares exigidos por la Dirección Regional de acuerdo con las disposiciones legales, o de mantenerlos atrasados, o de llevarlos en forma distinta a la ordenada o autorizada por la ley, y siempre que no se dé cumplimiento a las obligaciones respectivas dentro del plazo que señale el Servicio, que no podrá ser inferior a diez días, con multa de una unidad tributaria mensual a una unidad tributaria anual".

Colegio de Contadores y Auditores S.A. Auditoría al 31 de diciembre de 2027 **Documentación de controles generales**	A14 Controles
	Preparado por:
	Fecha:
	Revisado por:
	Fecha:

Propósito:

El propósito de este papel de trabajo es documentar de la manera más eficiente el entendimiento, la evaluación e implementación de las pruebas de diseño, y la eficacia de las pruebas de control del ambiente de control de la sociedad.

Procedimientos de auditoría:

a) Integridad y valores éticos
Descripción de los controles relacionados con la integridad y valores éticos
- La compañía da a conocer los resultados anuales de la compañía.
- La sociedad da a sus trabajadores un bono determinado.

Procedimiento de control a evaluar sus pruebas de diseño y eficacia operativa	Evaluación de diseño e implementación	Referencia	Hecho por

b) Filosofía de la administración, estilo de operar y compromiso de competencia
Descripción de los controles relacionados con los compromisos de competencia
- Indagar con el personal del área de contabilidad si las funciones que desempeñan se ajustan a la descripción de cargo que les corresponde.
- Discutir con la administración respecto de cualquier cambio en contabilidad o estándares de reporte y su impacto en las políticas de la compañía. Revisar el proceso de aplicación.

Procedimiento de control a evaluar sus pruebas de diseño y eficacia operativa	Evaluación de diseño e implementación	Referencia	Hecho por

c) Participación del directorio o del comité de auditoría
Descripción de los controles relacionados con la participación del directorio o del comité de auditoría

- Interacción con auditores internos.
- La administración entiende cuáles son sus responsabilidades.
- Revisar en acta de directorio que se informe sobre los planes de la compañía.

Procedimiento de control a evaluar sus pruebas de diseño y eficacia operativa	Evaluación de diseño e implementación	Referencia	Hecho por

d) Estructura organizacional

Descripción de los controles relacionados con la estructura organizacional

- Monitoreo de las actividades de operación del departamento de contabilidad y finanzas.
- Existe el personal suficiente y capacitado en los departamentos de contabilidad y finanzas.

Procedimiento de control a evaluar sus pruebas de diseño y eficacia operativa	Evaluación de diseño e implementación	Referencia	Hecho por

e) Asignación de autoridad y responsabilidad

Descripción de los controles relacionados con la estructura organizacional

- Definición de áreas clave de autoridad y responsabilidad y de líneas apropiadas de reporte para personal clave, y cómo esta estructura organizacional relevante ha sido establecida.
- Asignación efectiva de responsabilidad y contabilización para personal clave.
- Entendimiento del personal sobre los objetivos de la entidad y cómo sus acciones interactúan y contribuyen a estos objetivos y sobre qué serán considerados responsables.
- Comunicación efectiva de las tareas de los empleados respecto del reporte financiero.
- Segregación adecuada de tareas en funciones de contabilidad y reporte financiero.

Procedimiento de control a evaluar sus pruebas de diseño y eficacia operativa	Evaluación de diseño e implementación	Referencia	Hecho por

f) Políticas y prácticas de recursos humanos

Descripción de los controles relacionados con la estructura organizacional

- Definición de áreas clave de autoridad y responsabilidad y de líneas apropiadas de reporte para personal clave, y cómo esta estructura organizacional relevante ha sido establecida.
- Asignación efectiva de responsabilidad y contabilización para personal clave.
- Entendimiento del personal sobre los objetivos de la entidad y cómo sus acciones interactúan y contribuyen a estos objetivos y sobre qué serán considerados responsables.
- Comunicación efectiva de las tareas de los empleados respecto del reporte financiero.
- Segregación adecuada de tareas en funciones de contabilidad y reporte financiero.

Procedimiento de control a evaluar sus pruebas de diseño y eficacia operativa	Evaluación de diseño e implementación	Referencia	Hecho por

Colegio de Contadores y Auditores S.A. Auditoría al 31 de diciembre de 2027 **Seguimiento carta a la gerencia año anterior**		A15 Gerencia
	Preparado por:	
	Fecha:	
	Revisado por:	
	Fecha:	

Objetivos:

El propósito de este papel de trabajo consiste en documentar en base a evidencia de auditoría el seguimiento de la carta a la gerencia del año anterior.

Procedimientos aplicados

A continuación, presentamos el detalle del seguimiento de la carta a la geren1cia del año 2026 emitida por la empresa auditora con fecha 21 de noviembre de 2025.

Ejemplo de seguimientos de cartas a la gerencia anterior

a) Arqueo de cheques en cartera.

De nuestra revisión efectuada al área de tesorería, observamos que no se realizan arqueos periódicos de los cheques mantenidos en cartera, por parte de una unidad distinta a esta área.

El establecimiento de arqueos periódicos de los valores mantenidos en cartera por un área o departamento distintos al que custodia los documentos permite identificar errores oportunamente y mantener un control permanente de estos valores, lo que evita potenciales errores o mal uso de los documentos.

Considerando que estos documentos representan montos significativos para la sociedad, recomendamos a la administración establecer procedimientos de control que permitan un arqueo periódico de todos los documentos mantenidos en cartera, evitando potenciales errores o mal uso por parte del personal encargado de su custodia.

Seguimiento del comentario

De acuerdo a nuestras indagaciones con la tesorera de la sociedad, durante el año se realizó un arqueo semestral en el mes de septiembre. De acuerdo a nuestro criterio, la periodicidad de los arqueos debería ser de una mayor frecuencia durante el año, por ejemplo, trimestralmente.

De acuerdo a esta situación, se mantiene este punto como carta a la gerencia del año anterior.

b) Inventario de activo fijo

De nuestras revisiones e indagaciones efectuadas con el personal contable de la sociedad, hemos observado que no se ha realizado en los últimos años un proceso de inventario físico de los bienes que conforman la propiedad, planta y equipo de la sociedad, lo que impide asegurar su existencia real e individualización con los registros contables.

La falta de un inventario periódico de los bienes de la propiedad, planta y equipo, no permite una conciliación completa entre los registros contables auxiliares y los bienes físicos, pudiendo existir diversas situaciones que no sean registradas en los respectivos auxiliares como: bajas, adiciones, traspasos a otras empresas.

Consecuentes con lo anterior y por la materialidad que representa la propiedad, planta y equipo dentro de los recursos de la sociedad y de los efectos en sus estados financieros, recomendamos a la administración la posibilidad de realizar un inventario de su propiedad, planta y equipo, con el objeto de mantener un adecuado control entre los registros contables y los bienes físicos.

Seguimiento del comentario

De acuerdo a nuestras indagaciones para el presente año, hemos observado que la situación anterior se mantiene vigente; por lo anterior, recomendamos que la administración analice la factibilidad de establecer este tipo de procedimientos de control.

Estamos de acuerdo en la importancia de efectuar un inventario de la propiedad, planta y equipo, pero considerando la magnitud y esfuerzo adicional que implica este procedimiento es que haremos lo posible por efectuarlo en cuanto las condiciones así lo permitan.

De acuerdo a esta situación, se mantiene este punto como carta a la gerencia del año anterior.

c) Personal a honorarios

En nuestra carta a la gerencia del año anterior, observamos la necesidad de suscribir un contrato entre la sociedad y los docentes que trabajan a honorario,

con el objeto de delimitar y definir las obligaciones y derechos de las partes, en cuanto a la entrega y pago del servicio.
Además, que a través de la formalización del servicio es posible evitar situaciones conflictivas ante incumplimiento de alguna de las partes.

Seguimiento del comentario
De acuerdo a nuestras indagaciones para el presente año, hemos observado que la situación anterior se mantiene vigente; por lo anterior, recomendamos que la administración analice la factibilidad de establecer este tipo de procedimientos. De acuerdo a esta situación, se mantiene este punto como carta a la gerencia del año anterior.

d) Conciliaciones bancarias
La sociedad mantiene una cuenta corriente con el banco, que se utiliza exclusivamente para pagos de remuneraciones y gastos del rol privado. A la fecha de nuestra revisión, no se obtuvo la conciliación bancaria, que nos permitiera evaluar la razonabilidad del saldo de esta cuenta presentado en el balance general a la fecha antes mencionada.
La falta de preparación de conciliaciones bancarias en forma periódica implica no mantener un adecuado control de los conceptos desembolsados por parte de la sociedad, además de no detectar y corregir en forma oportuna errores de imputación por parte del banco o errores en los montos desembolsados por parte de la sociedad.
Al respecto, recomendamos a la administración de la sociedad efectuar en forma periódica la conciliación bancaria del banco, de modo que permita mantener un control adecuado de los gastos efectuados y su registro contable oportuno, además de detectar eventuales errores del banco o la sociedad.

Seguimiento del comentario
Según lo indagado con el departamento de contabilidad, esta conciliación se realiza en forma periódica, en la cuenta corriente mencionada, por lo cual se verificó la conciliación de los meses de junio a septiembre. De acuerdo a nuestras indagaciones, consideramos que la situación de control ha sido solucionada, por lo cual no la incluiremos en la carta a la gerencia del ejercicio.

e) Provisión vacaciones

Actualmente, la sociedad calcula y registra el monto de provisión por vacaciones al cierre de cada ejercicio, lo que implica que al emitir estados financieros en una fecha intermedia durante el año, no se reflejen de forma exacta e íntegra los efectos en resultados de este cálculo, lo que distorsiona el resultado intermedio de la sociedad.

Al respecto, recomendamos establecer el procedimiento de actualización de estas estimaciones en forma periódica, reconociendo en los estados financieros los gastos en forma oportuna y gradual, de modo que permitan mantener información real a una fecha intermedia de cierre.

Seguimiento del comentario(T4)

Consideramos que registrar esta provisión en forma periódica nos ocasionaría un mayor costo versus beneficio, por lo cual momentáneamente no consideramos que sea un cambio tan fundamental.

Esta situación será mencionada en nuestra carta a la gerencia del período.

Colegio de Contadores y Auditores S.A. Auditoría al 31 de diciembre de 2027	A16 Comentarios
Otros comentarios para carta a la gerencia	Preparado por:
	Fecha:
	Revisado por:
	Fecha:

Propósito:

El propósito de este papel de trabajo es:

- ✓ Resumir todas las observaciones sobre mejoras del desempeño identificadas durante la auditoría.
- ✓ Considerar si alguna de las observaciones sobre el control interno, ya sea individualmente o tomadas en conjunto, se considera como debilidad importante; de ser así, referenciar en el documento de planeación (A2).
- ✓ Aquellas debilidades que se concluya deben ser comunicadas al cliente; deben ser incluidas en carta a la gerencia.

Detallar en el siguiente orden:

- ✓ Comentarios
- ✓ Efecto
- ✓ Sugerencias para solucionarla

Detalle	Sí/No
¿Se considera que el asunto es una debilidad importante?	
¿Se ha confirmado y discutido el comentario con la gerencia?	
¿Se incluirá este comentario en una comunicación al cliente?	

a) Libros legales manuales:

✓ Comentario

Los libros legales son llevados manualmente por contabilidad en libros timbrados por el SII.

✓ Efecto

El traspaso manual de la información contable podría producir errores en la información y transformarse en contingencias de tipo tributarias. Por otra parte, es una carga de trabajo innecesaria, considerando que el sistema contable puede realizar esta función.

✓ Sugerencia para solucionarla

Recomendamos, a la sociedad, timbrar hojas foliadas en el SII con el fin de evitar la gran carga de trabajo que significa traspasar los libros manualmente y mitigar potenciales errores de la información contable, e imprimir los libros directamente de la contabilidad, sobre todo el libro diario, libro mayor e inventario y balance.

Detalle	**Sí/No**
¿Se considera que el asunto es una debilidad importante?	No
¿Se ha confirmado y discutido el comentario con la gerencia?	Sí
¿Se incluirá este comentario en una comunicación al cliente?	Sí

b) Libros legales manuales:

✓ Comentario

De acuerdo a los procedimientos efectuados, observamos que la sociedad no cuenta con el Reglamento Interno de Orden, Higiene y Seguridad requerido por el Código del Trabajo.

✓ Efecto

El artículo N°153 del Código del Trabajo menciona que “Las empresas, establecimientos, faenas o unidades económicas que ocupen normalmente diez o más trabajadores permanentes, contados todos los que presten servicios en las distintas fábricas o secciones, aunque estén situadas en localidades diferentes, estarán obligadas a confeccionar un reglamento interno de orden, higiene y seguridad que contenga las obligaciones y prohibiciones a que deben sujetarse los trabajadores, en relación con sus labores, permanencia y vida en las dependencias de la respectiva empresa o establecimiento”.

El no cumplimiento de esta conlleva a sanciones administrativas interpuestas por la Inspección del Trabajo, en base al artículo N°477 del Código del Trabajo.

✓ Sugerencia para solucionarla

Recomendamos a la administración confeccione el Reglamento Interno de Orden, Higiene y Seguridad y evitar así eventuales sanciones por el organismo fiscalizador pertinente.

Detalle	Sí/No
¿Se considera que el asunto es una debilidad importante?	No
¿Se ha confirmado y discutido el comentario con la gerencia?	Sí
¿Se incluirá este comentario en una comunicación al cliente?	Sí

Colegio de Contadores y Auditores S.A. Auditoría al 31 de diciembre de 2027 **Documento de conclusión del trabajo**	B1 Conclusión
	Preparado por:
	Fecha:
	Revisado por:
	Fecha:

Propósito:

El propósito de este papel de trabajo es:

- ✓ Documentar los resultados de los procedimientos de auditoría realizados durante nuestro trabajo, así como el desempeño de nuestro trabajo y la prestación del servicio.
- ✓ Evaluar, en forma general, los resultados de nuestros procedimientos de auditoría para los objetivos y hallazgos asociados con los riesgos significativos, incluyendo los riesgos de fraude.
- ✓ Evaluar las cuestiones de independencia y ética.
- ✓ Reunir en un documento un resumen de los asuntos relevantes identificados durante la auditoría.
- ✓ Considerar la decisión tomada para responder a estos asuntos y conclusiones sobre los objetivos de auditoría relacionados con dichos asuntos.
- ✓ Entender las circunstancias consideradas en la continua planificación y alcance de la auditoría.
- ✓ La preparación de este documento deberá comenzar cuando se identifiquen, por primera vez, los asuntos relevantes y se actualizará continuamente hasta llegar a las conclusiones.

Contenido del papel de trabajo:

a) Conclusión sobre los objetivos críticos de auditoría y otros asuntos relevantes.
b) Debilidades importantes en el control interno.
c) Identificación de asuntos importantes de contabilidad, auditoría y emisión de informes financieros.
d) Modificaciones al documento de planeación del trabajo, incluyendo cambios en el ROSM de los objetivos de auditoría.
e) Conclusión sobre los procedimientos analíticos finales.

f) Conclusión sobre las diferencias de auditoría no ajustadas.
g) Conclusión sobre los temas específicos de auditoría.
h) Conclusión de la evaluación de riesgo de fraude.
i) Conclusión sobre la participación de especialistas.
j) Conclusión de la evaluación de TAX.
k) Reevaluación de la determinación del nivel de materialidad.
l) Aspectos legales.
m) Revelaciones y presentación en los estados financieros.
n) Proceso de revisión.
o) Aprobación y firmas.

Filgueira Consultores ha completado la auditoría del Colegio de Contadores y Auditores S.A. al 31 de diciembre, y de los respectivos estados de resultados y de flujos de efectivo por el año terminado en dicha fecha. El presente documento resume los resultados y conclusiones de nuestros procedimientos de auditoría, los cuales fueron realizados sustancialmente de acuerdo con nuestro enfoque planeado, el cual se detalla en el documento de planeación del trabajo.

a) Conclusión sobre los objetivos críticos de auditoría y otros asuntos relevantes.

Asuntos relevantes:	**Referencie al PT:**
Descripción del asunto relevante y su efecto potencial en los estados financieros:	
¿Es objetivo crítico de auditoría? (Sí/No); si es sí nómbrelo:	
Procedimientos realizados:	
Hallazgos:	
Conclusión del asunto relevante sobre el objetivo de auditoría:	

b) Debilidades en el control interno

Debilidad importante del control interno:	**Referencie al PT:**
Descripción de la debilidad importante y su efecto potencial en los estados financieros:	
Procedimientos realizados:	
Hallazgos:	
Conclusión de las debilidades importantes en el control interno:	

c) Identificación de asuntos importantes de contabilidad, auditoría y emisión de informes financieros:

Asunto importante de contabilidad, auditoría y emisión de informes financieros:	**Referencie al PT:**
Descripción del asunto importante y su efecto potencial en los estados financieros:	
Procedimientos realizados:	
Hallazgos:	
Conclusión de las debilidades importantes de contabilidad, auditoría y emisión de informes financieros:	

En este punto se mencionan aquellos asuntos importantes de contabilidad, auditoría y emisión de informe que afectarían la opinión de los estados financieros auditados de la compañía; por ejemplo:

- ✓ Asuntos significativos relacionados con la selección, aplicación y uniformidad de los principios contables, incluyendo las revelaciones correspondientes.
- ✓ Auditoría del año anterior realizada por otra firma.
- ✓ Inversión en sociedades relacionadas o no, cuyas inversiones representan altos porcentajes del activo de la empresa auditada.
- ✓ Situaciones de empresa en marcha.

d) Modificaciones al documento de planeación del trabajo, incluyendo cambios en el REIS de los objetivos de auditoría.

- ✓ Hallazgos significativos identificados durante la revisión de la información financiera y el efecto en el documento de planeación del trabajo.

Asunto:	Referencie al PT:
Resolución:	

- ✓ Modificaciones significativas de auditoría y los procedimientos de auditoría planeados, incluyendo los cambios significativos en el nivel de REIS para los objetivos de auditoría.

Asunto:	Referencie al PT:
Resolución:	

- ✓ Errores o irregularidades y omisiones de importancia relativa en los estados financieros y otros ajustes de auditoría.

Asunto:	Referencie al PT:
Resolución:	

- ✓ Circunstancias que ocasionaron dificultades significativas al aplicar los procedimientos de auditoría (documentar dificultades referentes a acontecimientos externos a la administración de la compañía y a la planificación de auditoría que ocasionaron dificultades durante nuestro trabajo).

Asunto:	Referencie al PT:
Resolución:	

- ✓ Asuntos que pudieron haber dado lugar a que se modificara nuestro informe (documentar situaciones que pudieron o tuvieron un impacto en la opinión de auditoría, limitación al alcance, párrafos de énfasis, opinión adversa, etcétera).

Asunto:	Referencie al PT:
Resolución:	

- ✓ Otros hallazgos y cuestiones significativas.

Asunto:	Referencie al PT:
Resolución:	

e) Conclusión sobre los procedimientos analíticos finales
De acuerdo a los resultados de nuestra revisión de los estados financieros, incluyendo nuestros procedimientos analíticos finales y nuestra lectura de otra información pertinente para nuestra conclusión sobre la auditoría y los resultados de nuestra comparación de las expectativas externas del negocio, podemos concluir que no se observaron desviaciones significativas a nivel de cuentas o de rubro de los estados financieros revisados.

f) Conclusión sobre las diferencias de auditoría no ajustadas(T4)
De acuerdo a nuestro trabajo, las diferencias de auditoría no ajustadas no afectan significativamente nuestra opinión sobre los estados financieros de la compañía. Adicionalmente, estos ajustes fueron comunicados a la administración, quienes firmaron su aceptabilidad en la carta de representación que limita sus responsabilidades sobre los mismos.

- ✓ En el caso que las diferencias de auditoría no cursadas fuesen superiores al LET para los estados financieros, debe redactarse un párrafo que será incluido en la opinión de auditoría.

g) Conclusión sobre los temas específicos de auditoría
De acuerdo a nuestra evaluación final de los resultados a los procedimientos realizados en los programas específicos de auditoría (negocio en marcha, partes relacionadas, litigios y reclamos, leyes y regulaciones y eventos subsecuentes), podemos concluir que no observamos situaciones que afecten la emisión de los estados financieros auditados.
Ver resultados de los procedimientos realizados en los programas específicos de auditoría.

h) Conclusión de la evaluación de riesgo de fraude
Al analizar el riesgo de diferencias significativas en los estados financieros por razones de fraude, se consideró la posibilidad de errores significativos originados en actividades fraudulentas y diferencias debidas a la valuación de sus activos. Filgueira Consultores utilizó su juicio profesional al analizar la significancia y relevancia de los factores de riesgo de fraude identificados en el programa de auditoría – riesgo de fraude, individualmente o en su conjunto, y si existieron controles específicos para mitigar dichos riegos, y utilizamos juicio profesional al determinar los procedimientos de auditoría a ser aplicados.
Filgueira Consultores indagó con la gerencia de la compañía respecto de (1) el entendimiento de la gerencia del riesgo de fraude en la sociedad, y (2) si la gerencia tiene conocimiento de fraude que haya sido perpetrado en o a la compañía.
El socio a cargo de la auditoría de Filgueira Consultores indagó sobre asuntos que se hubieran considerado durante el proceso de evaluación del cliente, los que pudieran afectar nuestro entendimiento del riesgo de fraude.
Durante la realización de nuestros procedimientos y durante el curso de la auditoría, Filgueira Consultores no identificó instancia importante de riesgo de fraude en los estados financieros de la compañía.

i) Conclusión sobre la participación de especialistas
Los especialistas que trata las normas internacionales de auditoría incluyen, entre otros, a actuarios, tasadores, ingenieros, consultores de medio ambiente y geólogos. Esta norma también se aplica a abogados especialistas en situaciones distintas a las de proporcionar servicios a sus clientes con relación a litigios, juicios u otros temas por los que se suele requerir la confirmación de abogados. Algunos ejemplos de asuntos en los que el auditor puede decidir sobre la posibilidad de utilizar el trabajo de un especialista son:

- ✓ Valuación (por ejemplo, inventarios especiales, productos de alta tecnología, productos farmacéuticos, instrumentos financieros complejos, bienes raíces, obras de arte, contingencias ambientales, restricciones, etcétera).
- ✓ Determinación de las características físicas relacionadas con activos tangibles o su condición (por ejemplo, reservas de minerales o material almacenado a granel en superficie, etcétera).
- ✓ Determinación de montos derivados del uso de técnicas o métodos especializados (por ejemplo, determinaciones actuariales).

j) Conclusión de la evaluación de TAX
De la evaluación de cumplimiento de las normas impositivas, J&A no ha observado diferencias significativas que afecten la opinión de auditoría.
Ver memorando de TAX.

k) Reevaluación de la determinación del nivel de materialidad
Cabe destacar que, para efectos de nuestra revisión de los estados financieros, se deberá reevaluar la determinación de la materialidad para efectos de planificación en nuestra visita final, con el objeto de determinar si existen fluctuaciones entre el resultado antes de impuestos proyectado en nuestra visita de planificación y el resultado antes de impuestos final de los estados financieros.
Esta reevaluación se realiza a continuación:

Materialidad para efectos de planificación al 31 de diciembre de 2027

Base	Monto	Materialidad (MP)
Utilidad antes de impuesto		
Total de activos		
Total de ingresos de explotación		

Explicación de la decisión en la determinación de la materialidad.

Límite de error tolerable

Base	Monto	%	LET
Materialidad		75%	

Umbral de error tolerable

Base	Monto	%	UET
Materialidad		5%	

l) Aspectos legales
Filgueira Consultores efectúo una revisión mediante el envío de cartas al abogado de la sociedad y en ella se informa que no hay contingencias. Se concluye que no hay compromisos y contingencias, según certifica el asesor legal en su carta.

m) Revelaciones y presentación en los estados financieros
Existe suficiente evidencia de auditoría en los papeles de trabajo para justificar una opinión razonable sobre los estados financieros. Filgueira Consultores no identificó factores significativos que causen duda sustancial sobre la habilidad de la institución para continuar como empresa en marcha.

n) Proceso de revisión
Las responsabilidades de cada miembro del equipo de auditoría se han cumplido durante el desarrollo de la auditoría de Colegio de Contadores y Auditores S.A. al 31 de diciembre. La auditoría y el informe respectivo están en cumplimiento con normas de la firma y normas profesionales, y los papeles de trabajo soportan adecuadamente la opinión de Filgueira Consultores sobre los estados financieros de la compañía. Todo procedimiento de auditoría realizado ha sido revisado por lo menos por una persona de nivel superior a la que efectuó el procedimiento, de manera de asegurarse que el trabajo fue realizado en forma adecuada y para que permita analizar los resultados del trabajo y a la conclusión respectiva de auditoría, de acuerdo con normas internacionales de auditoría.
Las responsabilidades del socio a cargo incluyeron la revisión y aprobación de papeles de trabajo clave relativos a objetivos críticos de auditoría y otros papeles que se hayan considerado necesarios para obtener un claro entendimiento de los asuntos de contabilidad y auditoría que se discuten en este documento.

o) Aprobación

Socio a cargo	Fecha	Gerente a cargo	Fecha
Auditor a cargo	Fecha		

Colegio de Contadores y Auditores S.A. Auditoría al 31 de diciembre de 2027	B2 Carta
Ejemplo de carta de representación	Preparado por:
	Fecha:
	Revisado por:
	Fecha:

Señores
Filgueira Consultores
Presente

Santiago, marzo 12 de 2028

Estimados señores:

Esta carta de representación es proporcionada en relación con su auditoría de los estados financieros del Colegio de Contadores y Auditores S.A., que comprenden el estado de situación financiera al 31 de diciembre de 2027 y el correspondiente estado de resultados integrales, de cambios en el patrimonio y de flujo de efectivo por el año terminado en esa fecha y las correspondientes notas a los estados financieros, con el propósito de expresar una opinión respecto a si los estados financieros están presentados razonablemente, en todos sus aspectos significativos, de acuerdo con Normas Internacionales de Información Financiera (en adelante NIIF).

Ciertas representaciones en esta carta son descritas como limitadas a asuntos que son significativos. Las partidas son consideradas significativas, independientemente de su tamaño, si involucran una omisión o una representación incorrecta de información contable que, a la luz de las circunstancias circundantes, hagan probable que el juicio de una persona razonable que confíe en la información sería cambiada o influenciada por la omisión o por la representación incorrecta.

Excepto cuando se declare lo contrario a continuación, los montos no significativos menores a M$ 283.640 en total, no se consideran excepciones que requieran ser reveladas para el propósito de las siguientes representaciones. Este monto no es necesariamente indicativo de los montos que requerirían de ajuste o de revelación en los estados financieros.

Confirmamos, de acuerdo con nuestro mejor entender y conocimiento, habiendo efectuado tales indagaciones que consideramos necesarias para el propósito de informarnos en forma apropiada al 12 de marzo de 2028, lo siguiente:

Estados financieros:

1. Hemos cumplido con nuestras responsabilidades como se establecen en los términos del trabajo de auditoría de fecha 31 de diciembre de 2027, para la preparación y presentación razonable de los estados financieros de acuerdo con Normas Internacionales de Información Financiera (NIIF).
2. Reconocemos nuestra responsabilidad por el diseño, implementación y mantención de un control interno pertinente para la preparación y presentación razonable de estados financieros que estén exentos de representaciones incorrectas, ya sea debido a fraude o error.
3. Reconocemos nuestra responsabilidad por el diseño, implementación y mantención de un control interno para prevenir y detectar fraude.
4. Los supuestos significativos utilizados por nosotros al efectuar estimaciones contables, incluyendo aquellas mediciones al valor justo, son razonables.
5. Las relaciones y transacciones con partes relacionadas han sido contabilizadas y reveladas apropiadamente de acuerdo con los requerimientos de las Normas Internacionales de Información Financiera (NIIF).
6. Todos los hechos posteriores a la fecha de los estados financieros y para los cuales las Normas Internacionales de Información Financiera (NIIF) requieren de ajuste o de revelación, han sido ajustados o revelados.
7. No existen diferencias de auditoría no registradas, identificadas durante la auditoría en curso, ni pertenecientes al anterior período presentado.
8. No existen demandas o gravámenes, incluyendo aquellos que nuestros abogados nos han comunicado, que son probables que se entablen o inicien y deben ser revelados de acuerdo con la NIC 37, Provisiones y contingencias (distintos de aquellos revelados en los estados financieros).

   No hay otros pasivos o contingencias de ganancia o pérdida considerados significativos, individualmente o en total, que requieran ser provisionados o revelados de acuerdo a la NIC N° 37, provisiones, activos y pasivos contingentes, ni hay provisión alguna de contingencia de pérdida incluida en los estados de situación financiera y que no esté de conformidad con las disposiciones de la mencionada norma.
9. Todos los activos de la sociedad, según nuestro conocimiento, han sido incluidos en los estados financieros al 31 de diciembre de 2027.
10. Los acuerdos con instituciones financieras que involucran saldos compensatorios y otros acuerdos que involucran restricciones en los saldos de efectivo y

líneas de crédito o acuerdos similares, han sido debidamente registrados o revelados en los estados financieros.

11. No ha habido casos de incumplimiento con respecto a ninguno de los acuerdos de deuda de la entidad. No hay acuerdos o compromisos de recomprar activos previamente vendidos. No hay compromisos significativos pendientes a la fecha de los estados de situación financiera por contratos a futuro, ventas al descubierto o transacciones compensatorias.
12. No hay transacciones de naturaleza significativa, individualmente o en total, que no hayan sido registradas apropiadamente en los registros contables que sustentan los estados financieros.

    No hay asuntos a informar, incluyendo debilidades importantes, en el diseño u operación de los controles internos que puedan afectar adversamente la capacidad de la entidad de iniciar, registrar, autorizar, procesar, resumir y presentar información financiera. No ha habido cambios significativos en el control interno desde el 31 de diciembre de 2027.
13. Hemos revelado adecuadamente una descripción de nuestros servicios que generan mayores ingresos, los tipos de acuerdos (incluyendo acuerdos con múltiples elementos) usados para entregar estos productos o servicios y una descripción de la política de reconocimiento de ingreso aplicable a estos productos o servicios.
14. No existen indicadores de deterioro del valor de algún activo.
15. Hemos cumplido con todos los aspectos de los acuerdos contractuales que pudieran tener un efecto significativo sobre los estados financieros.
16. No han ocurrido ni están pendientes hechos o transacciones posteriores al 31 de diciembre de 2027 que tengan un efecto significativo sobre los estados financieros a esa fecha o para el período terminado en esa fecha o que sean de tal importancia respecto a los asuntos de la entidad que requieran ser mencionados en una nota a los estados financieros a fin de evitar que estos sean engañosos en cuanto a la situación financiera, resultados de sus operaciones o los flujos de efectivo de la entidad.
17. No hay acuerdos o compromisos de recomprar activos previamente vendidos. No hay compromisos significativos pendientes a la fecha de los estados de situación financiera por contratos a futuro, ventas al descubierto o transacciones compensatorias.

Información proporcionada

- ✓ Les hemos proporcionado:
  - ✓ Acceso a toda la información de la cual tenemos conocimiento que es pertinente para la preparación y presentación razonable de los estados financieros, tales como registros, documentación y otros asuntos.
  - ✓ Información adicional que ustedes han solicitado de nosotros para el propósito de la auditoría
  - ✓ Acceso sin restricciones a personas dentro de la entidad, respecto de quienes, ustedes han determinado necesario tener acceso para obtener evidencia de auditoría.
- ✓ Todas las transacciones han sido registradas en los registros contables y reflejadas en los estados financieros.
- ✓ Les hemos revelado los resultados de nuestra evaluación del riesgo que los estados financieros puedan estar representados incorrectamente en forma significativa debido a fraude.
- ✓ No tenemos conocimiento de cualquier fraude o sospecha de fraude que afecta a la entidad e involucra a:
  - ✓ La administración.
  - ✓ Empleados que tienen roles significativos en el control interno.
  - ✓ Otros en que el fraude podría tener un efecto significativo sobre los estados financieros.
- ✓ No tenemos conocimiento de cualquier imputación de fraude o sospecha de fraude que afecte a los estados financieros comunicados por empleados, exempleados, analistas, organismos reguladores u otros.
- ✓ Les hemos revelado todos los casos conocidos de incumplimiento o sospecha de incumplimiento con leyes y regulaciones cuyos efectos debieran ser considerados al preparar estados financieros.
- ✓ Les hemos revelado todos los actualmente conocidos, reales o posibles litigios y reclamos cuyos efectos debieran ser considerados al preparar los estados financieros.
- ✓ Les hemos revelado la identidad de las partes relacionadas de la entidad y todas las relaciones y transacciones con estas de las cuales tenemos conocimiento.
- ✓ Hemos puesto a su disposición todos los contratos y acuerdos significativos y les hemos comunicado todos los acuerdos verbales significativos, realizados durante el ejercicio que comprende esta auditoría, al 31 de diciembre de 2017.

- ✓ No ha habido comunicaciones de organismos reguladores o representantes del gobierno o del Servicio de Impuestos Internos, sobre investigaciones o reclamaciones sobre la falta de cumplimiento de leyes o reglamentos en cualquier jurisdicción o deficiencias en las prácticas de información financiera u otros asuntos que pudieran tener un efecto significativo sobre los estados financieros.
- ✓ Entendemos que su auditoría fue efectuada de acuerdo con normas de auditoría generalmente aceptadas y, por lo tanto, fue diseñada principalmente con el fin de expresar una opinión sobre los estados financieros de la entidad tomados en su conjunto, y que sus pruebas de los registros contables y otros procedimientos de auditoría se limitaron a aquellos que ustedes consideraron necesarios para este propósito.

Atentamente,

Colegio de Contadores y Auditores S.A.

Rick Hunter
Gerente general

Colegio de Contadores y Auditores S.A. Auditoría al 31 de diciembre de 2027 **Cédulas sumarias**	B3 Cédulas
	Preparado por:
	Fecha:
	Revisado por:
	Fecha:

Propósito:

El propósito de este papel de trabajo es:

- ✓ Documentar la clasificación de cuenta de los rubros de activos, pasivos, patrimonio y resultados.
- ✓ Documentar los valores iniciales.
- ✓ Documentar las reclasificaciones contables del balance.
- ✓ Documentar los ajustes contables.
- ✓ Documentar el balance clasificado de cierre de auditoría.

La preparación de este documento deberá comenzar cuando se inicie el proceso de auditoría y finalizará con el balance definitivo de la sociedad.

Estructura 1 Activos	**Balance inicial**	**Reclasificaciones**	**Ajustes**	**Balance final**
Activos corrientes				
Efectivo y equivalentes al efectivo				
Otros activos financieros				
Otros activos no financieros				
Deudores comerciales y otras cuentas por cobrar				
Cuentas por cobrar a entidades relacionadas				
Inventarios				
Activos biológicos				
Activos por impuestos				
Total de Activos Corrientes				
Activos no corrientes				
Otros activos financieros				
Otros activos no financieros				
Derechos por cobrar				
Inventarios				
Cuentas por cobrar a entidades relacionadas				
Inversiones contabilizadas, utilizando el método de la participación				
Activos intangibles				
Plusvalía				
Propiedades, planta y equipo				
Activos biológicos				
Propiedades de inversión				
Activos por impuestos diferidos				
Total de activos no corrientes				
Total de activos				

Estructura 2	Balance inicial	Reclasificaciones	Ajustes	Balance final
Pasivos Pasivos corrientes				
Otros pasivos financieros				
Cuentas por pagar comerciales y otras cuentas por pagar				
Cuentas por pagar a entidades relacionadas				
Otras provisiones				
Pasivos por impuestos				
Provisiones corrientes por beneficios a los empleados				
Otros pasivos no financieros				
Total de pasivos corrientes				
Pasivos no corrientes				
Otros pasivos financieros				
Cuentas por pagar				
Cuentas por pagar a entidades relacionadas				
Otras provisiones				
Pasivo por impuestos diferidos				
Provisiones no corrientes por beneficios a los empleados				
Total de pasivos no corrientes				
Total de pasivos				
Patrimonio				
Capital				
Ganancias (pérdidas) acumuladas				
Primas de emisión				
Acciones propias en cartera				
Otras participaciones en el patrimonio				
Otras reservas				
Patrimonio atribuible a los propietarios de la controladora				
Participaciones no controladoras				
Patrimonio total				
Total de patrimonio y pasivos				

Estructura 3	**Balance inicial**	**Reclasificaciones**	**Ajustes**	**Balance final**
Estado de resultados Ganancia (pérdida)				
Ingresos de actividades ordinarias				
Ganancias que surgen de la baja en cuentas de activos financieros medidos al costo amortizado				
Pérdidas que surgen de la baja en cuentas de activos financieros medidos al costo amortizado				
Otros ingresos, por naturaleza				
Cambios en inventarios de productos terminados y en proceso				
Materias primas y consumibles utilizadas				
Gastos por beneficios a los empleados				
Gasto por depreciación y amortización				
Reversión de pérdidas por deterioro de valor (pérdidas por deterioro de valor) reconocidas en el resultado del período				
Otros gastos por naturaleza				
Otras ganancias (pérdidas)				
Ingresos financieros				
Costos financieros				
Participación en las ganancias (pérdidas) de asociadas y negocios conjuntos que se contabilicen utilizando el método de la participación				
Diferencia de cambio				
Resultado por unidades de reajuste				
Ganancias (pérdidas) que surgen de la diferencia entre el valor libro anterior y el valor justo de activos financieros reclasificados medidos a valor razonable				
Ganancia (pérdida) antes de impuestos				
Gasto por impuesto a las ganancias				
Ganancia (pérdida) procedente de operaciones continuadas				
Ganancia (pérdida) procedente de operaciones discontinuadas				
Ganancia (pérdida) del ejercicio				

Colegio de Contadores y Auditores S.A. Auditoría al 31 de diciembre de 2027	B4 Balance
Balance general	Preparado por:
	Fecha:
	Revisado por:
	Fecha:

Propósito:

El propósito de este papel de trabajo es:

- ✓ Documentar el balance final de la entidad.
- ✓ Firmado por el gerente de administración y finanzas o cualquier responsable directo de la entidad.

En este papel de trabajo se debe adjuntar el balance firmado por parte de la gerencia de la empresa.

Aprobación

Socio a cargo	Fecha	Gerente a cargo	Fecha
Auditor a cargo	Fecha		

Colegio de Contadores y Auditores S.A. Auditoría al 31 de diciembre de 2027	B5 Diferencias
Resumen de diferencias de auditoría cursadas	Preparado por:
	Fecha:
	Revisado por:
	Fecha:

Propósito:

El propósito de este papel de trabajo es documentar el resumen de todas las diferencias de auditoría detectadas en nuestra revisión de saldos al 31 de diciembre de 2027, y que fueron cursadas por la sociedad.

Diferencias cursadas

En nuestra revisión al 31 de diciembre de 2027, detectamos las siguientes diferencias de auditoría:

Referencia	N° cuenta	Descripción	Débito	Crédito	Efecto en ingreso	Registrado por

Aprobación

Socio a cargo	Fecha	Gerente a cargo	Fecha
Auditor a cargo	Fecha		

Colegio de Contadores y Auditores S.A. Auditoría al 31 de diciembre de 2027 **Resumen de diferencias de auditoría no cursadas**	B6 Diferencias
	Preparado por:
	Fecha:
	Revisado por:
	Fecha:

Propósito:

El propósito de este papel de trabajo es documentar el resumen de todas las diferencias de auditoría detectadas en nuestra revisión de saldos al 31 de diciembre de 2027, y que no fueron cursadas por la sociedad.

Alcance: efecto antes de impuestos de todas las diferencias conocidas y proyectadas, aproximadamente de $.

(El alcance no debería ser mayor de 5% de la materialidad planificada, tal vez menos si hay numerosos errores pequeños).

Materialidad planificada (M$) $

	Ref. PT's	**Diferencias en resultados del ejercicio**	**Diferencias en los saldos de cierre D/H**
Errores conocidos		$	$
Errores proyectados y diferencias de opinión			
Errores en las cuentas del año anterior que se reversan en el corriente período			
Resultado antes de impuestos Efecto impositivo de los errores arriba indicados Carga impositiva errores			
Efecto después de impuestos			
Saldos registrados			
Error %			

Conclusión

Las diferencias no ajustadas son, tanto individualmente como en el total, no significativas y el límite para error no detectado (% de la materialidad planificada) es considerado adecuado para los propósitos de auditoría (o remitido al socio para su decisión).

Aprobación

Socio a cargo	Fecha	Gerente a cargo	Fecha
Auditor a cargo	Fecha		

Colegio de Contadores y Auditores S.A. Auditoría al 31 de diciembre de 2027 **Narrativa revisión analítica final**	B7 Analítica
	Preparado por:
	Fecha:
	Revisado por:
	Fecha:

Hemos realizado nuestra revisión analítica de los estados financieros del Colegio de Contadores y Auditores S.A. al 31 diciembre de 2027, con el objetivo de identificar las principales variaciones y áreas de interés para nuestra auditoría.

De acuerdo a nuestros procedimientos realizados y a la validación realizada para efectos de nuestra revisión a los estados financieros al 31 de diciembre de 2027, primero realizaremos un análisis de la industria y posteriormente de los estados financieros comparativos de la sociedad a la fecha de nuestra revisión.

Detalle	**31.12.2027 M$**	**%**	**31.12.2026 M$**		**Diferencias**	
					M$	**%**
Activos						
Activos corrientes						
Efectivo y equivalentes al efectivo						
Otros activos financieros						
Otros activos no financieros						
Deudores comerciales y otras cuentas por cobrar						
Cuentas por cobrar a entidades relacionadas						
Inventarios						
Activos biológicos						
Activos por impuestos						
Total de Activos Corrientes						
Activos no corrientes						
Otros activos financieros						
Otros activos no financieros						
Derechos por cobrar						
Inventarios						
Cuentas por cobrar a entidades relacionadas						
Inversiones contabilizadas utilizando el método de la participación						
Activos intangibles						
Plusvalía						
Propiedades, planta y equipo						
Activos biológicos						
Propiedades de inversión						
Activos por impuestos diferidos						
Total de activos no corrientes						
Total de activos						

Colegio de Contadores y Auditores S.A. Auditoría al 31 de diciembre de 2027	D1
Programa de trabajo **Empresa en marcha**	Preparado por:
	Fecha:
	Revisado por:
	Fecha:

Propósito:

El propósito de este papel de trabajo es efectuar una evaluación, durante todo el proceso de la auditoría, respecto a la existencia de dudas sustanciales a la capacidad de una entidad para continuar como empresa en marcha, para lo cual el auditor, usando juicio y discreción profesional, deberá aplicar procedimientos de auditoría que se adapten a cada circunstancia específica de sus clientes.

Estos procedimientos de auditoría deberán considerar lo siguiente:

- ✓ Identificar condiciones y/o eventos que, tomados en su conjunto, indiquen que puedan existir dudas importantes, con respecto a la capacidad de la entidad para continuar como empresa en marcha, por un período razonable.

Objetivos:

- ✓ Verificar que no existan circunstancias, sean estas internas y/o externas, que pongan en riesgo la continuidad de la entidad.
- ✓ Identificar los riesgos estratégicos significativos del negocio y considerar si estos riesgos en conjunto proyectan una duda significativa sobre la habilidad de la entidad para continuar como un negocio en marcha.
- ✓ Determinar la evaluación de la gerencia sobre la habilidad de la entidad para continuar como un negocio en marcha.
- ✓ Indicar a la gerencia si conoce algunos riesgos estratégicos del negocio que se materializarían fuera del período de su evaluación.

Evaluación del riesgo: describa la evaluación del riesgo de que ocurran errores e irregularidades significativos para el objetivo de auditoría, como alto (A), moderado (M) o bajo (B). Proporcione también un razonamiento para esta evaluación.

El riesgo de que ocurran errores e irregularidades significativos representa una evaluación combinada de los riesgos inherentes y de control. La consideración al evaluar el riesgo de que ocurran errores e irregularidades significativos difiere sobre la base de si los objetivos de auditoría incluyen los efectos para los estados financieros de controles asociados a nivel de ciclos de negocios o a nivel de cuentas de los estados financieros (Documente su razonamiento).

Procedimientos de auditoría

N°	Naturaleza y alcance de los procedimientos de auditoría	Aseveración de auditoría a cubrir	Oportunidad	Preparado por y fecha	Ref p/t
1	Identifique los eventos y/o condiciones que puedan proyectar una duda significativa sobre la habilidad de la entidad para continuar como un negocio en marcha				
2	Analice la evaluación de la administración sobre la habilidad de la entidad para continuar como un negocio en marcha				
3	Indague con la gerencia sobre eventos y/o condiciones presentes en un período diferente al que utilizó para evaluar la habilidad de la entidad de continuar como un negocio en marcha				
4	Revise los planes de la gerencia con respecto a acciones futuras basadas en su evaluación del negocio en marcha				
5	Recopile evidencia apropiada y suficiente para confirmar o aclarar si existe o no una incertidumbre importante respecto a la continuidad de la empresa en marcha, realizando los procedimientos necesarios, incluyendo considerar el efecto de cualesquiera planes de la gerencia y otros factores atenuantes				
6	Solicite a la administración representación escrita de la gerencia, información respecto a planes futuros que pudiesen afectar de manera significativa el desarrollo o rentabilidad de la entidad sobre sus planes para acciones futuras				
7	Obtenga evidencia apropiada y suficiente para confirmar o aclarar si existe una incertidumbre importante, incluyendo la consideración de los resultados de otros procedimientos de auditoría				
8	Realice procedimientos analíticos u otros procedimientos, según sea apropiado				
9	Obtenga representación escrita de la gerencia sobre sus planes para acciones futuras				
10	Indague si el cliente ha establecido procesos y controles para identificar asuntos que puedan el supuesto de negocio en marcha				
11	Indague respecto al proceso utilizado por la administración para pronosticar resultados financieros futuros y disponer del financiamiento requerido				

N°	Naturaleza y alcance de los procedimientos de auditoría	Aseveración de auditoría a cubrir	Oportunidad	Preparado por y fecha	Ref p/t
12	Verifique si existe un compromiso por la parte de alguna entidad relacionada, la cual le proporciona apoyo financiero suficiente para despejar cualquier duda significativa sobre la habilidad de la entidad para continuar como un negocio en marcha				
13	Verifique que la entidad relacionada esté en condiciones de tener la intención y la habilidad para ofrecer ese apoyo				
14	Verifique mediante lectura de actas de accionistas, directorio o algún comité de administración que la entidad no corre el riesgo de empresa en marcha				
15	Indague con el asesor legal de la entidad si existe algún litigio que pudiese afectar de manera significativa a la entidad				
16	Indague si la entidad ha tenido paralizaciones de su faena debido a huelgas o lock out dentro del período afecto a nuestra revisión				
17	Otros procedimientos				

Colegio de Contadores y Auditores S.A. Auditoría al 31 de diciembre de 2027 **Programa de trabajo** **Partes relacionadas**		D2
	Preparado por:	
	Fecha:	
	Revisado por:	
	Fecha:	

Propósito:

El propósito de este papel de trabajo es identificar las relaciones y transacciones con partes relacionadas, para lo cual deberá ser completado durante todo el curso de la auditoría en la medida que lo amerite; para esto, el auditor aplicará procedimientos de auditoría que se adapten a cada circunstancia específica de clientes.

Estos procedimientos de auditoría deberán considerar lo siguiente:

- ✓ Identificar y obtener evidencia de auditoría apropiada y suficiente sobre la identificación y revelación de las partes relacionadas por la administración y el efecto de las transacciones con partes relacionadas que son significantes para los estados financieros.

Objetivos:

- ✓ Verificar que no existan transacciones significativas con partes relacionadas que puedan afectar los estados financieros y/o la revelación de información en estos
- ✓ Identificar la responsabilidad de la administración respecto a las transacciones entre partes relacionadas y la relación que pudiese haber entre ellas.
- ✓ Identificar el propósito de la entidad con respecto a las transacciones mantenidas con partes relacionadas.

Procedimientos de auditoría

N°	Naturaleza y alcance de los procedimientos de auditoría	Aseveración de auditoría a cubrir	Oportunidad	Preparado por y fecha	Ref p/t
1	Evalúe que los procedimientos de la sociedad sean los adecuados para identificar y registrar las transacciones con partes relacionadas				
2	Indague sobre la naturaleza y propósito de las transacciones entre partes relacionadas				

N°	Naturaleza y alcance de los procedimientos de auditoría	Aseveración de auditoría a cubrir	Oportunidad	Preparado por y fecha	Ref p/t
3	Verifique que la información proporcionada por los directores y la gerencia identifique los nombres de todas las partes relacionadas conocidas				
4	Verifique con los papeles de trabajo del año anterior en cuanto a los nombres de partes relacionadas conocidas				
5	Revise los registros de socios o accionistas de la sociedad para identificar los principales propietarios				
6	Indague con otros auditores que estén participando actualmente en la auditoría, o auditores predecesores, que conozcan sobre partes relacionadas adicionales				
7	Revise las declaraciones de impuesto sobre la renta de la entidad y demás información suministrada a organismos reguladores				
8	Obtenga una representación escrita de la gerencia sobre: la integridad de la información suministrada sobre la identificación de las partes relacionadas; lo adecuado de las revelaciones de partes relacionadas en los estados financieros				
9	Indague las inversiones importantes realizadas durante el período bajo revisión, para determinar si la naturaleza y la extensión de las mismas crean nuevas partes relacionadas				
10	Verifique el volumen y naturaleza de los negocios desarrollados con los principales clientes, proveedores, deudores y acreedores, que permitan identificar transacciones con partes relacionadas y no reveladas previamente				
11	Considere si se realizan transacciones con partes relacionadas que no se estén registrando en la contabilidad, tales como recibir o proporcionar servicios de contabilidad, gerenciales u otros sin costo o que el principal propietario los esté absorbiendo				
12	Confirme a las partes relacionadas para determinar que los montos registrados en la contabilidad reflejen los movimientos o transacciones efectuados durante el período auditado				
13	Efectúe procedimientos alternativos de auditoría en el evento que no se consiga la confirmación por parte de las entidades relacionadas				

Nota:

Se deberá revelar en nota a los estados financieros los saldos por pagar y/o cobrar con partes relacionadas, de la misma manera que las transacciones efectuadas durante el período auditado.

Colegio de Contadores y Auditores S.A. Auditoría al 31 de diciembre de 2027 **Programa de trabajo** **Litigios y reclamos**	D3
	Preparado por:
	Fecha:
	Revisado por:
	Fecha:

Propósito:

El propósito de este papel de trabajo es identificar litigios y/o reclamos que afecten a la entidad, como de la misma manera satisfacernos con evidencia de auditoría que estos se encuentren debidamente registrados y revelados en los estados financieros; para ello, el auditor, usando juicio y discreción profesional, deberá aplicar procedimientos de auditoría que se adapten a cada circunstancia específica de cliente.

Estos procedimientos de auditoría deberán considerar lo siguiente:

- ✓ La obtención de evidencia de auditoría apropiada y suficiente sobre la revelación de litigios y reclamos por la gerencia y sus efectos importantes sobre los estados financieros.

Objetivos:

- ✓ Verificar que se hayan identificado todos los litigios y/o reclamos importantes y que se han registrado y revelado adecuadamente.
- ✓ Verificar que la administración es responsable de adoptar políticas y procedimientos para identificar, evaluar y contabilizar los litigios y/o reclamos como una base para la preparación de estados financieros de acuerdo con principios de contabilidad generalmente aceptados.
- ✓ Identificar la existencia de una situación o conjunto de situaciones que den lugar a una incertidumbre en cuanto a una posible pérdida para la entidad, que emanen de litigios y/o reclamos.

Procedimientos de auditoría

N°	Naturaleza y alcance de los procedimientos de auditoría	Aseveración de auditoría a cubrir	Oportunidad	Preparado por y fecha	Ref p/t
1	Identifique todos los litigios y/o reclamos que involucren a la entidad y que puedan tener un efecto importante sobre los estados financieros hasta la fecha de nuestro informe				
2	Envíe carta a los abogados				
3	Revise los papeles de trabajo año anterior				
4	Revise los antecedentes recepcionados del tribunal por los juicios ya terminados				
5	Solicite a la gerencia que prepare una carta que requiera al abogado que se comunique directamente con nosotros				
6	Verifique el proceso de identificación, evaluación y registro mantenido por la administración para reconocer litigios y/o reclamos y su adecuada presentación en los estados financieros				
7	Identifique los cambios en los controles y procedimientos para identificar litigios y/o reclamos desde que finalizó el período anterior				
8	Identifique cualquier posible evento o eventos que podrían cuantificarse como litigios y/o reclamaciones que puedan revelarse en los estados financieros				
9	Verifique que la revelación de algún litigio y/o reclamo en los estados financieros se encuentren debidamente sustentados				
10	Verifique que la administración haya registrado o revelado apropiadamente el efecto de los litigios y/o reclamos en los estados financieros				
11	Obtenga de la administración una descripción y evaluación de litigios y/o reclamos que existían a la fecha de los estados financieros y aquellos existentes durante el período posterior hasta la fecha en que se proporciona esa información, identificando aquellas materias consultadas al asesor jurídico				
12	Obtenga de la administración, por medio escrito, la aseveración de que se han revelado todos los asuntos necesarios de exponer en los estados financieros				
13	Examine los documentos en poder del cliente que digan relación con litigios y/o reclamos, incluyendo correspondencia y boletas por pago de honorarios a los abogados				

N°	Naturaleza y alcance de los procedimientos de auditoría	Aseveración de auditoría a cubrir	Oportunidad	Preparado por y fecha	Ref p/t
14	Efectúe lectura de actas de juntas de accionistas, sesiones de directores y comités celebrados durante y después del período que se está examinando				
15	Efectúe lectura de contratos, convenios de préstamos o de arrendamiento, correspondencia con los organismos reguladores y tributarios, y documentos similares				
16	Otros procedimientos (1)				

Nota:

Si producto de los procedimientos de auditoría definidos a las distintas áreas de la entidad, surge evidencia que exponga indicios de litigios y/o reclamos, se deberá referenciar el papel de trabajo a este recuadro.

Colegio de Contadores y Auditores S.A. Auditoría al 31 de diciembre de 2027		D4
Programa de trabajo **Leyes y regulaciones**	Preparado por:	
	Fecha:	
	Revisado por:	
	Fecha:	

Propósito:

El propósito de este papel de trabajo es identificar y comprender el marco jurídico regulatorio de la entidad, como de la misma manera satisfacernos con evidencia de auditoría que la entidad cumpla con los aspectos regulatorios a los cuales se encuentra afecto y que, de esta manera, no puedan verse afectados los estados financieros o la puesta en marcha de la empresa. Para ello, el auditor, usando juicio y discreción profesional, deberá aplicar procedimientos de auditoría que se adapten a cada circunstancia específica de cliente.

Estos procedimientos de auditoría deberán considerar lo siguiente:

- ✓ Identificar si han ocurrido o no violaciones de las leyes y regulaciones que puedan tener un impacto directo en los estados financieros; y en caso de ocurrencia, que los estados financieros presenten y revelen las consecuencias en forma apropiada.

Objetivos:

- ✓ Verificar que la entidad haya identificado todos los aspectos a los cuales está afecto por motivo de regulación jurídica.
- ✓ Verificar que la administración es responsable de adoptar políticas y procedimientos para identificar, evaluar y controlar las nuevas leyes y regulaciones a las cuales estará afecta.
- ✓ Identificar la existencia de una situación o conjunto de situaciones que den lugar a una incertidumbre en cuanto a una posible pérdida para la entidad, que emanen del incumplimiento del marco jurídico regulatorio.

Procedimientos de auditoría

N°	Naturaleza y alcance de los procedimientos de auditoría	Aseveración de auditoría a cubrir	Oportunidad	Preparado por y fecha	Ref p/t
1	Obtenga un entendimiento general del marco jurídico y regulatorio aplicable a la entidad y a la industria y cómo está cumpliendo la entidad con ese marco				
2	Identifique los casos de incumplimiento con las leyes y regulaciones y el impacto en los estados financieros				
3	Indague con personal de las distintas áreas de la empresa el grado de cumplimiento con las leyes y/o regulaciones a las cuales se encuentra afecta la entidad				
4	Inspeccione la correspondencia con autoridades reguladoras y de acreditación pertinentes				
5	Verifique si existe alguna multa o sanción administrativa aplicada a la entidad durante el período auditado, y cómo impacta los estados financieros				
6	Verifique en la página web de los organismos fiscalizadores si la entidad se encuentra sancionada; de la misma manera, consulte con el asesor jurídico de la entidad si existen asuntos pendientes				
7	En caso de existir sanción por incumplimiento de la normativa a la cual la entidad está expuesta, obtenga un entendimiento de la naturaleza del acto y las circunstancias en que ocurrió				
8	Si producto de los procedimientos de auditoría efectuados existen dudas fundadas en las cuales pueda existir incumplimiento, documente los hallazgos y discútalos con la administración				
9	Obtenga un documento escrito en el cual la gerencia nos indique que nos ha revelado todos los actos conocidos, ya sean actuales o posibles, de incumplimiento con las leyes y regulaciones, cuyos efectos puedan considerarse al preparar los estados financieros				
10	Verifique que los controles actuales de la entidad permitan identificar a tiempo y mitigar el riesgo de que la entidad incurra en incumpliendo de la normativa regulatoria				
11	De acuerdo a los procedimientos de auditoría aplicados, documente si existen grados de incumplimiento del marco regulatorio que ameriten ser revelados en los estados financieros				
12	Otros procedimientos (1)				

Colegio de Contadores y Auditores S.A. Auditoría al 31 de diciembre de 2027 **Programa de trabajo** **Eventos subsecuentes**	D5
	Preparado por:
	Fecha:
	Revisado por:
	Fecha:

Propósito:

El propósito de este programa de trabajo es obtener evidencia suficiente y apropiada de que los eventos ocurridos hasta la fecha de la emisión de nuestro informe que pueda requerir o revelar en los estados financieros, han sido identificados y debidamente resueltos por el equipo de auditoría.

Objetivo:

- ✓ Identificar eventos o hechos posteriores que pudiesen afectar de manera significativa los estados financieros y, de ser así, que estos se encuentren debidamente revelados en estos.

Procedimientos de auditoría

N°	Naturaleza y alcance de los procedimientos de auditoría	Aseveración de auditoría a cubrir	Oportunidad	Preparado por y fecha	Ref p/t
1	Identifique, durante la planificación de la auditoría, el análisis de los procesos y procedimientos restantes de auditoría, pudiendo llevar esto a identificar posibles eventos subsecuentes, para lo cual, en caso de que así sea, efectué un resumen de estos o haga referencia de estos en los respectivos papeles de trabajo realizados				
2	Identifique los eventos significativos que eventualmente estarían programados para tener lugar cerca del fin de año				
3	Indague con la administración si han ocurrido eventos subsecuentes que puedan proporcionar evidencia de auditoría adicional y repercutan en otros objetivos de auditoría o en los estados financieros en general				

N°	Naturaleza y alcance de los procedimientos de auditoría	Aseveración de auditoría a cubrir	Oportunidad	Preparado por y fecha	Ref p/t
4	Efectúe lectura de las actas de reuniones de los accionistas, la junta de directores y los comités de auditoría y ejecutivos, celebradas después de terminar el período, y pregunte sobre asuntos discutidos en las reuniones de los cuales todavía no están disponibles las actas				
5	Efectúe lectura de los estados financieros internos más recientes de la entidad y, si se considera necesario y apropiado, los presupuestos, proyecciones del flujo de efectivo y otros informes gerenciales				
6	Actualice los procedimientos de auditoría efectuados con la administración respecto a litigios y reclamos, leyes y regulaciones y empresa en marcha, mediante entrevista con el asesor jurídico de la entidad				
7	Verifique que se haya obtenido evidencia de auditoría suficiente, que demuestre que se han identificado todos los eventos ocurridos hasta la fecha de nuestro informe y que pueden requerir un ajuste o revelación en los estados financieros				
8	Inspeccione las copias de convenios y contratos ejecutados, y demás documentos pertinentes, tal como la correspondencia con compañías de seguros o abogados				
9	Compruebe la razonabilidad de los montos que se van a revelar, o que se van a considerar revelar en los estados financieros				
10	Efectúe confirmaciones a los abogados de la sociedad, clientes, bancos y empresas relacionadas				
11	Documente todas las diferencias de auditoría encontradas y que fueron conversadas con el cliente				
12	Comunique a la administración respecto a posibles modificaciones a los estados financieros, debido a hechos o eventos que puedan afectar significativamente a estos entre las fechas del informe y la emisión final de los estados financieros				
13	Otros procedimientos (1)				

Colegio de Contadores y Auditores S.A. Auditoría al 31 de diciembre de 2027		D6
Programa de trabajo **Riesgo de fraude**	Preparado por:	
	Fecha:	
	Revisado por:	
	Fecha:	

Propósito:

El propósito de este papel de trabajo es obtener un entendimiento de la evaluación hecha por la gerencia del riesgo de que los estados financieros puedan contener errores e irregularidades significativos como resultado de un fraude, así como de los sistemas de contabilidad y control interno instalado para administrar ese riesgo y prevenir y detectar errores.

Objetivo:

- ✓ Identificar durante la fase de planificación de la auditoría y durante el análisis de procedimientos dentro del flujo normal de trabajo de la auditoría, factores de riesgo de fraude que hagan creer necesario realizar procedimientos de auditoría adicionales.

Procedimientos de auditoría

N°	Naturaleza y alcance de los procedimientos de auditoría	Aseveración de auditoría a cubrir	Oportunidad	Preparado por y fecha	Ref p/t
1	Documente los resultados de las discusiones e indagaciones del equipo de auditoría con la gerencia en relación con fraudes y errores				
2	Indague respecto a la existencia de localidades de subsidiarias, segmentos de negocios, tipos de transacciones, saldos de cuentas o categorías de estados financieros en los que pueda ser alta la posibilidad de que haya errores, o en los que puedan existir factores de riesgo de fraude, y cómo los está enfocando la gerencia				
3	Indague respecto a la función de auditoría interna de la entidad y si esta ha identificado algún fraude o cualquier debilidad importante en el sistema de control interno de la entidad				
4	Indague si la entidad tiene manuales o políticas en los cuales abarque temas sobre prácticas responsables de negocios y comportamiento ético, sean estos reglamento interno de orden, código de conducta, políticas de ética u otro				

N°	Naturaleza y alcance de los procedimientos de auditoría	Aseveración de auditoría a cubrir	Oportunidad	Preparado por y fecha	Ref p/t
5	Indague si la entidad tiene establecido un programa que incluya pasos para prevenir y detectar fraude				
6	Documente la evaluación realizada por la gerencia sobre el riesgo que los estados financieros puedan contener errores e irregularidades significativos como resultado de fraude, y concluya respecto a esta evaluación				
7	Indague con la gerencia sobre los sistemas de contabilidad y control interno que han instalado para controlar el riesgo de errores e irregularidades significativos debido a fraude, y/o para prevenir y detectar errores				
8	Indague si la gerencia conoce o sospecha de cualquier fraude y si ha descubierto algún error y/o irregularidad significativo				
9	Documente los factores de riesgo de fraude identificados que indican la posibilidad de una emisión de informes financieros fraudulentos o la malversación de bienes, y nuestra respuesta				
10	Indague los focos en los cuales la entidad tiene una mayor probabilidad en que ocurran errores o pudiese generarse algún fraude				
11	Verifique que, en las áreas específicas de auditoría asignadas a los miembros del equipo, se haya efectuado un entendimiento respecto al evento que puedan ocurrir errores e irregularidades significativos como resultado de fraude o error, y si estos pudiesen afectar otros aspectos de la auditoría				
12	Identifique y documente los factores de riesgo de fraude que puedan indicar la posibilidad de una emisión de informes financieros fraudulentos o de una malversación de bienes				
13	Documente las circunstancias encontradas que puedan indicar que existe un error e irregularidad significativo en los estados financieros como resultado de fraude o error, los procedimientos de auditoría realizados para determinar si los estados financieros contienen errores e irregularidades significativos				
14	Identifique y analice cualquier diferencia de auditoría, considerando que esta puede ser un indicio de fraude. De existir ese indicio, comunique a su encargado, gerente y socio encargado de cliente inmediatamente				

N°	Naturaleza y alcance de los procedimientos de auditoría	Aseveración de auditoría a cubrir	Oportunidad	Preparado por y fecha	Ref p/t
15	Identifique circunstancias que puedan indicar la existencia de un error o irregularidad significativo en los estados financieros como resultado de fraude o error; en caso de ser así, efectúe procedimientos de auditoría para determinar si los estados financieros contienen algún error o irregularidad significativo				
16	Documente los procedimientos de auditoría adicionales realizados como resultado de las circunstancias arriba indicadas				

Colegio de Contadores y Auditores S.A. Auditoría al 31 de diciembre de 2027 **Programa de trabajo** **Efectivo y equivalente de efectivo**	E1
	Preparado por:
	Fecha:
	Revisado por:
	Fecha:

Propósito:

El propósito de este programa de auditoría es agrupar las aseveraciones de los estados financieros con los objetivos de auditoría y las aseveraciones de los estados financieros y vincular la evaluación de los riesgos de que ocurran errores e irregularidades significativos (REIS) con los procedimientos planeados para la auditoría.

Este programa de trabajo debe incluir:

- ✓ Un resumen de los objetivos de auditoría relacionados con este rubro y si los mismos son críticos.
- ✓ Las aseveraciones de los estados financieros que se combinaron en cada objetivo de auditoría.
- ✓ La evaluación del riesgo de que ocurran errores e irregularidades significativos en cada objetivo de auditoría.
- ✓ Los procedimientos planeados para obtener evidencia de auditoría que respalden los riesgos de que ocurran errores e irregularidades significativos para cada objetivo de auditoría.
- ✓ Los procedimientos planeados para el resto del trabajo de auditoría.

Objetivos

- ✓ Comprobar la existencia del efectivo y equivalente de efectivo, y la propiedad de la entidad sobre los mismos, ya sea que estén en su poder o en la de terceros.
- ✓ Verificar que no existen restricciones sobre su disponibilidad inmediata.
- ✓ Determinar que los saldos de bancos y efectivo (y equivalente de efectivo) se presenten adecuadamente en los estados financieros.

Evaluación del riesgo

Describa la evaluación del riesgo de que ocurran errores e irregularidades significativos para el objetivo de auditoría, como alto (A), moderado (M) o bajo (B). Proporcione también un razonamiento para esta evaluación.

El riesgo de que ocurran errores e irregularidades significativos representa una evaluación combinada de los riesgos inherentes y de control. La consideración al evaluar el riesgo de que ocurran errores e irregularidades significativos difiere sobre la base de si los objetivos de auditoría incluyen los efectos para los estados financieros de controles asociados a nivel de ciclos de negocios o a nivel de cuentas de los estados financieros (Documente su razonamiento).

Aseveraciones de auditoría:

- ✓ Integridad: se han registrado todas las transacciones y eventos que debieran haberse registrado.
- ✓ Existencia: los activos, pasivos e intereses de participación que existen.
- ✓ Exactitud: las cantidades y otros datos que provengan de transacciones y eventos registrados de manera apropiada.
- ✓ Derechos y obligaciones: la entidad posee o controla los derechos de los activos y la obligación sobre los pasivos; se logra diferenciar un pasivo de una contingencia.
- ✓ Valuación y asignación: los activos, pasivos e intereses de participación se incluyen en los estados financieros por los montos apropiados y cualquier ajuste de valuación o asignación resultante se registra de forma correcta.
- ✓ Presentación y revelación: la administración es responsable de asegurarse de que la empresa no cometa errores en el proceso de preparación de los estados financieros y que las revelaciones de las notas sean comprensibles y claras.

Riesgos:

- ✓ *Riesgo inherente*: Es propio del trabajo o proceso, que no puede ser eliminado del sistema; es decir, en todo trabajo o proceso se encontrarán riesgos para las personas o para la ejecución de la actividad en sí misma.

  En auditoría, "riesgo inherente" es la susceptibilidad del saldo de una cuenta o clase de transacciones a una representación errónea que pudiera ser de importancia relativa, individualmente o cuando se agrega con representaciones erróneas en otras cuentas o clases, asumiendo que no hubo controles internos relacionados. Un riesgo inherente es uno que se encuentra en el ambiente y afecta a varias categorías o clases de transacciones.

✓ *Riesgo de control*: Es el riesgo de que una representación errónea, que pudiera ser de importancia relativa individualmente o en conjunto con otras, no sea prevenida o detectada y corregida oportunamente por los sistemas de contabilidad y de control interno.

El "riesgo de control" es el riesgo causado por las limitaciones inherentes a cualquier sistema de contabilidad y de control interno. Es esencial tener en cuenta que el riesgo de control será diferente para diferentes cuentas, dependiendo de la eficacia de los controles relacionados con cada una.

Aseveraciones		**Riesgo inherente**	**Riesgo de control**	**REIS**
Integridad (totalidad)	T			
Existencia	Ex			
Exactitud	E			
Propiedad/obligación	O			
Valuación	V			
Presentación y revelación	P			

Oportunidad:

CI: Control interno

AP: Auditoría preliminar

AF: Auditoría final

Procedimientos de auditoría

N°	**Naturaleza y alcance de los procedimientos de auditoría**	**Aseveración de auditoría a cubrir**	**Oportunidad**	**Preparado por y fecha**	**Ref p/t**
1	Indague con la administración acerca de los controles básicos que manejan sobre los recursos disponibles de la empresa	T	CI		
2	Solicite los análisis de todas las cuentas asociadas al rubro y verifique sumas y referencie cruzando con la cédula guía el saldo de cada una de las cuentas del mayor general	T - E	AP AF		
3	Verifique que los saldos de los análisis de cuentas coincidan con el libro mayor a la fecha de cierre de los estados financieros	E	AP AF		
4	Verifique que el último cheque emitido al cierre del período auditado esté como partida de conciliación, o bien, cobrado en la cartola bancaria anterior al cierre del período auditado	T	AP AF		

N°	Naturaleza y alcance de los procedimientos de auditoría	Aseveración de auditoría a cubrir	Oportunidad	Preparado por y fecha	Ref p/t
5	Efectúe arqueos selectivos de valores efectivos y documentos existentes al ______________ (1)	Ex - E	AP AF		
6	Coordine la preparación de las solicitudes de confirmaciones de saldos bancarios de todas las cuentas corrientes que mantiene la sociedad, y confirme, además, aquellos bancos en los que la sociedad ha solicitado créditos bancarios	Ex - O	AP AF		
7	Efectúe control del proceso de confirmaciones a través de la confección del control de confirmaciones con las fechas de envío y de recepción de respuestas		AP AF		
8	Desempeñe procedimientos de cuadratura, entre las conciliaciones bancarias presentadas por el cliente y las respuestas de las confirmaciones enviadas por los bancos	Ex	AP AF		
9	Para aquellas respuestas sin reparo, proceda a referenciar cruzado con el análisis de la cuenta	T	AP AF		
10	Para aquellas respuestas con reparo, solicite aclaración con el área respectiva	T	AP AF		
11	Para las confirmaciones no recibidas, efectúe procedimiento alternativo: verifique saldo bancario de la conciliación con la cartola bancaria a la fecha de cierre	Ex	AP AF		
12	Verifique en forma selectiva el cobro posterior de los cheques girados y no cobrados al cierre del período en revisión, con cartolas recibidas con posterioridad	Ex	AP AF		
13	Coteje los depósitos en tránsito en las conciliaciones bancarias con los estados bancarios posteriores y los registros de ingresos por el período anterior a la fecha del balance	Ex	AP AF		
14	Coteje otras partidas en conciliación con la documentación sustentatoria y los asientos en los registros de bancos	Ex	AP AF		
15	Para las cuentas en moneda extranjera, revise la conversión a moneda nacional, según tipo de cambio vigente al cierre del período en revisión	P	AP AF		
16	Indague si existen restricciones a la libre disponibilidad de los fondos mantenidos en las cuentas corrientes (2)	P	AP AF		
17	Obtenga un detalle de los depósitos a plazo vigentes a la fecha de la auditoría	T	AP AF		
18	Efectúe reproceso en una muestra de los depósitos a plazo de los intereses y reajustes devengados al cierre del período auditado	E	AF		

N°	Naturaleza y alcance de los procedimientos de auditoría	Aseveración de auditoría a cubrir	Oportunidad	Preparado por y fecha	Ref p/t
19	Verifique con documentación de respaldo depósitos a plazo vigentes al cierre del período auditado	Ex - O	AP AF		
20	Verifique rescate (cobro posterior), a la fecha de corte, de los depósitos a plazo	Ex	AP AF		
21	Considere adecuada presentación de los depósitos a plazo (3)	P	AF		
22	Concilie los saldos de efectivo y equivalente de efectivo con la presentación en el estado de flujo de efectivo al cierre del período auditado (4)	P	AF		
23	Concluya respecto de la razonabilidad de los saldos presentados en este rubro al cierre del período auditado		AF		

Notas:

1. Establecer control físico sobre el efectivo a la fecha del balance y contarlo en presencia del(os) custodio(s). Obtener la firma del(os) custodio(s), reconociendo que los fondos fueron contados en su presencia y se devolvieron intactos.
2. Conciliar los saldos establecidos anteriormente con las cuentas de control y cotejar las partidas de conciliación con la documentación sustentatoria. Si el arqueo es a una fecha distinta que la de fin de año, conciliar la actividad a la fecha del balance. Determinar si hay gastos no reembolsados que deberían reflejarse en las cuentas. Efectuar un corte documentario de los comprobantes de ingreso y egreso (último utilizado y siguiente en blanco).
3. Examinar los registros de ingresos y egresos de caja, para un período anterior a la fecha del balance, para asegurar que todas las partidas en conciliación están incluidas apropiadamente en las conciliaciones bancarias del cliente. En caso de existir alguna restricción de los fondos disponibles en caja y bancos, considerar la reclasificación de esta partida a otros activos circulantes.
4. Verificar que si el vencimiento de los depósitos a plazo es superior a un año plazo, medido a la fecha de cierre de los estados financieros, este activo debe ser reclasificado al largo plazo.
5. Considerar como efectivo y equivalente de efectivo los fondos mutuos y depósitos a plazo, con vencimiento inferior a 90 días.

Colegio de Contadores y Auditores S.A. Auditoría al 31 de diciembre de 2027	F1
Programa de trabajo **Cuentas por cobrar & ventas**	Preparado por:
	Fecha:
	Revisado por:
	Fecha:

Propósito:

El propósito de este programa de auditoría es agrupar las aseveraciones de los estados financieros con los objetivos de auditoría y las aseveraciones de los estados financieros y vincular la evaluación de los riesgos de que ocurran errores e irregularidades significativos (REIS) con los procedimientos planeados para la auditoría.

Este programa de trabajo debe incluir:

- ✓ Un resumen de los objetivos de auditoría relacionados con este rubro y si los mismos son críticos.
- ✓ Las aseveraciones de los estados financieros que se combinaron en cada objetivo de auditoría.
- ✓ La evaluación del riesgo de que ocurran errores e irregularidades significativos en cada objetivo de auditoría.
- ✓ Los procedimientos planeados para obtener evidencia de auditoría que respalde los riesgos de que ocurran errores e irregularidades significativos para cada objetivo de auditoría.
- ✓ Los procedimientos planeados para el resto del trabajo de auditoría.

Objetivos:

a) Comprobar la integridad, existencia, propiedad y valuación de las cuentas por cobrar comerciales, provisiones incobrables y las ventas de la compañía.

b) Verificar la exactitud de las cuentas por cobrar comerciales, provisiones incobrables y las ventas de la compañía con documentación de respaldo suficiente.

c) Determinar que los saldos de cuentas por cobrar comerciales, provisiones incobrables y las ventas se presenten adecuadamente en los estados financieros.

Evaluación del riesgo:

Describa la evaluación del riesgo de que ocurran errores e irregularidades significativos para el objetivo de auditoría, como alto (A), moderado (M) o bajo (B). Proporcione también un razonamiento para esta evaluación.

El riesgo de que ocurran errores e irregularidades significativos representa una evaluación combinada de los riesgos inherentes y de control. La consideración al evaluar el riesgo de que ocurran errores e irregularidades significativos difiere sobre la base de si los objetivos de auditoría incluyen los efectos para los estados financieros de controles asociados a nivel de ciclos de negocios o a nivel de cuentas de los estados financieros. (Documente su razonamiento).

Aseveraciones de auditoría:

- ✓ *Integridad*: se han registrado todas las transacciones y eventos que debieran haberse registrado.
- ✓ *Existencia*: los activos, pasivos e intereses de participación existen.
- ✓ *Exactitud*: las cantidades y otros datos que provengan de transacciones y eventos registrados de manera apropiada.
- ✓ *Derechos y obligaciones*: la entidad posee o controla los derechos de los activos y la obligación sobre los pasivos; se logra diferenciar un pasivo de una contingencia.
- ✓ *Valuación y asignación*: los activos, pasivos e intereses de participación se incluyen en los estados financieros por los montos apropiados y cualquier ajuste de valuación o asignación resultante se registra de forma correcta.
- ✓ *Presentación y revelación*: la administración es responsable de asegurarse de que la empresa no cometa errores en el proceso de preparación de los estados financieros y que las revelaciones de las notas sean comprensibles y claras.

Riesgos:

- ✓ *Riesgo inherente*: El riesgo inherente es propio del trabajo o proceso, que no puede ser eliminado del sistema; es decir, en todo trabajo o proceso se encontrarán riesgos para las personas o para la ejecución de la actividad en sí misma.

  En auditoría, "riesgo inherente" es la susceptibilidad del saldo de una cuenta o clase de transacciones a una representación errónea que pudiera ser de importancia relativa, individualmente o cuando se agrega con representaciones erróneas en otras cuentas o clases, asumiendo que no hubo controles internos relacionados. Un riesgo inherente es uno que se encuentra en el ambiente y afecta a varias categorías o clases de transacciones.

✓ *Riesgo de control*: Es el riesgo de que una representación errónea, que pudiera ser de importancia relativa individualmente o en conjunto con otras, no sea prevenida o detectada y corregida oportunamente por los sistemas de contabilidad y de control interno.

El "riesgo de control" es el riesgo causado por las limitaciones inherentes a cualquier sistema de contabilidad y de control interno. Es esencial tener en cuenta que el riesgo de control será diferente para diferentes cuentas, dependiendo de la eficacia de los controles relacionados con cada una.

Aseveraciones		**Riesgo inherente**	**Riesgo de control**	**REIS**
Integridad (totalidad)	T			
Existencia	Ex			
Exactitud	E			
Propiedad/obligación	O			
Valuación	V			
Presentación y revelación	P			

Oportunidad:

CI: Control interno

AP: Auditoría preliminar

AF: Auditoría final

Procedimientos de auditoría

N°	**Naturaleza y alcance de los procedimientos de auditoría**	**Aseveración de auditoría a cubrir**	**Oportunidad**	**Preparado por y fecha**	**Ref P/T**
	Deudores por ventas				
1	Indague con la administración acerca de los controles básicos que manejan sobre las cuentas por cobrar comerciales y las ventas de la empresa	T	CI		
2	Solicite los análisis de todas las cuentas asociadas a los rubros y verifique sumas y referencie cruzando con la cédula guía el saldo de cada una de las cuentas del mayor general	T - E	AP AF		

N°	Naturaleza y alcance de los procedimientos de auditoría	Aseveración de auditoría a cubrir	Oportunidad	Preparado por y fecha	Ref P/T
3	Obtenga un análisis detallado de los saldos de las cuentas por cobrar y coteje los totales con el libro mayor (1) (2)	T	AP AF		
4	Pruebe la exactitud matemática del listado detallado de las cuentas por cobrar	Ex	AP AF		
5	Documente la metodología para determinar la muestra de clientes a confirmar en fecha cercana al cierre del período auditado. El criterio de selección de la muestra (estadístico o no estadístico) debe quedar adecuadamente documentado en nuestros papeles de trabajo	Ex - O	AP		
6	Coordine la preparación de las solicitudes de confirmaciones de clientes (3)	Ex - O	AP		
7	Efectúe control del proceso de confirmaciones a través de la confección del control de confirmaciones con las fechas de envío y de recepción de respuestas		AP		
8	Desempeñe procedimientos de cuadratura, entre los análisis de cuentas por cobrar presentadas por el cliente y las respuestas de las confirmaciones enviadas a los clientes	Ex	AF		
9	Para aquellas respuestas sin reparo, proceda a referenciar cruzado con el análisis de la cuenta	T	AF		
10	Para aquellas respuestas con reparo, solicite aclaración con el área respectiva	T	AF		
11	Para las confirmaciones no recibidas, efectúe procedimiento alternativo: Verifique el cobro posterior de las deudas de clientes en fechas posteriores al cierre que se enviaron las confirmaciones; de no haber sido cobradas, verifique con la recepción conforme del cliente, ya sea en la factura de venta como en la guía de despacho asociada (4) *Procedimiento realizado al 100% de la muestra de clientes que no se recibió la respuesta a sus confirmaciones	Ex - V	AF		
12	Obtenga un listado con la antigüedad de las cuentas por cobrar (6)	V	AF		
13	Solicite análisis de la provisión de incobrables, observando y evaluando el criterio utilizado por la empresa	V	AF		
14	Determine si se ha obtenido la información apropiada para las revelaciones requeridas en los estados financieros	P	AF		
15	Identifique convenios o acuerdos de garantías e investigue si están vigentes algunas garantías por cobrar	P	AF		

N°	Naturaleza y alcance de los procedimientos de auditoría	Aseveración de auditoría a cubrir	Oportunidad	Preparado por y fecha	Ref P/T
16	Determine si algunas cuentas por cobrar están en moneda extranjera y, si es así, si han sido convertidas apropiadamente	Ex - V	AP AF		
17	Documentos por cobrar				
18	Solicite los análisis de todas las cuentas asociadas a los rubros y verifique sumas y referencie cruzando con la cédula guía el saldo de cada una de las cuentas del mayor general	T - E	AP AF		
19	Obtenga un análisis detallado de los saldos de los documentos por cobrar y coteje los totales con el libro mayor (1) (2)	T	AP AF		
20	Pruebe la exactitud matemática del listado detallado de los documentos por cobrar	Ex	AP AF		
21	Verifique la existencia física de documentos por cobrar, realizando un arqueo de documentos (7)	E - Ex	AP AF		
22	Obtenga la firma del(os) custodio(s) en el listado de control, reconociendo que la información es la que resultó de la aplicación del procedimiento, contados en su presencia y se devolvieron intactos	E - Ex	AP AF		
23	Concilie los saldos establecidos en el arqueo de documentos con las cuentas de control y coteje las partidas de conciliación con la documentación sustentatoria. Si el arqueo es a una fecha distinta que la de fin de año, concilie la actividad a la fecha del balance	E - Ex	AF		
24	Verifique que si el vencimiento de los documentos es superior a un año plazo, medido a la fecha de cierre de los estados financieros, este activo debe ser reclasificado al rubro de documentos por cobrar en el largo plazo	P	AF		
25	Considere que las facturas y documentos por cobrar, por transacciones realizadas con empresas y partes relacionadas, deben ser presentados por separado en los estados financieros	P	AF		
26	Ingresos de explotación				
27	Verifique los ingresos de explotación de acuerdo a lo señalado en la NIIF 15 (Normativa Internacional de Información Financiera)	T-E-Ex	AF		
28	Realice análisis de tendencias de la ventas o servicios del período en revisión e indague sobre las fluctuaciones importantes	T	AF		
29	Cuadratura de ingresos por ventas, solicite libro de ventas para el período y cuadre con cargo a resultados por ingresos por venta	T	AP AF		

N°	Naturaleza y alcance de los procedimientos de auditoría	Aseveración de auditoría a cubrir	Oportunidad	Preparado por y fecha	Ref P/T
30	Realice el corte documentario de las ventas a la fecha de corte de los estados financieros	O	AF		
31	Verifique las ventas facturas y no despachadas, tanto internacionales como nacionales si las hubiera a la fecha de corte de los estados financieros	E	AF		
32	Solicite las notas de crédito posterior a la fecha de nuestra visita final y verifique que estas no hayan rebajado de manera fraudulenta ventas en el período de revisión de los estados financieros	T-Ex	AF		
33	Identifique claramente las partidas que tienen efecto en el estado de flujo de efectivo al cierre del período auditado y referencie cruzado con hoja del EFE	P	AF		
34	Concluya respecto de la razonabilidad de los saldos presentados en este rubro al cierre del período auditado		AF		

Notas:

1. Por medio de investigación y examen, determinar la idoneidad de todas las partidas en conciliación entre el saldo del balance y el listado detallado. Especial atención deberá ponerse en las partidas en conciliación, puesto que estas pueden indicar errores materiales importantes como resultado de, entre otras cosas, problemas de corte, operaciones especiales o deficiencias en la estructura de control interno.
2. Determinar cómo se asegura el cliente que sean procesadas todas las operaciones. Obtener evidencia de que el procedimiento opera tal como fue descrito. Después de haber determinado el riesgo residual de auditoría, estableceremos la extensión de las pruebas para obtener un grado razonable de seguridad que el objetivo de auditoría de totalidad es alcanzado. Por referencia a la determinación del riesgo residual, el auditor deberá determinar los procedimientos del cliente que aseguran que todas las operaciones son procesadas y valorizadas correctamente.
3. Seleccionar las cuentas de los clientes para confirmarlas. Las solicitudes de confirmación deberán ser enviadas bajo nuestro control y se deberán enviar a los clientes estados detallados para facilitar las respuestas. Se enviarán segundas solicitudes y, cuando se justifique, terceras solicitudes cuando no se reciban respuestas dentro de un tiempo razonable. Hacer un resumen con el alcance de las confirmaciones. Después de haber definido las áreas críticas de riesgo y determinado el riesgo residual de auditoría, estableceremos la extensión de las pruebas para obtener un grado bajo de seguridad que el objetivo de auditoría existencia/ocurrencia es alcanzado.

4. Cuando no sean contestadas las solicitudes de confirmación, para las cuentas seleccionadas:
   - ✓ Comparar las remesas posteriores acreditadas en las cuentas con los avisos de remesas u otros recibos (por ejemplo, papeletas de depósito y estados bancarios) y cerciorarse de que los pagos se relacionan con los saldos de las cuentas.
   - ✓ Examinar documentación como copias de las facturas de venta, órdenes de venta del cliente, y otra correspondencia que sustente la parte impaga de los saldos de las cuentas.

   Después de haber determinado el riesgo residual de auditoría, estableceremos la extensión de las pruebas para obtener un grado razonable de seguridad que el objetivo de auditoría de existencia/ocurrencia es alcanzado.
5. Revisar el corte al momento de tomarse el inventario y a final de año (si fueran distintos):
   - ✓ Para las ventas seleccionadas para períodos anteriores y posteriores a la fecha de corte, examinar los respectivos registros de embarque de los productos y servicios prestados para determinar que las facturas de venta están registradas como ventas en el período apropiado (recuerde que para que una venta se entienda realizada, se debe haber transferido el dominio de los bienes; por lo tanto, es fundamental que para que se reconozca un ingreso por venta, se haya producido el despacho respectivo de los bienes que le dieron origen).
   - ✓ Para las notas de crédito (débito) seleccionadas para períodos anteriores y posteriores a la fecha de corte, examinar los respectivos registros de devoluciones y reclamos de los clientes para determinar que las notas de crédito (débito) están registradas en el período apropiado.
   - ✓ Determinar si hay grandes volúmenes poco usuales de artículos devueltos después de fin de año.

Nota: Considerar los procedimientos de control del cliente. Si ellos no incluyen el corte, establecer la extensión de las pruebas para obtener un alto grado de seguridad que el objetivo de corte es alcanzado.

El auditor a menudo efectúa pruebas de sustentación dirigidas al objetivo de corte. En los grandes negocios, el auditor debe considerar si el riesgo de errores en el corte pudiera tener un efecto importante en los estados financieros.

Esta prueba requiere una decisión sobre la extensión de las pruebas. El auditor debe usar el juicio al determinar la extensión de las pruebas después de considerar factores tales como la determinación del riesgo de control, los procedimientos especiales realizados por el cliente, el tipo y frecuencia de errores en años anteriores y la seguridad esperada de otras pruebas (por ejemplo, pruebas de totalidad).

6. Evaluar la suficiencia de la provisión para las cuentas dudosas para el año en curso, dando consideración, por ejemplo, a:
   - ✓ Cuentas que parecen controvertidas.
   - ✓ Variaciones poco usuales en los saldos.
   - ✓ Cuentas específicas vencidas y deterioro de la antigüedad de las cuentas.
   - ✓ Niveles de ventas y de cancelaciones.
   - ✓ Margen histórico en la provisión.
   - ✓ Cobros en efectivo posteriores a la fecha de valuación.
   - ✓ Condiciones económicas que afectan tanto a la compañía como a sus clientes (por ejemplo, restricciones a las remesas de clientes extranjeros).
   - ✓ Evidencia de la imposibilidad de los clientes de cumplir con las condiciones del crédito (por ejemplo, recibir pagarés como cancelación de las cuentas por cobrar).
   - ✓ Niveles inusuales de productos devueltos y productos con problemas de calidad.
7. Solicitar un listado detallado de los documentos en cartera (cheques, letras, pagarés, etcétera) a la fecha de realización del procedimiento; efectúe un cotejo de la información contenida en el documento (beneficiario, fecha de vencimiento, monto, moneda, etcétera); lo anterior, siempre en presencia del(os) custodio(s). Para todas aquellas situaciones de excepción, documentos faltantes y/o sobrantes, preparar un análisis detallado.

Colegio de Contadores y Auditores S.A. Auditoría al 31 de diciembre de 2027	G1
Programa de trabajo **Cuentas por cobrar y pagar relacionadas**	Preparado por:
	Fecha:
	Revisado por:
	Fecha:

Propósito:

El propósito de este programa de auditoría es agrupar las aseveraciones de los estados financieros con los objetivos de auditoría y las aseveraciones de los estados financieros y vincular la evaluación de los riesgos de que ocurran errores e irregularidades significativos (REIS) con los procedimientos planeados para la auditoría.

Este programa de trabajo debe incluir:

- ✓ Un resumen de los objetivos de auditoría relacionados con este rubro y si los mismos son críticos.
- ✓ Las aseveraciones de los estados financieros que se combinaron en cada objetivo de auditoría.
- ✓ La evaluación del riesgo de que ocurran errores e irregularidades significativos en cada objetivo de auditoría.
- ✓ Los procedimientos planeados para obtener evidencia de auditoría que respalde los riesgos de que ocurran errores e irregularidades significativos para cada objetivo de auditoría.
- ✓ Los procedimientos planeados para el resto del trabajo de auditoría.

Objetivos:

a. Comprobar la integridad, existencia, propiedad y valuación de los documentos y cuentas con empresas relacionadas de la compañía.
b. Verificar la exactitud de los documentos y cuentas con empresas relacionadas de la compañía con documentación de respaldo suficiente.
c. Determinar que los saldos de los documentos y cuentas con empresas relacionadas se presenten adecuadamente en los estados financieros.

Evaluación del riesgo:

Describa la evaluación del riesgo de que ocurran errores e irregularidades significativos para el objetivo de auditoría, como alto (A), moderado (M) o bajo (B). Proporcione también un razonamiento para esta evaluación.

El riesgo de que ocurran errores e irregularidades significativos representa una evaluación combinada de los riesgos inherentes y de control. La consideración al evaluar el riesgo de que ocurran errores e irregularidades significativos difiere sobre la base de si los objetivos de auditoría incluyen los efectos para los estados financieros de controles asociados a nivel de ciclos de negocios o a nivel de cuentas de los estados financieros (Documente su razonamiento).

Aseveraciones de auditoría:

- ✓ *Integridad*: se han registrado todas las transacciones y eventos que debieran haberse registrado.
- ✓ *Existencia*: los activos, pasivos e intereses de participación existen.
- ✓ *Exactitud*: las cantidades y otros datos que provengan de transacciones y eventos registrados de manera apropiada.
- ✓ *Derechos y obligaciones*: la entidad posee o controla los derechos de los activos y la obligación sobre los pasivos; se logra diferenciar un pasivo de una contingencia.
- ✓ *Valuación y asignación*: los activos, pasivos e intereses de participación se incluyen en los estados financieros por los montos apropiados y cualquier ajuste de valuación o asignación resultante se registra de forma correcta.
- ✓ *Presentación y revelación*: la administración es responsable de asegurarse de que la empresa no cometa errores en el proceso de preparación de los estados financieros y que las revelaciones de las notas sean comprensibles y claras.

Riesgos:

- ✓ *Riesgo inherente*: Es propio del trabajo o proceso, que no puede ser eliminado del sistema; es decir, en todo trabajo o proceso se encontrarán riesgos para las personas o para la ejecución de la actividad en sí misma.

  En auditoría, "riesgo inherente" es la susceptibilidad del saldo de una cuenta o clase de transacciones a una representación errónea que pudiera ser de importancia relativa, individualmente o cuando se agrega con representaciones erróneas en otras cuentas o clases, asumiendo que no hubo controles internos relacionados. Un riesgo inherente es uno que se encuentra en el ambiente y afecta a varias categorías o clases de transacciones.

- *Riesgo de control*: Es el riesgo de que una representación errónea, que pudiera ser de importancia relativa individualmente o en conjunto con otras, no sea prevenida o detectada y corregida oportunamente por los sistemas de contabilidad y de control interno.

  El "riesgo de control" es el riesgo causado por las limitaciones inherentes a cualquier sistema de contabilidad y de control interno. Es esencial tener en cuenta que el riesgo de control será diferente para diferentes cuentas, dependiendo de la eficacia de los controles relacionados con cada una.

Aseveraciones		**Riesgo inherente**	**Riesgo de control**	**REIS**
Integridad (totalidad)	T			
Existencia	Ex			
Exactitud	E			
Propiedad/obligación	O			
Valuación	V			
Presentación y revelación	P			

Oportunidad:

CI: Control interno

AP: Auditoría preliminar

AF: Auditoría final

Procedimientos de auditoría

N°	**Naturaleza y alcance de los procedimientos de auditoría**	**Aseveración de auditoría a cubrir**	**Oportunidad**	**Preparado por y fecha**	**Ref P/T**
1	Solicite los análisis de todas las cuentas asociadas a los rubros y verifique sumas y referencie cruzando con la cédula guía el saldo de cada una de las cuentas	T - E	AP AF		
2	Obtenga un análisis detallado de los saldos de las cuentas que componen estos rubros y coteje los totales con el libro mayor	T	AP AF		
3	Pruebe la exactitud matemática de los análisis de las cuentas proporcionados por la compañía	Ex	AP AF		
4	Confirme los saldos de las cuentas por cobrar y por pagar con empresas relacionadas de corto y largo plazo	T - Ex - E - P	AF		

N°	Naturaleza y alcance de los procedimientos de auditoría	Aseveración de auditoría a cubrir	Oportunidad	Preparado por y fecha	Ref P/T
5	Indague con la administración e identifique las partes relacionadas a. Evalúe los procedimientos de la compañía para la identificación y contabilización de las partes relacionadas b. Pregunte al personal de la gerencia apropiado el nombre de todas las partes relacionadas y si hubo alguna transacción con esas partes durante el período c. Revise la correspondencia con la comisión del mercado financiero y otras fuentes apropiadas para los nombres de las partes relacionadas y para otras empresas en las cuales los ejecutivos y directores tienen participación en la propiedad u ocupan cargos de director o posiciones gerenciales d. Revise los listados de accionistas para identificar a los accionistas principales e. Revise las listas de los principales distribuidores y clientes y determine si constituyen partes relacionadas f. Pregunte a los auditores anteriores, principales u otros de las entidades relacionadas sobre la existencia de relaciones y en qué medida la gerencia está involucrada en transacciones importantes g. Revise las transacciones de inversión durante el período para determinar si la naturaleza y extensión de las inversiones constituyen partes relacionadas h. Revise los papeles de trabajo del año anterior por los nombres de las partes relacionadas conocidas	P	AP AF		

N°	Naturaleza y alcance de los procedimientos de auditoría	Aseveración de auditoría a cubrir	Oportunidad	Preparado por y fecha	Ref P/T
6	Identifique transacciones materiales entre partes relacionadas a. Proporcione al personal de auditoría los nombres de las partes relacionadas conocidas b. Revise las actas de las juntas del directorio y comités ejecutivos y operacionales por transacciones materiales autorizadas o discutidas c. Revise para las transacciones con partes relacionadas los poderes y otro material archivado con la comisión del mercado financiero u otros órganos reguladores d. Revise los informes de conflicto de intereses obtenidos por la compañía de sus directores y gerentes e. Revise la extensión y naturaleza de los negocios ejecutados con los principales clientes, proveedores, prestamistas y prestatarios por señales de relaciones no reveladas anteriormente f. Considere si alguna transacción está ocurriendo pero no se le está dando reconocimiento contable, tales como servicios contables, gerenciales u otros recibidos o proporcionados sin cargo, o el principal accionista absorbiendo gastos de la compañía g. Revise los registros contables por transacciones o saldos importantes, poco usuales o no periódicos (por ejemplo, préstamos a ejecutivos, directores y compañías afiliadas), poniendo principal atención a las transacciones reconocidas cerca o al final del período h. Revise las confirmaciones de acuerdos de saldos en compensación por indicios de saldos que son o están mantenidos para o por partes relacionadas i. Revise las facturas de las firmas jurídicas que hayan prestado servicios regulares o especiales para la compañía por indicios de partes relacionadas o transacciones entre partes relacionadas j. Revise las confirmaciones de los préstamos por cobrar y por pagar por indicios de garantías. Cuando se indiquen garantías, determine su naturaleza y la relación, si la hay, de los garantes con la entidad informante k. Considere examinar las cuentas de gastos de los ejecutivos para identificar transacciones importantes o poco usuales que puedan indicar la existencia de transacciones entre partes relacionadas l. Haga investigaciones o realice otros procedimientos necesarios para identificar cualquier gratificación, incluyendo aquellas que permiten a los ejecutivos o empleados usar los bienes de la compañía para fines personales	Ex	AP AF		

N°	Naturaleza y alcance de los procedimientos de auditoría	Aseveración de auditoría a cubrir	Oportunidad	Preparado por y fecha	Ref P/T
7	Identifique transacciones materiales entre partes relacionadas, y verifique con documentación de respaldo; efectúe los siguientes procedimientos: a. Obtenga un conocimiento del propósito comercial de la transacción b. Examine facturas, copias de acuerdos firmados, contratos y, si es necesario, otros documentos pertinentes c. Determine si la transacción ha sido aprobada por la junta del directorio u otros ejecutivos apropiados d. Determine los montos a ser revelados en los estados financieros e. Arregle que las auditorías de los saldos de las cuentas intercompañías se efectúen a la misma fecha, aunque el año fiscal difiera, y por el examen de las transacciones especificadas, significativas y representativas entre partes relacionadas por cada uno de los auditores de las partes, con un adecuado intercambio de la información pertinente f. Inspeccione o confirme y obtenga satisfacción en cuanto al valor y transferencia de las garantías	P	AP		
8	Determine que la revelación en los estados financieros de una entidad informante que ha participado en transacciones con partes relacionadas que son materiales, individualmente o en su conjunto, incluyen lo siguiente: a. La naturaleza de la(s) relación(es) b. Una descripción de las transacciones (cuando sea apropiado, resumida) para el período informado, incluyendo los montos, si los hay, y cualquier otra información que sea considerada como necesaria para la interpretación de los efectos en los estados financieros c. El volumen monetario de las transacciones y los efectos de cualquier cambio en el método de establecimiento de los términos de aquellos usados en el período anterior d. Montos adeudados de o a las partes relacionadas y, si no fueran aparentes, los términos y forma de cancelación	P	AF		
9	Identifique claramente las partidas que tienen efecto en el estado de flujo de efectivo al cierre del período auditado	P	AF		
10	Concluya respecto de la razonabilidad de los saldos presentados en este rubro al cierre del período auditado		AF		

Notas:

1. Enumere las pruebas de detalle que se realizarán o tome nota de que no se necesita ninguna de acuerdo con la evidencia de auditoría obtenida. Considere la suficiencia y lo adecuado de la evidencia sustantiva de auditoría que se va a obtener de los procedimientos analíticos y si son suficientes antes de decidir si corresponde realizar procedimientos sustantivos.
2. La realización de las pruebas de detalles incluye efectuar lo siguiente durante la validación de saldos:
   - ✓ Definir la población que se va a verificar.
   - ✓ Definir lo que constituye una diferencia que requiere investigación y seguimiento.
   - ✓ Escoger los métodos adecuados para seleccionar las partidas que se van a verificar.
   - ✓ Escoger las partidas para las pruebas.
     - Aplique los procedimientos de auditoría a la población.
     - Pruebe todas las partidas seleccionadas.
     - Evalúe e interprete los resultados.

Colegio de Contadores y Auditores S.A. Auditoría al 31 de diciembre de 2027		H1
Programa de trabajo **Inventarios - compras - costos**	Preparado por:	
	Fecha:	
	Revisado por:	
	Fecha:	

Propósito:

El propósito de este programa de auditoría es agrupar las aseveraciones de los estados financieros con los objetivos de auditoría y las aseveraciones de los estados financieros y vincular la evaluación de los riesgos de que ocurran errores e irregularidades significativos (REIS) con los procedimientos planeados para la auditoría.

Este programa de trabajo debe incluir:

- ✓ Un resumen de los objetivos de auditoría relacionados con este rubro y si los mismos son críticos.
- ✓ Las aseveraciones de los estados financieros que se combinaron en cada objetivo de auditoría.
- ✓ La evaluación del riesgo de que ocurran errores e irregularidades significativos en cada objetivo de auditoría.
- ✓ Los procedimientos planeados para obtener evidencia de auditoría que respalde los riesgos de que ocurran errores e irregularidades significativos para cada objetivo de auditoría.
- ✓ Los procedimientos planeados para el resto del trabajo de auditoría.

Objetivos:

a) Obtener evidencia suficiente y adecuada de que el rubro de "existencias" constituyen derechos reales, de propiedad de la entidad.

b) Obtener evidencia suficiente y adecuada de que la entidad revela en sus estados financieros la totalidad de las existencias, las cuales se presentan íntegras, exactas, existen y se encuentran correctamente valuadas en los registros contables de la Sociedad.

Evaluación del riesgo:

Describa la evaluación del riesgo de que ocurran errores e irregularidades significativos para el objetivo de auditoría, como alto (A), moderado (M) o bajo (B). Proporcione también un razonamiento para esta evaluación.

El riesgo de que ocurran errores e irregularidades significativos representa una evaluación combinada de los riesgos inherentes y de control. La consideración al evaluar el riesgo de que ocurran errores e irregularidades significativos difiere sobre la base de si los objetivos de auditoría incluyen los efectos para los estados financieros de controles asociados a nivel de ciclos de negocios o a nivel de cuentas de los estados financieros. (Documente su razonamiento)

Aseveraciones de auditoría:

- ✓ *Integridad*: se han registrado todas las transacciones y eventos que debieran haberse registrado
- ✓ *Existencia*: los activos, pasivos e intereses de participación existen
- ✓ *Exactitud*: las cantidades y otros datos que provengan de transacciones y eventos registrados de manera apropiada
- ✓ *Derechos y obligaciones*: la entidad posee o controla los derechos de los activos y la obligación sobre los pasivos; se logra diferenciar un pasivo de una contingencia
- ✓ *Valuación y asignación*: los activos, pasivos e intereses de participación se incluyen en los estados financieros por los montos apropiados y cualquier ajuste de valuación o asignación resultante se registra de forma correcta
- ✓ *Presentación y revelación*: la administración es responsable de asegurarse de que la empresa no cometa errores en el proceso de preparación de los estados financieros y que las revelaciones de las notas sean comprensibles y claras

Riesgos:

- ✓ *Riesgo inherente*: Es propio del trabajo o proceso, que no puede ser eliminado del sistema; es decir, en todo trabajo o proceso se encontrarán riesgos para las personas o para la ejecución de la actividad en sí misma.

  En auditoría, "riesgo inherente" es la susceptibilidad del saldo de una cuenta o clase de transacciones a una representación errónea que pudiera ser de importancia relativa, individualmente o cuando se agrega con representaciones erróneas en otras cuentas o clases, asumiendo que no hubo controles internos relacionados. Un riesgo inherente es uno que se encuentra en el ambiente y afecta a varias categorías o clases de transacciones.

- *Riesgo de control*: Es el riesgo de que una representación errónea, que pudiera ser de importancia relativa individualmente o en conjunto con otras, no sea prevenida o detectada y corregida oportunamente por los sistemas de contabilidad y de control interno.

  El "riesgo de control" es el riesgo causado por las limitaciones inherentes a cualquier sistema de contabilidad y de control interno. Es esencial tener en cuenta que el riesgo de control será diferente para diferentes cuentas, dependiendo de la eficacia de los controles relacionados con cada una.

Aseveraciones		Riesgo inherente	Riesgo de control	REIS
Integridad (totalidad)	T			
Existencia	Ex			
Exactitud	E			
Propiedad/obligación	O			
Valuación	V			
Presentación y revelación	P			

Oportunidad:

CI: Control interno

AP: Auditoría preliminar

AF: Auditoría final

Procedimientos de auditoría

N°	Naturaleza y alcance de los procedimientos de auditoría	Aseveración de auditoría a cubrir	Oportunidad	Preparado por y fecha	Ref P/T
	Existencias Procedimientos analíticos				
1	Efectué un análisis de saldos comparando el período sujeto a auditoría con el período anterior, e indague las principales variaciones del rubro	P	AP AF		
2	Indague, con la gerencia, los procedimientos relacionados con la administración de los inventarios, controles efectuados, responsables de la custodia, metodología de costeo, etcétera. Efectúe una narrativa describiendo cómo es realizado el ciclo de inventarios, detallando sus entradas, procesos y salidas	-	AP		

N°	Naturaleza y alcance de los procedimientos de auditoría	Aseveración de auditoría a cubrir	Oportunidad	Preparado por y fecha	Ref P/T
	Procedimientos sustantivos				
	Coordine con la administración de la sociedad el inventario físico de las existencias a la fecha de corte indicada				
3	Efectúe las pruebas siguientes para la verificación de existencias: verifique la aseveración de existencias mediante los inventarios presenciados por los auditores versus los inventarios valorizados al final del período Realice la prueba de precios para verificar la aseveración de exactitud de los inventarios Realice la prueba de costo de mercado al 31 de diciembre, para probar la aseveración de valuación de las existencias				
4	Solicite el análisis de la provisión de obsolescencia efectuado por la administración; concilie dicha información con mayor contable y con nuestra documentación de los inventarios observados. Determine si las partidas de lento movimiento, obsoletas, de desecho o dañadas han sido identificadas adecuadamente por medio de: a. Obtenga o revise un grupo de partidas que han mostrado muy poco o ningún movimiento reciente b. Revise los registros detallados del inventario, kárdex, etcétera c. Revise los informes periódicos a la gerencia con respecto a dicha información d. Discuta con la gerencia las cantidades que se conservan a la luz de los requerimientos actuales de producción, pedidos de venta recibidos y futuras proyecciones de mercado; examine documentación, incluyendo, si es apropiado, listados de antigüedades de los saldos del inventario, que sustenten la información obtenida e. Discuta con la gerencia si es que algún monto importante del inventario puede no ser realizable a causa de demoras o disputas importantes, trabajos defectuosos, dificultades en comercialización, etcétera f. Revise los precios asignados a dichas existencias y determine si dichos precios están en exceso del valor neto de realización	V	AP		

N°	Naturaleza y alcance de los procedimientos de auditoría	Aseveración de auditoría a cubrir	Oportunidad	Preparado por y fecha	Ref P/T
5	Haga o pruebe las provisiones sobre la valorización de los productos en proceso Considere si se requiere alguna provisión para las partidas de los productos en proceso, donde el costo a la fecha y los costos estimados de terminación y liquidación exceden los valores de los pedidos o los precios de venta	V	AP AF		
6	Haga o pruebe las provisiones sobre la valorización de los productos terminados Considere si se requiere alguna provisión, porque los valores libros de los productos terminados exceden los precios de venta	V	AP AF		
7	Obtenga información para la revelación del inventario, y el método de costeo utilizado Determine si se ha obtenido la información apropiada para las revelaciones requeridas en los estados financieros	P	AP AF		
8	Revise las provisiones para la valorización del inventario a fin de año. Revise la suficiencia de las provisiones para la valorización del inventario por medio de: a. Considere cambios en las condiciones del riesgo inherente, que afectan a la industria b. Investigue con la gerencia con respecto a cambios importantes en la condición de los inventarios de lento movimiento, obsoletos, de desecho o dañados, estrategias de mercado y precios de venta desde la fecha de la prueba de sustentación anticipada c. Cuando sea factible y apropiado, efectúe procedimientos analíticos	V	AF		
9	Pruebe la conversión de los saldos registrados en moneda extranjera. Determine si algunos inventarios están en monedas extranjeras y, si es así, si han sido convertidos apropiadamente	E	AF		
10	Efectúe procedimientos analíticos sustantivos, análisis de tendencias del ejercicio para los costos de ventas y los ingresos de explotación. Solicite explicación cuando los márgenes de contribución hayan tenido variaciones importantes	Ex - E	AF		

N°	Naturaleza y alcance de los procedimientos de auditoría	Aseveración de auditoría a cubrir	Oportunidad	Preparado por y fecha	Ref P/T
11	Realice procedimientos cuando se efectúen pruebas anticipadas de los saldos hasta la fecha de cierre de los estados financieros Cuando se hayan realizado pruebas de sustentación a una fecha anticipada, realice los siguientes procedimientos a la fecha del balance: a. Actualice el resumen obtenido en el paso del programa "Obtener o preparar un resumen comparativo de los saldos del inventario" para incluir los totales tanto de la fecha de las pruebas de sustentación anticipadas como a la fecha del balance. Coteje los saldos de fin de año con el libro mayor b. Determine si ha habido cambios significativos en la estructura de control interno o en los procedimientos contables importantes desde la fecha de las pruebas anticipadas c. Obtenga explicaciones de las fluctuaciones no esperadas en los saldos de las cuentas d. Considere la naturaleza y la causa de los ajustes efectuados a la fecha de la prueba de sustentación anticipada y evalúe la posibilidad de que estas causas puedan crear errores importantes en los saldos del inventario a la fecha del balance e. Asegúrese de que cualquier asunto relevante acarreado desde la fecha anticipada haya sido resuelto satisfactoriamente f. Revise los procedimientos del cliente para un corte apropiado g. Revise los indicadores clave de ejecución y la información de la gerencia y realice procedimientos analíticos factibles y apropiados para asegurarse si es que ha habido errores importantes en el saldo de la cuenta desde la prueba de sustentación anticipada y que el cliente cuenta con un corte apropiado a la fecha del balance h. Escudriñe las fuentes de los asientos de las cuentas en el libro mayor e investigue las fuentes o importes poco usuales. Si es necesario, examine la propiedad de transacciones específicas en el período intermedio	Ex - E	AF		
	Cuentas por pagar (pruebas de pasivos no registrados)				
12	Verifique que los saldos de los análisis de cuentas coincidan con el libro mayor a la fecha de cierre de los estados financieros	E			
13	Pruebe la exactitud matemática de los análisis de las cuentas proporcionados por la compañía	Ex			

N°	Naturaleza y alcance de los procedimientos de auditoría	Aseveración de auditoría a cubrir	Oportunidad	Preparado por y fecha	Ref P/T
14	Solicite los comprobantes de egresos emitidos con posterioridad a la fecha de revisión de los estados financieros y verifique que las facturas pagadas que posean fecha de vencimiento anterior a la fecha de nuestra revisión se encuentren registradas en la cuenta de pasivo respectiva a la fecha de corte correspondiente	P	AP AF		
15	Solicite los libros de compras parciales o definitivos posteriores a la fecha de nuestra revisión de los estados financieros; posteriormente depure el libro por fecha de emisión de la factura y considere los documentos que se hayan emitido con fecha igual o anterior a la de nuestra revisión; posteriormente verifique que estas facturas se encuentren provisionadas a la fecha de corte de los estados financieros	-	AP		
16	Concluya los procedimientos realizados y la evaluación final del REIS		AF		

Notas:

1. Enumere las pruebas de detalle que se realizarán o tome nota de que no se necesita ninguna de acuerdo con la evidencia de auditoría obtenida. Considere la suficiencia y lo adecuado de la evidencia sustantiva de auditoría que se va a obtener de los procedimientos analíticos y si son suficientes antes de decidir si corresponde realizar procedimientos sustantivos.
2. La realización de las pruebas de detalles incluye efectuar lo siguiente durante el análisis de los procesos:
   - ✓ Definir la población que se va a verificar.
   - ✓ Definir lo que constituye una diferencia que requiere investigación y seguimiento.
   - ✓ Escoger los métodos adecuados para seleccionar las partidas que se van a verificar.
   - ✓ Escoger las partidas para las pruebas.
   - ✓ Aplique los procedimientos de auditoría a la población.
   - ✓ Pruebe todas las partidas seleccionadas.
   - ✓ Evalúe e interprete los resultados.
3. Guías de ejecución. Permiten al auditor en terreno orientación para realizar el trabajo.

- ✓ *Guía de ejecución:* el auditor observa y prueba, cuando es necesario, los procedimientos del cliente y los controles sobre estos, incluyendo la agilidad y habilidad de los contadores (y, si es aplicable, la verificación del conteo); el cuidado con que cuentan, mide y pesan; su capacidad para identificar y describir el inventario; y los métodos utilizados para asegurar que ningún ítem del inventario es omitido o duplicado. El auditor, además, debe observar los arreglos físicos y las condiciones del inventario y asegurar que los artículos con lento movimiento, obsoletos o dañados están separados. Finalmente, el auditor debe observar la presencia de personal de supervisión y el total cumplimiento a las instrucciones del inventario del cliente.
- ✓ *Guía de ejecución:* en el punto 2 anterior, cuando se determinen los sitios para el inventario, el auditor deberá considerar la naturaleza de los negocios del cliente. Por ejemplo, negocios con ventas en ruta y con operaciones de entrega pueden tener inventarios en varios vehículos que usen para este propósito; los negocios que reconstituyen productos para su reventa pueden tener componentes de estos productos en sitios remotos o en manos de terceros para su restauración.
- ✓ *Guía de ejecución:* en el punto 3 anterior, deberá ejercitarse el buen juicio para determinar el número de pruebas de conteo que deban hacerse tomando en consideración, entre otras cosas, los inventarios con características especiales, tales como de alto valor o con susceptibilidad de hurto, lo adecuado de los controles del cliente sobre el conteo y de la pericia y diligencia de las personas que realizan los conteos. El muestreo no es apropiado para determinar la extensión de las pruebas, porque el auditor no intenta proyectar un error. Esta es una aplicación de aceptación/rechazo.
- ✓ *Guía de ejecución:* el auditor comúnmente efectúa esta prueba, porque los informes de inventario puede que se hagan con poca frecuencia o solamente al final del período y, como consecuencia, puede existir el riesgo de que el programa del computador haya sido alterado desde la última vez que se usó. El auditor deberá considerar la confiabilidad del sistema que genera los informes de inventario (por ejemplo, si se usan programas de paquete con seguridad). Con frecuencia también es apropiado escudriñar el listado en busca de cantidades, precios y multiplicaciones poco usuales.
- ✓ *Guía de ejecución:* al realizar juicios de valuación, el auditor debe considerar el conocimiento obtenido acerca del negocio y la industria del cliente, áreas críticas de riesgo relacionadas, la información financiera y operativa y otra

información apropiada que pudiera afectar la valuación de los inventarios; por ejemplo:

- ✓ Adelantos tecnológicos que pudieran convertir en obsoletos los inventarios.
- ✓ La suficiencia y la confiabilidad de la información de la gerencia para las pruebas de valuación.
- ✓ Nuevas líneas de productos y futuras proyecciones y planes de mercado.
- ✓ La posición competitiva de la compañía dentro del mercado para sus productos.
- ✓ Condiciones económicas y, en jurisdicciones del extranjero, la estabilidad política de los gobiernos.
- ✓ Las tendencias normativas en jurisdicciones locales y del extranjero.
- ✓ Otras materias que pudieran tener un efecto sobre las decisiones de la valuación del inventario.

Colegio de Contadores y Auditores S.A. Auditoría al 31 de diciembre de 2027	I1 Planeación
Programa de trabajo **Impuestos**	Preparado por:
	Fecha:
	Revisado por:
	Fecha:

Propósito:

El propósito de este programa de auditoría es agrupar las aseveraciones de los estados financieros con los objetivos de auditoría y las aseveraciones de los estados financieros y vincular la evaluación de los riesgos de que ocurran errores e irregularidades significativos (REIS) con los procedimientos planeados para la auditoría.

Este programa de trabajo debe incluir:

- ✓ Un resumen de los objetivos de auditoría relacionados con este rubro y si los mismos son críticos.
- ✓ Las aseveraciones de los estados financieros que se combinaron en cada objetivo de auditoría.
- ✓ La evaluación del riesgo de que ocurran errores e irregularidades significativos en cada objetivo de auditoría.
- ✓ Los procedimientos planeados para obtener evidencia de auditoría que respalde los riesgos de que ocurran errores e irregularidades significativos para cada objetivo de auditoría.
- ✓ Los procedimientos planeados para el resto del trabajo de auditoría.

Objetivos:

a) Comprobar la integridad, existencia, obligación y valuación de los impuestos de la compañía.

b) Verificar la exactitud de los impuestos de la compañía de acuerdo a la normativa vigente.

c) Determinar que los saldos de impuestos y cuentas relacionadas se presenten adecuadamente en los estados financieros.

Evaluación del riesgo:

Describa la evaluación del riesgo de que ocurran errores e irregularidades significativos para el objetivo de auditoría, como alto (A), moderado (M) o bajo (B). Proporcione también un razonamiento para esta evaluación.

El riesgo de que ocurran errores e irregularidades significativos representa una evaluación combinada de los riesgos inherentes y de control. La consideración al evaluar el riesgo de que ocurran errores e irregularidades significativos difiere sobre la base de si los objetivos de auditoría incluyen los efectos para los estados financieros de controles asociados a nivel de ciclos de negocios o a nivel de cuentas de los estados financieros (Documente su razonamiento).

Aseveraciones de auditoría:

- ✓ *Integridad*: se han registrado todas las transacciones y eventos que debieran haberse registrado.
- ✓ *Existencia*: los activos, pasivos e intereses de participación existen.
- ✓ Exactitud: las cantidades y otros datos que provengan de transacciones y eventos registrados de manera apropiada.
- ✓ *Derechos y obligaciones*: la entidad posee o controla los derechos de los activos y la obligación sobre los pasivos; se logra diferenciar un pasivo de una contingencia.
- ✓ *Valuación y asignación*: los activos, pasivos e intereses de participación se incluyen en los estados financieros por los montos apropiados y cualquier ajuste de valuación o asignación resultante se registra de forma correcta.
- ✓ *Presentación y revelación*: la administración es responsable de asegurarse de que la empresa no cometa errores en el proceso de preparación de los estados financieros y que las revelaciones de las notas sean comprensibles y claras.

Riesgos:

- ✓ *Riesgo inherente*: Es propio del trabajo o proceso, que no puede ser eliminado del sistema; es decir, en todo trabajo o proceso se encontrarán riesgos para las personas o para la ejecución de la actividad en sí misma.

  En auditoría, "riesgo inherente" es la susceptibilidad del saldo de una cuenta o clase de transacciones a una representación errónea que pudiera ser de importancia relativa, individualmente o cuando se agrega con representaciones erróneas en otras cuentas o clases, asumiendo que no hubo controles

internos relacionados. Un riesgo inherente es uno que se encuentra en el ambiente y afecta a varias categorías o clases de transacciones.

- *Riesgo de control*: Es el riesgo de que una representación errónea, que pudiera ser de importancia relativa individualmente o en conjunto con otras, no sea prevenida o detectada y corregida oportunamente por los sistemas de contabilidad y de control interno.

  El "riesgo de control" es el riesgo causado por las limitaciones inherentes a cualquier sistema de contabilidad y de control interno. Es esencial tener en cuenta que el riesgo de control será diferente para diferentes cuentas, dependiendo de la eficacia de los controles relacionados con cada una.

Aseveraciones		**Riesgo inherente**	**Riesgo de control**	**REIS**
Integridad (totalidad)	T			
Existencia	Ex			
Exactitud	E			
Propiedad/obligación	O			
Valuación	V			
Presentación y revelación	P			

Oportunidad:

CI: Control interno

AP: Auditoría preliminar

AF: Auditoría final

Procedimientos de auditoría

N°	Naturaleza y alcance de los procedimientos de auditoría	Aseveración de auditoría a cubrir	Oportunidad	Preparado por y fecha	Ref P/T
1	Solicite los análisis de todas las cuentas asociadas al rubro y verifique sumas y referencie cruzando con la cédula guía el saldo de cada una de las cuentas del mayor general	T - E	AF		
2	Obtenga un análisis detallado de los saldos de impuestos por recuperar y cotejar los totales con el libro mayor	T	AF		
3	Pruebe la exactitud de la documentación sustentadora; obtenga la documentación sustentadora (formularios 29, facturas, declaraciones, Sence y libros de compraventa); verifique la exactitud de las partidas que componen el saldo	E - Ex	AF		
4	Obtenga los factores de actualización y reprocese la actualización por corrección monetaria de las partidas que correspondan	E - Ex	AF		
5	Recalcule la valorización de los pagos provisionales mensuales: a) Verifique la tasa de pago provisional mensual utilizada b) Verifique cálculo de la tasa utilizada c) Verifique correlación de pagos provisionales mensuales con declaración mensual de impuestos d) Revise criterio de corrección monetaria y efectúe recálculo de la misma	Ex	AF		
6	Examine la cuenta crédito fiscal de acuerdo al siguiente detalle: a) Verifique monto del libro de compras con formulario 29 b) Verifique pago posterior con declaración de impuestos mensuales c) Verifique si los créditos registrados están conformes d) Efectúe conciliación entre mayor, declaración y libro de I.V.A.	Ex - V - O	AF		
7	Efectúe revisión de los gastos de capacitación de acuerdo al siguiente detalle: a) Solicite formulario de autorización del monto a cubrir por las capacitaciones y su respectiva resolución b) Efectúe reproceso del monto autorizado y del gasto efectivo (el monto aceptado no podrá ser superior al 1% sobre el total de las remuneraciones brutas) c) Verifique que el personal que ha sido capacitado pertenezca a la compañía	Ex - V	AF		
8	Verifique adecuada presentación y revelación de impuestos por recuperar en los estados financieros (1)	P	AF		
9	Obtenga un listado detallado de los saldos de impuestos diferidos y coteje los totales con el libro mayor	T	AF		

N°	Naturaleza y alcance de los procedimientos de auditoría	Aseveración de auditoría a cubrir	Oportunidad	Preparado por y fecha	Ref P/T
10	Obtenga detalle de las diferencias imponibles y deducibles de la compañía al cierre del ejercicio. Efectué reproceso de los impuestos diferidos y cotéjelos con el detalle de la cuenta a la fecha de cierre. Verifique el cumplimiento de la NIC 12 (impuestos a las ganancias)	E - Ex - V	AF		
11	Efectúe reproceso de la amortización de las cuentas complementarias a la fecha de cierre	E - Ex - V	AF		
12	Verifique la correcta clasificación en el corto de acuerdo a las condiciones establecidas en la NIC 12	P	AF		
13	Obtenga y verifique que no existan diferencias en el memo tributario a la fecha de cierre. Compare los resultados finales con los registrados en el listado detallado	T - E - Ex - V - P	AF		
14	Obtenga un listado detallado de la provisión impuesto renta determinada por el cliente (RLI)	T	AF		
15	Coteje los resultados del memo tributario con los saldos registrados a la fecha de cierre	Ex - V			
16	Verifique la correcta clasificación del impuesto renta (2)	P	AF		
17	Obtenga el cálculo de la determinación del capital propio tributario inicial y sus variaciones del ejercicio	P	AF		
18	Determine si los impuestos a la renta han sido adecuadamente reflejados en los estados financieros y revelados en las respectivas notas	P	AF		
19	Obtenga un análisis de los gastos rechazados afectos al impuesto único del artículo 21 de la ley de la renta (agregados a la renta líquida)	P	AF		
20	Examine las cuentas de resultados que pudieran incluir gastos rechazados	P	AF		
21	Concluya respecto de la razonabilidad de los saldos presentados en este rubro al cierre del período auditado		AF		

Notas:

1. Cerciórese de que los saldos han sido adecuadamente presentados en los estados financieros, en el sentido que, si existen impuestos por pagar, estos deben presentarse netos de impuestos por recuperar y que junto con ello se prepare una nota a los estados financieros.
2. Analice los montos de la provisión de impuestos y de los PPM pagados durante el año. Determine la posición neta y verifique su correcta clasificación en activo

(impuestos por recuperar) o pasivo (provisión de impuesto), dependiendo del saldo.

3. Obtenga un análisis comparativo de la provisión para el impuesto a la renta imponible y, si procede, del pasivo o activo por impuestos diferidos, incluyendo:
    - ✓ Descripción de las cuentas.
    - ✓ Saldos al inicio del período.
    - ✓ Montos contabilizados en el ejercicio.
    - ✓ Pagos efectuados en el ejercicio.
    - ✓ Otras transferencias o ajustes efectuados durante el ejercicio.
    - ✓ Saldos finales del ejercicio.
    - ✓ Comparar los saldos iniciales y finales con el libro mayor y los papeles de trabajo del año anterior respecto a los saldos iniciales.
    - ✓ Verificar la exactitud matemática de los análisis.
4. La determinación de impuestos diferidos se debe efectuar para cada empresa que sea una entidad afecta al impuesto a la renta. La determinación de los impuestos diferidos incluye los siguientes pasos:
    - ✓ Identificar los tipos y montos de diferencias temporarias e identificar la naturaleza y monto de las pérdidas tributarias que implican un beneficio tributario.
    - ✓ Calcular el pasivo por impuesto diferido total para las diferencias temporarias imponibles, aplicando la tasa de impuesto vigente.
    - ✓ Calcular el activo por impuesto diferido total para las diferencias temporarias deducibles, aplicando la tasa de impuesto vigente.
    - ✓ Calcular el activo por impuesto diferido por la existencia de pérdidas tributarias que implican un beneficio tributario, ya sea por la aplicación de dicha pérdida a utilidades tributarias anteriores y/o futuras.
    - ✓ Ajustar los activos por impuestos diferidos mediante una cuenta de provisión de valuación si, en base a la evidencia disponible, es probable que parte o todo el activo impuesto diferido no será realizado.
    - ✓ Calcular el correspondiente impuesto diferido originado por la valorización de activos a su valor de mercado, cuyo ajuste respecto de su valor de libros es registrado en patrimonio.
5. Consultar con la gerencia de finanzas, y/o abogados de la empresa, respecto a las contingencias tributarias.

- Evaluar la validez de cualquier contingencia tributaria contabilizada en ejercicios anteriores y evaluar su razonabilidad a la luz de las materias tributarias pendientes informadas por los abogados en nuestra revisión. Considerar las revisiones efectuadas por el S.I.I.
- Investigar el estado de cualquier revisión del S.I.I. que se encuentre en desarrollo. Determinar si el cliente resolvió todas las materias de impuestos del año anterior y el estado de cualquier otra situación tributaria.
- Para las revisiones del S.I.I. terminadas durante el año, identificar la naturaleza de cualquier materia resuelta y examinar las resoluciones u oficios emitidos por el S.I.I. producto de estas revisiones y evaluar sus efectos en las provisiones de impuestos y en los estados financieros. Asimismo, si procede, evaluar sus efectos en los activos y pasivos de impuestos diferidos.
- Si producto de las revisiones del S.I.I. se efectuaron pagos o se giraron diferencias de impuestos, verificar si los cálculos fueron revisados por el cliente antes de cancelar o de responder tales demandas. Considerar si las diferencias de impuestos corresponden a diferencias permanentes y evaluar si es necesario efectuar ajustes a la utilidad devengada para efectos tributarios correspondientes al ejercicio anterior. Determinar que se efectúe el ajuste apropiado en los estados financieros por la diferencia de impuestos señalada anteriormente.
- Examinar las eventuales devoluciones de impuestos del año anterior, que aún no han sido examinadas por el S.I.I. para aquellos ítems similares a aquellos objetados en la revisión por el S.I.I. de impuestos del año actual. Determinar si son necesarias provisiones adicionales.
- Identificar otras materias de impuestos que pudieran dar origen a contingencias y considerar si el cliente podrá verse afectado con multas o intereses y, de ser así, si ellas deben ser provisionadas.
- Determinar si el cliente ha considerado las obligaciones surgidas en estas revisiones al preparar su declaración de impuestos del ejercicio actual.

Colegio de Contadores y Auditores S.A. Auditoría al 31 de diciembre de 2027 **Programa de trabajo** **Otros activos corrientes y no corrientes**	J1
	Preparado por:
	Fecha:
	Revisado por:
	Fecha:

Propósito:

El propósito de este programa de auditoría es agrupar las aseveraciones de los estados financieros con los objetivos de auditoría y las aseveraciones de los estados financieros y vincular la evaluación de los riesgos de que ocurran errores e irregularidades significativos (REIS) con los procedimientos planeados para la auditoría.

Este programa de trabajo debe incluir:

- ✓ Un resumen de los objetivos de auditoría relacionados con este rubro y si los mismos son críticos.
- ✓ Las aseveraciones de los estados financieros que se combinaron en cada objetivo de auditoría.
- ✓ La evaluación del riesgo de que ocurran errores e irregularidades significativos en cada objetivo de auditoría.
- ✓ Los procedimientos planeados para obtener evidencia de auditoría que respalde los riesgos de que ocurran errores e irregularidades significativos para cada objetivo de auditoría.
- ✓ Los procedimientos planeados para el resto del trabajo de auditoría.

Objetivos:

a) Obtener evidencia suficiente y adecuada de que el rubro de constituyen derechos reales, de propiedad de la entidad.

b) Obtener evidencia suficiente y adecuada que la entidad, revela en sus estados financieros la totalidad de las cuentas por cobrar y a su vez se presentan integras y exactas y existen en los registros contables de la Sociedad.

Evaluación del riesgo:

Describa la evaluación del riesgo de que ocurran errores e irregularidades significativos para el objetivo de auditoría, como alto (A), moderado (M) o bajo (B). Proporcione también un razonamiento para esta evaluación.

El riesgo de que ocurran errores e irregularidades significativos representa una evaluación combinada de los riesgos inherentes y de control. La consideración al evaluar el riesgo de que ocurran errores e irregularidades significativos difiere sobre la base de si los objetivos de auditoría incluyen los efectos para los estados financieros de controles asociados a nivel de ciclos de negocios o a nivel de cuentas de los estados financieros. (Documente su razonamiento).

Aseveraciones de auditoría:

- ✓ *Integridad*: se han registrado todas las transacciones y eventos que debieran haberse registrado.
- ✓ *Existencia*: los activos, pasivos e intereses de participación existen.
- ✓ Exactitud: las cantidades y otros datos que provengan de transacciones y eventos registrados de manera apropiada.
- ✓ *Derechos y obligaciones*: la entidad posee o controla los derechos de los activos y la obligación sobre los pasivos; se logra diferenciar un pasivo de una contingencia.
- ✓ *Valuación y asignación*: los activos, pasivos e intereses de participación se incluyen en los estados financieros por los montos apropiados y cualquier ajuste de valuación o asignación resultante se registra de forma correcta.
- ✓ *Presentación y revelación*: la administración es responsable de asegurarse de que la empresa no cometa errores en el proceso de preparación de los estados financieros y que las revelaciones de las notas sean comprensibles y claras.

Riesgos:

- ✓ *Riesgo inherente*: Es propio del trabajo o proceso, que no puede ser eliminado del sistema; es decir, en todo trabajo o proceso se encontrarán riesgos para las personas o para la ejecución de la actividad en sí misma.

  En auditoría, "riesgo inherente" es la susceptibilidad del saldo de una cuenta o clase de transacciones a una representación errónea que pudiera ser de importancia relativa, individualmente o cuando se agrega con representaciones erróneas en otras cuentas o clases, asumiendo que no hubo controles

internos relacionados. Un riesgo inherente es uno que se encuentra en el ambiente y afecta a varias categorías o clases de transacciones.

✓ *Riesgo de control*: Es el riesgo de que una representación errónea, que pudiera ser de importancia relativa individualmente o en conjunto con otras, no sea prevenida o detectada y corregida oportunamente por los sistemas de contabilidad y de control interno.

El "riesgo de control" es el riesgo causado por las limitaciones inherentes a cualquier sistema de contabilidad y de control interno. Es esencial tener en cuenta que el riesgo de control será diferente para diferentes cuentas, dependiendo de la eficacia de los controles relacionados con cada una.

Aseveraciones		**Riesgo inherente**	**Riesgo de control**	**REIS**
Integridad (totalidad)	T			
Existencia	Ex			
Exactitud	E			
Propiedad/obligación	O			
Valuación	V			
Presentación y revelación	P			

Oportunidad:

CI: Control interno

AP: Auditoría preliminar

AF: Auditoría final

Procedimientos de auditoría

N°	Naturaleza y alcance de los procedimientos de auditoría	Aseveración de auditoría a cubrir	Oportunidad	Preparado por y fecha	Ref P/T
1	Solicite los análisis de todas las cuentas asociadas a los rubros y verifique sumas y referencie cruzando con la cédula guía el saldo de cada una de las cuentas del mayor general	T - E	AP AF		
2	Obtenga un análisis detallado de los saldos de las cuentas que componen estos rubros y coteje los totales con el libro mayor	T	AP AF		
3	Pruebe la exactitud matemática de los análisis de las cuentas proporcionados por la compañía	Ex	AP AF		
4	Indague con la administración la naturaleza de las cuentas contables. Confeccione un análisis conceptual de las principales partidas que componen el saldo de la cuenta	T	AP		
5	Pruebe la existencia y exactitud de las partidas que conforman la cuenta con documentación sustentadora. Pruebe la documentación de los montos principales para determinar que está matemáticamente exacto	E - Ex	AP AF		
6	Si existen partidas relacionadas con deudas por cobrar al personal de la sociedad, verifique si los empleados corresponden a trabajadores vigentes y que los descuentos se realizan a través de planilla de remuneraciones	Ex	AP		
7	Pruebe la conversión de los saldos de cuentas por cobrar registradas en moneda extranjera	Ex	AF		
8	Verifique la antigüedad de las partidas incluidas en el rubro y la probabilidad de cobranza	V	AF		
9	Obtenga información para revelación. Determine si se ha obtenido la información apropiada para las revelaciones requeridas en los estados financieros	P	AF		
10	Obtenga un entendimiento de las políticas contables referentes a los gastos anticipados y un análisis de esas cuentas, incluyendo: a. Descripción de las cuentas b. Saldos al principio del período c. Adiciones d. Cantidades gastadas o canceladas durante el período e. Saldos al final del período f. Coteje los saldos iniciales y finales con el libro mayor y los papeles de trabajo del año anterior	T - Ex	AP		

N°	Naturaleza y alcance de los procedimientos de auditoría	Aseveración de auditoría a cubrir	Oportunidad	Preparado por y fecha	Ref P/T
11	Obtenga la documentación sustentadora (facturas, pólizas de seguro, contratos de arriendo); verifique la exactitud de las partidas que componen el saldo	E - Ex - O	AP		
12	Reprocese o aplique procedimientos analíticos para probar los saldos de las cuentas al final del período	E	AF		
13	Compare los gastos y castigos con las cuentas del estado de resultados (1)	T - E - P	AF		
14	Obtenga información para la revelación de los gastos anticipados	P	AF		
15	Obtenga un listado detallado de los saldos de otros activos y coteje los totales con el libro mayor	T	AF		
16	Pruebe la exactitud de la documentación sustentatoria de las partidas que conforman el rubro	T - E - Ex	AF		
17	Para las cuentas de intangibles (activos de largo plazo), considere los mismos procedimientos de los gastos pagados por anticipado	T - E - Ex - V - P	AP AF		
18	Para las cuentas de otros (activos no corrientes), considere los mismos procedimientos de los otros activos corrientes	T - E - Ex - P	AP AF		
19	Identifique claramente las partidas que tienen efecto en el estado de flujo de efectivo al cierre del período auditado	P	AF		
20	Concluya respecto de la razonabilidad de los saldos presentados en este rubro al cierre del período auditado		AF		

Nota:

Comparar las cantidades gastadas o canceladas con las cuentas del estado de resultados. Investigar las diferencias significativas. Habiendo auditado el saldo inicial del período anterior, probado las adiciones durante el período y probado el saldo al final del período, el auditor solo necesita comparar las cantidades gastadas o canceladas con las cuentas del estado de resultados. No será necesario el trabajo posterior de auditoría en las cuentas del estado de resultados a menos que existan diferencias significativas.

Colegio de Contadores y Auditores S.A. Auditoría al 31 de diciembre de 2027		K1
Programa de trabajo **Propiedades, plantas y equipos**	Preparado por:	
	Fecha:	
	Revisado por:	
	Fecha:	

Propósito:

El propósito de este programa de auditoría es agrupar las aseveraciones de los estados financieros con los objetivos de auditoría y las aseveraciones de los estados financieros y vincular la evaluación de los riesgos de que ocurran errores e irregularidades significativos (REIS) con los procedimientos planeados para la auditoría.

Este programa de trabajo debe incluir:

- ✓ Un resumen de los objetivos de auditoría relacionados con este rubro y si los mismos son críticos.
- ✓ Las aseveraciones de los estados financieros que se combinaron en cada objetivo de auditoría.
- ✓ La evaluación del riesgo de que ocurran errores e irregularidades significativos en cada objetivo de auditoría.
- ✓ Los procedimientos planeados para obtener evidencia de auditoría que respalde los riesgos de que ocurran errores e irregularidades significativos para cada objetivo de auditoría.
- ✓ Los procedimientos planeados para el resto del trabajo de auditoría.

Objetivos:

a) Verificar la existencia, propiedad y valuación de los bienes existentes a la fecha de los estados financieros.

b) Verificar que los bienes estén registrados al costo y separados de los gastos de mantención y reparaciones.

c) Determinar si el método de depreciación es el correcto de acuerdo a NIIF aplicados consistentemente.

d) Verificar si los bienes se encuentran hipotecados o prendados por alguna obligación y, de ser así, deberá ser revelado en los estados financieros.

Evaluación del riesgo:

Describa la evaluación del riesgo de que ocurran errores e irregularidades significativos para el objetivo de auditoría, como alto (A), moderado (M) o bajo (B). Proporcione también un razonamiento para esta evaluación.

El riesgo de que ocurran errores e irregularidades significativos representa una evaluación combinada de los riesgos inherentes y de control. La consideración al evaluar el riesgo de que ocurran errores e irregularidades significativos difiere sobre la base de si los objetivos de auditoría incluyen los efectos para los estados financieros de controles asociados a nivel de ciclos de negocios o a nivel de cuentas de los estados financieros (Documente su razonamiento).

Aseveraciones de auditoría:

- ✓ *Integridad*: se han registrado todas las transacciones y eventos que debieran haberse registrado.
- ✓ *Existencia*: los activos, pasivos e intereses de participación existen.
- ✓ *Exactitud*: las cantidades y otros datos que provengan de transacciones y eventos registrados de manera apropiada.
- ✓ *Derechos y obligaciones*: la entidad posee o controla los derechos de los activos y la obligación sobre los pasivos; se logra diferenciar un pasivo de una contingencia.
- ✓ *Valuación y asignación*: los activos, pasivos e intereses de participación se incluyen en los estados financieros por los montos apropiados y cualquier ajuste de valuación o asignación resultante se registra de forma correcta.
- ✓ *Presentación y revelación*: la administración es responsable de asegurarse de que la empresa no cometa errores en el proceso de preparación de los estados financieros y que las revelaciones de las notas sean comprensibles y claras.

Riesgos:

- ✓ *Riesgo inherente*: Es propio del trabajo o proceso, que no puede ser eliminado del sistema; es decir, en todo trabajo o proceso se encontrarán riesgos para las personas o para la ejecución de la actividad en sí misma.

  En auditoría, "riesgo inherente" es la susceptibilidad del saldo de una cuenta o clase de transacciones a una representación errónea que pudiera ser de importancia relativa, individualmente o cuando se agrega con representaciones erróneas en otras cuentas o clases, asumiendo que no hubo controles

internos relacionados. Un riesgo inherente es uno que se encuentra en el ambiente y afecta a varias categorías o clases de transacciones.

- *Riesgo de control*: Es el riesgo de que una representación errónea, que pudiera ser de importancia relativa individualmente o en conjunto con otras, no sea prevenida o detectada y corregida oportunamente por los sistemas de contabilidad y de control interno.

  El "riesgo de control" es el riesgo causado por las limitaciones inherentes a cualquier sistema de contabilidad y de control interno. Es esencial tener en cuenta que el riesgo de control será diferente para diferentes cuentas, dependiendo de la eficacia de los controles relacionados con cada una.

Aseveraciones		**Riesgo inherente**	**Riesgo de control**	**REIS**
Integridad (totalidad)	T			
Existencia	Ex			
Exactitud	E			
Propiedad/obligación	O			
Valuación	V			
Presentación y revelación	P			

Oportunidad:

CI: Control interno

AP: Auditoría preliminar

AF: Auditoría final

Procedimientos de auditoría

N°	Naturaleza y alcance de los procedimientos de auditoría	Aseveración de auditoría a cubrir	Oportunidad	Preparado por y fecha	Ref p/t
1	Obtenga los análisis de cuentas y verifique que los saldos de estos concuerden con el libro mayor o balance a la fecha de cierre de los estados financieros	T	AP AF		
2	Solicite los análisis de todas las cuentas asociadas al rubro y verifique sumas y referencie cruzando con la cédula guía el saldo de cada una de las cuentas	T - E	AP AF		
3	Obtenga un entendimiento de las políticas contables significativas de las propiedades, plantas y equipo y la depreciación (1)	T	AP		
4	Obtenga o prepare un cuadro resumen del rubro, considerando columnas para: saldos iniciales, bajas, adiciones, saldos ajustados, depreciación acumulada inicial, disminución por bajas, depreciación del período y saldo de la depreciación acumulada	Ex	AP AF		
5	Verifique que los saldos iniciales concuerden con los saldos del año anterior, según informe de auditoría. En el caso de tratarse de una primera auditoría, deberá cambiar el procedimiento por la obtención de documentos que sustenten la propiedad y valorización de los principales bienes del activo fijo, como son facturas, escrituras de compraventa y otros	T - Ex - E	AP		
6	Seleccione una muestra de las adiciones y examine su naturaleza y sustentación contra documentación de respaldo pertinente	T - Ex - E	AP		
7	Seleccione una muestra de las bajas más importantes y verifique su contabilización y documentación de respaldo pertinente; efectúe las referencias cruzadas a las cuentas de resultados correspondientes	T - Ex	AP		
8	Verifique selectivamente la existencia física de los principales bienes que conforman el activo fijo	Ex	AP		
9	Verifique en forma global los criterios de actualización aplicados por la compañía	Ex	AP		
10	Revise la documentación para los activos arrendados a otros, cuando los montos son significativos; revise los contratos y otras disposiciones y, si es apropiado, asegúrese de su existencia	Ex	AP		
11	Evalúe la necesidad de realizar procedimientos de auditoría en la medida que entre la fecha de visita preliminar y final las adiciones hubiesen sido significativas; verifique su respaldo con la factura o contrato correspondiente	T - E - Ex	AF		

N°	Naturaleza y alcance de los procedimientos de auditoría	Aseveración de auditoría a cubrir	Oportunidad	Preparado por y fecha	Ref p/t
12	Verifique el método de depreciación en uso de la compañía, verificando que esté basado en los valores actualizados de los bienes, considerando los años de vida útil restante de los mismos. La validez de la vida útil asignada a los bienes en función de su uso y riesgo de obsolescencia tecnológica. Mediante una muestra selectiva de bienes, reprocese los cálculos de depreciación del período. Referencie cruzado los efectos de depreciación del año con las cuentas de resultados correspondientes	Ex - V	AF		
13	Verifique si la sociedad utiliza el crédito tributario por adiciones de activo fijo y, de ser así, indague si su forma de contabilizar está de acuerdo a la NIC 16	Ex	AF		
14	Indague si los bienes del activo fijo se encuentran hipotecados o prendados, preparando un resumen de ellos para efectos de revelación en nota de los EEFF	P	AF		
15	Considere el monto actual de los activos (2) El auditor debe considerar también el desarrollo del negocio del cliente y la industria y probar efectuando otros procedimientos de auditoría para determinar si el monto actual de los activos se ha deteriorado	V - P	AP o AF		
16	Identifique los activos totalmente depreciados incluidos en los registros de propiedad. Obtenga seguridad que dichos activos se siguen utilizando (es decir, que no han sido desechados o abandonados). Considere si esto puede indicar que las tasas de depreciación no son apropiadas	Ex - P	AF		
17	Revise la capitalización de intereses (3)	V	AP		
18	Identifique claramente las partidas que tienen efecto en el estado de flujo de efectivo al cierre del período auditado y referencie cruzado con la hoja del EFE	P	AF		
19	Concluya respecto de la razonabilidad de los saldos presentados en este rubro al cierre del período auditado		AF		

Notas:

1. Cuando se obtiene un entendimiento de las políticas contables significativas de las propiedades, plantas y equipo, el auditor debe juzgar si son apropiadas a la luz de los principios de contabilidad generalmente aceptados y correlacionarlos con el conocimiento obtenido acerca de las operaciones del cliente, el ambiente económico y la actividad de las cuentas. Esta información es útil al relacionar, entre otras cosas, los riesgos asociados con el tratamiento de los costos capitalizados,

cargos por depreciación y las propiedades, plantas y equipos dados de baja. Establecer control físico sobre el efectivo a la fecha del balance y contarlo en presencia del(os) custodio(s). Obtener la firma del(os) custodio(s) reconociendo que los fondos fueron contados en su presencia y se devolvieron intactos.

2. Considerar si deben efectuarse ajustes para reflejar la incapacidad de recobrar el monto actual de los activos. El auditor debe considerar si los siguientes factores, los cuales pueden indicar retiros no registrados o montos actuales cuestionables, están presentes:
    - ✓ Adiciones que reemplacen la propiedad existente.
    - ✓ Cambios importantes al equipo de la planta o al diseño de un producto.
    - ✓ Cambios en la cobertura de los seguros.
    - ✓ Propiedad, planta o equipos fuera de uso o abandonados.
    - ✓ Propiedad mantenida para la venta.
    - ✓ Exceso de capacidad.

3. Examinar la documentación sustentatoria para los intereses capitalizados durante el período en conformidad con la NIC 23. Investigar con la gerencia respecto de la existencia de algún proyecto de capital que requiera un período de preparación antes de que esté listo para su uso, para el cual los intereses no han sido capitalizados. Si dicho proyecto existe, examinar las autorizaciones del proyecto, pagos parciales y otra información sustentatoria (incluyendo los documentos por pagar y deudas a largo plazo) para determinar si el interés debe ser capitalizado en conformidad con la NIC 23.

Colegio de Contadores y Auditores S.A. Auditoría al 31 de diciembre de 2027	L1
Programa de trabajo **Inversiones y flujos relacionados**	Preparado por:
	Fecha:
	Revisado por:
	Fecha:

Propósito:

El propósito de este programa de auditoría es agrupar las aseveraciones de los estados financieros con los objetivos de auditoría y las aseveraciones de los estados financieros y vincular la evaluación de los riesgos de que ocurran errores e irregularidades significativos (REIS) con los procedimientos planeados para la auditoría.

Este programa de trabajo debe incluir:

- ✓ Un resumen de los objetivos de auditoría relacionados con este rubro y si los mismos son críticos.
- ✓ Las aseveraciones de los estados financieros que se combinaron en cada objetivo de auditoría.
- ✓ La evaluación del riesgo de que ocurran errores e irregularidades significativos en cada objetivo de auditoría.
- ✓ Los procedimientos planeados para obtener evidencia de auditoría que respalde los riesgos de que ocurran errores e irregularidades significativos para cada objetivo de auditoría.
- ✓ Los procedimientos planeados para el resto del trabajo de auditoría.

Objetivos:

a) Comprobar la existencia de las inversiones y la propiedad de la entidad sobre las mismas, ya sea que estén en su poder o en el de terceros.
b) Verificar la exactitud de las inversiones de acuerdo a la normativa vigente.
c) Verificar que no existen restricciones sobre su disponibilidad inmediata.
d) Determinar que los saldos de inversiones y flujos relacionados se presenten adecuadamente en los estados financieros.

Evaluación del riesgo:

Describa la evaluación del riesgo de que ocurran errores e irregularidades significativos para el objetivo de auditoría, como alto (A), moderado (M) o bajo (B). Proporcione también un razonamiento para esta evaluación.

El riesgo de que ocurran errores e irregularidades significativos representa una evaluación combinada de los riesgos inherentes y de control. La consideración al evaluar el riesgo de que ocurran errores e irregularidades significativos difiere sobre la base de si los objetivos de auditoría incluyen los efectos para los estados financieros de controles asociados a nivel de ciclos de negocios o a nivel de cuentas de los estados financieros (Documente su razonamiento).

Aseveraciones de auditoría:

- ✓ *Integridad*: se han registrado todas las transacciones y eventos que debieran haberse registrado.
- ✓ *Existencia*: los activos, pasivos e intereses de participación existen.
- ✓ *Exactitud*: las cantidades y otros datos que provengan de transacciones y eventos registrados de manera apropiada.
- ✓ *Derechos y obligaciones*: la entidad posee o controla los derechos de los activos y la obligación sobre los pasivos; se logra diferenciar un pasivo de una contingencia.
- ✓ *Valuación y asignación*: los activos, pasivos e intereses de participación se incluyen en los estados financieros por los montos apropiados y cualquier ajuste de valuación o asignación resultante se registra de forma correcta.
- ✓ *Presentación y revelación*: la administración es responsable de asegurarse de que la empresa no cometa errores en el proceso de preparación de los estados financieros y que las revelaciones de las notas sean comprensibles y claras.

Riesgos:

- ✓ *Riesgo inherente*: Es propio del trabajo o proceso, que no puede ser eliminado del sistema; es decir, en todo trabajo o proceso se encontrarán riesgos para las personas o para la ejecución de la actividad en sí misma.

  En auditoría, "riesgo inherente" es la susceptibilidad del saldo de una cuenta o clase de transacciones a una representación errónea que pudiera ser de importancia relativa, individualmente o cuando se agrega con representaciones erróneas en otras cuentas o clases, asumiendo que no hubo controles

internos relacionados. Un riesgo inherente es uno que se encuentra en el ambiente y afecta a varias categorías o clases de transacciones.

- *Riesgo de control*: Es el riesgo de que una representación errónea, que pudiera ser de importancia relativa individualmente o en conjunto con otras, no sea prevenida o detectada y corregida oportunamente por los sistemas de contabilidad y de control interno.

  El "riesgo de control" es el riesgo causado por las limitaciones inherentes a cualquier sistema de contabilidad y de control interno. Es esencial tener en cuenta que el riesgo de control será diferente para diferentes cuentas, dependiendo de la eficacia de los controles relacionados con cada una.

Aseveraciones		**Riesgo inherente**	**Riesgo de control**	**REIS**
Integridad (totalidad)	T			
Existencia	Ex			
Exactitud	E			
Propiedad/obligación	O			
Valuación	V			
Presentación y revelación	P			

Oportunidad:

CI: Control interno

AP: Auditoría preliminar

AF: Auditoría final

Procedimientos de auditoría

N°	Naturaleza y alcance de los procedimientos de auditoría	Aseveración de auditoría a cubrir	Oportunidad	Preparado por y fecha	Ref P/T
1	Indague con la administración acerca de los controles básicos que manejan sobre las inversiones de la empresa	T	CI		
2	Solicite los análisis de todas las cuentas asociadas al rubro y verifique sumas y referencie cruzando con la cédula guía el saldo de cada una de las cuentas del mayor general	T - E	AP AF		
3	Obtenga un análisis de los valores negociables de la compañía al cierre del período auditado y verifique que coincida con los saldos del libro mayor a igual fecha	T - E	AP AF		
4	Efectúe control del proceso de confirmaciones a través de la confección del control de confirmaciones con las fechas de envío y de recepción de respuestas		AF		
5	Una vez recibidas las respuestas, aquellas sin reparos referencie cruzado con el análisis del cliente; de lo contrario, solicite aclaración a la administración	T	AF		
6	Para las confirmaciones no recibidas, efectúe procedimiento alternativo. Verifique valor de la cuota de Fondos Mutuos con la cartola a la fecha de cierre	Ex	AP AF		
7	Para las inversiones en acciones (corriente y no corriente), efectúe reproceso de la actualización por corrección monetaria	Ex	AF		
8	Para las inversiones en acciones de ejercicios anteriores, verifique saldo de apertura con saldo de balance auditado del ejercicio anterior	V	AP		
9	Verifique con documentación de respaldo cada variación por compra y/o venta de acciones durante el período en revisión, y verifique sus efectos en las cuentas de resultado	T	AP AF		
10	Verifique prueba de costo o mercado. Obtenga la cotización bursátil de las acciones a la fecha de cierre. Compare el valor de mercado con el valor contable	V	AP AF		
11	Considere adecuada presentación de los otros activos financieros (1)	P	AF		
12	Obtenga un listado detallado de los saldos de inversiones en EERR y coteje los totales con el libro mayor		AP AF		

N°	Naturaleza y alcance de los procedimientos de auditoría	Aseveración de auditoría a cubrir	Oportunidad	Preparado por y fecha	Ref P/T
13	Efectúe un reproceso del movimiento anual de las partidas detalladas considerando: - Saldos iniciales (cotéjelos con papeles de auditoría o informe año anterior) - Corrección monetaria - Repartos de dividendos (comprobantes de ingreso o actas de junta de accionistas) - Aumentos (aportes de capital) de la emisora y, por ende, pagos por mantener la participación por los accionistas de la empresa auditada - Disminuciones de la inversiones por no concurrencia de aportes de capital o emisión de nuevas acciones - Reconocimiento de resultados (porcentajes de participación sobre el resultado del ejercicio de la sociedad emisora, según método de VP) - Verifique reconocimiento de resultados según método de VP, en planillas de control por balance ajustado a valor justo, mantenido por la inversora - Verifique cualquier otro movimiento con la documentación de sustento correspondiente	T - Ex - E - O - P	AP AF		
14	Obtenga los estados financieros auditados de todas las sociedades en que se mantienen inversiones. En caso de excepciones, evalúe el impacto en los estados financieros (total de activos y resultado del ejercicio) y considere reflejar esta situación en nuestra opinión de auditoría	T - Ex - E - O - P	AP AF		
15	Para aquellas inversiones en sociedades auditadas por otras compañías, considere efectuar visita de revisión de papeles de trabajo y solicitar cartas de independencia	T - P			
16	Considere los ajustes por utilidades no realizadas, en el caso de existir (3)	Ex - P	AF		
17	Considere la necesidad de constituir provisión por patrimonio negativo de la filial (4)	V	AF		
18	Obtenga un detalle de la cuenta plusvalía y coteje el saldo con el libro mayor o balance al cierre del período auditado		AP AF		
19	Verifique que el período de amortización sea el adecuado, y esté de acuerdo con los períodos pendientes del ejercicio anterior	V	AP		
20	Efectúe un reproceso del movimiento anual de las partidas detalladas, considerando: - Saldos iniciales (cotéjelos con papeles de auditoría o informe año anterior) - Amortizaciones del período	T - Ex - E - O - P	AP AF		
21	Verifique que el cargo o abono a resultados del período corresponda a la amortización reprocesada	E	AF		

N°	Naturaleza y alcance de los procedimientos de auditoría	Aseveración de auditoría a cubrir	Oportunidad	Preparado por y fecha	Ref P/T
22	Concilie los saldos de efectivo y equivalente de efectivo con la presentación en el estado de flujo de efectivo al cierre del período auditado (2)	P	AF		
23	Identifique claramente las partidas que tienen efecto en el estado de flujo de efectivo al cierre del período auditado	P	AF		
24	Concluya respecto de la razonabilidad de los saldos presentados en este rubro al cierre del período auditado		AF		

Notas:

1. Verifique que si las inversiones (fondos mutuos o inversiones en acciones) poseen vencimiento superior a un año plazo, medido desde la fecha de cierre de los estados financieros; este activo debe ser reclasificado al no corriente.
2. Considere inversiones en valores negociables como Fondos Mutuos, con vencimiento inferior a 90 días.
3. Los resultados no realizados originados por transacciones entre empresas relacionadas deben ser eliminados al determinar las variaciones en los activos netos y resultados reconocidos.

Colegio de Contadores y Auditores S.A. Auditoría al 31 de diciembre de 2027 **Programa de trabajo** **Otros pasivos financieros**	M1
	Preparado por:
	Fecha:
	Revisado por:
	Fecha:

Propósito:

El propósito de este programa de auditoría es agrupar las aseveraciones de los estados financieros con los objetivos de auditoría y las aseveraciones de los estados financieros y vincular la evaluación de los riesgos de que ocurran errores e irregularidades significativos (REIS) con los procedimientos planeados para la auditoría.

Este programa de trabajo debe incluir:

- ✓ Un resumen de los objetivos de auditoría relacionados con este rubro y si los mismos son críticos.
- ✓ Las aseveraciones de los estados financieros que se combinaron en cada objetivo de auditoría.
- ✓ La evaluación del riesgo de que ocurran errores e irregularidades significativos en cada objetivo de auditoría.
- ✓ Los procedimientos planeados para obtener evidencia de auditoría que respalde los riesgos de que ocurran errores e irregularidades significativos para cada objetivo de auditoría.
- ✓ Los procedimientos planeados para el resto del trabajo de auditoría.

Objetivos:

a) Desarrollar una confirmación bancaria sobre los préstamos.
b) Verificar las tablas de amortizaciones y reconocimiento de los gastos por intereses.
c) Determinar el concepto del préstamo.
d) Verificar todos los bancos que mantiene la empresa.

Evaluación del riesgo:

Describa la evaluación del riesgo de que ocurran errores e irregularidades significativos para el objetivo de auditoría, como alto (A), moderado (M) o bajo (B). Proporcione también un razonamiento para esta evaluación.

El riesgo de que ocurran errores e irregularidades significativos representa una evaluación combinada de los riesgos inherentes y de control. La consideración al evaluar el riesgo de que ocurran errores e irregularidades significativos difiere sobre la base de si los objetivos de auditoría incluyen los efectos para los estados financieros de controles asociados a nivel de ciclos de negocios o a nivel de cuentas de los estados financieros (Documente su razonamiento).

Aseveraciones de auditoría:

- ✓ *Integridad*: se han registrado todas las transacciones y eventos que debieran haberse registrado.
- ✓ *Existencia*: los activos, pasivos e intereses de participación existen.
- ✓ *Exactitud*: las cantidades y otros datos que provengan de transacciones y eventos registrados de manera apropiada.
- ✓ *Derechos y obligaciones*: la entidad posee o controla los derechos de los activos y la obligación sobre los pasivos; se logra diferenciar un pasivo de una contingencia.
- ✓ *Valuación y asignación*: los activos, pasivos e intereses de participación se incluyen en los estados financieros por los montos apropiados y cualquier ajuste de valuación o asignación resultante se registra de forma correcta.
- ✓ *Presentación y revelación*: la administración es responsable de asegurarse de que la empresa no cometa errores en el proceso de preparación de los estados financieros y que las revelaciones de las notas sean comprensibles y claras.

Riesgos:

- ✓ *Riesgo inherente*: Es propio del trabajo o proceso, que no puede ser eliminado del sistema; es decir, en todo trabajo o proceso se encontrarán riesgos para las personas o para la ejecución de la actividad en sí misma.

  En auditoría, "riesgo inherente" es la susceptibilidad del saldo de una cuenta o clase de transacciones a una representación errónea que pudiera ser de importancia relativa, individualmente o cuando se agrega con representaciones erróneas en otras cuentas o clases, asumiendo que no hubo controles

internos relacionados. Un riesgo inherente es uno que se encuentra en el ambiente y afecta a varias categorías o clases de transacciones.

- *Riesgo de control*: El riesgo de control es el riesgo de que una representación errónea, que pudiera ser de importancia relativa individualmente o en conjunto con otras, no sea prevenida o detectada y corregida oportunamente por los sistemas de contabilidad y de control interno.

  El riesgo de control es el riesgo causado por las limitaciones inherentes a cualquier sistema de contabilidad y de control interno. Es esencial tener en cuenta que el riesgo de control será diferente para diferentes cuentas, dependiendo de la eficacia de los controles relacionados con cada una.

Aseveraciones		**Riesgo inherente**	**Riesgo de control**	**REIS**
Integridad (totalidad)	T			
Existencia	Ex			
Exactitud	E			
Propiedad/obligación	O			
Valuación	V			
Presentación y revelación	P			

Oportunidad:

CI: Control interno

AP: Auditoría preliminar

AF: Auditoría final

Procedimientos de auditoría

N°	**Naturaleza y alcance de los procedimientos de auditoría**	**Aseveración de auditoría a cubrir**	**Oportunidad**	**Preparado por y fecha**	**Ref p/t**
1	Obtenga los análisis de cuentas y verifique que los saldos de estos concuerden con el libro mayor o balance a la fecha de cierre de los estados financieros	T	AF		
2	Solicite los análisis de todas las cuentas asociadas al rubro y verifique sumas y referencie cruzando con la cédula guía el saldo de cada una de las cuentas	T - E	AF		

N°	Naturaleza y alcance de los procedimientos de auditoría	Aseveración de auditoría a cubrir	Oportunidad	Preparado por y fecha	Ref p/t
3	Efectúe circularización con los bancos a la fecha de corte con el propósito de conocer el saldo que cada banco tiene registrado y compararlo con el monto contabilizado	T - E - Ex - O - P	AF		
	Solicite certificado de deuda de la SBIF a la fecha de corte de los estados financieros				
4	Efectúe reproceso del devengo de intereses, número de días, capital reajustado	E - Ex	AF		
5	Observe la documentación de respaldo que sustente los nuevos créditos bancarios como, por ejemplo, pagarés; además, verifique si esos nuevos créditos corresponden a renovaciones para lo cual hay que verificar con el comprobante de renovación, monto de las tasas de interés y fechas	Ex	AF		
6	Verifique la correcta clasificación de los créditos en corriente y no corriente de acuerdo a las fechas de vencimiento de las operaciones	P	AF		
7	Determine si algunas obligaciones con bancos están en moneda extranjera y, si es así, si han sido convertidas apropiadamente	Ex	AF		
8	Obtenga un listado detallado de los saldos de obligaciones con el público (bonos) y coteje los totales con el libro mayor	T	AF		
9	Obtenga información sobre nuevas emisiones de bonos realizadas durante el ejercicio	E - Ex	AF		
10	Efectúe reproceso de las obligaciones con bonos y de los intereses por pagar por bonos colocados	E - O	AF		
11	Verifique la correcta clasificación de las obligaciones con el público en corriente y no corriente de acuerdo a las fechas de vencimiento de las operaciones (bonos)	P	AF		
12	Determine si algunas obligaciones con el público están en moneda extranjera y, si es así, si han sido convertidas apropiadamente	Ex	AF		
13	Referencie los efectos en resultado del período con las cuentas correspondientes	Ex - O	AF		
14	Identifique claramente las partidas que tienen efecto en el estado de flujo de efectivo al cierre del período auditado y referencie cruzado con la hoja del EFE	P	AF		
15	Concluya respecto de la razonabilidad de los saldos presentados en este rubro al cierre del período auditado		AF		

Colegio de Contadores y Auditores S.A. Auditoría al 31 de diciembre de 2027	N1
Programa de trabajo **Cuentas y documentos por pagar**	Preparado por:
	Fecha:
	Revisado por:
	Fecha:

Propósito:

El propósito de este programa de auditoría es agrupar las aseveraciones de los estados financieros con los objetivos de auditoría y las aseveraciones de los estados financieros y vincular la evaluación de los riesgos de que ocurran errores e irregularidades significativos (REIS) con los procedimientos planeados para la auditoría.

Este programa de trabajo debe incluir:

- ✓ Un resumen de los objetivos de auditoría relacionados con este rubro y si los mismos son críticos.
- ✓ Las aseveraciones de los estados financieros que se combinaron en cada objetivo de auditoría.
- ✓ La evaluación del riesgo de que ocurran errores e irregularidades significativos en cada objetivo de auditoría.
- ✓ Los procedimientos planeados para obtener evidencia de auditoría que respalde los riesgos de que ocurran errores e irregularidades significativos para cada objetivo de auditoría.
- ✓ Los procedimientos planeados para el resto del trabajo de auditoría.

Objetivos:

a) Comprobar la existencia, exactitud, obligación y valuación de las cuentas y documentos por pagar – acreedores varios de la compañía.

b) Determinar que los saldos de cuentas y documentos por pagar – acreedores varios se presenten adecuadamente en los estados financieros.

Evaluación del riesgo:

Describa la evaluación del riesgo de que ocurran errores e irregularidades significativos para el objetivo de auditoría, como alto (A), moderado (M) o bajo (B). Proporcione también un razonamiento para esta evaluación.

El riesgo de que ocurran errores e irregularidades significativos representa una evaluación combinada de los riesgos inherentes y de control. La consideración al evaluar el riesgo de que ocurran errores e irregularidades significativos difiere sobre la base de si los objetivos de auditoría incluyen los efectos para los estados financieros de controles asociados a nivel de ciclos de negocios o a nivel de cuentas de los estados financieros. (Documente su razonamiento)

Aseveraciones de auditoría:

- ✓ *Integridad*: se han registrado todas las transacciones y eventos que debieran haberse registrado
- ✓ *Existencia*: los activos, pasivos e intereses de participación existen.
- ✓ *Exactitud*: las cantidades y otros datos que provengan de transacciones y eventos registrados de manera apropiada
- ✓ *Derechos y obligaciones*: la entidad posee o controla los derechos de los activos y la obligación sobre los pasivos; se logra diferenciar un pasivo de una contingencia
- ✓ *Valuación y asignación*: los activos, pasivos e intereses de participación se incluyen en los estados financieros por los montos apropiados y cualquier ajuste de valuación o asignación resultante se registra de forma correcta
- ✓ *Presentación y revelación*: la administración es responsable de asegurarse de que la empresa no cometa errores en el proceso de preparación de los estados financieros y que las revelaciones de las notas sean comprensibles y claras

Riesgos:

- ✓ *Riesgo inherente*: Es propio del trabajo o proceso, que no puede ser eliminado del sistema; es decir, en todo trabajo o proceso se encontrarán riesgos para las personas o para la ejecución de la actividad en sí misma.

  En auditoría, "riesgo inherente" es la susceptibilidad del saldo de una cuenta o clase de transacciones a una representación errónea que pudiera ser de importancia relativa, individualmente o cuando se agrega con representaciones erróneas en otras cuentas o clases, asumiendo que no hubo controles

internos relacionados. Un riesgo inherente es uno que se encuentra en el ambiente y afecta a varias categorías o clases de transacciones.

✓ *Riesgo de control*: Es el riesgo de que una representación errónea, que pudiera ser de importancia relativa individualmente o en conjunto con otras, no sea prevenida o detectada y corregida oportunamente por los sistemas de contabilidad y de control interno.

El "riesgo de control" es el riesgo causado por las limitaciones inherentes a cualquier sistema de contabilidad y de control interno. Es esencial tener en cuenta que el riesgo de control será diferente para diferentes cuentas, dependiendo de la eficacia de los controles relacionados con cada una.

Aseveraciones		**Riesgo inherente**	**Riesgo de control**	**REIS**
Integridad (totalidad)	T			
Existencia	Ex			
Exactitud	E			
Propiedad/obligación	O			
Valuación	V			
Presentación y revelación	P			

Oportunidad:

CI: Control interno

AP: Auditoría preliminar

AF: Auditoría final

Procedimientos de auditoría

N°	Naturaleza y alcance de los procedimientos de auditoría	Aseveración de auditoría a cubrir	Oportunidad	Preparado por y fecha	Ref P/T
1	Solicite los análisis de todas las cuentas asociadas a los rubros y verifique sumas y referencie cruzando con la cédula guía el saldo de cada una de las cuentas	T - Ex	AF		
2	Obtenga un análisis detallado de los saldos de las cuentas y documentos por pagar y coteje los totales con el libro mayor	T	AF		
3	Efectúe revisión de pasivos no registrados (1)	Ex - O	AF		
4	Determine si algunas partidas de documentos y cuentas por pagar están en moneda extranjera y, si es así, si han sido convertidas apropiadamente	Ex	AF		
5	Verifique la correcta clasificación entre el corriente y el no corriente	P	AF		
6	Revise totalidad (2)	T	AP		
7	Verifique con documentación de respaldo aquellas partidas significativas de acreedores varios que a la fecha de nuestra revisión no han sido pagadas por la compañía	O	AF		
7	Identifique claramente las partidas que tienen efecto en el estado de flujo de efectivo al cierre del período auditado y referencie cruzado con hoja del EFE	P	AF		
8	Concluya respecto de la razonabilidad de los saldos presentados en este rubro al cierre del período auditado		AF		

Notas:

1. Solicite los comprobantes de egresos emitidos entre la fecha de cierre y la fecha de revisión y verifique que las facturas y documentos cancelados por gastos, compras o servicios realizados o utilizados antes de la fecha de cierre se encuentren registrados en el listado detallado. En caso contrario deben ser provisionados.
2. Determinar cómo se asegura el cliente que sean procesadas todas las operaciones. Obtener evidencia de que el procedimiento opera tal como fue descrito. Después de haber determinado el riesgo residual de auditoría, estableceremos la extensión de las pruebas para obtener un grado razonable de seguridad que el objetivo de auditoría de totalidad es alcanzado.

Colegio de Contadores y Auditores S.A. Auditoría al 31 de diciembre de 2027 **Programa de trabajo** **Provisiones y retenciones**		01
	Preparado por:	
	Fecha:	
	Revisado por:	
	Fecha:	

Propósito:

El propósito de este programa de auditoría es agrupar las aseveraciones de los estados financieros con los objetivos de auditoría y las aseveraciones de los estados financieros y vincular la evaluación de los riesgos de que ocurran errores e irregularidades significativos (REIS) con los procedimientos planeados para la auditoría.

Este programa de trabajo debe incluir:

- ✓ Un resumen de los objetivos de auditoría relacionados con este rubro y si los mismos son críticos.
- ✓ Las aseveraciones de los estados financieros que se combinaron en cada objetivo de auditoría.
- ✓ La evaluación del riesgo de que ocurran errores e irregularidades significativos en cada objetivo de auditoría.
- ✓ Los procedimientos planeados para obtener evidencia de auditoría que respalde los riesgos de que ocurran errores e irregularidades significativos para cada objetivo de auditoría.
- ✓ Los procedimientos planeados para el resto del trabajo de auditoría.

Objetivos:

a) Comprobar la integridad, exactitud y obligación de las provisiones y retenciones de la compañía.

b) Determinar que los saldos de provisiones y retenciones se presenten adecuadamente en los estados financieros.

Evaluación del riesgo:

Describa la evaluación del riesgo de que ocurran errores e irregularidades significativos para el objetivo de auditoría, como alto (A), moderado (M) o bajo (B). Proporcione también un razonamiento para esta evaluación.

El riesgo de que ocurran errores e irregularidades significativos representa una evaluación combinada de los riesgos inherentes y de control. La consideración al evaluar el riesgo de que ocurran errores e irregularidades significativos difiere sobre la base de si los objetivos de auditoría incluyen los efectos para los estados financieros de controles asociados a nivel de ciclos de negocios o a nivel de cuentas de los estados financieros (Documente su razonamiento).

Aseveraciones de auditoría:

- ✓ *Integridad*: se han registrado todas las transacciones y eventos que debieran haberse registrado.
- ✓ *Existencia*: los activos, pasivos e intereses de participación existen.
- ✓ *Exactitud*: las cantidades y otros datos que provengan de transacciones y eventos registrados de manera apropiada.
- ✓ *Derechos y obligaciones*: la entidad posee o controla los derechos de los activos y la obligación sobre los pasivos; se logra diferenciar un pasivo de una contingencia.
- ✓ *Valuación y asignación*: los activos, pasivos e intereses de participación se incluyen en los estados financieros por los montos apropiados y cualquier ajuste de valuación o asignación resultante se registra de forma correcta.
- ✓ *Presentación y revelación*: la administración es responsable de asegurarse de que la empresa no cometa errores en el proceso de preparación de los estados financieros y que las revelaciones de las notas sean comprensibles y claras.

Riesgos:

- ✓ *Riesgo inherente*: Es propio del trabajo o proceso, que no puede ser eliminado del sistema; es decir, en todo trabajo o proceso se encontrarán riesgos para las personas o para la ejecución de la actividad en sí misma.

  En auditoría, "riesgo inherente" es la susceptibilidad del saldo de una cuenta o clase de transacciones a una representación errónea que pudiera ser de importancia relativa, individualmente o cuando se agrega con representaciones erróneas en otras cuentas o clases, asumiendo que no hubo controles

internos relacionados. Un riesgo inherente es uno que se encuentra en el ambiente y afecta a varias categorías o clases de transacciones.

- *Riesgo de control*: Es el riesgo de que una representación errónea, que pudiera ser de importancia relativa individualmente o en conjunto con otras, no sea prevenida o detectada y corregida oportunamente por los sistemas de contabilidad y de control interno.

  El "riesgo de control" es el riesgo causado por las limitaciones inherentes a cualquier sistema de contabilidad y de control interno. Es esencial tener en cuenta que el riesgo de control será diferente para diferentes cuentas, dependiendo de la eficacia de los controles relacionados con cada una.

Aseveraciones		**Riesgo inherente**	**Riesgo de control**	**REIS**
Integridad (totalidad)	T			
Existencia	Ex			
Exactitud	E			
Propiedad/obligación	O			
Valuación	V			
Presentación y revelación	P			

Oportunidad:

CI: Control interno

AP: Auditoría preliminar

AF: Auditoría final

Procedimientos de auditoría

N°	**Naturaleza y alcance de los procedimientos de auditoría**	**Aseveración de auditoría a cubrir**	**Oportunidad**	**Preparado por y fecha**	**Ref p/t**
1	Verifique el análisis detallado de las provisiones y coteje los totales con el libro mayor	T	AP AF		
2	Solicite los análisis de todas las cuentas asociadas al rubro y verifique sumas y referencie cruzando con la cédula guía el saldo de cada una de las cuentas del mayor general	T - E	AP AF		

N°	Naturaleza y alcance de los procedimientos de auditoría	Aseveración de auditoría a cubrir	Oportunidad	Preparado por y fecha	Ref p/t
3	Verifique la aplicación de la provisión de vacaciones. Solicite información de constitución al departamento de personal y efectué lo siguiente: - Coteje los totales del listado con el mayor - Verifique la base de determinación de la provisión con el libro de remuneraciones - Para una muestra de trabajadores, coteje los días pendientes de vacaciones - Efectúe reprocesos selectivos de los cálculos de la provisión. (Son 21 días de corrido y 15 días hábiles)	T - E - Ex - O	AP AF		
4	Analice el criterio utilizado por la empresa para la constitución de provisiones	Ex - V	AF		
5	Efectúe revisión de pasivos no registrados. Solicite los comprobantes de egresos emitidos entre la fecha de cierre y la fecha de revisión y verifique que las facturas y documentos cancelados por gastos, compras o servicios realizados o utilizados antes de la fecha de cierre se encuentren registrados en el listado detallado. En caso contrario, deben ser provisionados	Ex - E	AF		
6	Verifique el análisis detallado de las retenciones y coteje los totales con el libro mayor	T	AP AF		
7	Solicite los análisis de todas las cuentas asociadas al rubro y verifique sumas y referencie cruzando con la cédula guía el saldo de cada una de las cuentas del mayor general	T - E	AP AF		
8	Verifique el pago posterior de las retenciones (1)	E - Ex - O	AF		
9	Analice la correcta clasificación de las partidas que componen el detalle de esta cuenta	P	AF		
10	Identifique claramente las partidas que tienen efecto en el estado de flujo de efectivo al cierre del período auditado	P	AF		
11	Concluya respecto de la razonabilidad de los saldos presentados en estos rubros al cierre del período auditado		AF		

Nota:

1. Para lo cual es importante observar el comprobante de egreso y la cartola bancaria en donde se efectuó el cargo respectivo. Debe realizarse junto con prueba de pasivos no registrados. Solicitar comprobante de PreviRed al cierre de los estados financieros.

Colegio de Contadores y Auditores S.A. Auditoría al 31 de diciembre de 2027	P1
Programa de trabajo **Patrimonio**	Preparado por:
	Fecha:
	Revisado por:
	Fecha:

Propósito:

El propósito de este programa de auditoría es agrupar las aseveraciones de los estados financieros con los objetivos de auditoría y las aseveraciones de los estados financieros y vincular la evaluación de los riesgos de que ocurran errores e irregularidades significativos (REIS) con los procedimientos planeados para la auditoría.

Este programa de trabajo debe incluir:

- ✓ Un resumen de los objetivos de auditoría relacionados con este rubro y si los mismos son críticos.
- ✓ Las aseveraciones de los estados financieros que se combinaron en cada objetivo de auditoría.
- ✓ La evaluación del riesgo de que ocurran errores e irregularidades significativos en cada objetivo de auditoría.
- ✓ Los procedimientos planeados para obtener evidencia de auditoría que respalde los riesgos de que ocurran errores e irregularidades significativos para cada objetivo de auditoría.
- ✓ Los procedimientos planeados para el resto del trabajo de auditoría.

Objetivos:

a) Comprobar la integridad, existencia, exactitud y propiedad de las cuentas patrimoniales al cierre del periodo auditado.

b) Determinar que los saldos de las cuentas patrimoniales se presenten adecuadamente en los estados financieros.

Evaluación del riesgo:

Describa la evaluación del riesgo de que ocurran errores e irregularidades significativos para el objetivo de auditoría, como Alto (A), Moderado (M) o Bajo (B). Proporcione también un razonamiento para esta evaluación.

El riesgo de que ocurran errores e irregularidades significativos representa una evaluación combinada de los riesgos inherentes y de control. La consideración al evaluar el riesgo de que ocurran errores e irregularidades significativos difiere sobre la base de si los objetivos de auditoría incluyen los efectos para los estados financieros de controles asociados a nivel de ciclos de negocios o a nivel de cuentas de los estados financieros. (Documente su razonamiento)

Aseveraciones de auditoría:

- ✓ *Integridad*: se han registrado todas las transacciones y eventos que debieran haberse registrado.
- ✓ *Existencia*: los activos, pasivos e intereses de participación existen
- ✓ *Exactitud*: las cantidades y otros datos que provengan de transacciones y eventos registrados de manera apropiada
- ✓ *Derechos y obligaciones*: la entidad posee o controla los derechos de los activos y la obligación sobre los pasivos; se logra diferenciar un pasivo de una contingencia
- ✓ *Valuación y asignación*: los activos, pasivos e intereses de participación se incluyen en los estados financieros por los montos apropiados y cualquier ajuste de valuación o asignación resultante se registra de forma correcta.
- ✓ *Presentación y revelación*: la administración es responsable de asegurarse de que la empresa no cometa errores en el proceso de preparación de los estados financieros y que las revelaciones de las notas sean comprensibles y claras.

Riesgos:

- ✓ *Riesgo inherente*: Es propio del trabajo o proceso, que no puede ser eliminado del sistema; es decir, en todo trabajo o proceso se encontrarán riesgos para las personas o para la ejecución de la actividad en sí misma.

  En auditoría, "riesgo inherente" es la susceptibilidad del saldo de una cuenta o clase de transacciones a una representación errónea que pudiera ser de importancia relativa, individualmente o cuando se agrega con representaciones erróneas en otras cuentas o clases, asumiendo que no hubo controles

internos relacionados. Un riesgo inherente es uno que se encuentra en el ambiente y afecta a varias categorías o clases de transacciones.

- ✓ *Riesgo de control*: Es el riesgo de que una representación errónea, que pudiera ser de importancia relativa individualmente o en conjunto con otras, no sea prevenida o detectada y corregida oportunamente por los sistemas de contabilidad y de control interno.

  El "riesgo de control" es el riesgo causado por las limitaciones inherentes a cualquier sistema de contabilidad y de control interno. Es esencial tener en cuenta que el riesgo de control será diferente para diferentes cuentas, dependiendo de la eficacia de los controles relacionados con cada una.

Aseveraciones		**Riesgo inherente**	**Riesgo de control**	**REIS**
Integridad (totalidad)	T			
Existencia	Ex			
Exactitud	E			
Propiedad/obligación	O			
Valuación	V			
Presentación y revelación	P			

Oportunidad:

CI: Control interno

AP: Auditoría preliminar

AF: Auditoría final

Procedimientos de auditoría

N°	Naturaleza y alcance de los procedimientos de auditoría	Aseveración de auditoría a cubrir	Oportunidad	Preparado por y fecha	Ref P/T
1	Obtenga un análisis de los movimientos patrimoniales de la compañía al cierre del período auditado y verifique que coincida con los saldos del libro mayor a igual fecha	T - E	AP AF		
2	Del análisis anterior, verifique sumas y referencie cruzando con la cédula guía el saldo de cada una de las cuentas del mayor general	T - E	AP AF		
3	Efectúe un reproceso del movimiento anual de las partidas detalladas, considerando: - Saldos iniciales (cotéjelos con papeles de auditoría o informe año anterior) - Repartos de dividendos (actas de junta de accionistas) - Aumentos o disminuciones (aportes de capital)	T - E - Ex - O - P	AF		
4	Verifique los factores utilizados para la actualización por corrección monetaria de las partidas. Efectúe reproceso de los cálculos (papel tributario)	V	AF		
5	Revise los convenios corporativos y los documentos legales, estatutos de la sociedad (1)	P	AP		
6	Examine la documentación sustentatoria de las cuentas los movimientos de capital (2)	V - P	AP AF		
7	Si el cliente mantiene los registros de accionistas y los libros de certificados de acciones: a. Examine los libros de certificados de acciones y determine que los libros de las acciones emitidas y en circulación han sido llenados apropiadamente b. Asegúrese de que cada tipo de acción está apropiadamente reflejado en las cuentas y está dentro de los montos autorizados c. Observe la secuencia de los certificados de acciones emitidas, no emitidas, cedidas y anuladas d. Concilie el total de las acciones emitidas y en circulación con el libro mayor	T - E - O - P	AP		
8	Revelación de los estados financieros, considere si se ha obtenido la información apropiada para la presentación y revelación en los estados financieros en materias tales como: a. Cálculo de las utilidades por acción b. Requerimientos del rescate del capital social c. Restricciones en el pago de dividendos * Diseñe y realice los procedimientos con respecto a esta información	P	AF		
9	Identifique claramente las partidas que tienen efecto en el estado de flujo de efectivo al cierre del período auditado	P	AF		

N°	Naturaleza y alcance de los procedimientos de auditoría	Aseveración de auditoría a cubrir	Oportunidad	Preparado por y fecha	Ref P/T
10	Concluya respecto de la razonabilidad de los saldos presentados en este rubro al cierre del período auditado		AF		

Notas:

1. Revisar los términos de los artículos y estatutos de incorporación, los convenios corporativos o de participación, prospectos, suscripciones y legal u otros acuerdos (por ejemplo, acuerdos de opción de acciones, convenios de préstamos, contratos de deuda) relacionados con el capital y otras cuentas de patrimonio. Considerar el efecto de dichos documentos en los estados financieros. Verificar en junta de accionistas, confirmando saldos auditados del ejercicio anterior.
2. Examinar la documentación (por ejemplo, estados de agentes y transferencias bancarias, actas de las juntas de accionistas, directorio y comités relacionados, cartas de los abogados, acuerdos corporativos y de participación) que sustenten las adiciones y disminuciones a las cuentas de capital; asegurarse de que todas las transacciones han sido registradas en el período apropiado.

Colegio de Contadores y Auditores S.A. Auditoría al 31 de diciembre de 2027	Q1
Programa de trabajo **Remuneraciones y cuentas relacionadas**	Preparado por:
	Fecha:
	Revisado por:
	Fecha:

Propósito:

El propósito de este programa de auditoría es agrupar las aseveraciones de los estados financieros con los objetivos de auditoría y las aseveraciones de los estados financieros y vincular la evaluación de los riesgos de que ocurran errores e irregularidades significativos (REIS) con los procedimientos planeados para la auditoría.

Este programa de trabajo debe incluir:

- ✓ Un resumen de los objetivos de auditoría relacionados con este rubro y si los mismos son críticos.
- ✓ Las aseveraciones de los estados financieros que se combinaron en cada objetivo de auditoría
- ✓ La evaluación del riesgo de que ocurran errores e irregularidades significativos en cada objetivo de auditoría.
- ✓ Los procedimientos planeados para obtener evidencia de auditoría que respalde los riesgos de que ocurran errores e irregularidades significativos para cada objetivo de auditoría.
- ✓ Los procedimientos planeados para el resto del trabajo de auditoría.

Objetivos:

a) Comprobar la existencia y obligación de los gastos por remuneraciones del personal de la compañía y sus cuentas relacionadas.

b) Determinar que los saldos por remuneraciones y cuentas relacionadas se presenten adecuadamente en los estados financieros.

Evaluación del riesgo:

Describa la evaluación del riesgo de que ocurran errores e irregularidades significativos para el objetivo de auditoría, como alto (A), moderado (M) o bajo (B). Proporcione también un razonamiento para esta evaluación.

El riesgo de que ocurran errores e irregularidades significativos representa una evaluación combinada de los riesgos inherentes y de control. La consideración al evaluar el riesgo de que ocurran errores e irregularidades significativos difiere sobre la base de si los objetivos de auditoría incluyen los efectos para los estados financieros de controles asociados a nivel de ciclos de negocios o a nivel de cuentas de los estados financieros (Documente su razonamiento).

Aseveraciones de auditoría:

- ✓ *Integridad*: se han registrado todas las transacciones y eventos que debieran haberse registrado.
- ✓ *Existencia*: los activos, pasivos e intereses de participación existen.
- ✓ Exactitud: las cantidades y otros datos que provengan de transacciones y eventos registrados de manera apropiada.
- ✓ *Derechos y obligaciones*: la entidad posee o controla los derechos de los activos y la obligación sobre los pasivos; se logra diferenciar un pasivo de una contingencia.
- ✓ *Valuación y asignación*: los activos, pasivos e intereses de participación se incluyen en los estados financieros por los montos apropiados y cualquier ajuste de valuación o asignación resultante se registra de forma correcta.
- ✓ *Presentación y revelación*: la administración es responsable de asegurarse de que la empresa no cometa errores en el proceso de preparación de los estados financieros y que las revelaciones de las notas sean comprensibles y claras.

Riesgos:

- ✓ *Riesgo inherente*: Es propio del trabajo o proceso, que no puede ser eliminado del sistema; es decir, en todo trabajo o proceso se encontrarán riesgos para las personas o para la ejecución de la actividad en sí misma.

  En auditoría, "riesgo inherente" es la susceptibilidad del saldo de una cuenta o clase de transacciones a una representación errónea que pudiera ser de importancia relativa, individualmente o cuando se agrega con representaciones erróneas en otras cuentas o clases, asumiendo que no hubo controles

internos relacionados. Un riesgo inherente es uno que se encuentra en el ambiente y afecta a varias categorías o clases de transacciones.

✓ *Riesgo de control*: Es el riesgo de que una representación errónea, que pudiera ser de importancia relativa individualmente o en conjunto con otras, no sea prevenida o detectada y corregida oportunamente por los sistemas de contabilidad y de control interno.

El "riesgo de control" es el riesgo causado por las limitaciones inherentes a cualquier sistema de contabilidad y de control interno. Es esencial tener en cuenta que el riesgo de control será diferente para diferentes cuentas, dependiendo de la eficacia de los controles relacionados con cada una.

Aseveraciones		**Riesgo inherente**	**Riesgo de control**	**REIS**
Integridad (totalidad)	T			
Existencia	Ex			
Exactitud	E			
Propiedad/obligación	O			
Valuación	V			
Presentación y revelación	P			

Oportunidad:

CI: Control interno

AP: Auditoría preliminar

AF: Auditoría final

Procedimientos de auditoría

N°	Naturaleza y alcance de los procedimientos de auditoría	Aseveración de auditoría a cubrir	Oportunidad	Preparado por y fecha	Ref p/t
1	Verifique el análisis detallado de las cuentas del rubro y coteje los totales con el libro mayor	T	AP		
2	Solicite los análisis de todas las cuentas asociadas al rubro y verifique sumas y referencie cruzando con la cédula guía el saldo de cada una de las cuentas del mayor general	T - E	AP		
3	Cuadratura de remuneraciones. Solicite libro de remuneraciones para el período y cuadrar con cargo a resultados por gasto de remuneraciones; indague sobre las diferencias existentes	E - Ex	AP		
4	Verifique el pago posterior de las remuneraciones pendientes de pago, de ser significativas, al cierre del ejercicio auditado	Ex	AF		
	Confeccione un análisis de tendencias entre el cargo por remuneraciones del período versus los trabajadores contratados en el período	T			
5	Analice la correcta clasificación de las partidas que componen el detalle de esta cuenta	P	AF		
6	Concluya respecto de la razonabilidad de los saldos presentados en estos rubros al cierre del período auditado		AF		

Colegio de Contadores y Auditores S.A. Auditoría al 31 de diciembre de 2027 **Programa de trabajo** **Cuentas de resultado**	R1
	Preparado por:
	Fecha:
	Revisado por:
	Fecha:

Propósito:

El propósito de este programa de auditoría es agrupar las aseveraciones de los estados financieros con los objetivos de auditoría y las aseveraciones de los estados financieros y vincular la evaluación de los riesgos de que ocurran errores e irregularidades significativos (REIS) con los procedimientos planeados para la auditoría.

Este programa de trabajo debe incluir:

- ✓ Un resumen de los objetivos de auditoría relacionados con este rubro y si los mismos son críticos.
- ✓ Las aseveraciones de los estados financieros que se combinaron en cada objetivo de auditoría.
- ✓ La evaluación del riesgo de que ocurran errores e irregularidades significativos en cada objetivo de auditoría.
- ✓ Los procedimientos planeados para obtener evidencia de auditoría que respalde los riesgos de que ocurran errores e irregularidades significativos para cada objetivo de auditoría.
- ✓ Los procedimientos planeados para el resto del trabajo de auditoría.

Objetivo:

a) Comprobar la existencia del gasto según muestra.

Evaluación del riesgo:

Describa la evaluación del riesgo de que ocurran errores e irregularidades significativos para el objetivo de auditoría, como alto (A), moderado (M) o bajo (B). Proporcione también un razonamiento para esta evaluación.

El riesgo de que ocurran errores e irregularidades significativos representa una evaluación combinada de los riesgos inherentes y de control. La consideración al evaluar el riesgo de que ocurran errores e irregularidades significativos difiere sobre la base de si los objetivos de auditoría incluyen los efectos para los estados financieros de controles asociados a nivel de ciclos de negocios o a nivel de cuentas de los estados financieros (Documente su razonamiento).

Aseveraciones de auditoría:

- ✓ *Integridad*: se han registrado todas las transacciones y eventos que debieran haberse registrado.
- ✓ *Existencia*: los activos, pasivos e intereses de participación existen.
- ✓ Exactitud: las cantidades y otros datos que provengan de transacciones y eventos registrados de manera apropiada.
- ✓ *Derechos y obligaciones*: la entidad posee o controla los derechos de los activos y la obligación sobre los pasivos; se logra diferenciar un pasivo de una contingencia.
- ✓ *Valuación y asignación*: los activos, pasivos e intereses de participación se incluyen en los estados financieros por los montos apropiados y cualquier ajuste de valuación o asignación resultante se registra de forma correcta.
- ✓ *Presentación y revelación*: la administración es responsable de asegurarse de que la empresa no cometa errores en el proceso de preparación de los estados financieros y que las revelaciones de las notas sean comprensibles y claras.

Riesgos:

- ✓ Riesgo inherente: Es propio del trabajo o proceso, que no puede ser eliminado del sistema; es decir, en todo trabajo o proceso se encontrarán riesgos para las personas o para la ejecución de la actividad en sí misma.

  En auditoría, "riesgo inherente" es la susceptibilidad del saldo de una cuenta o clase de transacciones a una representación errónea que pudiera ser de importancia relativa, individualmente o cuando se agrega con representaciones erróneas en otras cuentas o clases, asumiendo que no hubo controles internos relacionados. Un riesgo inherente es uno que se encuentra en el ambiente y afecta a varias categorías o clases de transacciones.

- ✓ *Riesgo de control*: Es el riesgo de que una representación errónea, que pudiera ser de importancia relativa individualmente o en conjunto con otras, no sea prevenida o detectada y corregida oportunamente por los sistemas de contabilidad y de control interno.

El "riesgo de control" es el riesgo causado por las limitaciones inherentes a cualquier sistema de contabilidad y de control interno. Es esencial tener en cuenta que el riesgo de control será diferente para diferentes cuentas, dependiendo de la eficacia de los controles relacionados con cada una.

Aseveraciones		Riesgo inherente	Riesgo de control	REIS
Integridad (totalidad)	T			
Existencia	Ex			
Exactitud	E			
Propiedad/obligación	O			
Valuación	V			
Presentación y revelación	P			

Oportunidad:

CI: Control interno

AP: Auditoría preliminar

AF: Auditoría final

Procedimientos de auditoría

N°	Naturaleza y alcance de los procedimientos de auditoría	Aseveración de auditoría a cubrir	Oportunidad	Preparado por y fecha	Ref P/T
1	Análisis de fluctuaciones de todo el año. Efectúe análisis de variaciones de las cuentas de resultado, para lo cual hay que solicitar la información del resultado de todos los meses	T - P	AF		
2	Efectúe amarre de las cuentas de resultado con la validación de activos y pasivos, para las cuentas que corresponda efectuar amarre a las cuentas de resultado con la validación de activos y pasivos (depreciaciones, amortizaciones, provisiones, devengos de inversiones y corrección monetaria)	Ex - E	AP AF		
3	Para aquellas cuentas no revisadas durante la auditoría de las cuentas de activos y pasivos, que sobrepasen el nivel de materialidad determinado para la compañía, realice procedimientos sustantivos, revisando gastos e ingresos con documentación de respaldo	T- Ex - E - V - O	AP AF		
4	Analice la correcta presentación de las cuentas de resultado	P	AF		
5	Concluya respecto de la razonabilidad de los saldos presentados en el estado de resultados		AF		

CAPÍTULO IV

Normas Internacionales de Contabilidad

El objetivo principal de las NIIF o IFRS es establecer pautas de acción de uso consistente en la preparación de los estados financieros, de manera de otorgar un marco de referencia internacional para que los inversionistas puedan interpretar y tomar decisiones sobre la información contenida en estos.

Objeto y alcance del marco conceptual

- ✓ Ayudar al IASB en el desarrollo de futuras normativas.
- ✓ Ayudar a los usuarios de los estados financieros en la interpretación de aquellos estados preparados de acuerdo a las NIC o IFRS.
- ✓ Apoyar a los elaboradores de los estados financieros en la aplicación de las normas internacionales.
- ✓ Ayudar a los auditores en el proceso de formación de la opinión sobre los estados financieros preparados de acuerdo a NIC o IFRS.

Aspectos relevantes del marco conceptual

Muchas entidades en todo el mundo preparan y presentan estados financieros para usuarios internos y externos. Aunque estos estados financieros pueden parecer similares entre un país y otro, existen en ellos diferencias causadas probablemente por una amplia variedad de circunstancias sociales, económicas y legales, por el hecho de que cada país tiene en cuenta las necesidades de los distintos usuarios de los estados financieros al establecer la normativa contable.

El propósito del marco conceptual es una armonización entre las regulaciones, normas ontables y procedimientos relativos a la preparación y presentación de los estados financieros.

La revelación que se debe efectuar en los estados financieros es muy relevante, ya que permite a los usuarios tomar decisiones económicas, como las que se señalaremos:

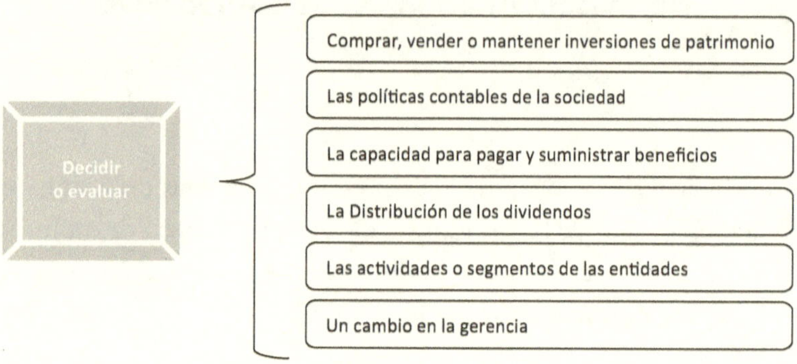

El marco conceptual no es una norma internacional; por lo tanto, no define normas en particular ni deroga pronunciamientos específicos. De existir un conflicto entre el marco conceptual y una NIIF específica, los requerimientos de la NIIF prevalecerán sobre los del marco conceptual; no obstante, debemos tener en cuenta que el consejo se guía por el marco conceptual al desarrollar una nueva normativa.

El objetivo de la información financiera con propósito general

Este capítulo constituye el fundamento del marco conceptual, por lo cual es de gran relevancia entender cuáles son los puntos más importantes que debemos comprender y llevar a cabo en cada una de las entidades que se puedan analizar.

Objetivo, utilidad y limitaciones de la información financiera con propósito general

- ✓ Su objetivo se centra en proporcionar información financiera sobre la entidad que informa y esta sea útil a los usuarios de los estados financieros.
- ✓ Los usuarios no pueden requerir que las entidades les emitan información directamente, por lo cual deben confiar en los informes financieros (OB5).
- ✓ Las normas tratarán de proporcionar el conjunto de información que satisfaga las necesidades del mayor número de usuarios (OB8).

✓ En gran medida, los informes financieros se basan en estimaciones, juicios y modelos en lugar de representaciones exactas. El marco establece los conceptos que subyacen en esas estimaciones, juicios y modelos (OB11).

Información sobre los recursos económicos, los derechos de los acreedores y los cambios en estos de la entidad que informa

La información sobre la naturaleza e importes de los recursos económicos y los derechos de los acreedores de la entidad que informa, pueden ayudar a los usuarios a identificar las fortalezas y debilidades financieras de esta entidad (OB13).

La información sobre el rendimiento financiero de una entidad que informa ayuda a los usuarios a comprender la rentabilidad que la entidad ha producido a partir de sus recursos económicos (OB16).

El devengo describe los efectos de las transacciones y otros sucesos y circunstancias sobre los recursos económicos de la entidad que informa en los períodos en que esos efectos tienen lugar, incluso si los cobros y pagos resultantes se producen en un período diferente (OB17).

Características cualitativas de la información financiera útil

Identifican los tipos de información que van a ser probablemente más útiles a los inversores, prestamistas y otros acreedores existentes y potenciales para la toma de decisiones sobre la entidad que informa a partir de la información contenida en su informe financiero (CC1 MC).

Las características cualitativas se desglosan en dos las que son fundamentales y las que permiten mejorar la utilidad de la información.

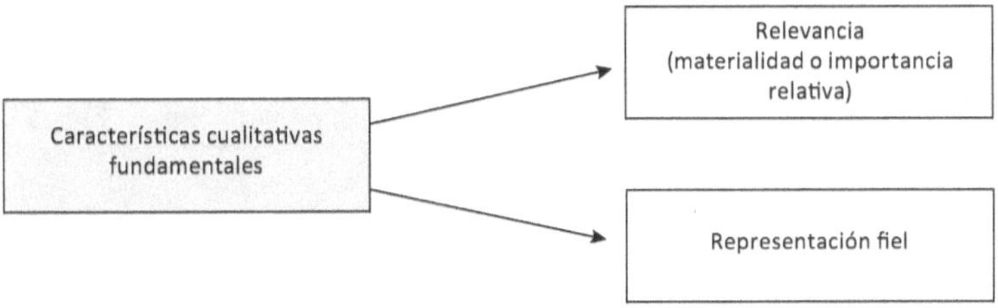

✓ Relevancia

La información financiera relevante es capaz de influir en las decisiones tomadas por los usuarios (CC6).

El valor predictivo y el valor confirmatorio de la información financiera están interrelacionados. La información que tiene valor predictivo habitualmente también tiene valor confirmatorio (CC10).

Materialidad o importancia relativa

La información es material o tiene importancia relativa si su omisión o expresión inadecuada puede influir en decisiones que los usuarios adoptan a partir de la información financiera de una entidad que informa (CC11).

✓ Representación fiel

Los informes financieros representan fenómenos económicos en palabras y números. Para ser útil, la información financiera debe no solo representar los fenómenos relevantes, sino que también debe representar fielmente los fenómenos que pretende representar. Para ser una representación fiel perfecta, una descripción tendría tres características: sería completa, neutral y libre de error (CC12).

Libre de error significa que no hay errores u omisiones en la descripción del fenómeno, y que el proceso utilizado para producir la información presentada se ha seleccionado y aplicado sin errores (CC15).

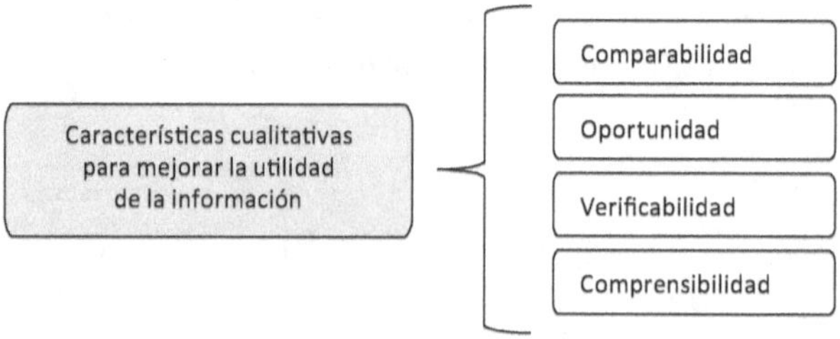

✓ Comparabilidad

La información sobre una entidad que informa es más útil si puede ser comparada con información similar sobre otras entidades y con información similar sobre la misma entidad para otro período (CC20).

Es la característica cualitativa que permite a los usuarios identificar y comprender similitudes y diferencias entre partidas. No está relacionada con una única partida. Una comparación requiere al menos dos partidas (CC21).
La comparabilidad no es uniformidad. Para que la información sea comparable, las cosas similares deben verse parecidas y las cosas distintas deben verse diferentes. La comparabilidad de la información financiera no se mejora haciendo que las cosas diferentes se vean parecidas ni haciendo que las cosas similares se vean distintas (CC23).

✓ Verificabilidad

Ayuda a asegurar a los usuarios que la información representa fielmente los fenómenos económicos que pretende representar (CC26).
La verificación puede ser directa o indirecta. Verificación directa significa comprobar un importe u otra representación mediante la observación directa, por ejemplo, contando efectivo. Verificación indirecta significa comprobar los datos de entrada de un modelo, fórmulas u otra técnica, y recalcular el resultado utilizando la misma metodología (CC27).

✓ Oportunidad

Oportunidad significa que los responsables de la toma de decisiones dispongan a tiempo de información, de forma que esta tenga la capacidad de influir en sus decisiones. Generalmente, cuanta más antigua es la información, menor es su utilidad. Sin embargo, cierta información puede continuar siendo oportuna durante bastante tiempo después del cierre de un período sobre el que se informa debido a que, por ejemplo, algunos usuarios pueden necesitar identificar y evaluar tendencias (CC29).

✓ Comprensibilidad

La clasificación, caracterización y presentación de la información de forma clara y concisa la hace comprensible (CC30).
Los informes financieros se preparan para usuarios que tienen un conocimiento razonable de las actividades económicas y del mundo de los negocios, y que revisan y analizan la información con diligencia (CC32).

La restricción del costo en la información financiera útil

La presentación de información financiera impone costos, y es importante que esos costos estén justificados por los beneficios de presentar esa información. Existen varios tipos de costos y beneficios a considerar (CC35)

Cuando se aplica la restricción del costo al desarrollar una propuesta de norma de información financiera, el consejo recaba información de los suministradores de información financiera, usuarios, auditores, académicos y otros sobre la naturaleza y cantidad de los beneficios y costos esperados de esa norma (CC38)

El marco conceptual (1989), el texto restante

El objetivo principal de este capítulo es establecer pautas para la creación de las futuras normativas internacionales, definiendo lo que son las premisas fundamentales y los rubros de los estados de situación, resultados y patrimonio.

La base de la contabilidad internacional se sostiene sobre la hipótesis fundamental, en la cual el marco conceptual nos define lo que es el "negocio en marcha".

Los estados financieros se preparan normalmente bajo el supuesto que una entidad está en funcionamiento y continuará su actividad dentro del futuro previsible. Por lo tanto, se supone que la entidad no tiene la intención ni la necesidad de liquidar o recortar de forma importante la escala de sus operaciones (4,1 MC)

Si se tiene la intención o necesidad de liquidar o terminar la sociedad, los estados financieros tienen que prepararse sobre una base diferente, en cuyo caso dicha base debería revelarse

Situación financiera definida por el marco conceptual

Los estados financieros reflejan los efectos financieros de las transacciones y otros sucesos, agrupándolos en grandes categorías de acuerdo con sus características económicas. Estas grandes categorías son los elementos de los estados financieros. Los elementos relacionados directamente con la medida de la situación financiera en el balance son los activos, los pasivos y el patrimonio (4,2 MC).

Activos (4,4 MC)

- Un recurso controlado por la entidad
- Como resultado de sucesos pasados
- La entidad espera obtener, en el futuro, beneficios económicos

Los beneficios económicos futuros incorporados a un activo pueden llegar a la entidad por diferentes vías. Por ejemplo, un activo puede ser (4,10 MC):

- Una combinación con otros activos
- Intercambiado por otros activos
- Utilizado para satisfacer un pasivo
- Distribuido a los propietarios de la entidad

Los activos de una entidad proceden de transacciones u otros sucesos ocurridos en el pasado. Las entidades obtienen los activos mediante su compra o producción, pero también pueden generarse activos mediante otro tipo de transacciones (4,13 MC).

La ausencia de un desembolso relacionado no impide que se esté ante una partida que satisfaga la definición de activo, y que se convierta, por tanto, en una candidata para reconocimiento como tal en el balance; por ejemplo, las partidas que han sido donadas a la entidad pueden satisfacer la definición de activos (4,14 MC).

Un activo no es objeto de reconocimiento en el balance cuando se considera improbable que, del desembolso correspondiente, se vayan a obtener beneficios económicos en el futuro. Tal transacción lleva al reconocimiento de un gasto en el estado de resultados (4,45 MC).

Pasivos (4,4 MC)

- Una obligación presente
- Como resultado de sucesos pasados
- La entidad espera desprenderse de recursos que incorporan beneficios económicos

Un pasivo es un compromiso o responsabilidad de actuar de una determinada manera. Las obligaciones pueden ser exigibles legalmente como consecuencia de la ejecución de un contrato o de un mandato contenido en una norma legal (4,15 MC).

Es necesario distinguir entre una obligación presente y un encargo o compromiso para el futuro. La decisión de adquirir activos en el futuro no da lugar, por sí misma, al nacimiento de un pasivo (4,16 MC).

La cancelación de un pasivo actual puede llevarse a cabo de varias maneras, por ejemplo a través de (4,17 MC):

- Pago de efectivo
- Transferencia de otros activos
- Prestación de servicios
- Sustitución de ese pasivo por otra deuda
- Conversión del pasivo en patrimonio

En ciertos países, las provisiones no son consideradas como deudas, porque en ellas el concepto de pasivo está definido con tal precisión que solo permite incluir las partidas. que pueden determinarse sin necesidad de realizar estimaciones (4,19 MC).

Patrimonio

Patrimonio es la parte residual de los activos de la entidad, una vez deducidos todos sus pasivos (4,4 MC).
"El marco conceptual define al patrimonio como un residuo o resto".
El importe por el cual se muestra el patrimonio en el balance depende de la evaluación que se haya hecho de los activos y los pasivos. Normalmente, solo por mera casualidad coincidirá el importe acumulado en el patrimonio con el valor de mercado de las acciones de la entidad, ni tampoco con la cantidad de dinero que se obtendría vendiendo uno por uno los activos netos de la entidad, ni con el precio de venta de todo el negocio en marcha (4,22 MC).

Estados de rendimientos

Los elementos relacionados directamente con la medida de la ganancia son los ingresos y los gastos (4,24 MC).

"Ingresos son los incrementos en los beneficios económicos, producidos a lo largo del período contable, en forma de entradas o incrementos de valor de los activos, o bien como decrementos de los pasivos, que dan como resultado aumentos del patrimonio, y no están relacionados con las aportaciones de los propietarios a este patrimonio".

Se reconoce un ingreso en el estado de resultados cuando ha surgido un incremento en los beneficios económicos futuros (4,47 MC).

Para reconocer ingresos, los mismos deben estar devengados; son aplicaciones de las condiciones para el reconocimiento fijadas en este marco conceptual. Van dirigidos a restringir el reconocimiento como ingresos solo a aquellas partidas que, pudiendo ser medidas con fiabilidad, posean un grado de certidumbre suficiente (4,48 MC).

"Gastos son los decrementos en los beneficios económicos, producidos a lo largo del período contable, en forma de salidas o disminuciones del valor de los activos, o bien por la generación o aumento de los pasivos que dan como resultado decrementos en el patrimonio, y no están relacionados con las distribuciones realizadas a los propietarios de este patrimonio".

Los gastos se reconocen en el estado de resultados sobre la base de una asociación directa entre los costos incurridos y la obtención de partidas específicas de ingresos. Este proceso se le denomina comúnmente correlación de costos con ingresos de actividades ordinarias (4,50 MC).

Medición de los elementos de los estados financieros

En los estados financieros, se emplean diferentes bases de medición, con diferentes grados y en distintas combinaciones entre ellas. Tales bases o métodos son los siguientes (4,55 MC):

- ✓ *Costo histórico*: los activos se registran por el importe de efectivo y otras partidas pagadas, o por el valor razonable de la contrapartida entregada a cambio en el momento de la adquisición. Los pasivos se registran al importe de los productos recibidos a cambio de incurrir en la obligación o en algunas circunstancias.
- ✓ *Valor neto realizable*: es el precio estimado de venta de un activo en el curso normal de la operación menos los costos estimados para terminar su producción y los necesarios para llevar a cabo la venta (NIC 2, p6).
- ✓ *Valor razonable*: se define como el precio que sería recibido por vender un activo o pagado por transferir un pasivo en una transacción ordenada entre participantes del mercado en la fecha de la medición (NIIF 13, p9).

- ✓ *Valor en uso*: el valor actual de los flujos futuros estimados de efectivo que se espera obtener de un activo o una unidad generadora de efectivo (NIC36, p6).
- ✓ *Valor en actual*: resultado de descontar cantidades futuras de la cantidad presente, utilizando una determinada tasa de descuento. Esta tasa de descuento refleja los tipos de interés del dinero y el elemento de riesgo que existe en la operación, método utilizado para el cálculo del activo en *leasing*.
- ✓ *Costo atribuido*: un importe usado como sustituto del costo o del costo depreciado en una fecha determinada. En la depreciación o amortización posterior, se supone que la entidad había reconocido inicialmente el activo o pasivo en la fecha determinada, y que este costo era equivalente al costo atribuido (NIIF 1, A).
- ✓ *Costo revaluado*: la entidad podrá medir todos los elementos que pertenezcan a la misma clase, por su importe revaluado, que es el valor razonable en la fecha de la revaluación, menos cualquier depreciación acumulada o pérdidas por deterioro acumuladas que hayan surgido con posterioridad (NIC 16, 12, 36, 38 y NIIF 1).

4.1 Presentación de estados financieros – NIC 1

Esta norma contiene varios aspectos que provienen del marco conceptual, como que el objetivo de presentar estados financieros es suministrar información útil a los inversores para que puedan tomar decisiones de orden económico.

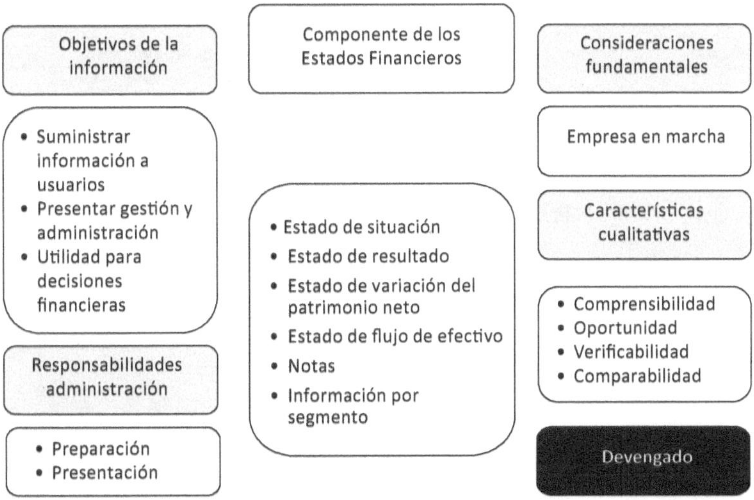

Introducción

La NIC 1 establece requerimientos generales para la presentación de los estados financieros, guías para determinar su estructura y requerimientos mínimos sobre su contenido.

La importancia de la NIC 1 es que obliga a que una entidad revele información comparativa con respecto a períodos previos, es decir, que una entidad revele como mínimo dos de cada uno de los estados y notas correspondientes.

Estado de situación financiera	31/12/20X2 MF	31/12/20X1 MF
Activos		
Efectivo y equivalentes al efectivo		
Inventarios		
Activos biológicos corrientes		

Se establece, en la NIC 1, la finalidad de los estados financieros como también lo que se debe entender como un estado financiero, detallando los siete conjuntos de aplicación obligatoria por cada una de las entidades. Estos estados financieros son los siguientes (NIC1, p10):

- ✓ Estados de situación financiera

Estado de situación financiera
Activos
Efectivo y equivalentes al efectivo
Deudores comerciales
Activos biológicos

Estado de situación financiera
Pasivos
Otros pasivos financieros
Otras provisiones
Provisiones a los empleados

Estado de situación financiera
Patrimonio
Capital
Ganancias (pérdidas) acumuladas

✓ Estados de resultado y otro resultado integral

Estado de resultado por naturaleza	Estado de resultado integral
• Ingresos de actividades ordinarias • Gastos por beneficios a los empleados • Gasto por depreciación y amortización • Otros gastos por naturaleza	Ganancia (pérdida) • Diferencias de cambio por conversión • Activos financieros para la venta • Coberturas del flujo de efectivo • Impuesto a las ganancias relacionado
Ganancia antes de impuestos	
Gasto por impuesto a las ganancias	
Ganancia (pérdida)	Resultado integral total

✓ Estados de cambios en el patrimonio

Patrimonio	Capital	Otras reservas	Ganancias (pérdidas) acumuladas	Patrimonio total
Saldo inicial período actual				
Cambios en patrimonio				
Resultado integral				
Ganancia (pérdida)				
Otro resultado integral				
Saldo final período actual				

✓ Estados de flujo de efectivo

✓ Notas que incluyan un resumen de las políticas contables

✓ Información comparativa con respecto al período inmediato

✓ Estado financiero al principio del período comparativo, cuando aplique una política contable de forma retroactiva

Muchas entidades presentan, fuera de sus estados financieros, informes de ratios, medioambientales e informes de valor añadido de sectores industriales, que son muy significativos; estos informes y estados presentados fuera de los estados financieros quedan fuera del alcance de las NIIF (NIC1, p14).

Características generales

Las características generales son las bases que reafirman todos los procedimientos de la contabilidad internacional, los cuales se deben cumplir a cabalidad y en un 100% ("no se puede dejar de cumplir ninguno"). Las características generales son las siguientes:

- ✓ Presentación razonable y cumplimiento de las NIIF
- ✓ Hipótesis de negocio en marcha
- ✓ Base contable de acumulación (devengo)
- ✓ Materialidad
- ✓ Compensación
- ✓ Frecuencia de la información
- ✓ Información comparativa
- ✓ Uniformidad en la presentación

Presentación razonable:

Los estados financieros deberán presentar razonablemente la situación financiera y el rendimiento financiero, así como los flujos de efectivo de una entidad. Esta presentación razonable requiere la presentación fidedigna de los efectos de las transacciones, así como de otros sucesos y condiciones, de acuerdo con las definiciones y los criterios de reconocimiento de activos, pasivos, ingresos y gastos (NIC1, p15)[1].

Una presentación razonable requiere que la entidad (NIC1, p17):

- ✓ Seleccione y aplique las políticas contables de acuerdo con la NIC 8.
- ✓ Presente información, que incluya a las políticas contables, de una forma que sea relevante, fiable, comparable y comprensible.
- ✓ Suministre información adicional, siempre que el cumplimiento con los requerimientos especificados por las NIIF.

Cuando una entidad no aplique un requerimiento establecido en una NIIF, revelará (NIC1, p20):

- ✓ Que la gerencia ha llegado a la conclusión de que los estados financieros presentan razonablemente.
- ✓ Que se ha cumplido con las NIIF aplicables, excepto en el caso particular.
- ✓ El título de la NIIF que la entidad ha dejado de aplicar.
- ✓ El impacto financiero de la falta de aplicación.

[1] Se señala con p el párrafo en que aparece la indicación.

Hipótesis de negocio en marcha:

Al evaluar si la hipótesis de negocio en marcha resulta apropiada, la gerencia tendrá en cuenta toda la información disponible sobre el futuro, que deberá cubrir al menos los doce meses siguientes a partir del final del período sobre el que se informa, sin limitarse a dicho período. El grado de detalle de las consideraciones dependerá de los hechos que se presenten en cada caso. Cuando una entidad tenga un historial de operaciones rentable, así como un pronto acceso a recursos financieros, la entidad podrá concluir que la utilización de la hipótesis de negocio en marcha es apropiada, sin realizar un análisis detallado. En otros casos, puede ser necesario que la gerencia, antes de convencerse a sí misma de que la hipótesis de negocio en marcha es apropiada, deba ponderar una amplia gama de factores relacionados con la rentabilidad actual y esperada, el calendario de pagos de la deuda y las fuentes potenciales de sustitución de la financiación existente (NIC1, p26).

- ✓ Base contable de acumulación (devengo):
  Cuando se utiliza la base contable de acumulación (devengo), una entidad reconocerá partidas como activos, pasivos, patrimonio, ingresos y gastos, cuando satisfagan las definiciones y los criterios de reconocimiento previstos para tales elementos en el marco conceptual (NIC1, p28).

- ✓ Materialidad:
  Si una partida concreta careciese de importancia relativa por sí sola, se agregará con otras partidas, ya sea en los estados financieros o en las notas. Una partida que no tenga la suficiente importancia relativa como para justificar su presentación separada en esos estados financieros, puede justificar su presentación separada en las notas (NIC1, p30 y 31).

- ✓ Compensación:
  Una entidad no compensará activos con pasivos o ingresos con gastos a menos que así lo requiera o permita una NIIF. Una entidad informará por separado sobre sus activos y pasivos e ingresos y gastos. La compensación en el estado (o estados) del resultado del período y otro resultado integral o de situación financiera (NIC1, p32 y 33).

- ✓ Frecuencia de la información:
  Una entidad presentará un juego completo de estados financieros (incluyendo información comparativa) al menos anualmente. No obstante,

determinadas entidades prefieren informar, por razones prácticas, sobre períodos de 52 semanas. Esta norma no prohíbe esta práctica (NIC1, p36 y 37).

✓ Información comparativa:
Una entidad revelará información comparativa respecto del período anterior para todos los importes incluidos en los estados financieros del período corriente. Una entidad incluirá información comparativa para la información descriptiva y narrativa, cuando esto sea relevante para la comprensión de los estados financieros del período corriente; como mínimo se presentarán dos estados de situación financiera, dos estados del resultado y otro resultado integral del período, dos estados del resultado del período separados (si los presenta), dos estados de flujos de efectivo y dos estados de cambios en el patrimonio, y notas relacionadas (NIC1, p38).

✓ Uniformidad en la presentación:
Una entidad solo cambiará la presentación de sus estados financieros cuando dicho cambio proporcione información fiable y más relevante para los usuarios de los estados financieros, y la nueva estructura tenga visos de continuidad, de modo que la comparabilidad no quede perjudicada. Cuando se realicen estos cambios en la presentación, una entidad reclasificará su información comparativa (NIC1, p46).

Estado de situación financiera

La NIC 1 detalla las partidas mínimas que deben contener los estados financieros. Estas partidas deben presentarse sí o sí, independiente de que las partidas no tengan movimientos o sus partidas no existan contablemente. Las partidas mínimas son las siguientes (NIC1, p54):

✓ Propiedades, planta y equipo (NIC 16)
✓ Propiedades de inversión (NIC 40)
✓ Activos intangibles (NIC 38)
✓ Activos financieros (NIC 39 y NIIF 9)
✓ Inversiones contabilizadas por el método de la participación (NIC 28)
✓ Activos biológicos (NIC 41)
✓ Inventarios (NIC 2)

- ✓ Deudores comerciales y otras cuentas por cobrar (NIC 39 y NIIF 9)
- ✓ Efectivo y equivalentes al efectivo (NIC 7)
- ✓ Activos y pasivos mantenidos para la venta (NIIF 5)
- ✓ Acreedores comerciales y otras cuentas por pagar (NIC 39 y NIIF 9)
- ✓ Provisiones (NIC 37)
- ✓ Pasivos financieros (NIC 39 y NIIF 9)
- ✓ Activos y pasivos por impuestos diferidos (NIC 12)
- ✓ Participaciones no controladoras
- ✓ Capital emitido y reservas

Distinción entre partidas corrientes y no corrientes

Una entidad clasificará un activo como corriente cuando (NIC1, p66):

- ✓ Espera realizar el activo, o tiene la intención de venderlo en su ciclo normal de operación
- ✓ Mantiene el activo principalmente con fines de negociación
- ✓ Espera realizar el activo dentro de los doce meses
- ✓ El activo es efectivo o equivalente al efectivo (como se define en la NIC 7) a menos que este se encuentre restringido

Una entidad clasificará todos los demás activos como no corrientes.

En esta norma, el término "no corriente" incluye activos tangibles, intangibles y financieros que por su naturaleza son a largo plazo. No está prohibido el uso de descripciones alternativas siempre que su significado sea claro (NIC1, p67).

Una entidad clasificará un pasivo como corriente cuando (NIC1, p69):

- ✓ Espera liquidar el pasivo en su ciclo normal de operación
- ✓ Mantiene el pasivo principalmente con fines de negociación
- ✓ El pasivo debe liquidarse dentro de los doce meses
- ✓ No tiene un derecho incondicional para aplazar la cancelación del pasivo durante, al menos, los doce meses siguientes a la fecha del período sobre el que se informa

Una entidad clasificará todos los demás pasivos como no corrientes.

Estados de resultados por naturaleza y por función

Una entidad agrupará gastos dentro del resultado de acuerdo con su naturaleza y no los distribuirá atendiendo a las diferentes funciones que se desarrollan en la entidad (NIC1, p102).

Estados de resultados por naturaleza
Ingresos de actividades ordinarias
Materias primas y consumibles utilizados
Gastos por beneficios a los empleados
Gasto por depreciación y amortización
Reversión de pérdidas por deterioro de valor (pérdidas por deterioro de valor) reconocidas en el resultado de período
Otros gastos por naturaleza
Otras ganancias (pérdidas)
Ingresos financieros
Costos financieros
Participación en las ganancias (pérdidas) de asociadas y negocios conjuntos que se contabilicen utilizando el método de la participación
Diferencia de cambio
Resultado por unidades de reajuste
Ganancias (pérdidas) que surgen de la diferencia entre el valor libro anterior y el valor justo de activos financieros reclasificados medidos a valor razonable
Ganancia (pérdida) antes de impuestos
Gasto por impuesto a las ganancias
Ganancia (pérdida) procedente de operaciones continuadas
Ganancia (pérdida) procedente de operaciones discontinuadas
Ganancia (pérdida)

La segunda forma de desglose es el método de la "función de gastos" o del "costo de venta", y clasifica los gastos de acuerdo con su función como parte del costo del costo de las ventas (NIC1, p103).

Estados de resultados por función
Ingresos de actividades ordinarias
Costo de ventas
Ganancia bruta
Ganancias (pérdidas) que surgen de la baja en cuentas de activos financieros medidos a costo amortizado
Otros ingresos por función
Costos de distribución
Gastos de administración
Otros gastos por función
Otras ganancias (pérdidas)
Ingresos financieros
Costos financieros
Participación en las ganancias (pérdidas) de asociadas y negocios conjuntos que se contabilicen utilizando el método de la participación
Diferencias de cambio
Resultado por unidades de reajuste
Ganancias (pérdidas) que surgen de la diferencia entre el valor libro anterior y el valor justo de activos financieros reclasificados medidos a valor razonable
Ganancia (pérdida) antes de impuestos
Gasto por impuestos a las ganancias
Ganancia (pérdida) procedente de operaciones continuadas
Ganancia (pérdida) procedente de operaciones discontinuadas
Ganancia (pérdida)

Las entidades que clasifiquen los gastos por función revelarán información adicional sobre la naturaleza de ellos, donde incluirán los gastos por depreciación y amortización y el gasto por beneficio a los empleados.

La compensación de activos y pasivos no está permitida, a menos que otra norma lo exija o lo permita. Las partidas de ingresos y gastos no deben compensarse, a menos que otra norma lo permita o lo exija.

La NIC 1 no indica ningún formato en particular para los estados financieros, pero sí especifica las partidas que, como mínimo, deben presentarse en los estados financieros.

4.2 NIIF 1 – Adopción por primera vez de las Normas Internacionales de Información Financiera

Esta normativa aplicará a los primeros estados financieros conforme a las NIIF. Son los primeros estados financieros anuales en los cuales la entidad adopta las NIIF, mediante una declaración explícita y sin reservas, contenida en tales estados financieros, del cumplimiento de las NIIF (NIIF 1, p3).

Las entidades usarán las mismas políticas contables en su estado de situación financiera de apertura conforme a las NIIF y a lo largo de todos los períodos que se presenten en sus primeros estados financieros conforme a las NIIF. Estas políticas contables cumplirán con cada NIIF vigente al final del período sobre el que informe según las NIIF, excepto por algunas opciones de efectuar adopción en forma prospectiva (NIIF 1, p7).

Las entidades no aplicarán versiones diferentes de las NIIF que estuvieran vigentes en las fechas anteriores. Una entidad podrá aplicar una nueva NIIF que todavía no sea obligatoria, siempre que en la misma se permita la aplicación anticipada (NIIF 1, p8).

Las políticas contables que una entidad utilice en su estado de situación financiera de apertura conforme a las NIIF, pueden diferir de las que aplicaba en la misma fecha conforme a sus PCGA anteriores. Los ajustes resultantes surgen de sucesos y transacciones anteriores a la fecha de transición a las NIIF. Por tanto, una entidad reconocerá tales ajustes, en la fecha de transición a las NIIF, directamente en los resultados acumulados, a excepción de que una norma señale que los ajustes se llevarán a otras reservas de patrimonio (NIIF 1, p11).

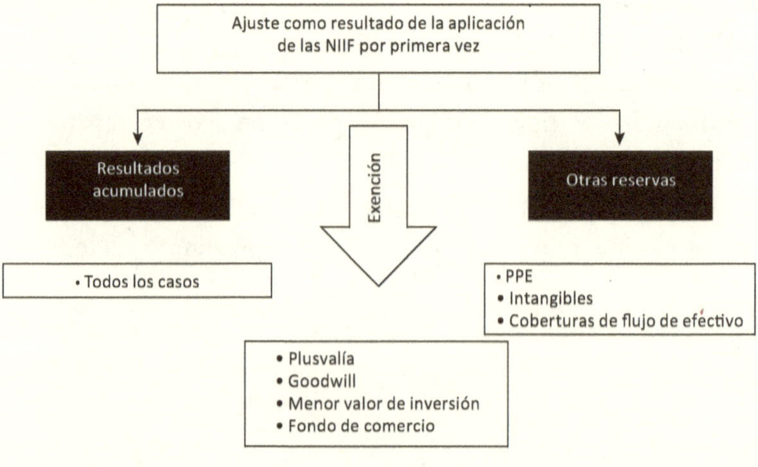

En primera adopción a las NIIF, la entidad deberá en su estado de situación financiera de apertura conforme a las NIIF (NIIF 1, p10):

- ✓ Reconocer todos los activos y pasivos cuyo reconocimiento sea aceptado por las NIIF.
- ✓ Eliminar partidas de activos y pasivos que no cumplan lo aceptado por las NIIF.
- ✓ Reclasificar las partidas de activos, pasivos y patrimonio conforme con las NIIF.
- ✓ Aplicar el 100% de las NIIF a todos los activos y pasivos reconocidos.

Información comparativa

Los primeros estados financieros de una entidad que se presenten conforme a las NIIF incluirán al menos tres estados de situación financiera, dos estados de resultados y otro resultado integral del período, dos estados de flujo de efectivo y dos estados de cambios de patrimonio y las notas relacionadas, incluyendo información comparativa (NIIF 1, p21).

Se deberá efectuar una explicación de cómo la transición de los PCGA anteriores a las NIIF ha afectado a su situación financiera, resultados y flujos de efectivo informados (NIIF1, p23).

También se deberán efectuar las conciliaciones de patrimonio y los estados de resultado (NIIF 1, p24).

Estructura activos primera adopción	31.12.2022	31.12.2021	01.01.2021
Activos			
Activos corrientes			
Efectivo y equivalentes al efectivo			
Otros activos financieros			
Otros activos no financieros			
Deudores comerciales y otras cuentas por cobrar			
Cuentas por cobrar a entidades relacionadas			
Inventarios			
Activos biológicos corrientes			
Activos por impuestos corrientes			
Total de activos corrientes			

Excepciones a la aplicación retroactiva de las NIIF (de igual forma se pueden utilizar estos requerimientos en forma retroactiva, por lo cual esto permite acogerse a la excepción o aplicar las NIIF de forma prospectiva).

- ✓ Baja en las cuentas de activos y pasivos financieros: una entidad que adopta por primera vez las NIIF aplicará los requerimientos de baja en cuentas de la NIIF 9 de forma prospectiva (NIIF1, b2 al b3)
- ✓ Contabilidad de coberturas: si una entidad designó una posición neta como una partida cubierta de acuerdo con PCGA anteriores, puede designar como una partida cubierta de acuerdo con las NIIF. Las transacciones realizadas antes de la fecha de transición a las NIIF no se designarán de forma retroactiva como coberturas (NIIF 1, b4 al b6)
- ✓ Participaciones no controladoras: la entidad que aplica por primera vez las NIIF aplicará los requerimientos de la NIIF 10 de forma prospectiva (NIIF 1, b7)
- ✓ Clasificación y medición de activos financieros: la entidad evaluará si un activo financiero se medirá bajo el costo amortizado según la NIIF 9 (NIIF 1, b8)
- ✓ Derivados implícitos: la entidad evaluará si requiere que un derivado implícito se separe de su contrato anfitrión y se contabilice como un derivado aparte (NIIF 1, b9)
- ✓ Préstamos de gobierno: la entidad clasificará todos los préstamos del gobierno como un pasivo financiero o como instrumento de patrimonio de acuerdo con la NIC 32 (NIIF 1, b9 al b12)
- ✓ Exenciones referidas a las combinaciones de negocios: la entidad puede optar por no aplicar de forma retroactiva la NIIF 3 a las combinaciones de negocios realizadas en el pasado (NIIF 1, c1 al c5)
- ✓ Transacciones con pagos basados en acciones: se recomienda, pero no se requiere, que una entidad que adopta por primera vez las NIIF aplique la NIIF 2 (NIIF 1, d2 al d3)
- ✓ Contratos de seguros: las entidades pueden aplicar las disposiciones transitorias de la NIIF 4 (NIIF 1, d4)
- ✓ Costo atribuido: la entidad en su estado de situación financiera de apertura conforme a las NIIF, puede usar el valor razonable como costo atribuido para una partida de propiedades, plantas y equipos, una propiedad de inversión, para un activo intangible, inversiones en subsidiarias, negocios conjuntos, asociadas, activos de petróleo, gas y operaciones sujetas a regulación de tarifas (NIIF 1, d5 al d8b)
- ✓ Arrendamientos: las entidades pueden evaluar si un contrato existe en la fecha de transición aplicando la NIIF 16 (NIIF 1, d9)
- ✓ Diferencias de conversiones acumuladas: las entidades no necesitan cumplir con lo dispuesto en la NIC 21, pero las diferencias de conversión acumuladas

de todos los negocios en el extranjero se considerarán nulas en la fecha de transición (NIIF 1, d12 al d13)

- ✓ Inversiones en subsidiarias, negocios conjuntos y asociadas: pueden medir estas inversiones al costo, NIC 28 o valor razonable según NIIF 9 (NIIF 1, d14 al d15)
- ✓ Activos y pasivos de subsidiarias, asociadas y negocios conjuntos: si una entidad adopta las NIIF después que su subsidiaria medirá, en sus estados financieros consolidados, los activos y pasivos, después de realizar los ajustes que correspondan al consolidar o aplicar el método de la participación (NIIF 1, d16 al d17)
- ✓ Instrumentos financieros compuestos: la NIC 32 requiere que una entidad descomponga los instrumentos financieros compuestos, desde el inicio, en sus componentes separados de pasivo y patrimonio (NIIF 1, d18)
- ✓ Designación de instrumentos financieros reconocidos previamente: si para una entidad es impracticable aplicar retroactivamente el método de interés efectivo o los requerimientos de deterioro, el valor razonable de los instrumentos financieros será igual a su costo amortizado (NIIF 1, d19 al d19c)
- ✓ Medición al valor razonable de activos o pasivos financieros en el reconocimiento inicial: se podrá aplicar de forma prospectiva bajo NIIF 9 (NIIF 1, d20)
- ✓ Pasivos por desmantelamiento incluidos en el costo de propiedades, planta y equipo: requiere que los cambios específicos por desmantelamiento, restauración, se deduzcan del costo del activo correspondiente al importe depreciado CINIIF 1 (NIIF 1, d21 al d21a)
- ✓ Activos financieros o intangibles contabilizados de acuerdo con la CINIIF 12: la entidad podrá aplicar las disposiciones transitorias (NIIF 1, d22)
- ✓ Costos por préstamos: la entidad puede optar por aplicar los requerimientos de la NIC 23 (NIIF 1, d23)
- ✓ Cancelación de pasivos financieros con instrumentos de patrimonio: la entidad podrá aplicar las disposiciones transitorias de la CINIIF 19 (NIIF 1, d25)
- ✓ Hiperinflación grave: si la entidad tiene una moneda funcional que fue, o es, la moneda de una economía hiperinflacionaria, determinará si estuvo sujeta a una hiperinflación grave antes de la fecha de transición (NIIF 1, d26 al d30)
- ✓ Costos de desmonte en la fase de producción de una mina a cielo abierto: puede aplicar la CINIIF 20 sus disposiciones transitorias (NIIF 1, d32)
- ✓ Designación de contratos para comprar o vender una partida no financiera: permite la aplicación de la NIC 39 (NIIF 1, d33)

4.3 Inventarios – NIC 2

El objetivo de la NIC 2 es prescribir el tratamiento contable de los inventarios. Suministra una guía para determinar el costo de los inventarios así como para el subsiguiente reconocimiento como un gasto, incluso cualquier deterioro que rebaje el importe en libros al valor neto realizable. También suministra directrices sobre las fórmulas del costo que se usan para asignar costos a los inventarios.

La NIC 2 exige la aplicación de la antigua regla de la medición al costo o al valor neto realizable, según cual sea menor (NIC 2 p9). El valor neto realizable (VNR) es el precio estimado de venta de un activo en el curso normal de la operación menos los costos estimados para terminar su producción y para llevar a cabo la venta (NIC 2 p6).

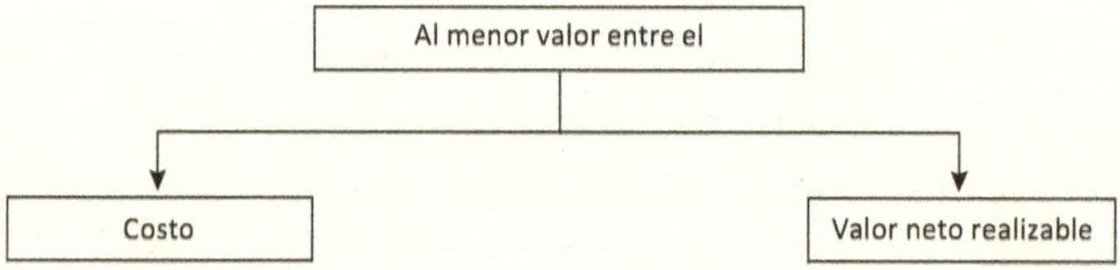

El costo de los inventarios incluye (NIC 2 p10):

✓ Todos los costos de adquisición (p11)
- Precio de compra
- Impuestos de importación
- Transporte manejo o almacenamiento

✓ Costos de transformación / costos de producción (p12 al p14)
- Costos directos (materiales directos, mano de obra directa otros costos directos)
- Costos indirectos (depreciación, gastos de administración y gestión de planta)
- Costos variables (materiales y mano de obra)

✓ Otros costos incurridos para llevar los inventarios a su ubicación y condición actual o final de venta (p15 al p18)
- Costos para llevar los inventarios a su ubicación actual o final
- Costos relacionados con los préstamos (NIC 23)

No forman parte del costo, los descuentos comerciales, reembolsos, costos de financiamiento pagados sobre condiciones normales de crédito y las diferencias de cambio (NIC 2 p11).

El costo de los inventarios no debe incluir los desperdicios anormales, los costos de almacenamiento ni los gastos generales de administración no relacionados con la producción.

La identificación específica del costo significa que cada tipo de costo concreto se distribuye entre ciertas partidas identificadas dentro de los inventarios. Este es el tratamiento adecuado para los productos que se segregan por proyectos (P24).

FIFO: los inventarios comprados (fabricados) primero, se venden primero

El inventario del balance general se valora a los costos de las unidades compradas (fabricadas) más recientemente.

El método del promedio ponderado requiere que el inventario al final del período refleje el costo promedio ponderado basado en el costo por unidad tanto de:

- ✓ Las unidades en existencias al comienzo del período
- ✓ Las unidades compradas (fabricadas) durante el período

Los inventarios promedio pueden determinarse:

- ✓ De forma periódica
- ✓ Sobre la base de promedio móvil (cada vez que se reciba inventario)

La NIC 2 permite elegir la manera de determinar el costo cuando el costo específico no es evidente. Los tratamientos recomendados son el método de primera entrada primera salida (FIFO) o costo promedio ponderado.

No obstante, la NIC 2 excluye determinados inventarios de su alcance: los trabajos en curso en virtud de contratos de construcción, los instrumentos financieros y los activos biológicos.

Los métodos del costo estándar y de los minoristas pueden usarse para la medición del costo, siempre que los resultados se aproximen al costo real.

El método última entrada primera salida (LIFO), que estaba permitido antes de la revisión 2003 de la NIC 2, ya no está permitido.

Se debe usar el mismo método de costo para todos los inventarios con características similares con respecto a su naturaleza y uso para la empresa. Para los grupos de inventarios con características diferentes, puede estar justificada la utilización de métodos de costo también diferentes.

Cualquier rebaja de valor hasta alcanzar el VNR debe reconocerse como gasto en el período en que ocurra la rebaja.

Las existencias se deben registrar a VNR si los costos de las existencias no son recuperables por: a) Daños; b) Obsolescencia; c) Reducción del precio de mercado; d) Aumento no previsto de costos estimados de venta.

Reconocimiento de gastos (NIC p34 y 35)

- ✓ Cuando los inventarios sean vendidos, el importe en libros de estos se reconocerá como gastos. El importe de cualquier rebaja de valor, hasta alcanzar el valor neto realizable, así como todas las demás pérdidas en los inventarios, será reconocido en el período en que ocurra.
- ✓ El costo de ciertos inventarios puede ser incorporado a la propiedad, planta y equipo de la entidad y se reconocerá en la medida que se distribuya la vida útil del bien.

4.4 Estado de flujos de efectivo - NIC 7

Esta norma exige que una empresa presente estados de flujo de efectivo como parte integral de sus estados financieros (NIC 7 p1).

Los flujos de efectivo deben presentarse clasificados en tres rubros principales (NIC 7 p10):

Actividades de operación

- ✓ Cobros procedentes de las ventas de bienes y la prestación de servicios.
- ✓ Cobros procedentes de regalías, cuotas, comisiones y otros ingresos de actividades ordinarias.
- ✓ Pagos a proveedores por el suministro de bienes y servicios.
- ✓ Pagos a y por cuenta de los empleados.
- ✓ Cobros y pagos de las entidades de seguros por primas y prestaciones, anualidades y otras obligaciones derivadas de las pólizas suscritas.

- ✓ Pagos o devoluciones de impuestos sobre las ganancias, a menos que estos puedan clasificarse específicamente dentro de las actividades de inversión o financiación.
- ✓ Cobros y pagos derivados de contratos que se tienen para intermediación o para negociar con ellos.

Actividades de inversión

- ✓ Pagos por la adquisición de propiedades, planta y equipo, activos intangibles y otros activos a largo plazo. Estos pagos incluyen aquellos relacionados con los costos de desarrollo capitalizados y las propiedades, planta y equipo construidos por la entidad para sí misma.
- ✓ Cobros por ventas de propiedades, planta y equipo, activos intangibles y otros activos a largo plazo.
- ✓ Pagos por la adquisición de instrumentos de pasivo o de patrimonio, emitidos por otras entidades, así como participaciones en negocios conjuntos (distintos de los pagos por esos mismos títulos e instrumentos que sean considerados efectivo y equivalentes al efectivo, y de los que se tengan para intermediación u otros acuerdos comerciales habituales).
- ✓ Cobros por venta y reembolso de instrumentos de pasivo o de capital emitidos por otras entidades, así como participaciones en negocios conjuntos (distintos de los cobros por esos mismos títulos e instrumentos que sean considerados efectivo y otros equivalentes al efectivo, y de los que se posean para intermediación u otros acuerdos comerciales habituales).
- ✓ Anticipos de efectivo y préstamos a terceros (distintos de las operaciones de ese tipo hechas por entidades financieras).
- ✓ Cobros derivados del reembolso de anticipos y préstamos a terceros (distintos de las operaciones de este tipo hechas por entidades financieras).
- ✓ Pagos derivados de contratos a término, de futuro, de opciones y de permuta financiera, excepto cuando dichos contratos se mantengan por motivos de intermediación u otros acuerdos comerciales habituales, o bien cuando los anteriores pagos se clasifiquen como actividades de financiación.
- ✓ Cobros procedentes de contratos a término, a futuro, de opciones y de permuta financiera, excepto cuando dichos contratos se mantengan por motivos de intermediación u otros acuerdos comerciales habituales, o bien cuando los anteriores cobros se clasifiquen como actividades de financiación.

Actividades de financiación

- ✓ Cobros procedentes de la emisión de acciones u otros instrumentos de capital.
- ✓ Pagos a los propietarios por adquirir o rescatar las acciones de la entidad.
- ✓ Cobros procedentes de la emisión de obligaciones sin garantía, préstamos, bonos, cédulas hipotecarias y otros fondos tomados en préstamo, ya sea a largo o a corto plazo.
- ✓ Reembolsos en efectivo de fondos tomados en préstamo.
- ✓ Pagos realizados por el arrendatario para reducir la deuda pendiente procedente de un arrendamiento financiero.

El estado de flujo debe conciliar el "efectivo y los equivalentes de efectivo". Los equivalentes de efectivo se definen vagamente como inversiones a corto plazo de gran liquidez que son fácilmente convertibles en importes determinados de efectivo, pero no existe un límite exacto sobre las fechas de vencimiento de dichas inversiones.

Los flujos de efectivo pueden calcularse por el método directo, observando los cobros y pagos en efectivo, o por el método indirecto, ajustando conceptos tales como las transacciones no monetarias (NIC 7 p18).

Las tasas de cambio reales o promedio deben utilizase para los flujos de efectivo de una subsidiaria extranjera (NIC 7 p26).

Los flujos de efectivo recibidos o pagados de intereses o dividendos pueden clasificarse como flujos de operación, de inversión o de financiación (NIC 7 p31).

Los flujos de efectivo procedentes de pagos relacionados con el impuesto a las ganancias deben revelarse por separado, y deben ser clasificados como flujos de efectivo procedentes de actividades de operación, a menos que puedan ser específicamente asociados con actividades de inversión o de financiación (NIC 7 p35).

Las transacciones no monetarias no deben incluirse en el estado de flujo de efectivo, pero deben revelarse en las notas (NIC 7 p43).

Los flujos de efectivo correspondientes tanto a los intereses recibidos y pagados como a los dividendos percibidos y satisfechos, deben ser revelados por separado. Cada una de las anteriores partidas debe ser clasificada de forma coherente, período a período, como perteneciente a actividades de operación, de inversión o de financiación.

4.5 Políticas contables, cambios en las estimaciones contables y errores - NIC 8

La estructura básica de una norma contempla tres partes:

Reconocimiento de una partida	Medición o valuación	Revelación o exposición (notas a los estados financieros)

El objetivo de esta norma es establecer los criterios para seleccionar y cambiar las políticas contables, junto con el tratamiento contable y sus revelaciones de (NIC 8, p5):

a) Los cambios en las políticas contables. “Las políticas contables son los principios específicos, las bases, reglas y prácticas aplicadas por una entidad al preparar y presentar los estados financieros”.

b) Los cambios en las estimaciones contables. “Es un ajuste del valor libro de un activo o pasivo, o el monto del consumo periódico de un activo, que resulta de la evaluación de la situación actual de activos y pasivos, además de los futuros beneficios y obligaciones asociados”.

c) Las correcciones de los errores del ejercicio. “Son omisiones o inexactitudes en los estados financieros de la entidad para uno o más períodos anteriores, que resultaron porque no se utilizó, o se utilizó de forma incorrecta, información confiable”.

En ausencia de una norma o interpretación, la gerencia deberá usar su juicio en el desarrollo y aplicación de una política contable, a fin de suministrar información que sea relevante y fiable.

Las definiciones, así como los requisitos de reconocimiento y medición, establecidos para activos, pasivos, ingresos y gastos en el marco conceptual (NIC 8, p11).

La gerencia también podrá tener en cuenta las declaraciones más recientes de otras organizaciones encargadas de la elaboración de normas que usan un marco conceptual similar para desarrollar normas de contabilidad, otra bibliografía contable y prácticas de la industria aceptadas, siempre que no contradigan la (NIC 8, p11).

La entidad seleccionará y aplicará sus políticas contables de manera uniforme para transacciones, otros eventos y condiciones que sean similares.

La entidad podrá cambiar una política contable solo si tal cambio:

- ✓ Es requerido por una norma o interpretación.
- ✓ Lleva a que los estados financieros suministren información más fiable y relevante.

Registro de los cambios en las políticas contables:

a) Si el cambio en la política contable nace de la aplicación inicial de una norma o interpretación, esta se contabilizará de acuerdo con las disposiciones transitorias específicas de la norma o interpretación (en caso de que las hubiere).
b) La naturaleza e importe de cada una de ellas debe ser objeto de información por separado en la cuenta de resultados o en las notas.
c) El hecho de que sea calificado como "extraordinario" viene determinado más por la naturaleza del suceso o transacción que por su frecuencia.

Tenemos que señalar que hay limitaciones a la aplicación retroactiva de una política contable, que se puede determinar cuando sea impracticable determinar los efectos de este cambio en cada ejercicio específico o cuando sea impracticable determinar su efecto acumulado (NIC 8 párrafo 43 al 48).

El efecto de un cambio en una estimación contable se reconocerá de forma prospectiva, incluyéndolo en el resultado del:

- ✓ Período en que tiene lugar el cambio, si afecta a un solo período.
- ✓ Período en que tiene lugar el cambio y los futuros períodos, si afecta a varios períodos.

Ejemplos de estimaciones contables son (NIC 8, p32):

- ✓ Vida útil de inmovilizado material.
- ✓ Obsolescencia de los inventarios.
- ✓ El valor razonable de activos o pasivos financieros.
- ✓ Provisiones.

No obstante, si un cambio en una estimación contable genera un cambio en los activos y pasivos, o se relaciona con una partida del patrimonio neto, dicho cambio se reconocerá ajustando el importe en libros del activo, el pasivo o la partida del patrimonio neto en cuestión, en el período del cambio (NIC 8, p37).

El principio general de la NIC 8 es que la entidad debe corregir todos los errores materiales de períodos anteriores, de forma retroactiva, en los primeros estados financieros formulados después de la detección del error (NIC 8, p42):

- ✓ Reformulando la información comparativa para el período o períodos anteriores en los que se originó el error.

✓ Si el error ocurrió con anterioridad al período más antiguo para el que se presenta información, ajustando los saldos iniciales de activos, pasivos y patrimonio neto para dicho período.

Para la NIC 8 y comprender los montos materiales que afectan esta norma y se deba afectar los cambios retrospectivos, tenemos que comentar cómo se puede calcular la materialidad.

4.6 Hechos ocurridos después del período sobre el que se informa – NIC 10

La norma identifica dos tipos de hechos que ocurren después de la fecha de presentación de la información. En primer lugar, los hechos que implican ajuste, que son aquellos que suministran información relativa a condiciones que existían ya en la fecha de presentación de la información. Estos hechos generarán cambios en el reconocimiento, es decir, la modificación de los números del estado de situación financiera. El segundo tipo de hecho posterior a la fecha de presentación de la información son los hechos que no implican ajustes (NIC 10 párrafos 3, 8 y 10).

Un ejemplo de un hecho que implica ajuste es contar con mejor información sobre la situación de los clientes en la fecha de presentación de la información, lo que le permite a una entidad medir con mayor precisión el monto de sus cuentas por cobrar. Un ejemplo de un hecho que no implica ajuste sería la destrucción de algún activo de una entidad en forma accidental, quizá a causa de un incendio, después de la fecha de presentación de la información (NIC 10 ver p22).

Los dividendos propuestos sobre acciones ordinarias, pero no declarados, después de la fecha de presentación de la información, no deben ser reconocidos como pasivo (NIC 10 p12).

Para determinar si una empresa es una empresa en funcionamiento, la evaluación debe realizarse en el momento en que se preparan los estados financieros, que es, obviamente, después de la fecha de presentación de la información.

Si se determina que una empresa no es una empresa en funcionamiento, entonces los registros contables deben prepararse en base al valor patrimonial proporcional, aunque los hechos que dieron lugar a tal conclusión hayan ocurrido después de la fecha de presentación de la información (NIC 10 p14).

Ejemplos de hechos ocurridos después del período sobre el que se informa que no implican ajuste que, por lo general, darían lugar a revelar información (NIC 10 p22):

- ✓ Una combinación de negocios importante que haya tenido lugar después del cierre.
- ✓ El anuncio de un plan para discontinuar definitivamente una operación.
- ✓ Las compras de activos significativas, la clasificación de activos como mantenidos para la venta de acuerdo con la NIIF 5.
- ✓ La destrucción por incendio de una planta importante de producción posterior al cierre.
- ✓ El anuncio o el comienzo de la ejecución de una reestructuración importante.
- ✓ Transacciones importantes realizadas o potenciales con acciones ordinarias, después del período sobre el que se informa.
- ✓ Las variaciones anormalmente grandes, después del período sobre el que se informa, en los precios de los activos o en las tasas de cambio de alguna moneda extranjera.
- ✓ Las variaciones en las tasas impositivas o en las leyes fiscales aprobadas o anunciadas después del período sobre el que se informa.
- ✓ La aceptación de compromisos o pasivos contingentes de cierta importancia, por ejemplo, al otorgar garantías por importe significativo.
- ✓ El inicio de litigios importantes, surgidos exclusivamente como consecuencia de eventos ocurridos después del período sobre el que se informa.

4.7 Impuesto a las ganancias – NIC 12

Esta norma se refiere principalmente a la contabilización del impuesto diferido. Cambió la base del cálculo por la de "diferencias temporales", que se calculan haciendo referencia a la diferencia entre la base imponible y la base de la información financiera de los activos y pasivos, en lugar de usar las "diferencias de oportunidad", que se basan en las diferencias entre la base imponible y el importe en libros de los ingresos y los gastos (NIC 12 p5).

Los activos por impuestos diferidos deben ser reconocidos de manera similar, suponiendo que es probable que haya una ganancia fiscal futura. Los activos por impuestos diferidos incluyen, obviamente, aquellos emergentes de compensaciones de pérdidas fiscales con ganancias fiscales de períodos posteriores (NIC 12 párrafos 24 y 34).

✓ Diferencias temporales deducibles

Partida financiera		Partida tributaria	Diferencia tributaria	Origina
Activo financiero	<	Activo tributario	Deducible	Activo por impuesto diferido
Pasivo financiero	>	Pasivo tributario	Deducible	Activo por impuesto diferido

Los pasivos por impuestos diferidos deben ser reconocidos con respecto a todas las diferencias temporales, salvo en relación con la amortización de la plusvalía no deducible y el reconocimiento inicial de determinados activos y pasivos en transacciones que no afectan ni el beneficio contable ni la ganancia fiscal.

✓ Diferencias temporales imponibles

Partida financiera		Partida tributaria	Diferencia tributaria	Origina
Activo financiero	>	Activo tributario	Imponible	Pasivo por impuesto diferido
Pasivo financiero	<	Pasivo tributario	Imponible	Pasivo por impuesto diferido

También hay reglas especiales para las inversiones en subsidiarias, empresas asociadas y negocios conjuntos. Establecen que no es necesario contabilizar las diferencias temporales que probablemente no se revertirán en los casos en que el inversor tiene el control de dicho proceso (por ejemplo, porque puede suspender el pago de dividendos) (NIC 12 párrafos 39 y 44).

La medición de los activos y pasivos por impuestos diferidos debe basarse en las tasas impositivas que se espera sean de aplicación; por lo general, esto significa las tasas impositivas vigentes, aunque pueden usarse tasas futuras en los casos en que se hayan aprobado (NIC 12 párrafos 47 y 51).

Los importes por impuestos diferidos no deben ser descontados. A primera vista, esto parece sorprendente, porque hay otros pasivos que deben ser descontados (ver NIC 37). No obstante, el descuento requeriría tener conocimiento de cuándo se revertirían las diferencias temporales, lo cual a su vez implicaría tener que hacer muchas conjeturas (NIC 12 p53).

- ✓ "Diferencia temporal: diferencia entre el importe en libros de un activo o pasivo y su base impositiva".
- ✓ "Diferencia temporal sujeta a impuestos: diferencia temporal que generará importes sujetos a impuestos en el futuro cuando el importe en libros del activo se recupere o el pasivo se liquide".
- ✓ "Diferencia temporal deducible: diferencia temporal que generará importes deducibles de impuestos en el futuro cuando el importe en libros del activo se recupere o el pasivo se liquide".

La doble entrada para crear activos y pasivos por impuestos diferidos debe registrarse en el resultado o directamente en el patrimonio neto, y revelarse en el estado de ingresos totales (NIC 12 párrafos 58 y 61).

Los activos por impuestos diferidos deben presentarse en el estado de situación financiera separados de los pasivos por impuestos diferidos (NIC 12 párrafos 69 y 74).

Los activos y pasivos por impuestos corrientes solo se pueden compensar si:

- ✓ La empresa tiene un derecho legal de compensarlos.
- ✓ La entidad tiene la intención de cancelar en términos netos, o realizar el activo y liquidar el pasivo de manera simultánea.

Pérdidas y créditos fiscales no utilizados

Debe reconocerse un activo por impuestos diferidos, siempre que se puedan compensar, con ganancias fiscales de ejercicios posteriores, pérdidas o créditos fiscales no utilizados hasta el momento, pero solo en la medida en que sea probable la disponibilidad de ganancias fiscales futuras, contra los cuales cargar esas pérdidas o créditos fiscales no utilizados.

Cálculo del impuesto diferido – cinco pasos

1	Determinar los conceptos contables
2	Determinar los montos financieros y tributarios
3	Determinar si corresponde a una diferencia imponible o deducible
4	Multiplicarlas por la tasa vigente de impuesto que se espera que aplique
5	Determinar si debe reconocerse una ganancia o pérdida por concepto de impuestos diferidos

4.8 Propiedades, planta y equipo - NIC 16

El objetivo de esta norma es reescribir el tratamiento contable de propiedades, plantas y equipos.

Un activo debe reconocerse, inicialmente, a su costo, lo que incluye todos los costos relacionados con la ubicación del activo en el lugar y en las condiciones actuales, listo para darle un uso productivo (NIC 16, p16):

- ✓ Su precio de adquisición, incluidos los aranceles de importación y los impuestos no recuperables.
- ✓ Todos los costos atribuibles a la ubicación del activo.
- ✓ La estimación inicial de los costos de desmantelamiento y retiro del elemento.

Los costos atribuibles directamente a la propiedad, planta y equipo son (NIC 16, p17):

- ✓ Los costos de beneficios a los empleados que procedan de la construcción.
- ✓ Los costos de preparación del emplazamiento físico.
- ✓ Los costos de entrega inicial y los de manipulación o transporte posterior.
- ✓ Los costos de instalación y montaje.
- ✓ Los costos de comprobación que el activo funciona adecuadamente.
- ✓ Los honorarios profesionales.

La capitalización de los desembolsos posteriores debe realizarse cuando es probable que el activo produzca beneficios futuros que superarán el estándar de rendimiento estimado originalmente.

La actualización de la norma señala que las plantas productoras se contabilizan de la misma forma que los elementos de propiedades, planta y equipo construidos por la propia entidad antes de que estén en la ubicación y condiciones necesarias para ser capaces de operar en la forma prevista (NIC 16, p22a).

Posteriormente, la entidad puede seguir usando el costo, pero los activos pueden revaluarse al valor razonable. Esta alternativa debe usarse en todas las fechas de presentación de la información y se debe aplicar a una clase entera de activos y no a un activo solo.

Clases de propiedades, plantas y equipos (NIC 16, p37)

Terrenos, edificios, maquinarias, buques, aeronaves, vehículos de motor, mobiliarios y enseres, equipos de oficina, plantas productoras.

La frecuencia de las revaluaciones dependerá de los cambios que experimenten los valores razonables de los elementos de propiedades, planta y equipo que se estén revaluando. Tales revaluaciones frecuentes serán innecesarias para elementos de propiedades, planta y equipo con variaciones insignificantes en su valor razonable. Para estos, pueden ser suficientes las revaluaciones hechas cada tres o cinco años (NIC 16, p34).

La norma en su párrafo 35 recomienda que al efectuarse una revaluación, y el valor del activo aumente o disminuya, se tienen que aumentar o disminuir la depreciación acumulada que mantenga la cuenta contable.

Las ganancias y pérdidas por revaluación deben contabilizarse en otros ingresos totales y dentro de la cuenta de superávit de revaluación (otras reservas). Hay algunas reglas especiales cuando se produce una pérdida por revaluación en casos en los que anteriormente hubo una ganancia por revaluación, en el cual se debe dar de baja primero el monto que se tiene en superávit de revaluación (otras reservas) y después pasara por resultados (pérdidas por deterioro) (NIC 16, p39 y 40).

Depreciación: la entidad estará obligada a comenzar la depreciación cuanto esté disponible para su uso, y continuará depreciándolo hasta que sea dado de baja en cuentas, incluso si durante dicho período dicha partida ha estado sin utilizar.

La ganancia o pérdida obtenida por la disposición de un activo se calcula como la diferencia entre el producido y el importe en libros. Dado que el importe en libros puede basarse en el costo o en la revaluación, la ganancia obtenida de la venta sería inferior si el valor de un activo hubiera aumentado debido a la revaluación.

La vida útil de un activo se definirá en términos de la utilidad que se espere que aporte a la entidad. La política de gestión de activos llevada a cabo por la entidad podría implicar la disposición de los activos después de un período específico de utilización, o tras haber consumido una cierta proporción de los beneficios económicos incorporados a los mismos. Por tanto, la vida útil de un activo puede ser inferior a su vida económica. La estimación de la vida útil de un activo es una cuestión de criterio, basada en la experiencia que la entidad tenga con activos similares (NIC 16, p57).

Los terrenos y los edificios son activos separados, y se contabilizarán por separado, incluso si han sido adquiridos de forma conjunta. Con algunas excepciones, tales como minas, canteras y vertederos, los terrenos tienen una vida útil ilimitada y, por tanto, no se deprecian.

Si el costo de un terreno incluye los costos de desmantelamiento, traslado y rehabilitación, la porción que corresponda a la rehabilitación del terreno se depreciará a lo largo del período en el que se obtengan los beneficios por haber incurrido en esos costos. En algunos casos, el terreno en sí mismo puede tener una vida útil limitada, en cuyo caso se depreciará de forma que refleje los beneficios que se van a derivar del mismo (NIC 16, p59).

Con respecto a la depreciación, no es apropiado un método de depreciación en base a los ingresos, ya que los ingresos pueden verse afectados por la inflación, la cual no tiene relación con la forma en que se consume el activo.

IASB decidió que las plantas productivas deben contabilizarse de la misma forma que la propiedad, planta y equipo en la NIC 16 propiedades, planta y equipo, ya que su funcionamiento es similar al de fabricación. En consecuencia, las modificaciones se incluyen dentro del alcance de la NIC 16, en lugar de la NIC 41. Los productos que crecen en las plantas productivas se mantendrán dentro del alcance de la NIC 41.

4.9 Beneficios a los empleados – NIC 19

Esta norma es aplicable a todos los beneficios a los empleados, no solamente a las pensiones, salvo los beneficios regidos por la NIIF 2, "Pagos basados en acciones" (NIC 19 p1).

La norma trata temas tales como la contabilización de las ausencias compensadas acumulables y de los planes de bonos. En cada caso, la norma requiere que la empresa establezca si existe un pasivo a la fecha de presentación de la información y que contabilice todo pasivo existente.

En los países que cuentan con modalidades especiales para los sistemas de beneficios a los empleados, tales como planes de empleador múltiple y planes del gobierno, estos deben ser contabilizados como otros planes sobre la base de sus disposiciones legales e institucionales (NIC 19 párrafos 29 y 36).

Los planes de aportaciones definidas (en donde la obligación de la entidad para cada período de presentación de la información consiste simplemente en el monto que debe ser aportado para dicho período), no presentan demasiadas dificultades en cuanto a su contabilización, pero la norma los menciona de todos modos (NIC 19 p44).

Los planes de beneficios definidos presentan mayores complicaciones, por lo que gran parte de la norma está enfocada en ellos. Las obligaciones implícitas, así como también las obligaciones contractuales por escrito, deben ser contabilizadas.

Los pasivos por beneficios a los empleados se miden en función de la suma aritmética de cuatro elementos. El primero es el valor presente de la obligación menos el valor razonable de los activos del plan. Pero existen otros dos elementos que inciden en la medición del pasivo en virtud de otros requisitos de la norma. El pasivo comprende las ganancias actuariales no reconocidas menos los costos por servicios pasados no reconocidos (NIC 19 p54).

Bajo ciertas circunstancias, un activo procedente de beneficios a los empleados puede ser reconocido, pero existen límites con respecto al monto de dichos activos (NIC 19 p58).

El principio básico de la NIC 19 consiste en que: El costo de los beneficios a los empleados debe ser reconocido en el período en el que dicho beneficio es adquirido por el empleado, en lugar del período en el que el beneficio es pagado o se torna pagadero.

Para calcular el valor de la obligación, que es el primer elemento que conforma el pasivo, según mencionamos anteriormente, deberá utilizarse el método de la unidad de crédito proyectada, y una tasa de descuento determinada en función de las tasas de interés de los bonos corporativos de alta calidad (NIC 19 párrafos 64 y 78).

Las ganancias y pérdidas actuariales pueden ser reconocidas en forma inmediata o permanecer como no reconocidas, siempre y cuando no excedan el 10% del valor que resulte mayor entre la obligación y el fondo (NIC 19 p92).

Si dichas ganancias y pérdidas superan ese 10%, deberán ser reconocidas en función del período promedio restante de servicio de los empleados que participan del plan (NIC 19 p93).

4.10 Contabilización de las subvenciones del gobierno e información a revelar sobre ayudas gubernamentales – NIC 20

"El objetivo de la NIC 20 es prescribir la manera de contabilizar y la información a revelar de las subvenciones del gobierno y otras formas de ayudas gubernamentales".

La NIC 20 establece que las subvenciones del gobierno deben reconocerse solo si existe un razonable grado de seguridad de que la entidad cumplirá las condiciones asociadas a su aprovechamiento y de que se recibirán las subvenciones (NIC 20 p7).

Una vez reconocida la subvención del gobierno, todo eventual activo contingente relacionado con ella será tratado de acuerdo con la NIC 37.

Las subvenciones deben reconocerse como ingresos a lo largo de los períodos necesarios para compensarlas con los costos relacionados y no deben reconocerse directamente en el patrimonio neto (NIC 20 p12).

Existen dos métodos para contabilizar las subvenciones del gobierno: el método del capital y el método de la renta (NIC 20, p14 y p15).

Una subvención del gobierno a recibir en compensación por gastos o pérdidas ya incurridos, o bien con el propósito de prestar apoyo financiero inmediato a la entidad, sin costos posteriores relacionados, se reconocerá en el resultado del período en que se convierta en exigible (NIC 20 p20).

Las subvenciones relacionadas con activos deben presentarse en el estado de situación financiera como ingreso diferido o como una deducción de los activos con los que se relacionan (NIC 20 p24).

Se consideran alternativas aceptables para la presentación de subvenciones (o partes apropiadas de las mismas) relacionadas con activos dos métodos diferentes de presentación en los estados financieros (NIC 20 p25).

Un método reconoce las subvenciones como ingreso diferido, que se reconoce en resultados sobre una base sistemática a lo largo de la vida útil del correspondiente activo (NIC 20 p26).

El otro método deduce la subvención al calcular el importe en libros del correspondiente activo. La subvención se reconoce en resultados a lo largo de la vida de un activo (NIC 20 p27).

Las subvenciones relacionadas con los ingresos se presentan como parte del resultado del período, ya sea de forma separada o bajo denominaciones generales, tales como "Otros ingresos", alternativamente, pueden aparecer como deducciones de los gastos con los que se relacionan (NIC 20 p29).

4.11 Efectos de las variaciones en las tasas de cambio de la moneda extranjera - NIC 21

"El objetivo de la NIC 21 es prescribir cómo se incorporan, en los estados financieros de una entidad, las transacciones en moneda extranjera y los negocios en el extranjero, y cómo convertir los estados financieros a la moneda de presentación elegida".

- *Moneda funcional*: se define como la moneda del entorno económico principal en el que opera la entidad. El término "moneda funcional" se utiliza en la revisión de la NIC 21 de 2003 en lugar de "moneda de medición", pero prácticamente con el mismo significado.
- *Moneda de presentación*: la moneda en la cual se presentan los estados financieros.
- *Diferencia de cambio*: la diferencia que surge al convertir un determinado número de unidades de una moneda a otra moneda, utilizando tasas de cambio diferentes.
- *Negocio en el extranjero*: una subsidiaria, empresa asociada, negocio conjunto o sucursal cuyas actividades tienen lugar en un país que no sea el de la empresa que presenta la información. Es importante distinguir entre las transacciones en moneda extranjera y la conversión de los estados financieros de las empresas extranjeras participadas en moneda extranjera.

Toda transacción en moneda extranjera se registrará a la tasa de cambio que rija a la fecha de la transacción. Posteriormente, todos los conceptos no monetarios continuarán registrándose a esa tasa de cambio (NIC 21 párrafos 20 y 21).

Los conceptos monetarios que surjan de transacciones anteriores se convertirán a la tasa de cambio de cierre a la fecha de presentación de la información correspondiente, y las ganancias y pérdidas resultantes deben contabilizarse en la cuenta de resultados inmediatamente (NIC 21 p23).

Determinación de la moneda funcional

Para determinar la moneda funcional se deben considerar los factores primarios y secundarios.

Factores primarios:

- Que influya fundamentalmente en los precios de venta de los bienes y servicios (con frecuencia será la moneda en la cual se denominen y liquiden los precios de venta de sus bienes y servicios).
- La moneda del país cuyas fuerzas competitivas y regulaciones determinen fundamentalmente los precios de venta de sus bienes y servicios.

- ✓ La moneda que influya fundamentalmente en los costos de mano de obra, de los materiales y de otros costos de producir los bienes o suministrar los servicios (con frecuencia será la moneda en la cual se denominen y liquiden tales costos).

Los siguientes factores también podrán proporcionar una evidencia acerca de la moneda funcional de una entidad:

- ✓ *Financiamiento*: La moneda en la cual se generan los fondos de las actividades de financiación (esto es, la que corresponda a los instrumentos de deuda y de patrimonio neto emitidos).
- ✓ *Importes cobrados*: La moneda en que se mantengan los importes cobrados por las actividades de explotación.

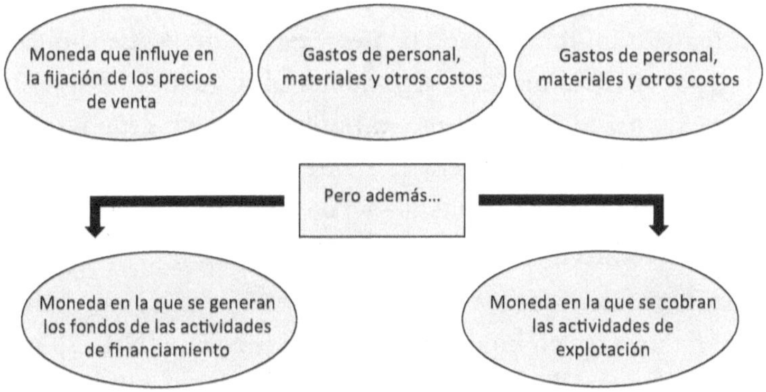

Debe reflejar la sustancia económica de los hechos y circunstancias relevantes para la empresa, dando prioridad a los factores primarios antes de considerar los secundarios, ya que estos están diseñados para facilitar evidencia adicional.

Factores secundarios:

- ✓ Si una entidad extranjera es una extensión de las operaciones de la matriz y si opera en forma independiente.
- ✓ Nivel de transacciones con la matriz de una entidad extranjera.
- ✓ Si los flujos de caja de una entidad extranjera incluyen directamente los flujos de caja de la matriz.
- ✓ Si los flujos generados por una entidad extranjera son suficientes para el financiamiento de esta.

Cuando los factores primarios y secundarios sean contradictorios, la dirección empleará su juicio para determinar la moneda funcional.

Los activos y pasivos se convierten a la tasa de cambio de cierre. Los ingresos y gastos, a la tasa de cambio de la fecha de la transacción (se acepta la tasa promedio). Las diferencias de cambio se reconocerán como un componente separado del patrimonio neto.

Las cuentas patrimoniales se deben tomar en consideración al tipo de cambio inicial o al de la fecha del aporte.

4.12 Información financiera en economías hiperinflacionarias - NIC 29

Esta norma debe aplicarse por una empresa cuya información financiera se presenta en la moneda de una economía hiperinflacionaria. No se define a la hiperinflación específicamente, pero un indicio sería la presencia de una tasa acumulada de inflación del ciento por ciento o más a lo largo de tres años. Actualmente, esto no sucede en la mayoría de los países. Sin embargo, es posible que haya grupos que tengan una subsidiaria en un país de esas características, que es el motivo por el cual esta norma se incluyó en este módulo sobre contabilidad de grupos.

Los principales elementos de esta norma son los siguientes:

- ✓ La NIC 29 requiere que los estados financieros de una empresa hiperinflacionaria se reformulen en unidades de medida corriente (NIC 29 p8).
- ✓ Si la empresa está utilizando estados financieros de costo histórico, esto sugiere la aplicación de un índice general de precios a los conceptos no monetarios. Aun aquellas empresas que utilicen contabilidad a valores corrientes, deben reformular determinadas cifras usando una unidad de medida corriente a la fecha del balance
- ✓ La ganancia o pérdida sobre la posición monetaria neta debe incluirse en el ingreso neto y revelarse en forma separada (NIC 29 p9).

Cuando una economía deje de ser hiperinflacionaria y una entidad cese en la preparación y presentación de estados financieros elaborados conforme a lo establecido en esta norma, debe tratar las cifras expresadas en la unidad de medida corriente al final del período previo como base para los importes en libros de las partidas en sus estados financieros subsiguientes (NIC 29 p38).

El estado de hiperinflación viene indicado por las características del entorno económico del país, entre las cuales se incluyen, de forma no exhaustiva, las siguientes:

- ✓ La población, en general, prefiere conservar su riqueza en forma de activos no monetarios, o bien en una moneda extranjera relativamente estable. Las cantidades de moneda local obtenidas son invertidas inmediatamente para mantener la capacidad adquisitiva de la misma.
- ✓ La población, en general, no toma en consideración las cantidades monetarias en términos de moneda local, sino que las ve en términos de otra moneda extranjera relativamente estable. Los precios pueden establecerse en esta otra moneda.
- ✓ Las ventas y compras a crédito tienen lugar a precios que compensan la pérdida de poder adquisitivo esperada durante el aplazamiento, incluso cuando el período es corto.
- ✓ Las tasas de interés, salarios y precios se ligan a la evolución de un índice de precios.
- ✓ La tasa acumulada de inflación en tres años se aproxima o sobrepasa el 100 %.

4.13 Costos por préstamos - NIC 23

Esta norma analiza si los costos por intereses deben sumarse al costo capitalizado de un activo. Por ejemplo, si una empresa está construyendo su propio edificio de oficinas, ¿cuáles son los "costos"? Es evidente, en virtud de la NIC 16, que estos costos incluirían los ladrillos, la mano de obra para colocar los ladrillos, los honorarios del arquitecto, y así sucesivamente. Pero, ¿incluyen el costo por intereses del dinero que se toma prestado para construir el edificio?

Los costos por intereses que sean directamente atribuibles a la adquisición, construcción o producción de activos que cumplan las condiciones correspondientes, forman parte del costo de ese activo y, por lo tanto, deben capitalizarse, mientras que los demás costos por intereses se reconocen como un gasto (NIC 23 p8).

Cuando una empresa toma un préstamo para financiar un proyecto específicamente, los costos por intereses capitalizables serán los incurridos realmente (NIC 23 p12). Cuando una entidad toma un préstamo de fondos en forma general, el monto capitalizable con respecto a la construcción de un activo específico debe calcularse aplicando el costo promedio ponderado de los intereses al desembolso realizado en relación con dicho activo específicamente (NIC 23 p14).

La NIC 23 contiene una guía detallada acerca del momento en que una entidad debe comenzar y cesar la capitalización de los costos por intereses (NIC 23 párrafos 17, 20 y 22).

- ✓ *Inicio de la capitalización*: la entidad debe comenzar la capitalización de los costos por préstamos como parte de los costos de un activo apto en la fecha de inicio. La de fecha de inicio para la capitalización es aquella en que la entidad cumple por primera vez toda y cada una de las siguientes condiciones:
  - ✓ Incurre en desembolsos en relación con el activo.
  - ✓ Incurre en costos por préstamos.
  - ✓ Lleva a cabo las actividades necesarias para preparar al activo para el uso al que está destinado o para su venta.
- ✓ *Suspensión de la capitalización*: una entidad suspenderá la capitalización de los costos por préstamos durante los períodos en los que se haya suspendido el desarrollo de actividades de un activo apto, si estos períodos se extienden en el tiempo.
- ✓ *Fin de la capitalización*: una entidad cesará la capitalización de los costos por préstamos cuando se hayan completado todas y prácticamente todas las actividades necesarias para preparar al activo apto para el uso que va destinado o para su venta.

Cuando una entidad complete la construcción de un activo apto por partes, y cada parte se pueda utilizar por separado mientras continúa la construcción de las restantes, dicha entidad cesará la capitalización de los costos por préstamos cuando estén terminadas, sustancialmente, todas las actividades necesarias para preparar esa parte para su uso al que está destinado o para su venta (NIC 23 p 24).

4.14 Información a revelar sobre partes relacionadas - NIC 24

Esta norma requiere revelar información sobre las relaciones entre partes relacionadas, transacciones, saldos pendientes, incluyendo compromisos, en los estados financieros consolidados y separados de una controladora o inversores con control conjunto de una participada o influencia significativa sobre esta, presentados de acuerdo con la NIIF 10, Estados financieros consolidados, o la NIC 27, Estados financieros separados.

Una parte relacionada se define en términos de control o de influencia significativa, pero existen varios tipos de exenciones, en particular para relaciones dentro de un grupo (NIC 24 p5 a p7).

La norma requiere la revelación de transacciones entre partes relacionadas. Las transacciones incluyen aquellas que se realizan en condiciones de independencia mutua (NIC 24 p12 p 22).

Las relaciones entre controladoras y subsidiarias deben revelarse, independientemente de si han realizado transacciones entre sí (NIC 24 p12).

Una entidad revelará las remuneraciones del personal clave de la gerencia en total y para cada una de las siguientes categorías (NIC 24 p17):

- ✓ Beneficios a los empleados a corto plazo.
- ✓ Beneficios post-empleo.
- ✓ Otros beneficios a largo plazo.
- ✓ Beneficios por terminación.
- ✓ Pagos basados en acciones.

Se revelarán los importes incurridos por la entidad para la provisión de servicios de personal clave de la gerencia que se presten por una entidad de gestión separada (NIC 24 p18 a).

Los siguientes son ejemplos de transacciones que se revelan si se han producido con una parte relacionada (NIC 24 p21):

- ✓ Compras o ventas de bienes (terminados o no).
- ✓ Compras o ventas de inmuebles y otros activos.
- ✓ Prestación o recepción de servicios.
- ✓ Arrendamientos.
- ✓ Transferencias de investigación y desarrollo.
- ✓ Transferencias en función de acuerdos sobre licencias.
- ✓ Transferencias realizadas en función de acuerdos de financiación (incluyendo préstamos y aportaciones de patrimonio en efectivo o en especie).
- ✓ Otorgamiento de garantías colaterales y avales.
- ✓ Compromisos de hacer algo si ocurre o no un suceso concreto en el futuro, incluyendo contratos por ejecutar (reconocidos y sin reconocer).
- ✓ La liquidación de pasivos en nombre de la entidad, o por la entidad en nombre de esa parte relacionada.

4.15 Ganancias por acción - NIC 33

Al igual que la NIIF 8, esta norma solo es obligatoria para aquellas empresas cuyos valores cotizan públicamente, y las empresas controladoras pueden estar exentas de la presentación de esta información (NIC 33 párrafos 2 y 3).

"Ganancias" se define como la ganancia neta del estado de resultados, después de la deducción de dividendos sobre acciones preferentes (NIC 33 p11).

La revelación de ganancias por acción debe hacerse sobre la base de un cálculo "básico" y un cálculo "diluido".

Para el cálculo "básico", las ganancias deben dividirse por la cantidad promedio ponderada de acciones ordinarias en circulación durante el período (NIC 33 p19). Este se ajustará por los hechos como, por ejemplo (NIC 33 p21):

- ✓ Las acciones ordinarias con desembolso en efectivo se incluirán cuando el efectivo sea exigible.
- ✓ Las acciones ordinarias emitidas por la reinversión voluntaria de dividendos procedentes de acciones ordinarias o preferentes, se incluirán en el momento del acuerdo de reinversión de dichos dividendos.
- ✓ Las acciones ordinarias emitidas como resultado de la conversión de un instrumento de pasivo en acciones ordinarias, se incluirán desde el momento en que cese la acumulación (o el devengo) del interés asociado a la deuda.
- ✓ Las acciones ordinarias emitidas a cambio del interés o del principal de otros instrumentos financieros, se incluirán desde el momento en que cese la acumulación (o el devengo) del interés correspondiente.
- ✓ Las acciones ordinarias emitidas para la cancelación de una deuda de la entidad, se incluirán desde la fecha de cancelación de la misma.
- ✓ Las acciones ordinarias emitidas como contrapartida en la adquisición de un activo distinto del efectivo, se incluirán desde el momento en que se contabilice la adquisición.
- ✓ Las acciones ordinarias emitidas a cambio de la prestación de servicios a la entidad, se incluirán a medida que dichos servicios sean prestados.

Las ganancias por acción diluidas se calculan dividiendo las ganancias por la cantidad de acciones ajustadas por todas las acciones ordinarias potenciales con efectos dilusivos (NIC 33 párrafos 26 a 29). Las acciones son dilusivas cuando su conversión reduciría la ganancia neta por acción (NIC 33 p41).

Las ganancias por acción deben revelarse, aunque la cantidad sea negativa (NIC 33 p69).

4.16 Información financiera intermedia - NIC 34

Esta norma no es obligatoria y no se indica la frecuencia con la que se proporciona la información no debe afectar (NIC 34 p1). La norma está diseñada para ser utilizada por aquellas empresas a las que las autoridades reglamentarias o las bolsas de valores les exigen presentar información intermedia en forma semestral o trimestral.

La NIC 34 requiere que se revelen versiones condensadas de los cuatro estados principales (ver NIC 1), y las ganancias por acción (NIC 34 párrafos 8 y 11).

Lo siguiente es una lista de sucesos y transacciones para los cuales se requeriría información a revelar si fueran significativos (la lista no es exhaustiva) (NIC 34 p15 b):

- ✓ La rebaja del importe en libros de los inventarios hasta su valor neto realizable, así como la reversión de dicha corrección.
- ✓ El reconocimiento de una pérdida por deterioro del valor de activos financieros, propiedades, planta y equipo, activos intangibles o de otros activos, así como la reversión de dicha pérdida por deterioro.
- ✓ La reversión de cualquier provisión por costos de reestructuración.
- ✓ Las adquisiciones y disposiciones de elementos de propiedades, planta y equipo.
- ✓ Los compromisos de compra de elementos de propiedades, planta y equipo.
- ✓ Cancelaciones de pagos por litigios.
- ✓ Las correcciones de errores de períodos anteriores.
- ✓ Cambios en las circunstancias económicas o de negocio que afectan al valor razonable de los activos financieros y pasivos financieros de la entidad, tanto si esos activos o pasivos están reconocidos al valor razonable como si lo están al costo amortizado.
- ✓ Cualquier incumplimiento u otra infracción de un acuerdo de préstamo que no haya sido corregido al final del período sobre el que se informa, o antes del mismo.
- ✓ Las transacciones con partes relacionadas.
- ✓ Transferencias entre niveles de la jerarquía del valor razonable utilizada para medir el valor razonable de los instrumentos financieros.
- ✓ Cambios en la clasificación de los activos financieros como resultado de un cambio en el propósito o uso de esos activos.
- ✓ Cambios en los pasivos contingentes o activos contingentes.

Se especifican las cifras comparativas para los períodos intermedios anteriores y para los ejercicios completos anteriores. Esto es bastante complicado en el caso de suministro de información trimestral (NIC 34 p20).

En la información intermedia, se requieren las mismas políticas contables que para la información anual, aunque los cambios en la política contable podrían hacerse en la etapa intermedia en lugar de esperar a que termine el año. No debe permitirse que la frecuencia con la que se proporciona la información intermedia no deba afectar el resultado anual (NIC 34 p28).

Para la información intermedia, se requiere el uso de las prácticas de final de ejercicio con respecto a si se deben anticipar o diferir las partidas (NIC 34 párrafos 37 y 39). Es decir, los informes intermedios deben mayormente considerarse como períodos por derecho propio.

4.17 Deterioro del valor de los activos - NIC 36

Esta norma se aplica a la mayoría de los activos, salvo a los inventarios, que se miden al costo o al valor neto realizable, según cual sea menor, y este método ya toma en cuenta cualquier pérdida de valor (NIC 36 p1).

Para aplicar esta norma, primero se debe analizar cada activo al cierre de cada período de presentación de información para determinar si hay algún indicio de deterioro de su valor, como daño material o caída del precio de venta del producto fabricado con el activo (NIC 36 p9).

Normalmente, no se esperaría encontrar ningún indicio de deterioro del valor, pero en caso de que existiera tal indicio, la entidad debe comprobar si tal disminución existe realmente. Esto implica comparar el "importe en libros" del activo con su "importe recuperable", que es el mayor entre su valor razonable menos los costos de venta y su valor de uso.

El valor de uso es el valor descontado presente de los flujos netos de efectivo futuros que se espera obtener de un activo o unidad generadora de efectivo. Una unidad generadora de efectivo es simplemente el elemento más pequeño de una empresa que puede generar ingresos ordinarios/flujos de efectivo en forma independiente (NIC 36 p6).

Con respecto a muchos activos, puede resultar imposible medir los flujos de efectivo específicos que se obtienen de ellos, por lo cual es necesario realizar el ejercicio con el grupo de activos más pequeño que genera flujos de efectivo independientes que pueden medirse.

Este grupo de activos se denomina "unidad generadora de efectivo" (NIC 36 p6).

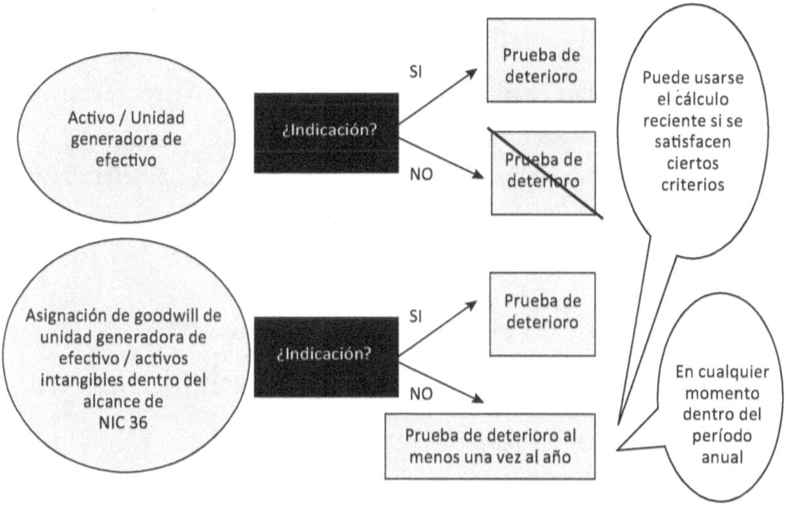

Hay una serie de reglas sobre las proyecciones de los flujos de efectivo diseñadas para evitar que las empresas sean demasiado optimistas (NIC 36 párrafos 33, 39, 44, 50 y 52). Los flujos de efectivo, obviamente, deben descontarse y la tasa de descuento debe ser antes de impuestos y específica para cada activo (NIC 36 p55).

Flujos de efectivo	Tasa de descuento
No se deben incluir actividades de financiamiento	El financiamiento se considera en el proceso de descuento
Si los flujos de efectivo se ajustan por riesgos específicos	La tasa de descuento no debe reflejar dichos riesgos
Los flujos de efectivo se estiman en la moneda en que se generan los flujos	Se debe usar la tasa de descuento apropiada para dicha moneda
Si se usan los flujos de efectivo antes de impuestos	Debe aplicarse la tasa de descuento antes de impuestos
Si se usan los flujos de efectivo después de impuestos	Debe aplicarse la tasa de descuento después de impuestos
Si se usan los flujos de efectivo nominales (incluyen la inflación esperada)	Debe aplicarse la tasa de descuento nominal
Si se usan los flujos de efectivo reales (excluyen la inflación esperada)	Debe aplicarse la tasa de descuento real

Cuando el importe en libros de un activo excede su importe recuperable, esa diferencia constituye la pérdida por deterioro del valor. Esta pérdida debe registrarse inmediatamente en el estado de resultados (NIC 36 p60). No obstante, hay algunas reglas especiales con respecto a los activos cuyo valor hubiera aumentado previamente debido a una revaluación.

Las pérdidas por deterioro del valor deben revertirse si se hubiese producido un cambio en las estimaciones usadas para determinar los importes recuperables (NIC 36 p99). Esto no se aplica a la plusvalía.

Para asignar la pérdida por deterioro del valor a los distintos elementos de una unidad generadora de efectivo, se debe comenzar por la plusvalía y luego seguir, en forma proporcional, con los demás activos de la unidad (NIC 36 p104).

4.18 Provisiones, pasivos contingentes y activos contingentes - NIC 37

Define las provisiones como pasivos con respecto a los que existe incertidumbre acerca de su cuantía o época de pago. Es decir, una provisión debe ajustarse a la definición de pasivo contenida en el marco conceptual, la cual establece que debe preverse una salida de:

- ✓ recursos
- ✓ un suceso pasado
- ✓ y en la fecha de presentación de la información existe una obligación legalmente exigible ante un tercero o una obligación implícita (NIC 37 p10)

Las provisiones pueden distinguirse de las obligaciones acumuladas o cuentas por pagar (o devengadas) que son objeto de estimación; por la existencia de incertidumbre del vencimiento, tenemos por ejemplo que señalar dos situaciones claras que enmarcan la normativa (NIC 37 p11):

1. Las cuentas por pagar por bienes o servicios que han sido suministrados o recibidos por la entidad y, además, han sido objeto de facturación o acuerdo formal con el proveedor.
2. Son cuentas por pagar los suministro o recepción de bienes o servicios que no han sido pagados, facturados o acordados formalmente con el proveedor, e incluyen las partidas que se deben a los empleados (por ejemplo, a causa de las partes proporcionales de las vacaciones).

Se debe reconocer una provisión en el estado de situación financiera cuando se ajusta a la definición de pasivo, cuando hay una probable salida de recursos y, como característica adicional habitual para el reconocimiento de activos y pasivos, cuando se deba poder hacer una estimación fiable (NIC 37 p14).

En casi todos los casos quedará claro si el suceso, ocurrido en el pasado, ha producido o no el nacimiento de la obligación presente. En casos excepcionales, por ejemplo cuando están en curso procesos judiciales, puede estar en duda la ocurrencia o no de ciertos sucesos, o si de tales sucesos se deriva la existencia de una obligación en el momento presente (NIC 37 p15 y p16).

El suceso pasado del que se deriva la obligación se denomina suceso que da origen a la obligación. Para que un suceso sea de esta naturaleza, es preciso que la entidad no tenga, como consecuencia del mismo, otra alternativa más realista que atender al pago de la obligación creada por tal suceso. Este será el caso solo si (NIC 37 p17 al p22):

- ✓ El pago de la obligación viene exigido por ley.
- ✓ El hecho crea expectativas válidas en terceros de que la entidad va a liquidar las obligaciones.

Ejemplos de provisiones de obligaciones pasadas (NIC 37 p19):

- ✓ Multas medioambientales.
- ✓ Costos de reparaciones de daños medioambientales.
- ✓ Costos por retiro de una instalación de extracción de petróleo o central nuclear.
- ✓ Causas de tipo comercial.
- ✓ Causas de tipo legal.

Una vez reconocida la provisión, se debe medir según la mejor estimación del desembolso futuro. Esto significa que también es necesario descontar los importes si ello resultara material, a las tasas de descuento antes de impuestos, suponiendo que la provisión se mide antes de impuestos (NIC 37 párrafos 36, 45 y 47).

Cualquier ganancia que se prevea obtener de la disposición de activos en relación con la constitución de provisiones debe ignorarse, pero los reembolsos, por ejemplo de contratos de seguros, se deben contabilizar (NIC 37 párrafos 51 y 53).

No se deben constituir provisiones para pérdidas operativas futuras, pero puede haber una provisión para contratos onerosos (NIC 37 p63).

Hay varias explicaciones con respecto a las provisiones para reestructuración en el contexto de esta norma, pero dejan en claro que dicha provisión no debe crearse a menos que exista una obligación a la fecha de cierre del período de presentación de la información (NIC 37 p72).

Un pasivo contingente puede definirse de dos maneras:

- ✓ Incluye posibles obligaciones.
- ✓ Obligaciones existentes a la fecha de presentación de la información, pero no reconocibles.

Ello es así porque estos pasivos probablemente no generarán una salida de recursos o no resulta posible medirlos en forma fiable (NIC 37 p10).

Los pasivos contingentes deben ser revelados cuando representen una cantidad material y no sean remotos.

Las ganancias contingentes no deben ser reconocidas, pero deben incluirse en las notas cuando representen una cantidad material (NIC 37 p31).

Criterios de registro – ¿Activo, pasivo o contingencia?

Activo	Probabilidad	Registro
Activo contingente (no se registran)	Probable mayor a 50%	Revelación
	Posible menor o igual a 50%	No revelación
	Remoto menor al 10%	No revelación
Pasivos/ provisión	Prácticamente seguro mayor al 90%	Registro
	Probable mayor al 50%	Registro
Pasivo contingente (no se registran)	Probable mayor a 50%	Revelación
	Posible menor o igual a 50%	Revelación
	Remoto menor al 10%	No revelación

4.19 Activos intangibles - NIC 38

Como cualquier otro activo, los elementos intangibles deben reconocerse cuando haya un probable beneficio futuro que pueda ser medido en forma fiable (NIC 38 p21). Con los activos intangibles, esto puede resultar más difícil que con los activos tangibles. Por lo tanto, determinados elementos no se reconocen. Por ejemplo, con respecto a la plusvalía generada internamente, no se puede saber fácilmente de qué transacción proviene y, por ello, el costo o el valor es difícil de medir; ni siquiera es claro si la empresa tiene control sobre ella, por lo cual no se reconoce como un activo (NIC 38 p48). Los desembolsos por investigación tampoco pueden capitalizarse por razones similares (NIC 38 p54). Lo mismo se aplica a varios otros activos generados internamente, como las marcas, listas de clientes generados internamente (NIC 38 p63).

Para considerar la valoración inicial de los activos intangibles es necesario diferenciar entre:

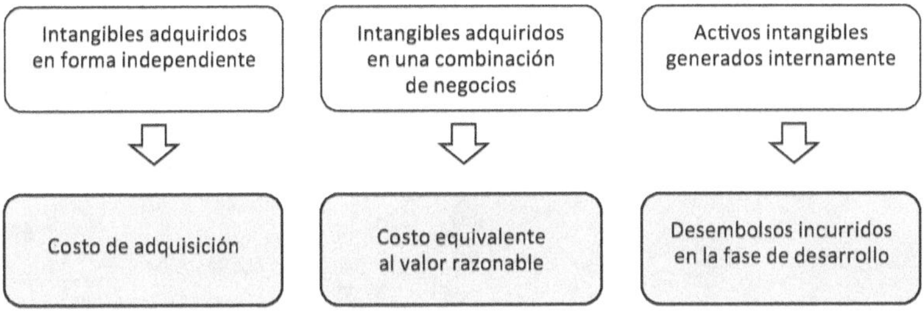

Los desembolsos por desarrollo que cumplen determinados requisitos deben capitalizarse. Una de las condiciones es que debe tratarse de un proyecto técnicamente viable, que pueda medirse por separado (NIC 38 p57).

En algunos países, determinados conceptos, como los gastos legales y otros gastos que se incurren para organizar una empresa, se capitalizan, pero esto no está permitido en virtud de la NIC 38, porque no son un activo (NIC 38 p66).

Tal como los activos tangibles se pueden revaluar en virtud de la NIC 16, los activos intangibles también se pueden revaluar, con sujeción a determinadas restricciones.

Los activos intangibles solo pueden revaluarse haciendo referencia a un mercado activo, que es aquel en el que se pueden encontrar muchos compradores y vendedores, y los precios son de conocimiento público (NIC 38 p75). Esto hace que, en la práctica, resulte difícil revaluar la mayoría de los activos intangibles.

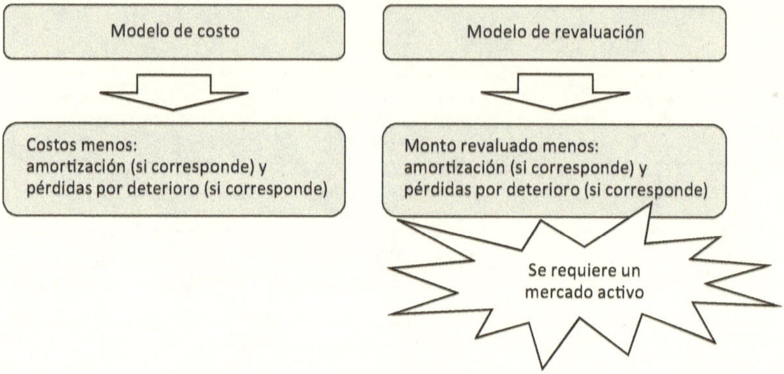

Si se incrementa el importe en libros de un activo intangible como consecuencia de una revaluación, dicho aumento se reconocerá en el patrimonio en una cuenta de superávit de revaluación (otras reservas) (NIC 38 p85).

Los ajustes por revaluación o deterioro se desarrollarán contra un aumento de la amortización acumulada o una disminución; en el caso de ser el activo mayor a su adquisición, se debe aumentar su diferencia al valor del activo (NIC 38 p80).

Cualquier disminución del intangible se llevará a una cuenta de resultados de deterioro. Si la entidad mantiene saldo en otras reservas, se deberá dar de baja esos montos antes de pasar por resultado (NIC38 p86).

Los activos intangibles se clasifican de la siguiente manera (NIC 38 p88):

- ✓ *Vida indefinida*: no existe un límite previsible al período a lo largo del cual se espera que el activo genere entradas de efectivo netas para la entidad.
- ✓ *Vida finita*: período limitado de beneficios para la entidad.

El costo menos el valor residual de un activo intangible con una vida útil finita debe amortizarse a lo largo de dicha vida útil (NIC 38 p97).

El método de amortización debe reflejar el patrón de beneficios.

El período de amortización debe revisarse, como mínimo, una vez por año (NIC 38 p104).

También se debe evaluar si se ha deteriorado el valor del activo de conformidad con la NIC 36 (NIC 38 p111).

Los activos intangibles con una vida útil indefinida no deben amortizarse (NIC 38 p107). Su vida útil debe revisarse cada período de presentación de información para determinar si existen hechos y circunstancias que permitan seguir manteniendo una vida útil indefinida para ese activo. De lo contrario, el cambio en la vida útil de indefinida a finita se contabilizará como un cambio en una estimación contable (NIC 38 p109). También se debe evaluar si se ha deteriorado el valor del activo de conformidad con la NIC 36 (NIC 38 p111).

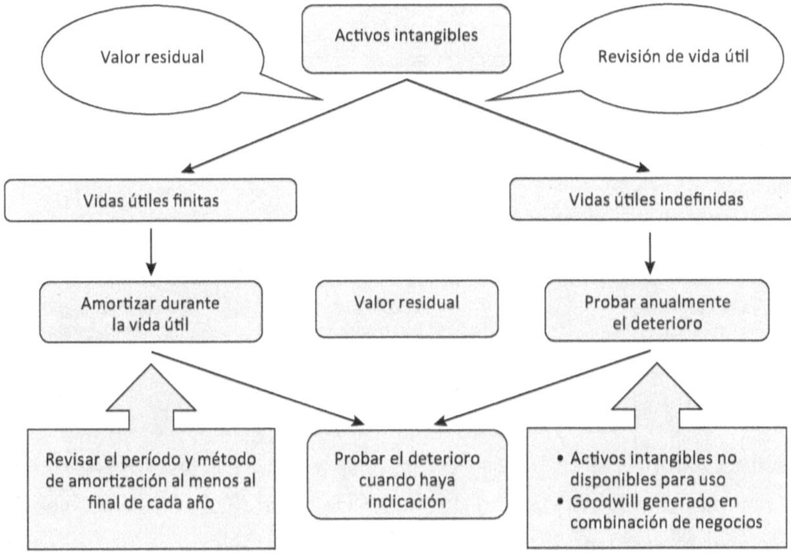

En el caso de un derecho readquirido en una combinación de negocios que se revenda posteriormente a un tercero, el importe en libros relacionado, si lo hubiera, se deberá utilizar para determinar la ganancia o pérdida de la reventa (NIC 38 p115 a).

El importe de la contraprestación a incluir en la ganancia o pérdida que surge de la baja en cuentas de una partida de propiedades, planta y equipo, se determina de acuerdo con los requerimientos para determinar el precio de la transacción de los párrafos 47 a 72 de la NIIF 15. Los cambios posteriores al importe estimado de la contraprestación incluida en la ganancia o pérdida, se contabilizarán de acuerdo con los requerimientos para cambios en el precio de la transacción de la NIIF 15 (NIC 38 p116 a).

4.20 Propiedades de inversión - NIC 40

La NIC 40 trata el tema de las propiedades de inversión, que son aquellas propiedades destinadas a obtener rentas o una ganancia de capital, más que para ser ocupadas por su dueño. Los párrafos 8 y 9 analizan en mayor detalle esta definición, al proporcionar ejemplos de elementos que constituyen propiedades de inversión. La norma no se aplica a los activos biológicos ni a los derechos minerales (NIC 40 p4). La entidad debe decidir si desea seguir el modelo del costo o el modelo del valor razonable para todas sus propiedades de inversión (NIC 40 p30). El modelo del valor razonable implica contabilizar las ganancias y pérdidas en la cuenta de resultados (NIC 40 p35).

Ocupadas por dueño NIC 16	Inventarios NIC 2	Desarrollo ibicial NIC 16
↓	↓	↓
Propiedad para inversión	Propiedad para inversión	Propiedad para inversión
↓	↓	↓
Valor razonable (revaluación)	Valor razonable (estados de resultados)	Valor razonable (estados de resultados)

Al determinar el importe en libros de una propiedad de inversión según el modelo del valor razonable, una entidad no duplicará la contabilización de activos o pasivos que se reconozcan como activos y pasivos separados.

Equipos, tales como ascensores o aire acondicionado, que son frecuentemente parte integrante de un edificio, y se reconocerán, por lo general, dentro de la propiedad de inversión, en lugar de estar reconocidos de forma separada como propiedades, planta y equipo

Si una oficina se alquila amueblada, el valor razonable de la oficina incluirá, por lo general, el valor razonable del mobiliario, debido a que el ingreso por arrendamiento deriva de la oficina con los muebles	El valor razonable de una propiedad de inversión excluirá ingresos por rentas anticipadas o a cobrar de arrendamientos operativos, ya que la entidad reconoce estos como pasivos o activos separados	El valor razonable de las propiedades de inversión mantenidas en arrendamiento, reflejará los flujos de efectivo esperados (incluyendo las cuotas contingentes que se espera den lugar a las correspondientes cuentas por pagar)

En el modelo del valor razonable, aquellas propiedades cuyo valor razonable no pueda medirse en forma fiable, también deben medirse al costo (NIC 40 p53).

Hasta la fecha en la que las propiedades ocupadas por el dueño se conviertan en propiedades de inversión, contabilizadas por su valor razonable, la entidad continuará amortizando la propiedad. La entidad tratará cualquier diferencia en esa fecha, entre el importe en libros de la propiedad determinado aplicando la NIC 16, y su valor razonable, de la misma forma que una revaluación en la NIC 16; el tratamiento es el siguiente (NIC 40 p62):

a. Cualquier disminución, se reconocerá en el resultado. Sin embargo, en la medida en que el importe esté incluido en el superávit de revaluación de esa propiedad, la disminución se reducirá al superávit de revaluación en el patrimonio.
b. Cualquier aumento que tenga lugar en el importe en libros será tratado como sigue:

    i. El aumento se reconocerá en el resultado del período.
    ii. Cualquier remanente del aumento se reconocerá en otro resultado integral e incrementa el superávit de revaluación dentro del patrimonio. Los superávits de revaluación incluidos en el patrimonio pueden ser transferidos a las ganancias acumuladas. Esta transferencia del superávit de revaluación a las ganancias acumuladas no se hará a través de los resultados.

La pérdida o ganancia resultante del retiro o la disposición de una propiedad de inversión se determinarán como la diferencia entre los ingresos netos de la transacción y el importe en libros del activo, y se reconocerá en el resultado del período en que tenga lugar el retiro o la disposición (a menos que la NIC 17 exija otra cosa, en el caso de una venta con arrendamiento posterior) (NIC 40 p69).

Cuando una propiedad pase de ser propiedad de inversión a estar ocupada por su dueño o pase a formar parte de los inventarios, el costo de la propiedad para los estados posteriores debe ser su valor razonable a la fecha del cambio de uso (NIC 40 p74).

Para las empresas que eligen el modelo del costo, se debe revelar el valor razonable en las notas (NIC 40 p75) y la entidad debe aplicar el modelo elegido a todas sus propiedades de inversión.

4.21 Agricultura – NIC 41

Cubre todo lo que se encuentre relacionado con la actividad agrícola: activos biológicos, productos agrícolas en su punto de cosecha o recolección y subvenciones de gobiernos; no está en su alcance las plantas productoras (NIC 41 párrafo 1).

Los siguientes elementos no son plantas productoras (NIC 41 p15 (a)):

- ✓ plantas cultivadas para ser cosechadas como productos agrícolas (por ejemplo, árboles cultivados para su uso como madera)
- ✓ plantas cultivadas para generar productos agrícolas cuando existe más que una probabilidad remota de que la entidad cosechará también y venderá la planta como producto agrícola, de forma distinta a la venta incidental del producido de raleos y podas (por ejemplo, árboles que se cultivan por sus frutos o su madera)
- ✓ cosecha anual (por ejemplo, maíz y trigo)

Los activos biológicos se miden en la fecha de cierre de cada período de presentación de la información a sus valores razonables menos los costos en el punto de venta (NIC 41 p12).

El producto agrícola se mide en el punto de la cosecha al valor razonable menos los costos en el punto de venta. A partir de entonces, pasa a ser el costo de los inventarios (NIC 41 p13).

La tabla siguiente presenta ejemplos de activos biológicos, productos agrícolas y productos que resultan del procesamiento con posterioridad a su cosecha:

Activos biológicos	Productos agrícolas	Productos resultantes del procesamiento con posterioridad a su cosecha o recolección
Ovejas	Lana	Hilo de lana, alfombras
Árboles de plantación forestal	Árboles talados	Madera, tronco
Ganado lechero	Leche	Queso
Cerdos	Reses sacrificadas	Salchichas, jamones
Plantas de algodón	Algodón cosechado	Hilo de algodón, vestimentas
Caña de azúcar	Caña cortada	Azúcar
Plantas de tabaco	Hojas recolectadas	Tabaco curado
Matas de té	Hojas recolectadas	Té
Viñedos	Uvas vendimiadas	Vino
Árboles frutales	Fruta recolectada	Fruta procesada
Palmas aceiteras	Fruta recolectada	Aceite de palma
Árboles de caucho	Látex recolectado	Productos de caucho

Algunas plantas, por ejemplo, matas de té, viñedos, palmas aceiteras y árboles de caucho, habitualmente cumplen la definición de una planta productora y están en el alcance de la NIC 16. Sin embargo, los productos que se desarrollan en las plantas productoras, por ejemplo, las hojas de té, uvas, el fruto de la palma aceitera y el látex, están dentro del alcance de la NIC 41.

4.22 Pagos basados en acciones – NIIF 2

Un pago basado en acciones es una transacción en la cual la empresa recibió bienes o servicios a cambio de capital accionario o incurrió en un pasivo basado en las acciones de la empresa, por ejemplo, un pago en efectivo basado en el cambio en el precio de las acciones de la empresa.

Esta norma aplicará a las transacciones con pagos basados en acciones en las que una entidad adquiera o reciba bienes o servicios. Entre esos bienes se incluyen inventarios, consumibles, propiedades, planta y equipo, activos intangibles y otros activos no financieros (NIIF 2 p5).

Es importante distinguir las acciones emitidas para adquirir una empresa, que se contabilizan de acuerdo con la NIIF 3, Combinaciones de negocios; de las acciones emitidas por servicios de los empleados, que se contabilizan según lo prescrito por la NIIF 2 (NIIF 2 p5).

Normalmente, las acciones, las opciones sobre acciones u otros instrumentos de patrimonio conceden a los empleados como parte de su paquete de remuneración, en adición a un sueldo efectivo y otras prestaciones para los mismos. Las acciones o las opciones sobre acciones se concederán a menudo como parte de un abono acordado, y no como parte de la retribución básica; por ejemplo, es habitual encontrarlas como un incentivo a los empleados que continúen prestando sus servicios a la entidad o para recompensarles por los esfuerzos realizados en la mejora del rendimiento de la entidad (NIIF 2 p12).

En las transacciones con terceros distintos de los empleados, existirá una presunción refutable de que el valor razonable de los bienes o servicios recibidos puede estimarse con fiabilidad. Dicho valor razonable se medirá en la fecha en que la entidad obtenga los bienes o a contraparte preste los servicios (NIIF 2 p13).

Para las transacciones con pagos basados en acciones liquidadas en efectivo, la entidad medirá los bienes o servicios adquiridos y el pasivo en el que haya incurrido, al valor razonable del pasivo. Hasta que el pasivo se liquide, la entidad volverá a medir el valor razonable del pasivo al final de cada período sobre el que se informa, así como en la fecha de liquidación, reconociendo cualquier cambio en el valor razonable en el resultado del período (NIIF 2 p30).

Por ejemplo, la entidad podría conceder a los empleados derechos sobre la revalorización de las acciones como parte de su remuneración, por lo cual los empleados adquirirán el derecho a un pago futuro de efectivo (más que el derecho a un instrumento de patrimonio), que se basará en el incremento del precio de la acción de la entidad a partir de un determinado nivel, a lo largo de un período determinado. O bien, la entidad podría conceder a sus empleados el derecho a recibir un pago de efectivo futuro, mediante la concesión de un derecho sobre acciones (incluyendo acciones a emitir al ejercitar las opciones sobre acciones) que sean canjeables por efectivo, ya sea de manera obligatoria (por ejemplo, al cese del empleo) o a elección del empleado (NIIF 2 p31).

4.23 Combinaciones de negocios – NIIF 3

El 10 de enero de 2008, el Consejo de Normas Internacionales de Contabilidad (IASB) publicó una versión revisada de la NIIF 3.

La NIIF 3 anterior adoptaba un enfoque de modelo mixto con respecto al tratamiento contable de las combinaciones de empresas. De acuerdo con la versión anterior de la NIIF 3, la plusvalía se medía en la fecha de la adquisición como el excedente del costo de la combinación de empresas sobre la participación de la adquirente en el valor razonable de los activos netos de la adquirida. Efectivamente, solo se reconocía la porción de la "plusvalía adquirida" y, por lo tanto, "de propiedad" del adquirente. Esto contrastaba con uno de los principios básicos de las NIIF (y con la teoría de la entidad económica): la entidad controladora debe consolidar plenamente la totalidad de activos controlados y pasivos asumidos, no solo en función del porcentaje de titularidad (consolidación proporcional o prorrateada).

Durante la revisión de la NIIF 3, el IASB llegó a la conclusión de que la "plusvalía básica" se ajusta a la definición de activo del marco conceptual y, por lo tanto, es un recurso controlado por la entidad. En consecuencia, no existen motivos para justificar por qué no debería estar plenamente consolidado como sucede con cualquier otro activo controlado por la entidad.

La versión revisada de la NIIF 3 ahora ha introducido el enfoque de la plusvalía total como alternativa al enfoque de la plusvalía adquirida. El enfoque de la plusvalía total implica el reconocimiento de toda la plusvalía de la empresa adquirida, y no solo la parte de la plusvalía de la adquirente, como requería la versión anterior de la NIIF 3.

Una combinación de empresas es la unión de entidades o negocios separados en una única entidad que presenta información (NIIF 3 p3).

Todas las combinaciones de empresas dentro del alcance de la NIIF 3 deben contabilizarse usando el método de adquisición (NIIF 3 p4). Ello requiere la identificación del adquirente y la determinación de la fecha de adquisición. La adquirente es la entidad que obtiene el control.

La adquirente reconoce la plusvalía a la fecha de la adquisición, medida como el excedente de la contraprestación transferida más el monto de toda participación no controladora en la adquirida sobre el monto de los activos identificables adquiridos y pasivos asumidos (NIIF 3 p32).

La contraprestación trasferida se medirá al valor razonable (NIIF 3 p37).

Los activos identificables adquiridos y los pasivos asumidos deben medirse al valor razonable (NIIF 3 p18). En general, los activos identificables adquiridos y los pasivos asumidos deben corresponder a la definición de activos y pasivos establecida en el marco conceptual (NIIF 3 p11).

Existen limitadas excepciones a los principios generales de reconocimiento y medición mencionados, en virtud de los cuales algunas partidas serán reconocidas a un importe distinto del valor razonable a la fecha de adquisición, y con resultados que difieren de la aplicación de las condiciones y principios de reconocimiento habituales (NIIF 3 párrafos 21 a 31). Por ejemplo, la adquirente en una combinación de negocios reconoce un pasivo contingente asumido, aun cuando no resulta probable que exista una salida de recursos económicos, lo que resulta contrario a los lineamientos establecidos en la NIC 37.

En virtud de la NIIF 3 revisada, se espera que más activos intangibles sean reconocidos. A los efectos de una combinación de negocios, la versión revisada de la NIIF 3 elimina la fiabilidad de la medición como condición de reconocimiento y, por lo tanto, requiere que la adquirente reconozca activos identificables adquiridos, independientemente del grado de probabilidad de una entrada de beneficios económicos. Esto llevará, por ejemplo, al reconocimiento de investigación y desarrollo generados en forma interna como un activo que antes había sido imputado como gasto por la adquirida por no cumplir con los criterios para el reconocimiento establecidos por la NIC 38.

Las participaciones no controladoras pueden medirse siguiendo una de las dos metodologías alternativas:

- ✓ al valor razonable (lo cual da lugar al enfoque de la plusvalía total)
- ✓ a la parte proporcional de la participación no controladora de los activos netos identificables de la adquirida (lo cual da lugar al enfoque de la plusvalía adquirida, según la metodología de la NIIF 3 anterior)

Se debe evaluar anualmente el deterioro del valor de la plusvalía, de conformidad con la NIC 36, Deterioro del valor de los activos.

La "plusvalía negativa" debe reconocerse inmediatamente como ganancia en el estado de resultados. Sin embargo, antes de llegar a la conclusión de que existe una "plusvalía negativa", la NIIF 3 requiere que la adquirente revalúe la situación para garantizar la exactitud de la plusvalía negativa (NIIF 3 p34).

Todas las combinaciones de negocios dentro del alcance de NIIF3 se contabilizan con el método de compra	
Primer paso	Identificación de un comprador
Consolidar	Medir al costo de la combinación de negocios
Consolidar	Asignar el costo a los activos adquiridos y los pasivos y pasivos contingentes asumidos

4.24 Activos no corrientes mantenidos para la venta - NIIF 5

La NIIF 5 establece el tratamiento contable y requisitos de revelación aplicables cuando una parte de la empresa se encuentra a la venta o ya ha sido sometida a disposición.

En el estado de situación financiera, la NIIF 5 establece una clasificación para activos no corrientes "mantenidos para la venta".

En general, se deben cumplir las siguientes condiciones para que un activo (o grupo de disposición) pueda ser clasificado como mantenido para la venta (NIIF 5 párrafos 6-8):

- ✓ La gerencia está comprometida con un plan para vender.
- ✓ El activo está disponible para su venta inmediata.
- ✓ Se inicia un programa para encontrar un comprador de forma activa.
- ✓ La venta es altamente probable, dentro de un plazo de doce meses desde la clasificación como mantenido para la venta (con sujeción a limitadas excepciones).
- ✓ La venta del activo se está negociando activamente a un precio razonable, en relación con su valor razonable.
- ✓ Las acciones exigidas para completar el plan indican que es improbable que el plan sufra cambios significativos o que vaya a ser retirado.

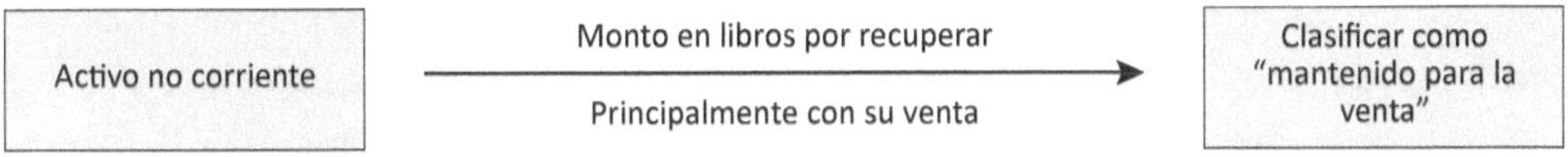

Un "grupo de disposición" es un grupo de activos, posiblemente con algunos pasivos asociados, de los que la entidad tiene la intención de disponer mediante una única transacción.

Inmediatamente antes de la clasificación inicial del activo como mantenido para la venta, el importe en libros del activo se debe medir de conformidad con la NIIF aplicable (p. ej.: si el activo se mantiene en PPE al monto revaluado de acuerdo con la NIC 16, entonces debería ser revaluado antes de aplicar la NIIF 5).

Después de la clasificación como mantenidos para la venta, los activos no corrientes o los grupos de disposición que se clasifiquen como mantenidos para la venta, se miden al menor valor entre su importe en libros y su valor razonable menos los costos de venta (NIIF 5 párrafo 15).

El deterioro del valor debe comprobarse en el momento de la clasificación como mantenido para la venta y a partir de entonces:

✓ los activos no corrientes o los grupos de disposición que se clasifiquen como mantenidos para la venta no deben depreciarse (NIIF 5 párrafo 25)

✓ los activos clasificados como mantenidos para la venta, y los activos y pasivos incluidos en un grupo de disposición clasificados como mantenidos para la venta, deben presentarse por separado en el estado de situación financiera

Una operación discontinuada es un componente de la entidad que ha sido vendido o se ha dispuesto de él por otra vía, o bien que ha sido clasificado como mantenido para la venta, y (NIIF párrafo 32):

✓ representa una línea de negocio o un área geográfica de operaciones que es significativa y puede considerarse separada del resto

✓ forma parte de un plan individual y coordinado para disponer de una línea de negocio o de un área geográfica de operaciones que sea significativa y pueda considerarse separada del resto

✓ es una entidad subsidiaria adquirida exclusivamente con la finalidad de revenderla

Se debe revelar información detallada sobre las operaciones discontinuadas (NIIF 5 párrafo 33). El principal requisito consiste en que en el estado de ingresos totales, el resultado de la operación discontinuada, combinado con toda ganancia o pérdida derivada de la disposición, o de una nueva medición de los activos mantenidos para la venta, sea revelado en forma separada de los resultados de las operaciones continuas.

Una operación descontinuada es:

Un componente = operaciones y flujos de efectivo que se distinguen en las operaciones y para fines de emisión de informes financieros (una unidad generadora de efectivo o un grupo de unidades generadoras de efectivo)

Que se:

Elimina o se clasifica como "mantenido para la venta"

Y representa una:

Línea de negocios o área geográfica importante por separado	Parte de un plan para eliminar una línea de negocios o área geográfica importante por separado	Subsidiaria adquirida exclusivamente con fines de revenderla

Clasificación como mantenido para la venta de un activo no corriente o grupo enajenable de elementos recién adquiridos

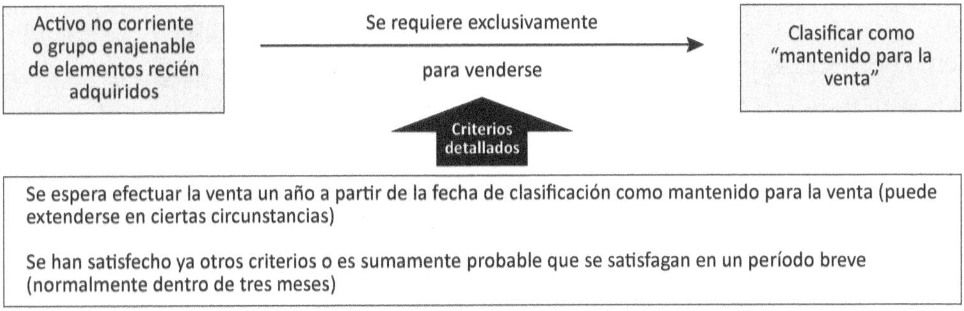

4.25 Exploración y evaluación de recursos minerales – NIIF 6

La NIIF 6 exige que las entidades que reconocen activos para la exploración y evaluación realicen comprobaciones del deterioro del valor sobre ellos, cuando los hechos y circunstancias sugieran que el importe en libros de los activos excede su importe recuperable.

La NIIF 6 requiere que se revele la información que permita identificar y explicar los importes reconocidos en sus estados financieros que procedan de la exploración y evaluación de recursos minerales, a saber:

- ✓ sus políticas contables para los desembolsos efectuados en relación con la exploración y evaluación, incluso el reconocimiento de los activos de exploración y evaluación
- ✓ los importes de activos, pasivos, ingresos y gastos, y los flujos de efectivo de operación y de inversión originados por dichos activos

Ejemplos de desembolsos que podrían incluirse en la medición inicial de los activos para exploración y evaluación (NIIF 6 p9):

- ✓ adquisición de derechos de exploración
- ✓ estudios topográficos, geológicos, geoquímicos y geofísicos
- ✓ perforaciones exploratorias
- ✓ excavaciones de zanjas y trincheras
- ✓ toma de muestras
- ✓ actividades relacionadas con la evaluación de la factibilidad técnica y la viabilidad comercial de la extracción de un recurso mineral

Los desembolsos relacionados con el desarrollo de los recursos minerales no se reconocerán como activos para exploración y evaluación. El marco conceptual y la NIC 38, Activos intangibles, suministran guías sobre el reconocimiento de activos que surjan de este desarrollo (NIIF 6 p10).

De acuerdo con la NIC 37, Provisiones, pasivos contingentes y activos contingentes, una entidad reconocerá cualquier obligación por desmantelamiento y restauración como consecuencia de haber llevado a cabo actividades de exploración y evaluación de recursos minerales (NIIF 6 p11).

Algunos activos para exploración y evaluación se tratan como intangibles (por ejemplo, los derechos de perforación), mientras que otros son tangibles (por ejemplo, vehículos y equipos de perforación) (NIIF 6 p16).

Hechos y circunstancias que indican que la entidad debería comprobar el deterioro:

- ✓ El término durante el que la entidad tiene el derecho a explorar en un área específica ha expirado durante el período, y no se espera que sea renovado.
- ✓ No se han presupuestado ni planeado desembolsos significativos para la exploración y evaluación posterior de los recursos minerales en esa área específica.
- ✓ La exploración y evaluación de recursos minerales en un área específica no han conducido al descubrimiento de cantidades comercialmente viables de recursos minerales.
- ✓ Importe en libros del activo para exploración y evaluación pueda ser recuperado.

4.26 Segmentos de operación – NIIF 8

Esta norma se ocupa de las revelaciones en notas basadas en segmentos. Es obligatoria para aquellas empresas con valores que cotizan públicamente (NIIF 8 p2), pero solo se exige para los estados financieros consolidados en aquellos casos en que los estados de la controladora y los consolidados están en el mismo documento (NIIF 8 p4).

Con frecuencia, los segmentos de operación con características económicas similares muestran un rendimiento financiero a largo plazo que es similar. Por ejemplo, cabría esperar promedios de márgenes brutos a largo plazo similares en dos segmentos de operación con características económicas similares. Pueden agregarse dos o más segmentos de operación en uno solo cuando la agregación resulte coherente con el principio básico de esta NIIF y los segmentos tengan características económicas parecidas y sean similares en cada uno de los siguientes aspectos:

- ✓ La naturaleza de los productos y servicios.
- ✓ La naturaleza de los procesos de producción.
- ✓ El tipo o categoría de clientes a los que se destina sus productos y servicios.
- ✓ Los métodos usados para distribuir sus productos o prestar los servicios.
- ✓ Si fuera aplicable, la naturaleza del marco normativo, por ejemplo, bancario o seguros.

La norma requiere que las entidades presenten información financiera para los sectores del negocio cuyos resultados operativos son analizados en forma regular por el principal responsable de las decisiones operativas (NIIF 8 p13). El objetivo consiste en que este "enfoque de gestión" para la identificación de los segmentos genere que las entidades presenten información utilizada internamente en forma regular para evaluar el rendimiento de los segmentos y decidir cómo asignar los recursos a los segmentos de operación.

Se debe presentar información de un segmento si este comprende, por lo menos, el 10 % de los ingresos totales o el resultado total o los activos totales (NIIF 8 p13). Asimismo, los ingresos totales de todos los segmentos de operación sobre los que se presenta información deben constituir al menos el 75 % de los ingresos totales de la entidad (NIIF 8 p15). Algunos segmentos de operación podrán, por lo tanto, ser incluidos como segmentos sobre los que se debe informar, aun cuando no cumplen con el requisito del límite del 10 %.

Para cada segmento, la entidad debe informar la medición del resultado y el total de activos. La medición del pasivo, además de otras cifras clave, incluidos los ingresos y el costo de los intereses, deben ser informados si son analizados regularmente por el principal responsable de las decisiones operativas (NIIF 8 p23).

La información revelada con respecto a los segmentos se basa en información utilizada de manera interna, que puede diferir de la utilizada para la preparación del estado de resultados y el estado de situación financiera. Por lo tanto, la NIIF 8 requiere explicaciones de la base sobre la cual se prepara la información del segmento (NIIF 8 p28).

La NIIF 8 entró en vigencia el 1 de enero de 2009. Reemplaza a la NIC 14 y alinea la presentación de la información financiera por segmentos con los requisitos de la norma contable equivalente en los Estados Unidos.

4.27 Estados financieros separados – NIC 27

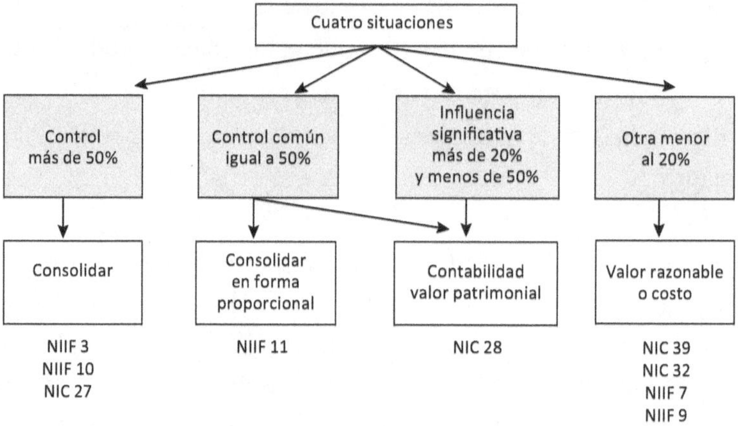

Una "subsidiaria" se define como una empresa controlada por otra. Obviamente, el control lo tiene un inversor si él no tiene solo poder sobre la participada y exposición o derecho a rendimientos variables procedentes de su implicación en la participada, sino que también tiene la capacidad de utilizar su poder para influir en el rendimiento del inversor como consecuencia de dicha implicación en la participada (NIIF 10 p17).

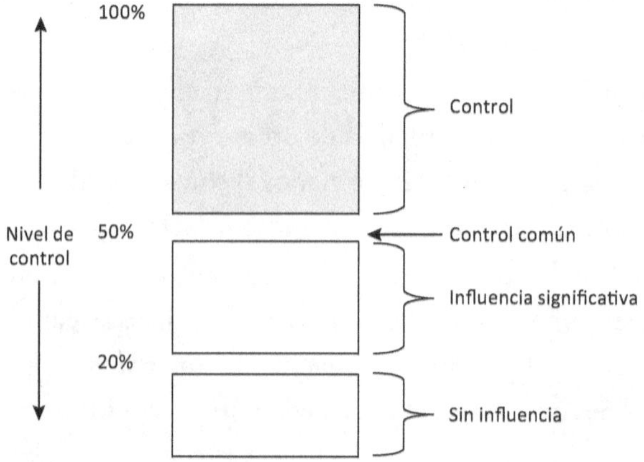

Una entidad que esté exenta de acuerdo con el párrafo 4(a) de la NIIF 10 de la consolidación o con el párrafo 17 de la NIC 28 (modificada en 2011) de aplicar el método de la participación, puede presentar estados financieros separados como sus únicos estados financieros (NIC 27 p9).

Párrafo 4(a) de la NIIF 10

- ✓ Es una subsidiaria total o parcialmente participada por otra entidad y todos sus otros propietarios, incluyendo los titulares de acciones sin derecho a voto; han sido informados de que la controladora no presentará estados financieros consolidados y no han manifestado objeción en ello.
- ✓ Sus instrumentos de deuda o de patrimonio no se negocian en un mercado público (ya sea una bolsa de valores nacional o extranjera, o un mercado no organizado, incluyendo mercados locales o regionales).
- ✓ No registra, ni está en proceso de hacerlo, sus estados financieros en una comisión de valores u otra organización reguladora, con el propósito de emitir algún tipo de instrumentos en un mercado público.
- ✓ Su controladora última, o alguna de las controladoras intermedias, elabora estados financieros consolidados que se encuentran disponibles para uso público y cumplen con las NIIF.

Cuando una entidad elabore estados financieros separados, contabilizará las inversiones en subsidiarias, negocios conjuntos y asociadas:

a) al costo
b) de acuerdo con la NIIF 9
c) utilizando el método de la participación tal como lo describe la NIC 28

La entidad aplicará el mismo tratamiento contable a cada categoría de inversión. Las inversiones contabilizadas al costo se reconocerán de acuerdo con la NIIF 5, Activos no corrientes mantenidos para la venta y operaciones discontinuadas, en aquellos casos en que estas se clasifiquen como mantenidas para la venta (o se incluyan en un grupo de activos para su disposición que se clasifique como mantenido para la venta). En estas circunstancias, no se modificará la medición de las inversiones contabilizadas de acuerdo con la NIIF 9 (NIC 27 p10).

Si una entidad opta, de acuerdo con el párrafo 18 de la NIC 28 (modificada en 2011), por medir sus inversiones en asociadas o negocios conjuntos a valor razonable con cambios en resultados de acuerdo con la NIIF 9, contabilizará también esas inversiones de la misma forma en sus estados financieros separados (NIC 27 p11).

Una entidad reconocerá un dividendo procedente de una subsidiaria, negocio conjunto o asociada en el resultado de período en sus estados financieros separados cuando se establezca su derecho a recibirlo (NIC 27 p12).

4.28 Inversiones en asociadas – NIC 28

Se presume que la entidad ejerce influencia significativa si posee, directa o indirectamente (por ejemplo, a través de subsidiarias), el 20 por ciento o más del poder de voto de la participada, a menos que pueda demostrarse claramente que tal influencia no existe. A la inversa, se presume que la entidad no ejerce influencia significativa si posee, directa o indirectamente (por ejemplo, a través de subsidiarias), menos del 20 por ciento del poder de voto de la participada, a menos que pueda demostrarse claramente que existe tal influencia. La existencia de otro inversor, que posea una participación mayoritaria o sustancial, no impide necesariamente que una entidad ejerza influencia significativa (NIC 28 p5).

La existencia de la influencia significativa por una entidad se pone en evidencia, habitualmente, a través de una o varias de las siguientes vías:

- ✓ Representación en el consejo de administración, u órgano equivalente de dirección de la entidad participada.
- ✓ Participación en los procesos de fijación de políticas, entre los que se incluyen las participaciones en las decisiones sobre dividendos y otras distribuciones.
- ✓ Transacciones de importancia relativa entre la entidad y la participada.
- ✓ Intercambio de personal directivo.
- ✓ Suministro de información técnica esencial.

Las empresas asociadas deben incluirse en los estados financieros consolidados usando el método de la participación (NIC 28 p10).

Según el método de la participación, en el reconocimiento inicial, la inversión en una asociada o negocio conjunto se registrará al costo, y el importe en libros se incrementará o disminuirá para reconocer la parte del inversor en el resultado del período de la participada, después de la fecha de adquisición. La parte del inversor en el resultado del período de la participada se reconocerá en el resultado del período del inversor. Las distribuciones recibidas de la participada reducirán el importe en libros de la inversión.

Podría ser necesaria la realización de ajustes al importe por cambios en la participación proporcional del inversor en la participada que surja por cambios en el otro resultado integral de la participada. Estos cambios incluyen los que surjan de la revaluación de las propiedades, planta y equipo y de las diferencias de conversión de la moneda extranjera. La parte que corresponda al inversor en esos cambios se reconocerá en el otro resultado integral de este (véase la NIC 1, Presentación de estados financieros).

Cambios en la participación en la propiedad

Si una participación en la propiedad de una asociada o negocio conjunto se reduce, pero la entidad continúa aplicando el método de la participación, la entidad reclasificará al resultado del período la proporción de la ganancia o pérdida que había anteriormente sido reconocida en otro resultado integral relativo a esa reducción en la participación en la propiedad en el caso de que esa ganancia o pérdida requiriera reclasificarse al resultado del período en el momento de la disposición de los activos o pasivos relacionados (NIC 28 p25).

4.29 Estados financieros consolidados – NIIF 10

El objetivo de esta NIIF es establecer los principios para la presentación y preparación de estados financieros consolidados, cuando una entidad controla una o más entidades distintas (NIIF10 p1).

Control bajo NIIF 10

Un inversor, independientemente de la naturaleza de su implicación en una entidad (la participada), determinará si es una controladora mediante la evaluación de su control sobre la participada (NIIF 10 p5).

Un inversor controla una participada cuando está expuesto, o tiene derecho, a rendimientos variables procedentes de su implicación en la participada y tiene la capacidad de influir en esos rendimientos a través de su poder sobre esta (NIIF 10 p6).

Características de control

- ✓ Poder sobre la participada.
- ✓ Exposición, o derecho, a rendimientos variables.
- ✓ Capacidad de utilizar su poder sobre la participada para influir en rendimientos.

Poder

Un inversor tiene poder sobre una participada cuando este posee derechos que le otorgan la capacidad presente de dirigir las actividades relevantes, es decir, las actividades que afectan de forma significativa a los rendimientos de la participada (NIIF 10 p10).

El poder surge de derechos. En ocasiones, la evaluación del poder es sencilla, tal como cuando el poder sobre una participada se obtiene de forma directa y únicamente de los derechos de voto concedidos por los instrumentos de patrimonio, tales como acciones y pueden ser evaluados mediante la consideración de los derechos de voto procedentes del accionariado (NIIF 10 p11).

Rendimientos

Un inversor está expuesto, o tiene derecho, a rendimientos variables procedentes de su implicación en la participada cuando los rendimientos del inversor procedentes de dicha implicación tienen el potencial de variar como consecuencia del rendimiento de la participada. Los rendimientos del inversor pueden solo ser positivos, solo negativos o ambos, positivos y negativos (NIIF 10 p15).

Vinculación entre poder y rendimiento

Un inversor controla una participada si el inversor no tiene solo poder sobre la participada y exposición o derecho a rendimientos variables procedentes de su implicación en la participada, sino que también tiene la capacidad de utilizar su poder para influir en el rendimiento del inversor como consecuencia de dicha implicación en la participada.

Requerimientos de contabilización

Una controladora elaborará estados financieros consolidados utilizando políticas contables uniformes para transacciones y otros sucesos que, siendo similares, se hayan producido en circunstancias parecidas (NIIF 10 p19).

Procedimientos de consolidación (NIIF 10 GA 86)

- ✓ Combinan partidas similares de activos, pasivos, patrimonio, ingresos y gastos y flujos de efectivo de la controladora con los de sus subsidiarias.
- ✓ Compensan (eliminan) el importe en libros de la inversión de la controladora

en cada subsidiaria y la parte de la controladora en el patrimonio de cada subsidiaria (la NIIF 3 explica la forma de contabilizar la plusvalía relacionada).

- ✓ Eliminan en su totalidad los activos y pasivos, patrimonio, ingresos, gastos y flujos de efectivo intragrupo relacionados con transacciones entre las entidades del grupo (resultados del período procedente de transacciones intragrupo que están reconocidos en activos, tales como inventarios y activos fijos; se eliminan totalmente). Las pérdidas intragrupo pueden indicar un deterioro de valor, que requerirá su reconocimiento en los estados financieros consolidados. La NIC 12, Impuesto a las ganancias, se aplicará a las diferencias temporarias que surjan como consecuencia de la eliminación del resultado del período procedente de las transacciones intragrupo.

Pérdida de control (NIIF 10 GA 98)

Cuando una controladora pierda el control de una subsidiaria:

- ✓ Dará de baja en cuentas:
  - ✓ Los activos (incluyendo la plusvalía) y pasivos de la subsidiaria por su importe en libros en la fecha en que se perdió el control.
  - ✓ El importe en libros de todas las participaciones no controladoras en la anterior subsidiaria en la fecha en que se pierda el control (incluyendo todos los componentes de otro resultado integral atribuible a las mismas).
- ✓ Reconocerá:
  - ✓ El valor razonable de la contraprestación recibida, si la hubiera, por la transacción, suceso o circunstancias que diera lugar a la pérdida de control.
  - ✓ Cuando la transacción, suceso o circunstancia que dé lugar a la pérdida de control conlleve una distribución de acciones de la subsidiaria a los propietarios en su condición de tales, dicha distribución.
  - ✓ La inversión conservada en la que anteriormente fue subsidiaria por su valor razonable en la fecha en que se pierda el control.
- ✓ Reclasificará el resultado del período, o transferirá directamente a ganancias acumuladas si se requiere por otras NIIF, los importes reconocidos en otro resultado integral en relación con la subsidiaria.
- ✓ Reconocerá toda diferencia resultante como ganancia o pérdida en el resultado del período atribuible a la controladora.

4.30 Acuerdos conjuntos – NIIF 11

Esta normativa sustituye a las siguientes NIIF:

- ✓ NIC 31 Participaciones en negocios conjuntos
- ✓ SIC-13 Entidades controladas conjuntamente – aportaciones no monetarias de los participantes

El objetivo de esta NIIF es establecer los principios para la presentación de información financiera por entidades que tengan una participación en acuerdos que son controlados conjuntamente (NIIF 11 p1).

Control conjunto es el reparto del control contractualmente decidido de un acuerdo, que existe solo cuando las decisiones sobre las actividades relevantes requieren el consentimiento unánime de las partes que comparten el control (NIIF 11 p7).

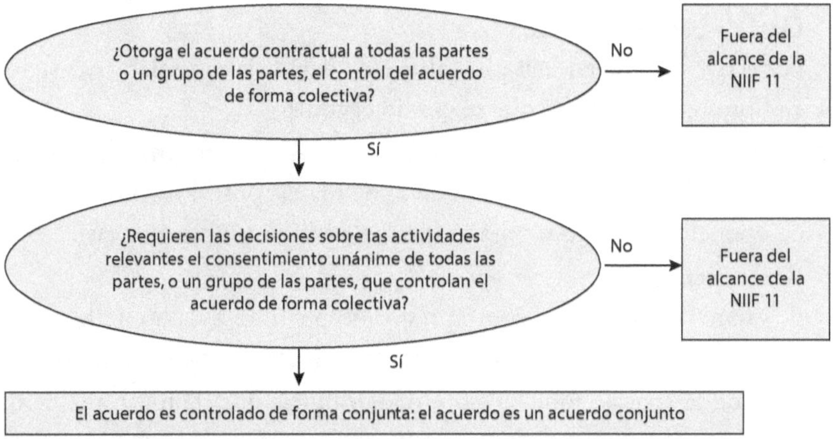

Cuando un acuerdo queda al margen del alcance de la NIIF 11, una entidad contabilizará su participación en dicho acuerdo según las NIIF correspondientes, tales como la NIIF 10, NIC 28 (modificada en 2011) o NIIF 9.

Al evaluar si una entidad tiene el control conjunto de un acuerdo, una entidad evaluará en primer lugar si todas las partes, o un grupo de las partes, controlan el acuerdo. La NIIF 10 define el control y se utilizará para determinar si todas las partes, o un grupo de las partes, están expuestas, o tienen derecho, a los rendimientos variables por su participación en el acuerdo y tienen la capacidad de influir en esos rendimientos mediante su poder sobre el acuerdo. Cuando todas las partes, o un grupo de las partes, consideradas de forma colectiva, son capaces de dirigir las actividades que afectan de forma significativa a los rendimientos del acuerdo (es decir, las actividades relevantes), las partes controlan el acuerdo colectivamente (NIIF 11 GA5).

Tipos de acuerdo conjunto

Una entidad determinará el tipo de acuerdo conjunto en el que está involucrada. La clasificación de un acuerdo conjunto como una operación conjunta o un negocio conjunto, dependerá de los derechos y obligaciones de las partes con respecto al acuerdo (NIIF 11 p14).

Una operación conjunta es un acuerdo conjunto mediante el cual las partes que tienen control conjunto del acuerdo tienen derecho a los activos y obligaciones con respecto a los pasivos, relacionados con el acuerdo. Esas partes se denominan operadores conjuntos (NIIF 11 p15).

Un negocio conjunto es un acuerdo conjunto mediante el cual las partes que tienen control conjunto del acuerdo tienen derecho a los activos netos del acuerdo. Esas partes se denominan partícipes de un negocio conjunto (NIIF 11 p16).

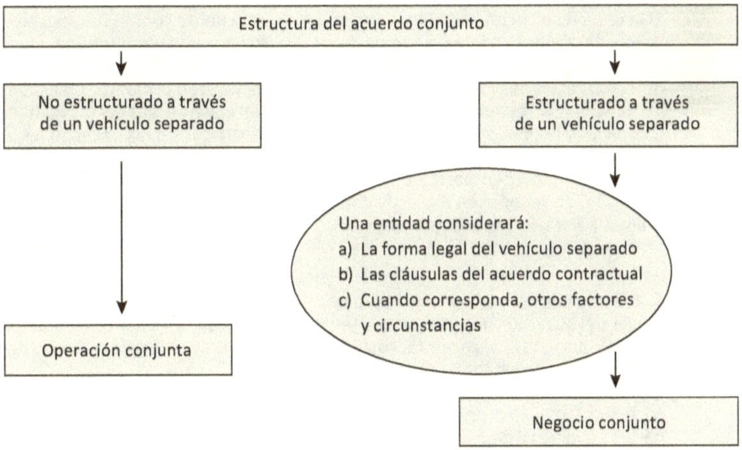

Acuerdos conjuntos no estructurados a través de un vehículo separado

Un acuerdo conjunto que no está estructurado a través de un vehículo separado es una operación conjunta. En estos casos, el acuerdo contractual establece los derechos de las partes a los activos y las obligaciones con respecto a los pasivos relativos al acuerdo, y los derechos a los ingresos de actividades ordinarias y las obligaciones con respecto a los gastos que correspondan a las partes.

Acuerdos conjuntos estructurados a través de un vehículo separado

Un acuerdo conjunto en el que los activos y pasivos relacionados con el acuerdo se mantienen en un vehículo separado puede ser un negocio conjunto o una operación conjunta.

La siguiente tabla compara las condiciones comunes en acuerdos contractuales entre partes de una operación conjunta y las condiciones comunes en acuerdos contractuales entre partes de un negocio conjunto. Los ejemplos de condiciones contractuales facilitados en la siguiente tabla no son exhaustivos (NIIF 11 GA27).

	Operación conjunta	**Negocio conjunto**
Las condiciones del acuerdo contractual	El acuerdo contractual proporciona a las partes del acuerdo conjunto derecho a los activos y obligaciones con respecto a los pasivos relacionados con el acuerdo	El acuerdo contractual proporciona a las partes del acuerdo conjunto derecho a los activos netos del acuerdo (es decir, es el vehículo separado, no las partes, quien tiene derecho a los activos y obligaciones con respecto a los pasivos, relacionados con el acuerdo)
Derecho a los activos	El acuerdo contractual establece que las partes del acuerdo conjunto comparten todos los intereses (por ejemplo, derechos, titularidad o propiedad) sobre los activos relacionados con el acuerdo en una proporción especificada (por ejemplo, en proporción a la participación en la propiedad de las partes en el acuerdo o en proporción a la actividad realizada a través del acuerdo que se les atribuye directamente)	El acuerdo contractual establece que los activos comprados en el acuerdo o adquiridos con posterioridad por el acuerdo conjunto son activos del acuerdo. Las partes no tienen participación (es decir, no tienen derechos, titularidad o propiedad) sobre los activos del acuerdo
Obligaciones con respecto a los pasivos	El acuerdo contractual establece que las partes del acuerdo conjunto comparten todos los pasivos, obligaciones, costos y gastos en una proporción especificada (por ejemplo, en proporción a la participación en la propiedad de las partes en el acuerdo o en proporción a la actividad realizada a través del acuerdo que se les atribuye directamente)	El acuerdo contractual establece que el acuerdo conjunto es responsable de las deudas y obligaciones del acuerdo
		El acuerdo contractual establece que las partes del acuerdo conjunto son responsables del acuerdo solo en la medida de sus inversiones respectivas en el acuerdo o de sus respectivas obligaciones a aportar el capital adicional o no pagado al acuerdo, o ambos
	El acuerdo contractual establece que las partes del acuerdo conjunto son responsables de las demandas planteadas por terceros	El acuerdo contractual señala que los acreedores del acuerdo conjunto no tienen derecho de recurso contra ninguna parte con respecto a deudas u obligaciones del acuerdo

	Operación conjunta	Negocio conjunto
Ingresos de actividades ordinarias, gastos y resultados del período	El acuerdo contractual establece la distribución de los ingresos de actividades ordinarias y gastos sobre la base del rendimiento relativo de cada parte en el acuerdo conjunto. Por ejemplo, el acuerdo contractual puede establecer que los ingresos de actividades ordinarias y gastos se distribuyen sobre la base de la capacidad que cada parte utiliza de la planta operada conjuntamente, que podría diferir de su participación en la propiedad del acuerdo conjunto	El acuerdo contractual establece la participación de cada parte en el resultado del período relacionado con las actividades del acuerdo
Garantías	Normalmente, se requiere que las partes de los acuerdos conjuntos proporcionen garantías a terceros de que, por ejemplo, recibirán un servicio del acuerdo conjunto, o proporcionarán financiación a este. La provisión de estas garantías, o el compromiso de las partes de proporcionarlas, no determinan, por sí misma, que el acuerdo conjunto sea una operación conjunta. La característica que determina si el acuerdo conjunto es una operación conjunta o un negocio conjunto es si las partes tienen obligaciones con respecto a los pasivos relacionados con el acuerdo (para algunos de los cuales las partes pueden, o no, haber proporcionado una garantía)	

Evaluación de otros factores y circunstancias

Cuando las cláusulas del acuerdo contractual no especifican que las partes tienen derecho a los activos y obligaciones con respecto a los pasivos, relacionados con el acuerdo, las partes considerarán otros factores y circunstancias para evaluar si el acuerdo es una operación conjunta o un negocio conjunto (NIIF 11 GA30).

Un acuerdo conjunto puede estructurarse en un vehículo separado cuya forma legal confiere separación entre las partes y el vehículo separado. Las cláusulas contractuales acordadas entre las partes pueden no especificar los derechos de las partes a los activos y las obligaciones con respecto a los pasivos; no obstante, la consideración de otros factores y circunstancias puede conducir a que tal acuerdo sea clasificado como una operación conjunta. Este será el caso cuando otros factores y circunstancias otorguen a las partes derecho a los activos y obligaciones con respecto a los pasivos relacionados con el acuerdo (NIIF 11 GA31).

Cuando las actividades de un acuerdo están diseñadas principalmente para proporcionar un producto a las partes, esto indica que las partes tienen derecho de forma sustancial a todos los beneficios económicos de los activos del acuerdo. Las partes de estos acuerdos a menudo aseguran su acceso a los productos proporcionados por el acuerdo, impidiendo que el acuerdo venda el producto a terceros (NIIF 11 GA32). El siguiente diagrama refleja la evaluación que una entidad sigue para clasificar un acuerdo cuando el acuerdo conjunto se estructura a través de un vehículo separado:

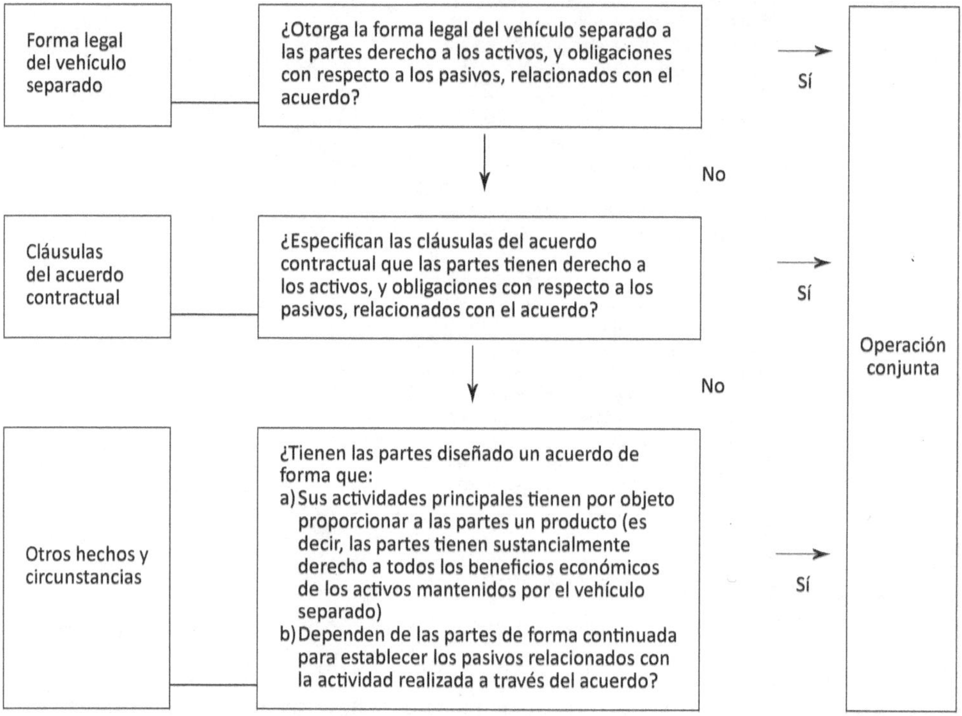

4.31 Información a revelar sobre participaciones en otras entidades – NIIF 12

El objetivo de esta NIIF es requerir que una entidad revele información que permita a los usuarios de sus estados financieros evaluar (NIIF 12 p1):

- ✓ La naturaleza de sus participaciones en otras entidades y los riesgos asociados con estas.
- ✓ Los efectos de esas participaciones en su situación financiera, rendimiento financiero y flujos de efectivo.

La entidad debe efectuar la revelación de la siguiente información:

- ✓ Que tiene el control de otra entidad, bajo los parámetros de NIIF 10.
- ✓ Que tiene el control conjunto o influencia significativa de una entidad.
- ✓ El tipo de acuerdo conjunto.

Para cumplir con lo anterior, la sociedad deberá dar detalle de lo siguiente:

- ✓ No controla otra entidad, aun cuando mantenga más de la mitad de los derechos de voto de esta.
- ✓ Controla otra entidad, aun cuando mantenga menos de la mitad de los derechos de voto de esta.
- ✓ Es un agente o un principal (véanse los párrafos 58 a 72 de la NIIF 10).
- ✓ No tiene influencia significativa, aun cuando mantengan el 20 por ciento o más de los derechos de voto de otra entidad.
- ✓ Tiene influencia significativa, aun cuando mantenga menos del 20 por ciento de los derechos de voto de otra entidad.

Participaciones en subsidiarias (NIIF 12, p10)

Una entidad revelará información que permita a los usuarios de sus estados financieros:

- ✓ Comprender:
- ✓ La composición del grupo.
- ✓ La participación que las participaciones no controladoras tienen en las actividades y flujos de efectivo del grupo.

- ✓ Evaluar:
- ✓ La naturaleza y alcance de restricciones significativas sobre su capacidad para acceder o utilizar activos, y liquidar pasivos, del grupo.
- ✓ La naturaleza de los riesgos asociados con su participación en entidades estructuradas consolidadas y los cambios en estas.
- ✓ Las consecuencias de cambios en su participación en la propiedad de una subsidiaria que no dan lugar a una pérdida del control.
- ✓ Las consecuencias de la pérdida de control de una subsidiaria durante el período sobre el que se informa.

Participaciones en acuerdos conjuntos y asociadas (NIIF 12, p20)

Una entidad revelará información que permita a los usuarios de sus estados financieros evaluar:

- ✓ La naturaleza, alcance y efectos financieros de sus participaciones en acuerdos conjuntos y asociados, incluyendo la naturaleza y efectos de su relación contractual con los otros inversores con control conjunto de los acuerdos conjuntos y asociados o influencia significativa sobre estos.
- ✓ La naturaleza de los riesgos asociados con sus participaciones en negocios conjuntos y asociados y los cambios en estos.

Participaciones en entidades estructuradas no consolidadas (NIIF 12, p24)

Una entidad revelará información que permita a los usuarios de sus estados financieros:

- ✓ Comprender la naturaleza de sus participaciones en entidades no consolidadas.
- ✓ Evaluar la naturaleza de los riesgos asociados con sus participaciones en entidades estructuradas no consolidadas y los cambios en estas.

La entidad presentará información de forma separada para participaciones en:

- ✓ Subsidiarias
- ✓ Negocios conjuntos
- ✓ Operaciones conjuntas
- ✓ Asociadas
- ✓ Entidades estructuradas no consolidadas

Para determinar si agregar la información, una entidad considerará la información cuantitativa y cualitativa sobre el riesgo diferente y características del rendimiento de cada entidad que se está considerando en la acumulación y la importancia de cada entidad para la entidad que informa. La entidad presentará la información a revelar de una forma que explique con claridad a los usuarios de los estados financieros la naturaleza y alcance de sus participaciones (NIIF 12, GA 5).

Ejemplos de niveles de acumulación dentro de las clases de entidades establecidas en el párrafo que pueden ser apropiadas son (NIIF 12, GA 6):

- La naturaleza de actividades (por ejemplo, entidad de investigación y desarrollo, una entidad de titulización de tarjetas de crédito rotativo).
- La clasificación industrial.
- La geografía (por ejemplo, país o región).

Cuando la participación de una entidad en una subsidiaria, un negocio conjunto o una asociada (o un parte de su participación en un negocio conjunto o asociada) se clasifique como mantenido para la venta de acuerdo con la NIIF 5, activos no corrientes mantenidos para la venta y operaciones discontinuadas, no se requiere que la entidad revele información financiera resumida para esa subsidiaria, negocio conjunto o asociada de acuerdo con los párrafos (NIIF 12, GA 17).

4.32 Instrumentos financieros

El tema de los instrumentos financieros es bastante complicado, y fue necesario dividirlo en cuatro normas.

- La NIC 32 trata las cuestiones relacionadas con la presentación (es decir, dónde registrar las partidas en el estado de resultados y el estado de situación financiera).
- La NIC 39 trata lo referente al reconocimiento y a la medición (es decir, dónde registrar una partida en los estados financieros y a qué valor).
- La NIIF 7 trata la información a revelar (toda la información extra que debe ser proporcionada con respecto a los instrumentos financieros, además de las cifras reflejadas en los estados financieros principales).
- La NIIF 9 trata lo referente al reconocimiento y a la medición y sustituirá la NIC 39, en donde se desarrolló en tres fases (fase 1: Clasificación y medición de los activos y pasivos financieros; Fase 2: Metodología del deterioro; Fase 3: Contabilidad de coberturas).

Debe tenerse en cuenta que las inversiones en subsidiarias, empresas asociadas y negocios conjuntos y las obligaciones relacionadas con beneficios a los empleados, quedan excluidas del alcance de las NIC 32 y 39 y de la NIIF 7 y 9.

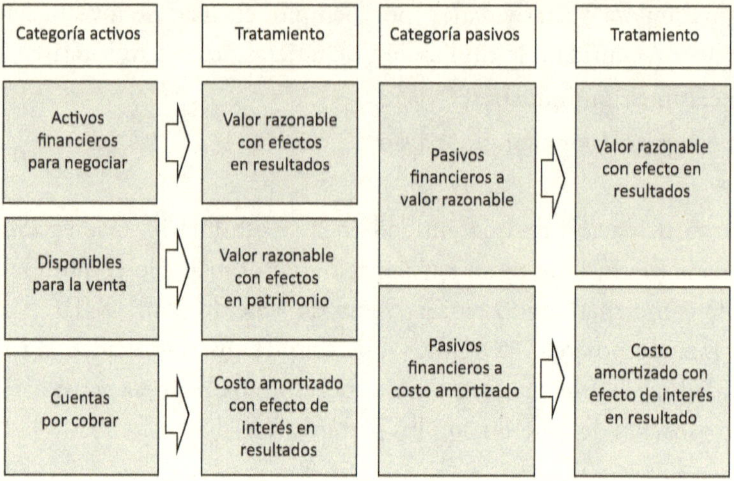

Definiciones:

A continuación, se proporcionan los elementos clave de las definiciones. Para consultar las definiciones completas, remítase al párrafo 11 de la NIC 32.

- ✓ *Activo financiero:* efectivo, un instrumento de patrimonio neto de otra entidad (es decir, una inversión), o un derecho contractual a recibir dinero en efectivo (p. ej.: cuentas comerciales por cobrar).
- ✓ *Pasivo financiero:* una obligación contractual de entregar dinero en efectivo u otro activo financiero a otra entidad.
- ✓ *Patrimonio neto:* todo contrato que evidencia una parte residual de los activos de una entidad, una vez deducidos todos sus pasivos.
- ✓ *Instrumento financiero:* todo contrato que genera un activo financiero en una entidad y un pasivo financiero o instrumento de patrimonio neto en otra entidad (p. ej.: los debentures son un instrumento financiero, dado que la entidad emisora tiene un pasivo y la entidad inversora tiene un activo financiero, o derecho de recibir dinero).

Valor razonable:

NIIF 13: "…el precio que sería recibido por vender un activo o pagado por transferir un pasivo en una transacción ordenada entre participantes del mercado en la fecha de medición".

Se supone que el valor razonable puede determinarse prácticamente en todos los casos; los precios de los instrumentos financieros pueden encontrarse listados en distintos mercados:

Derivados:

Un derivado es un instrumento financiero que asegura el precio a futuro de la compra o venta sobre un activo, para prevenir o adelantarse a las posibles variaciones al alza o baja del precio que se generen sobre este.

Su principal característica es que están vinculados al valor de un activo, por ejemplo, el precio del oro, del petróleo (en el caso de *commodities*), o de acciones, índices bursátiles, tasa de interés, valores de renta fija, etcétera (en el caso de instrumentos financieros).

NIIF 9: define como un derivado aquel contrato que cumple tres características (apéndice A definiciones NIIF 9):

- ✓ Su valor cambia en respuesta a los cambios en una tasa de interés específica, en el precio del instrumento financiero.
- ✓ No requiere de una inversión inicial neta, o solo obliga a realizar una inversión inferior a la que se requeriría.
- ✓ Fecha de vencimiento o liquidación futura.

4.33 Instrumentos financieros: presentación - NIC 32

Los instrumentos financieros de un emisor deben clasificarse en función de su esencia en instrumento de patrimonio o pasivo. Por ejemplo, si una empresa ha emitido acciones preferentes que contienen elementos que se ajustan a la definición de pasivo (las acciones son rescatables en una fecha específica, de modo que la entidad tiene la obligación de entregar una suma de dinero), la acción debe tratarse como un pasivo pese a su clasificación legal.

Los instrumentos compuestos deben dividirse en las partes que los componen. Por ejemplo, un debenture convertible es, según su esencia económica, en parte una deuda y en parte una acción.

Su precio en el mercado dependerá de la importancia relativa de estas dos partes. De acuerdo con la NIC 32, este debenture debe presentarse en parte como deuda y en parte como patrimonio.

La presentación del rendimiento sobre dichos instrumentos debe cumplir con las clasificaciones precedentes. Por ejemplo, el rendimiento de un instrumento clasificado como deuda debe presentarse como gasto por intereses, incluso si legalmente se denomina dividendo.

La compensación de activos y pasivos financieros solo está permitida cuando hay un derecho, legalmente exigible, de compensar, que la empresa tiene la intención de ejercer.

Son ejemplos comunes de activos financieros que representan un derecho contractual a recibir efectivo en el futuro, y de los correspondientes pasivos financieros que representan una obligación contractual de entregar efectivo en el futuro, los siguientes:

- ✓ Cuentas por cobrar y por pagar de origen comercial.
- ✓ Pagarés por cobrar y por pagar.
- ✓ Préstamos por cobrar y por pagar.
- ✓ Obligaciones o bonos por cobrar y por pagar.

En cada caso, el derecho contractual a recibir (o la obligación de pagar) efectivo que una de las partes tiene, se corresponde.

Los instrumentos financieros comprenden tanto instrumentos primarios (tales como cuentas por cobrar, por pagar o instrumentos de patrimonio) como instrumentos financieros derivados (tales como opciones financieras, futuros y contratos a término, permutas de tasa de interés y de divisas).

Los instrumentos financieros derivados cumplen la definición de instrumento financiero y, por tanto, entran dentro del alcance de esta norma (NIC 32 ga15).

Los instrumentos financieros derivados crean derechos y obligaciones que tienen el efecto de transferir, entre las partes implicadas en el instrumento, uno o varios tipos de riesgos financieros inherentes a un instrumento financiero primario subyacente. Los instrumentos financieros derivados conceden a una parte el derecho contractual a intercambiar activos financieros o pasivos financieros con la otra parte, en condiciones que son potencialmente favorables, o crean la obligación contractual de intercambiar activos financieros o pasivos financieros con la otra parte, en condiciones que son potencialmente desfavorables (NIC 32 ga16).

4.34 Instrumentos financieros - NIC 39 y NIIF 9

Una entidad reconocerá un activo o pasivo financiero cuando dicha entidad se convierta en parte obligada al cumplimiento de las disposiciones contractuales del instrumento (cabe destacar que este aspecto difiere del criterio estándar de reconocimiento establecido en el marco conceptual).

A los fines de la medición, los activos financieros se clasifican en tres categorías, las que determinarán su tratamiento en los estados financieros:

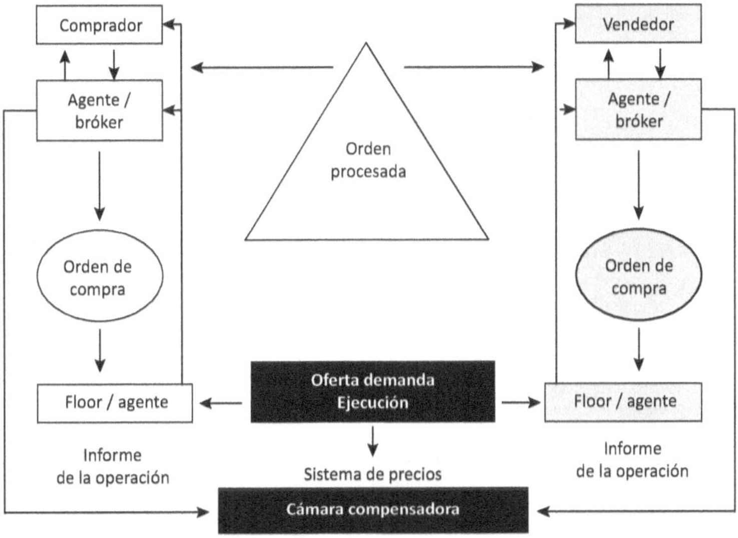

Negociación

Mantenidos para negociación: en el caso de haber sido adquiridos con la finalidad de ser vendidos en el corto plazo.

Esta designación, una vez elegida, es irrevocable. El activo financiero debe ser mantenido en esta categoría hasta que es vendido, su madurez o su extinción

Tratamiento	Valor razonable
Efecto EEFF	Resultado en el período que ocurren
Cotización	Mercados activos
Comisiones	Gastos cuando se adquieren

Préstamos y cuentas por cobrar

Son activos financieros creados por una entidad como resultado de:

- ✓ Prestar dinero.
- ✓ Proveer bienes y servicios.
- ✓ Participar en préstamos sindicados.
- ✓ Comprar instrumentos de deuda no cotizados.

Tratamiento	Costo amortizado
Efecto EEFF	Resultados
Cotización	Mercados activos

Disponible para la venta

Corresponde a activos financieros que no se clasifican como de negociación ni como mantenidos hasta el vencimiento.

Se puede cambiar y dejarlos a vencimiento si la administración lo determina	
Tratamiento	Valor razonable
Efecto EEFF	Patrimonio del período que ocurren
Cotización	Mercados activos
Comisiones	Aumento de la inversión

Todos los activos financieros se miden inicialmente al valor razonable más los costos de transacción, a excepción de los "activos financieros a valor razonable con cambios en resultados", que se mantienen a valor razonable únicamente (sin costos de transacción).

Después del reconocimiento inicial, los activos financieros deben medirse a su valor razonable a excepción de los siguientes, que deben medirse al costo amortizado:

- ✓ Inversiones mantenidas al costo amortizado.
- ✓ Préstamos y cuentas por cobrar.

Los activos que no tienen un precio de mercado y no se pueden medir de otra manera en forma fiable, se miden al costo.

Las pérdidas y ganancias son registradas con cambios en resultados (es decir, en el estado de resultados), salvo por los siguientes casos, en donde las pérdidas y ganancias son registradas en el patrimonio neto:

- ✓ Inversiones mantenidas al costo amortizado.
- ✓ Activos financieros disponibles para la venta.

Los activos financieros están sujetos a revisión por deterioro del valor en cada fecha de presentación de la información.

Existen dos categorías de pasivo financiero:

- ✓ Derivados o designados “a valor razonable con cambios en resultados”.
- ✓ Todo otro pasivo financiero.

Los pasivos financieros se miden inicialmente al valor razonable más costos de transacción, con la excepción de los derivados o “pasivos financieros a valor razonable con cambios en resultados”, que son mantenidos al valor razonable únicamente (sin costos de transacción).

Luego del reconocimiento inicial, los derivados o aquellos pasivos designados “a valor razonable con cambios en resultados” son mantenidos a valor razonable, y las ganancias y pérdidas son registradas con cambios en resultados en el estado de resultados. Todos los demás pasivos financieros son mantenidos al costo amortizado.

La contabilización de cobertura constituye un conjunto adicional de normas especiales que puede ser aplicado a los instrumentos financieros cuando una entidad realiza un acuerdo de cobertura. Una entidad puede designar un instrumento de cobertura de modo que los cambios en su valor razonable sean compensados con los cambios en el valor razonable de la partida cubierta. Por ejemplo, si una empresa se ha comprometido a abonar una suma en una moneda extranjera dentro de seis meses, puede adquirir dicha divisa en forma anticipada a fin de evitar el riesgo de que el valor de dicha moneda aumente antes de la fecha de pago. La contabilización de cobertura implica designar la compra por anticipado como designada para cumplir con la obligación futura. Se permite cuando se cumplen determinadas condiciones (p. ej.: documentación formal, la cobertura es efectiva).

Hay tres tipos de métodos para contabilidad de coberturas, los cuales consiguen compensar de diferentes formas:

1	Cobertura de Flujo de Efectivo
2	Cobertura de Valor Razonable
3	Cobertura de Inversión en el Extranjero

Calificación de ítems cubiertos:

Un ítem cubierto debe ser un ítem identificado o grupo de ítems, que podrían afectar resultados (pérdida o ganancia) y calificar como contabilidad de cobertura bajo NIIF 9.

Un ítem cubierto puede ser:

- ✓ Un activo o pasivo reconocido.
- ✓ Un compromiso en firme no reconocido.
- ✓ Una transacción esperada altamente probable.
- ✓ Una inversión neta en el extranjero que afecta pérdida y ganancia.

Es posible designar solo porciones de flujos de efectivo a valor razonable de instrumentos financieros que califican como ítem cubierto.

Ejemplos de instrumentos derivados que pueden ser designados como instrumentos de cobertura:

- ✓ Futuros (*commodities*).
- ✓ *Forward* (moneda).
- ✓ *Swaps* (moneda y tasa).
- ✓ Opciones (tasa).

Un activo o pasivo financiero que no sea derivado solo puede designarse como instrumento de cobertura en el caso de sea una cobertura de riesgo de moneda extranjera.

Coberturas de valor razonable (NIIF 9)

Una cobertura de valor razonable es una cobertura a la variabilidad que pueda tener el valor razonable de un activo o pasivo que se encuentra reconocido en el balance o un compromiso en firme no reconocido previamente por la empresa.

NIIF 9 define cobertura de valor razonable como una cobertura a la exposición a cambios en el valor justo de:

- ✓ Un activo o pasivo reconocido o un compromiso en firme no reconocido.
- ✓ Una porción identificada de un activo, pasivo o compromiso en firme.
- ✓ Que pueden ser atribuidos a un riesgo específico y pueden afectar las ganancias o pérdidas.

Algunos ejemplos de partidas cubiertas que pueden ser designados a coberturas de valor justo son:

- ✓ Pasivos a tasa fija como los préstamos
    - Un instrumento de deuda a tasa fija tiene una exposición a valor razonable a los cambios en las tasas de interés del mercado.
    - Si las tasas de interés del mercado bajan, el valor razonable del instrumento de deuda aumentará. Un *swap* de tasa fija a variable será un instrumento de cobertura efectivo.
- ✓ Activos a tasa fija como inversiones en bonos
    - Una inversión en un bono con una tasa de interés fija de 5%, tiene exposición de valor razonable por cambios en las tasas de interés de mercado

- Por ejemplo, si las tasas de interés de mercado aumentan, el valor razonable del bono disminuirá. Un *swap* de tasa fija a variable será un instrumento de cobertura efectivo.

✓ Inversiones en instrumentos de renta variable

- El tenedor de inversiones en instrumentos de renta variable tiene una exposición de valor razonable a cambios en el valor de mercado de las acciones.

De acuerdo a NIIF 9, las coberturas de valor razonable deben ser contabilizadas de la siguiente forma:

✓ Instrumento de cobertura: las ganancias o pérdidas de la remedición del instrumento cubierto a valor razonable es reconocido en ganancias o pérdidas según corresponda.

✓ Partida cubierta: el valor libro de la partida cubierta se ajusta a valor razonable a través de pérdida o ganancia, correspondiente a las ganancias o pérdidas atribuibles al riesgo cubierto.

Coberturas de flujo de efectivo (NIIF 9)

Una cobertura de flujo de efectivo es una cobertura de la exposición a la variabilidad de los flujos que:

✓ Es atribuida a un riesgo asociado con el reconocimiento de un activo o pasivo (como todos o algunos de los pagos de los intereses futuros sobre intereses de deuda variable) o una transacción altamente probable.

✓ Afecta las pérdidas y ganancias.

Una cobertura de flujo de efectivo podría ser una cobertura de pago de interés variable sobre un instrumento de deuda, o la variabilidad en los futuros desembolsos de dinero sobre una transacción esperada para comprar existencias en una moneda extranjera.

Algunos de los más comunes activos, pasivos y transacciones probables cubiertas usando coberturas de flujo de caja, son:

1. Deuda a tasa variable como los préstamos por pagar o un bono público.
   Un ejemplo de esto es la cobertura de un instrumento de deuda a tasa variable con un *swap* de tasa de interés que cambie la tasa variable a una tasa fija. La cobertura de flujo de efectivo reduce la variabilidad de la tasa de interés sobre los flujos futuros de la deuda.

2. Compras altamente probables:

   Un ejemplo de esto es cubrir una compra pronosticada de 100.000 toneladas de maíz en octubre para ser usado en el proceso de producción de la entidad, contratando un *forward* de *commodity* para comprar la misma cantidad de maíz en octubre.

   Flujos de efectivo de proyectos con gastos o ingresos en una moneda diferente a la moneda funcional de la compañía.

De acuerdo a NIIF 9, las coberturas de flujo de efectivo deben ser contabilizadas de la siguiente forma:

- ✓ Porción efectiva: la porción de ganancia o pérdida sobre el instrumento de cobertura que es determinado efectivo sobre la partida cubierta es presentado en el patrimonio. La porción efectiva se mantiene en patrimonio hasta el vencimiento o desasignación de la cobertura. Cuando uno de estos eventos ocurra, lo que está en patrimonio se reclasifica en resultado.
- ✓ Porción inefectiva: la porción inefectiva de la ganancia o pérdida del instrumento de cobertura es reconocida inmediatamente en resultados.

4.35 Instrumentos financieros: información a revelar – NIIF 7

La entidad debe agrupar sus instrumentos financieros en clases de instrumentos similares y, cuando deba revelar información, hacerlo según la clase.

Las dos categorías principales de información a revelar requeridas por la NIIF 7 actualizadas por la NIIF 13, son:

- ✓ Información sobre la relevancia de los instrumentos financieros.
- ✓ Información sobre la naturaleza y el alcance de los riesgos que presentan los instrumentos financieros.

Revelación de valor razonable

Niveles de jerarquía

Nivel 1 →	Valores o precios de cotización en mercados activos para activos y pasivos idénticos
Nivel 2 →	Información proveniente de fuentes distintas a los valores de cotización del nivel 1, pero observables en mercados
Nivel 3 →	Información para activos o pasivos que no se basan en datos de mercados observables

Niveles de jerarquía del valor razonable

Fueron medidos en base a las metodologías previstas en la NIIF 13 y clasificados según su jerarquía

Activos financieros a valor razonable	**Valor razonable diciembre MF$**	**Nivel 1 MF$**	**Nivel 2 MF$**	**Nivel 3 MF$**
Swap (activo)	4.058	-	4.058	-
Forward	15.462	-	15.462	-
Instrumento de renta fija	52.155	52.155	-	-
Fondos Mutuos	652.700	652.700	-	-
Pasivos financieros a valor razonable				
Swap (pasivo)	7.934	-	7.934	-
Forward (pasivo)	6.891	-	6.891	-
(MF$) Moneda funcional de la entidad				

La sociedad tiene instrumentos financieros que no se registran a valor razonable. Con el propósito de cumplir con los requerimientos de revelación de valores justos, la sociedad ha valorizado estos instrumentos según el siguiente detalle:

Activos financieros	**Valor libro MF$**	**Valor razonable MF$**
Instrumento de renta fija	52.155	52.155
Swap (activo)	4.058	-
Forward	15.462	-
Otros activos financieros	1.171	1.171
Pasivos financieros		
Bonos emitidos en dólares	2.374.258	2.527.933
Bonos emitidos en UF	997.094	1.028.993
Préstamos en dólares	375.309	364.751
Préstamos en otras monedas	22.247	22.247
Arriendo financiero	768	768
Acreedores otras cxp	362.162	362.162
(MF$) Moneda funcional de la entidad		

Tipos de riesgos inherentes en activos financieros

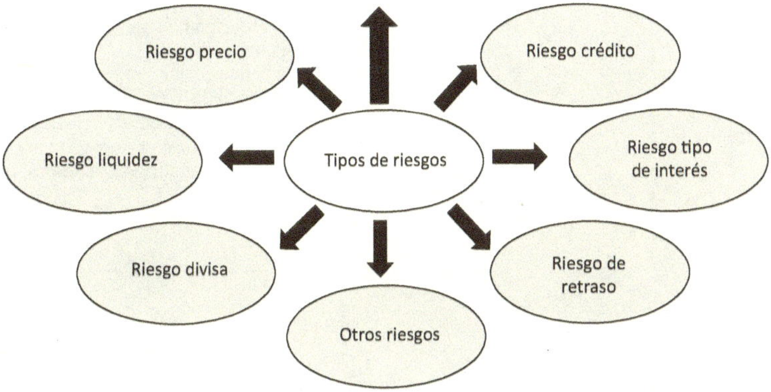

Revelación de riesgo de mercado

Revelaciones cuantitativas – ejemplo – riesgo de interés

La siguiente tabla muestra la sensibilidad de cambios en las obligaciones financieras que no están cubiertas frente a variaciones en las tasas de interés. Estos cambios son considerados razonablemente posibles basado en condiciones de mercados actuales.

Valor total cartera MF$	Variación de valor MF$	Variación de tasa %
411.753.819	(7.376.697)	2,00%
415.442.168	(3.688.349)	1,00%
417.286.342	(1.844.174)	0,50%
420.974.691	1.844.174	(0,50%)
422.818.865	3.688.349	(1,00%)
426.507.213	7.376.697	(2,00%)

Valor total cartera en el balance	419.130.516	

Valor total cartera MF$	Variación de valor MF$	Variación de tasa %
436.026.929	16.896.413	10,00%
427.578.723	8.448.206	5,00%
410.682.310	(8.448.206)	(5,00%)
402.234.104	(16.896.413)	(10,00%)

(MF$) Moneda funcional de la entidad

Revelación de riesgo de crédito (revelaciones cuantitativas)

Riesgo de crédito

- Máxima exposición al riesgo de crédito de clases de instrumentos financieros
- El valor libro de los activos caería en mora o se deterioraría si no se hubiera renegociado

- Análisis antigüedad activos financieros en mora, pero no deteriorados
- Análisis activos financieros determinados como deteriorados y factores considerados

4.36 Medición del valor razonable – NIIF 13

Esta nueva normativa define el valor razonable y cambia la definición de todas las normativas en que se señalaba la definición de este.

La NIIF 13 define el valor razonable y se centra en los activos y pasivos, porque son un objeto principal de la medición en la contabilidad; su definición es la siguiente forma (NIIF 13, p9):

> Es el precio que sería recibido por vender un activo o pagado por transferir un pasivo en una transacción ordenada entre participantes de mercado en la fecha de la medición.

El objetivo de una medición del valor razonable es estimar el precio al que una transacción ordenada de venta del activo o de transferencia del pasivo tendría lugar entre participantes de mercado en la fecha de la medición en las condiciones de mercado presentes. Una medición del valor razonable requiere que una entidad determine todos los elementos siguientes (GA 2):

- ✓ El activo o pasivo concreto que es el objeto de la medición.
- ✓ Para un activo no financiero, la premisa de valoración que es adecuada para la medición.
- ✓ El mercado principal (o más ventajoso) para el activo o pasivo.
- ✓ Las técnicas de valoración adecuadas para la medición, considerando la disponibilidad de datos con los cuales desarrollar variables que representen los supuestos que los participantes de mercado utilizarían al fijar el precio del activo o pasivo y el nivel de la jerarquía del valor razonable en la que se clasifican las variables.

Para incrementar la coherencia y comparabilidad de las mediciones del valor razonable e información a revelar relacionada, esta NIIF establece una jerarquía del valor razonable que clasifica en tres niveles las variables de técnicas de valoración utilizadas para medir el valor razonable. La jerarquía del valor razonable concede la prioridad más alta a los precios cotizados (sin ajustar) en mercados activos para activos y pasivos idénticos (variables de nivel 1) y la prioridad más baja a las variables no observables (variables de nivel 3) (NIIF 13, p72):

Niveles de jerarquía		
Nivel 1	⇨	Son precios cotizados (sin ajustar) en mercados activos para activos o pasivos idénticos a los que la entidad puede acceder en la fecha de la medición
Nivel 2	⇨	Variables distintas de los precios cotizados incluidos en el nivel 1 que son observables para los activos o pasivos directa o indirectamente
Nivel 3	⇨	Variables no observables para el activo o pasivo

Variables de técnicas de valoración (NIIF 13 GA 34)

Ejemplos de mercados en los que las variables pueden ser observables para algunos activos y pasivos (por ejemplo, instrumentos financieros), incluyen los siguientes:

Variables	⇨	a) Mercados de intercambio
	⇨	b) Mercados de intermediación financiera
	⇨	c) Mercados intermediados por agentes corredores
	⇨	d) Mercados de principal a principal

(a) *Mercados de intercambio*. En un mercado de intercambio, los precios de cierre están fácilmente disponibles y son representativos generalmente del valor razonable. Un ejemplo de este mercado es el mercado de valores de Londres.

(b) *Mercados de intermediación financiera.* En un mercado de intermediación financiera, los agentes mediadores toman posiciones para negociar (comprar o vender por su cuenta), proporcionando de ese modo liquidez al utilizar su capital para mantener un inventario de las partidas para las que crean un mercado. Habitualmente, los precios compradores y vendedores (que representan el precio al que el agente mediador desea comprar y el precio al que desea vender, respectivamente), están disponibles con mayor facilidad que los de cierre. Los mercados no organizados (para los que los precios se informan públicamente) son mercados de intermediación financiera. Mercados de intermediación financiera también existen para algunos otros activos y pasivos, incluyendo algunos instrumentos financieros, materias primas cotizadas y activos físicos (por ejemplo, equipo utilizado).

(c) *Mercados intermediados por agentes corredores.* En un mercado intermediado por agentes corredores, estos intentan hacer coincidir a compradores y vendedores, pero no toman posiciones para negociar por su cuenta. En otras palabras, los agentes corredores no utilizan su capital propio para mantener un inventario de partidas para las que crear un mercado. El agente corredor conoce los precios de compra y venta de las respectivas partes, pero cada parte habitualmente desconoce los requerimientos de precio de la otra parte. Los precios de transacciones completas están algunas veces disponibles. Los mercados intermediados por agentes corredores incluyen redes de comunicación electrónica, en la que se cruzan las órdenes de compra y venta, y los mercados de propiedad inmobiliaria residencial y comercial.

(d) *Mercados de principal a principal.* En un mercado de principal a principal, las transacciones originales y de reventa se negocian independientemente sin intermediarios. Sobre esas transacciones, puede estar disponible públicamente poca información.

Variables de nivel 2 (NIIF 13 GA 35)

✓ Permuta financiera de tasa de interés que paga variable y recibe fijo, basada en la tasa de permuta financiera de la Tasa Ofrecida Interbancaria de Londres (LIBOR). Una variable de nivel 2 sería tasa de permuta financiera del LIBOR si esa tasa es observable a intervalos cotizados habitualmente para, sustancialmente, la duración total de la permuta financiera.

✓ Permuta financiera de tasa de interés que paga variable y recibe fijo, basada en una curva de rendimiento denominada en una moneda extranjera. Una variable de nivel 2 sería la tasa de una permuta financiera basada en una curva de rendimiento denominada en una moneda extranjera que es observable a intervalos cotizados de forma habitual para, sustancialmente, la duración total de la permuta financiera. Ese sería el caso si la duración de la permuta financiera es de diez años y esa tasa es observable a intervalos cotizados de forma habitual para nueve años, siempre que cualquiera extrapolación razonable de la curva de rendimiento para el año 10 no fuera significativa para la medición del valor razonable de la permuta financiera.

- ✓ Permuta financiera de tasa de interés que paga variable y recibe fijo, basada en una tasa de prima de riesgo bancaria específica. Una variable de nivel 2 sería una tasa de prima de riesgo bancaria que proviene de una extrapolación si los valores extrapolados se corroboran por datos de mercado observables, por ejemplo, por la correlación con una tasa de interés que es observable a lo largo, sustancialmente, de la duración total de la permuta financiera.
- ✓ Opción a tres años sobre acciones negociadas en un mercado de valores. Una variable de nivel 2 sería la volatilidad involucrada en las acciones proveniente de la extrapolación a tres años.
- ✓ Acuerdos de licencia. Para un acuerdo de licencia que se adquiera en una combinación de negocios y fuera negociado recientemente con una parte no relacionada por la entidad adquirida (la parte del acuerdo de licencia), una variable de nivel 2 sería la tasa de regalía en el contrato con la parte no relacionada al comienzo del acuerdo.
- ✓ Inventario de productos terminados en una tienda al por menor. Para un inventario que se adquiera en una combinación de negocios, una variable de nivel 2 sería un precio a clientes en un mercado minorista en un mercado al por mayor, ajustado por las diferencias entre la condición y localización del inventario (es decir, similares) de forma que la medición del valor razonable refleja el precio que se recibiría en una transacción para vender el inventario a otro minorista que completaría el requisito de esfuerzos de venta.
- ✓ Construcción mantenida y utilizada. Una variable de nivel 2 sería el precio por metro cuadrado para la construcción (una valoración por múltiplos) que proviene de datos de mercado observables, por ejemplo múltiplos procedentes de precios en transacciones observadas que involucran construcciones comparables en localizaciones similares.
- ✓ Unidad generadora de efectivo. Una variable de nivel 2 sería una valoración por múltiplos que proviene de datos de mercado observables, por ejemplo,

múltiplos que provienen de precios en transacciones observadas que involucran negocios comparables (es decir, similares), teniendo en cuenta factores operativos, de mercado, financieros y no financieros.

Variables de nivel 3 (NIIF 13 GA 36)

- ✓ Permuta financiera de moneda extranjera a largo plazo. Una variable de nivel 3 sería una tasa de interés en una moneda especificada que no es observable y no puede corroborarse por datos de mercado observables a intervalos cotizados de forma habitual o de otra forma para, sustancialmente, la duración total de la permuta financiera de moneda extranjera. Las tasas de interés en una permuta financiera de moneda extranjera son las tasas de permuta financiera calculadas a partir de las curvas de rendimiento de los países respectivos.
- ✓ Opción a tres años sobre acciones negociadas en un mercado de valores. Una variable de nivel 3 sería la volatilidad histórica, es decir, la volatilidad de acciones que proviene de precios históricos de acciones. La volatilidad histórica habitual no representa las expectativas de los participantes de mercado presentes sobre la volatilidad futura, incluso si es la única información disponible para fijar el precio de una opción.
- ✓ Permuta de tasas de interés. Una variable de nivel 3 sería un ajuste a un precio de consenso de mercado medio (no vinculante) para la permuta financiera desarrollada, utilizando datos que no son observables directamente y no puede ser corroborado de otra forma por datos de mercado observables.
- ✓ Pasivos por retiro asumidos en una combinación de negocios. Una variable de nivel 3 sería una estimación presente, utilizando datos propios de la entidad sobre las salidas de efectivo futuras a pagar para satisfacer la obligación (incluyendo las expectativas de los participantes de mercado sobre los costos de satisfacer la obligación y la compensación que un participante de mercado requeriría para cargar con la obligación de desmantelar el activo), si no existe información disponible razonable que indique que los participantes de mercado utilizarían supuestos diferentes. La variable de nivel 3 sería utilizada en una técnica de valor presente junto con otras variables, por ejemplo, la tasa de interés libre de riesgo presente o una tasa libre de riesgo ajustada por el crédito si el efecto de la posición de crédito de la entidad sobre el valor razonable del pasivo se refleja en la tasa de descuento en lugar de la estimación de las salidas de efectivo futura.

- ✓ Unidad generadora de efectivo. Una variable de nivel 3 sería una previsión financiera (por ejemplo, de flujos de efectivo o resultado del período) desarrollada utilizando datos propios de la entidad si no existe información disponible razonable que indique que los participantes de mercado utilizarían supuestos diferentes.

La mínima información a revelar según la NIIF 13 es la siguiente (NIIF 13, p93):

- ✓ Las mediciones del valor razonable recurrentes de activos o pasivos son las que requieren o permiten otras NIIF en el estado de situación financiera al final de cada período sobre el que se informa. Las mediciones del valor razonable no recurrentes de activos o pasivos son las que requieren o permiten otras NIIF en el estado de situación financiera en circunstancias concretas (por ejemplo, cuando una entidad mide un activo mantenido para la venta a valor razonable menos costos de venta de acuerdo con la NIIF 5, Activos no corrientes mantenidos para la venta y operaciones discontinuadas, porque el valor razonable de los activos menos los costos de venta es menor que su importe en libros).
- ✓ Las mediciones del valor razonable recurrente y no recurrente, el nivel de la jerarquía del valor razonable dentro del cual se clasifican las mediciones del valor razonable en su totalidad (nivel 1, 2 o 3).
- ✓ Para activos y pasivos mantenidos al final del período sobre el que se informa que se miden al valor razonable sobre una base recurrente, los importes de las transferencias entre el nivel 1 y el nivel 2 de la jerarquía del valor razonable, las razones de esas transferencias y la política de la entidad para determinar cuándo se atribuye que han tenido lugar las transferencia entre niveles.
- ✓ Para las mediciones valor razonable recurrente y no recurrente clasificadas dentro del nivel 2 y nivel 3 de la jerarquía del valor razonable, una descripción de las técnicas de valoración y las variables utilizadas en la medición del valor razonable. Si ha habido un cambio en la técnica de valoración (por ejemplo, cambiando de un enfoque de mercado a un enfoque de ingreso o el uso de una técnica de valoración adicional), la entidad revelará ese cambio y las razones para realizarlo. Para mediciones del valor razonable clasificadas en el nivel 3 de la jerarquía del valor razonable, una entidad proporcionará información cuantitativa sobre las variables no observables significativas utilizadas en la medición del valor razonable.
- ✓ Para mediciones del valor razonable recurrentes clasificadas en el nivel 3 de la jerarquía de valor razonable, una conciliación de los saldos de apertura con los saldos de cierre, revelando por separado los cambios durante el período.

- ✓ Para mediciones del valor razonable recurrentes clasificadas en el nivel 3 de la jerarquía del valor razonable, el importe de las ganancias o pérdidas totales para el período incluidas en el resultado del período que es atribuible al cambio en ganancias o pérdidas no realizadas relacionadas con esos activos y pasivos mantenidos al final del período sobre el que se informa, y las partidas del resultado del período en el que se reconocen esas ganancias o pérdidas no realizadas.
- ✓ Para mediciones del valor razonable recurrentes y no recurrentes clasificadas en el nivel 3 de la jerarquía del valor razonable, una descripción de los procesos de valoración utilizados por la entidad (incluyendo, por ejemplo, la forma en que una entidad decide sus políticas y procedimientos de valoración y analiza los cambios en las mediciones del valor razonable de período a período).
- ✓ Para las mediciones del valor razonable recurrentes clasificadas en el nivel 3 de la jerarquía del valor razonable detalle sensitivo.
- ✓ Para las mediciones del valor razonable recurrentes y no recurrentes, si el máximo y mayor uso de un activo no financiero difiere de su utilización presente, una entidad revelará ese hecho y la razón por la que el activo no corriente se está utilizando de una forma que difiere de su máximo y mejor uso.

4.37 Cuentas de diferimientos de actividades reguladas – NIIF 14

El objetivo de esta norma es especificar los requerimientos de información financiera para los saldos de las cuentas de diferimientos de actividades reguladas que surgen cuando una entidad proporciona bienes o servicios a clientes a un precio tarifa que está sujeto a regulación de tarifas.

Una entidad que tiene actividades con tarifas reguladas y que queda dentro del alcance de esta norma, y que decida implementarla, aplicará los párrafos 10 y 12 de la NIC 8 al desarrollar sus políticas contables para el reconocimiento, medición, deterioro de valor y baja en cuentas de los saldos de las cuentas de diferimientos de actividades reguladas.

Las entidades deberán presentar por separado los saldos deudores de cuentas de diferimiento y los saldos acreedores de las actividades reguladas (NIIF 14, p20).

La NIIF 14 describe los saldos de las cuentas de diferimientos de actividades reguladas como los importes de gasto o ingreso que no se reconocerían como activos o pasivos de acuerdo con otras normas, pero que cumplen los requisitos para ser diferidos de acuerdo con esta norma, porque el importe se incluye, o se espera incluir, por el regulador de la tarifa al establecer los precios que una entidad puede cargar a los clientes por bienes o servicios con tarifas reguladas.

Cuando una entidad presenta, en su estado de situación financiera, los activos corrientes y no corrientes y los pasivos corrientes y no corrientes como clasificaciones separadas, no clasificará los totales de los saldos de las cuentas de diferimientos de actividades reguladas como corrientes o no corrientes. En su lugar, las partidas separadas requeridas por el párrafo 20 se diferenciarán de los activos y pasivos que se presenten de acuerdo con otras normas mediante el uso de subtotales, que se determinarán antes de que se presenten los saldos de las cuentas de diferimientos de actividades reguladas.

4.38 Ingresos de actividades ordinarias procedentes de contratos con clientes – NIIF 15

El objetivo de esta norma es establecer los principios que aplicará una entidad para presentar información útil a los usuarios de los estados financieros sobre la naturaleza, importe, calendario e incertidumbre de los ingresos de actividades ordinarias y flujos de efectivo que surgen de un contrato con un cliente.

Principales características

Una entidad reconoce los ingresos de actividades ordinarias de acuerdo con ese principio básico mediante la aplicación de las siguientes etapas:

- ✓ Etapa 1: identificar el contrato (o contratos) con el cliente. Un contrato es un acuerdo entre dos o más partes que crea derechos y obligaciones exigibles.
- ✓ Etapa 2: identificar las obligaciones de desempeño en el contrato. Un contrato incluye compromisos de transferir bienes o servicios a un cliente.
- ✓ Etapa 3: determinar el precio de la transacción. El precio de la transacción es el importe de la contraprestación en un contrato al que una entidad espera tener derecho a cambio de la transferencia de los bienes o servicios comprometidos con el cliente.
- ✓ Etapa 4: asignar el precio de la transacción entre las obligaciones de desempeño del contrato. Una entidad habitualmente asignará el precio de la transacción a cada obligación de desempeño sobre la base de los precios de venta independientes relativos de cada bien o servicio distinto comprometido en el contrato.

- ✓ Etapa 5: reconocer el ingreso de actividades ordinarias cuando la entidad satisface una obligación de desempeño. Una entidad reconocerá el ingreso de actividades ordinarias cuando satisface una obligación de desempeño mediante la transferencia de un bien o servicio comprometido con el cliente.

Identificación de un contrato

Criterios de reconocimiento de bajo NIIF 15 (NIIF 15 p9):

- ✓ Las partes del contrato han aprobado el contrato y se comprometen a cumplir con sus respectivas obligaciones.
- ✓ La entidad puede identificar los derechos de cada parte con respecto a los bienes o servicios a transferir.
- ✓ La entidad puede identificar las condiciones de pago con respecto a los bienes o servicios a transferir.
- ✓ El contrato tiene fundamento comercial.

Es probable que la entidad recaude la contraprestación a la que tendrá derecho a cambio de los bienes o servicios que se transferirán al cliente.

4.39 Arrendamientos – NIIF 16

La NIIF 16 se aplica a períodos anuales que comiencen a partir del 1 de enero de 2019.

Esta norma introduce un modelo único de contabilización de los arrendamientos y requiere que un arrendatario reconozca los activos y pasivos de todos los arrendamientos con una duración superior a doce meses, a menos que el activo tenga un valor bajo. Los activos y pasivos que surgen de un arrendamiento se miden inicialmente sobre una base de valor presente.

El modelo de contabilización en la NIC 17 requería que los arrendatarios y arrendadores clasificaran sus arrendamientos como arrendamientos financieros o arrendamientos operativos y que se contabilizaran estos dos tipos de arrendamientos de forma diferente. No requería que los arrendatarios reconocieran los activos y pasivos que surgen de los arrendamientos operativos, sino que los arrendatarios reconocieran los activos y pasivos que surgen de los arrendamientos financieros. El IASB junto con el emisor nacional de normas de los EE.UU., el Consejo de Normas de Contabilidad Financiera (FASB) (conjuntamente "los Consejos"), iniciaron un proyecto conjunto para mejorar la información financiera de las actividades de arrendamiento según las IFRS y los Principios de Contabilidad Generalmente Aceptados de los EE.UU. (PCGA de los EE.UU.), a la luz de las críticas de que el modelo de contabilidad anterior para arrendamientos no había satisfecho las necesidades de los usuarios de los estados financieros.

La NIIF 16 se aplica a todos los arrendamientos incluyendo los subarrendamientos, a excepción de aquellos contratos de arrendamiento por minerales, petróleo, gas natural y recursos regenerativos similares, y los contratos de licencia por películas, videos, obras de teatro, manuscritos, patentes, derechos de autor y conceptos similares.

La NIIF 16 exige, en la fecha de comienzo, un arrendatario que reconozca un activo por derecho de uso y un pasivo por arrendamiento (NIIF 16 p22).

El arrendatario medirá el pasivo por arrendamiento al valor presente de los pagos por arrendamiento que no se hayan pagado en esa fecha. Los pagos por arrendamiento se descontarán usando la tasa de interés implícita en el arrendamiento; si no puede determinarse la tasa, se utilizará la tasa incremental por préstamos del arrendatario (p26).

La NIIF 16 introduce un modelo único de contabilización de los arrendamientos y requiere que un arrendatario reconozca los activos y pasivos de todos los arrendamientos con una duración superior a doce meses, a menos que el activo subyacente sea de bajo valor. Se requiere que un arrendatario reconozca un activo por derecho de uso que representa su derecho a usar el activo arrendado subyacente y un pasivo por arrendamiento que representa su obligación para hacer pagos por arrendamiento.

Un arrendamiento financiero es aquel que transfiere sustancialmente todos los riesgos y ventajas asociados con el activo arrendado al arrendatario (NIIF 16 p62).

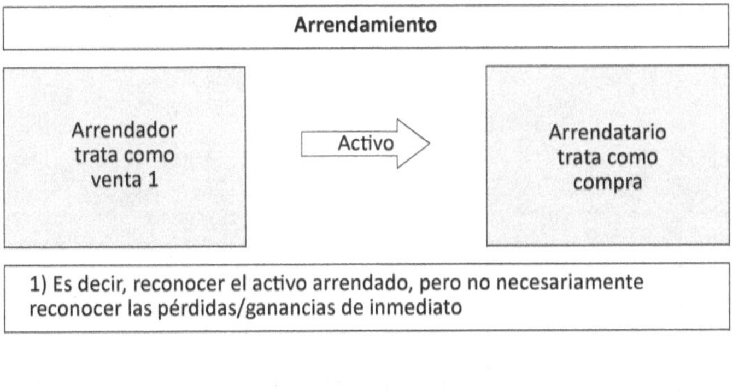

En el reconocimiento inicial, se reconocerá como un activo y un pasivo por el mismo importe, igual al valor razonable del bien arrendado, o bien al valor presente de los pagos mínimos por el arrendamiento.

Cuentas	Debe	Haber
Activos en leasing	xxx	
Obligaciones por leasing		xxx

Todos los costos atribuibles para llevar a cabo la transacción se reconocerán como parte del activo reconocido.

Cada una de las cuotas del arrendamiento se dividirá en dos partes que representan, respectivamente, las cargas financieras y la reducción de la deuda viva.

Cuentas	Debe	Haber
Intereses financieros (devengados)	xxx	
Obligaciones por leasing		xxx
Reconocimiento de los intereses devengados		
Obligaciones por leasing	xxx	
Banco		Xxx
Pago de las cuotas, se reconocerán en la medida que se desarrolle el pago		

Como regla general, el período de depreciación para los activos arrendados capitalizados debe ser coherente con el de cualquier otro activo en virtud de la NIC 16. Sin embargo, a menos que exista una certeza razonable de que el arrendatario conservará la propiedad del activo al término del plazo del arrendamiento, el activo deberá depreciarse a lo largo del período que resulte menor entre el plazo del arrendamiento y la vida útil económica (NIIF16 p32).

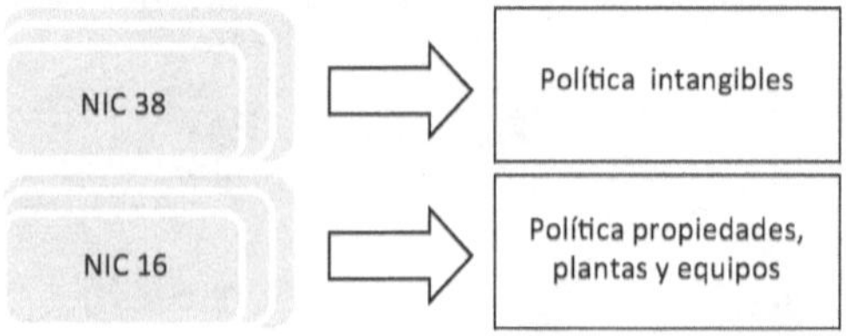

Cuentas	Debe	Haber
Depreciación activos en leasing	xxx	
Depreciación acumulada activos en leasing		xxx
Cargo por depreciación		

Los arrendamientos operativos (aquellos que no son financieros) deben tratarse como alquileres. Los pagos de rentas de arrendamientos operativos deben reconocerse en forma lineal a lo largo de la vigencia del arrendamiento, aunque el arrendamiento contemple rentas bajas al comienzo y rentas altas luego (NIIF 16).

Arrendamiento operativo

Arrendamiento que no transfiere sustancialmente todos los riesgos y beneficios al arrendatario

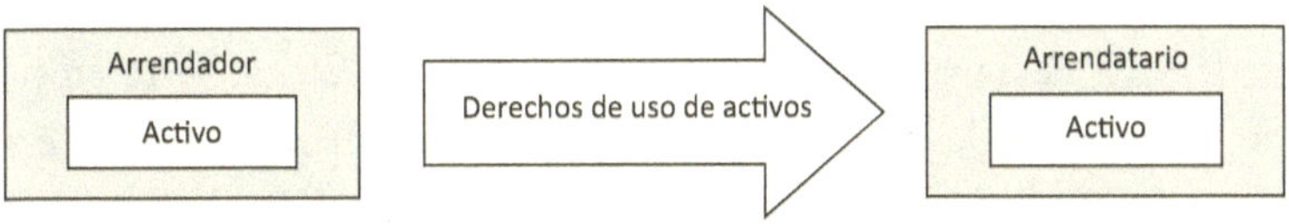

Los arrendadores deben reconocer un arrendamiento como financiero u operativo en forma refleja. Por consiguiente, si bien el arrendador es el dueño de los activos objeto de un arrendamiento financiero, el estado de situación financiera refleja una cuenta por cobrar en lugar del activo arrendado.

Si una transacción de venta con arrendamiento posterior da lugar a un arrendamiento financiero, sustancialmente no se ha producido ninguna venta. En lugar de reconocer una ganancia sobre la disposición del activo, los ingresos obtenidos deben diferirse y amortizarse a lo largo del plazo del arrendamiento.

4.40 Contratos de seguro – NIIF 17

La NIIF 17 reemplaza a la NIIF 4 y ofrece principios coherentes para todos los aspectos de la contabilidad de los contratos de seguro. Elimina las incoherencias actuales y les permite a los inversionistas, analistas y otros comparar de manera significativa empresas, contratos e industrias.

- ✓ Las empresas aplicarán una contabilidad coherente para todos los contratos de seguro.
- ✓ Una empresa multinacional medirá los contratos de seguro de manera coherente dentro del grupo, lo cual hace más fácil comparar los resultados por producto y zona geográfica.

- ✓ El ingreso ordinario reflejará la cobertura de seguros ofrecida, lo cual excluye los componentes de ahorro, como lo haría en cualquier otra industria.

La NIIF 17 es procedente para los contratos de seguro. Aunque esto significa que la NIIF 17 afecta a cualquier empresa que celebre contratos de seguro, tales contratos no los celebran, por lo general, aquellas empresas que no están en industria de seguros.

La mayoría de las aseguradoras cuyas acciones se cotizan en bolsa utilizan normas NIIF.

- ✓ La NIIF 17 entra en vigencia el 1 de enero de 2021. Una empresa puede optar por aplicar la NIIF 17 antes de esa fecha, pero solamente si también aplica la NIIF 9, Instrumentos financieros, y la NIIF 15, Ingresos de actividades ordinarias procedentes de contratos con clientes.
- ✓ La NIIF 17 exige que una empresa mida los contratos de seguro, utilizando cálculos y suposiciones actualizadas que reflejen la elección del momento oportuno para los flujos de caja y toda incertidumbre relacionada con los contratos de seguro. Esta exigencia facilitará una entrega de información transparente sobre el riesgo y la situación financiera de una empresa.
- ✓ La NIIF 17 exige que una empresa realice el registro contable de las ganancias a medida que presta servicios de seguros (en lugar de que sea cuando recibe primas) y que suministre información sobre las ganancias provenientes de los contratos de seguro y de las cuales la empresa espera hacer el registro contable en el futuro. Tal información ofrecerá una medición que se puede utilizar para evaluar el desempeño de las aseguradoras y la forma en que ese desempeño cambia con el paso del tiempo.
- ✓ Las empresas medirán los contratos de seguros al valor actual.
- ✓ Las empresas reflejarán el valor del dinero en el tiempo dentro de los futuros pagos calculados para saldar las reclamaciones que surjan.
- ✓ Las empresas medirán sus contratos de seguro con base solamente en las obligaciones que surgen de estos contratos.
- ✓ Las empresas suministran información coherente sobre los componentes de ganancias actuales y futuras a partir de los contratos de seguro.
- ✓ Las empresas y los usuarios de los estados financieros utilizarán información complementaria que ofrecerá comparaciones más significativas.

CAPÍTULO V

Taller de auditoría

El Colegio de Contadores y Auditores S.A. se encuentra en proceso de auditoría. Ante este escenario, deciden contratarlo con su grupo de trabajo para que lidere el proceso de auditoría del Colegio de Contadores y Auditores S.A.

Le solicitan:

- ✓ Realice una revisión de auditoría.
- ✓ Confeccione un balance clasificado bajo NIIF al 31.12.2020.
- ✓ Confeccione un balance con ajustes.
- ✓ La entidad nunca efectuó el cálculo de impuestos diferidos, por lo cual se debe generar la contabilización.
    - Se facturaron en diciembre productos que se encuentran en bodega por 300.000.000.
    - Tasa de impuesto a la renta de 30 %.

Antecedentes adicionales

Monedas	Cotizaciones al				
	31.12.2019	31.10.2020	31.11.2020	31.12.2020	31.12.2021
Dólar	620,52	610,15	690,45	690,54	650,45
Euro	750,69	690,56	750,56	780,36	790,58

Mes	Valor futuro al 30.04.2021 Dólar	Valor futuro al 30.04.2021 Euro	Mes	Valor futuro al 30.04.2021 Dólar	Valor futuro al 30.04.2021 Euro
31.10.2020	640,00	700,00	31.01.2021	690,23	740,00
30.11.2020	700,10	720,00	28.02.2021	670,34	750,00
31.12.2020	715,15	750,00	31.03.2021	657,20	730,00
			30.04.2021	660,00	740,00

Tasa interés	Cotizaciones al					
	31.12.2019	30.06.2020	31.12.2020	30.06.2021	31.12.2021	30.06.2022
Variable	7%	11%	10%	8%	6%	7%
Mercado	6%	12%	10%	11%	5%	6%

Corrección monetaria	Cierres al 31.12.2020		
	VIPC abril	VIPC segundo semestre	VIPC anual
%	4,0	3,0	5,0

Monedas	Cotizaciones al 2020				
	Agosto	Septiembre	Octubre	Noviembre	Diciembre
UF	32.876,56	33.049,85	33.098,72	33.205,47	33.240,52

Planilla de ajustes NIIF

Estado de situación financiera	31/12/2020	Ajustes	31/12/2020
	MF	MF	MF
Activos			
Activos corrientes			
Efectivo y equivalentes al efectivo			
Otros activos financieros corrientes			
Otros activos no financieros corrientes			
Deudores comerciales y otras cuentas por cobrar corrientes			
Cuentas por cobrar a entidades relacionadas corrientes			
Inventarios			
Activos biológicos corrientes			
Activos por impuestos corrientes			
Total de activos corrientes	0	0	0
Activos no corrientes			
Otros activos financieros no corrientes			
Otros activos no financieros no corrientes			
Derechos por cobrar no corrientes			
Cuentas por cobrar a entidades relacionadas			
Inversiones contabilizadas utilizando el método de la participación			
Activos intangibles distintos de la plusvalía			
Plusvalía			
Propiedades, planta y equipo			
Activos biológicos no corrientes			
Propiedades de inversión			
Activos por impuestos diferidos			
Total de activos no corrientes	0	0	0
Total de activos	0	0	0

Planilla de ajustes NIIF

Estado de situación financiera	31/12/2020 MF	Ajustes MF	31/12/2020 MF
Pasivos y patrimonio			
Pasivos			
Pasivos corrientes			
Otros pasivos financieros corrientes			
Cuentas por pagar comerciales y otras cuentas por pagar			
Cuentas por pagar a entidades relacionadas corrientes			
Otras provisiones corrientes			
Pasivos por impuestos corrientes			
Provisiones corrientes por beneficios a los empleados			
Otros pasivos no financieros corrientes			
Total de pasivos corrientes	0	0	0
Pasivos no corrientes			
Otros pasivos financieros no corrientes			
Pasivos no corrientes			
Cuentas por pagar a entidades relacionadas no corrientes			
Otras provisiones no corrientes			
Pasivo por impuestos diferidos			
Provisiones no corrientes por beneficios a los empleados			
Otros pasivos no financieros no corrientes			
Total de pasivos no corrientes	0	0	0
Total de pasivos	0	0	0
Patrimonio			
Capital			
Ganancias (pérdidas) acumuladas			
Otras reservas			
Ganancia (pérdida) del ejercicio			
Patrimonio atribuible a los propietarios de la controladora	0	0	0
Participaciones no controladoras			
Patrimonio total	0	0	0
Total de patrimonio y pasivos	0	0	0

Análisis de recursos disponibles

El detalle de la disponibilidad en moneda extranjera es el siguiente:

(a) Desglose caja moneda extranjera	
Moneda	Cantidades
Euro	50.000
Dólar	50.000

(b) Desglose Banco Chile moneda extranjera	
Moneda	Cantidades
Euro	64.300

(c) Depósitos a plazo 30 días				
Depósitos a plazo	Monto	Tomado	Vencimiento	Interés anual
Banco BCI 30 días	400.000.000	20.12.2020	20.01.2021	5%
Banco Santander 30 días	300.000.000	10.12.2020	10.01.2021	15%
Total	700.000.000			

Detalle de otros activos financieros

El detalle de las inversiones financieras es el siguiente:

Detalle otros activos financieros	Monto
(a) Inversiones disponibles para la venta	140.000.000
(b) Inversiones para negociar	200.000.000
(c) Forward USD	50.540.000
(d) Swap de valor razonable	10.000.000

2.a) Inversiones disponibles para la venta

El 10 de diciembre de 2020, se compran acciones de Blanco y Negro y de Azul Azul, con la intención de mantenerlas para la venta.

Inversión	Comisiones de adquisición	Costo de adquisición 10.12.2020	Valor bolsa de valores 31.12.2020	Valor bolsa de valores 31.12.2021
Acciones Blanco y Negro	25.000.000	100.000.000	115.000.000	130.000.000
Acciones Azul Azul	5.000.000	40.000.000	42.000.000	30.000.000
		140.000.000	157.000.000	160.000.000

2.b) Inversiones para negociar

El 15 de diciembre de 2020, se compran acciones de Real Madrid y Barcelona para negociar.

Inversión	Comisiones de adquisición	Costo de adquisición 15.12.2020	Valor bolsa de valores 31.12.2020	Valor bolsa de valores 31.12.2021
Acciones Real Madrid	40.000.000	80.000.000	120.000.000	150.000.000
Acciones Barcelona	30.000.000	120.000.000	100.000.000	110.000.000
		200.000.000	220.000.000	260.000.000

2.c) Forward USD

El Colegio de Contadores de Chile A.G., al 30.10.2020, acuerda con el Banco Santander al cabo de seis meses intercambiar monedas fijado en un contrato, en lo cual se señala lo siguiente:

El Colegio de Contadores de Chile A.G. comprará USD 1.000.000 al banco por un tipo de cambio de $ 640 al 30.04.2021, el cual se liquidará en esa fecha.

2.d) Swap de valor razonable

Al 30 de junio de 2020, el Colegio de Contadores de Chile A.G. emite una deuda por 100.000.000, con el Banco Santander, a un tipo de interés fijo del 7% semestral por dos años, pagadero cada seis meses.

Se pretende cubrir el valor del pasivo por lo que contrata un *swap* con el Banco Estado (de tasa fija a variable). El Colegio de Contadores de Chile A.G. está expuesto a tipos variables. A medida que fluctúa el mercado, el valor de la deuda a tipo fijo y del *swap* fluctúa en direcciones opuestas.

Se mantiene un pasivo en el balance denominado "Obligación Banco Santander" por $ 100.000.000".

Cuentas por cobrar sujetas a deterioro

Deudores	270.210.000
Documentos por cobrar	50.000.000
Documentos protestados	30.000.000
Cuentas por cobrar	40.000.000
Total	390.210.000
Deterioro acumulado de cuentas por cobrar	(39.021.000)
Total neto	351.189.000

El Colegio de Contadores de Chile A.G., por política, aplica un 10% de Estimación de Deudores Incobrables (EDI) a los clientes.

3.a) Detalle cuentas por cobrar por vencimiento

Vencimiento	ID	Saldo al 31.12.2017
30/10/2017	1.422.532	11.200.000
30/10/2017	1.771.044	11.300.000
30/09/2017	4.913.994	11.400.000
30/10/2016	5.712.849	11.350.000
20/08/2016	77.113.090	11.300.000
20/08/2017	77.148.040	11.400.000
25/12/2016	78.370.090	12.350.000
30/12/2016	78.197.490	114.040.000
30/12/2016	8.637.441	11.120.000
30/10/2018	90.703.000	12.600.000
30/10/2018	96.869.690	13.300.000
Total 2017		231.360.000

Vencimiento	ID	Saldo al 31.12.2018
30/10/2018	1.422.532	11.000.000
30/10/2018	4.744.109	13.200.000
30/09/2018	4.913.994	11.150.000
30/10/2017	77.113.090	11.200.000
20/08/2017	8.637.441	12.120.000
20/08/2018	78.197.490	112.000.000
25/12/2017	90.635.000	13.280.000
30/12/2017	90.703.000	13.300.000
30/12/2017	96.869.690	11.120.000
30/10/2019	92.580.000	11.560.000
30/10/2019	93.666.000	11.240.000
Total 2018		231.170.000

Vencimiento	ID	Saldo al 31.12.2019
30/12/2018	1.422.532	1.170.000
25/05/2019	4.913.994	111.150.000
30/09/2018	5.398.705	1.200.000
20/08/2018	6.868.560	1.250.000
30/12/2018	76.563.090	1.500.000
25/05/2019	77.113.090	1.100.000
25/05/2019	78.197.490	111.100.000
30/10/2018	78.370.090	112.350.000
30/10/2019	78.536.950	14.400.000
30/10/2020	8.637.441	12.120.000
30/10/2020	82.623.500	1.540.000
Total 2019		368.880.000

Vencimiento	ID	Saldo al 31.12.2020
30/12/2019	1.422.532	170.000
30/09/2019	4.913.994	15.100.000
30/04/2020	53.003.850	11.500.000
30/04/2020	6.874.129	1.350.000
30/04/2020	76.563.090	11.300.000
20/08/2019	77.113.090	1.550.000
20/08/2019	77.148.040	11.840.000
25/12/2019	78.370.090	111.300.000
30/08/2020	90.635.000	1.100.000
30/12/2021	78.197.490	112.440.000
30/08/2021	92.580.000	112.560.000
Total 2020		390.210.000

Vencimiento	ID	Saldo al 31.12.2021
30/12/2020	1.422.532	170.000
30/09/2020	4.913.994	15.100.000
30/04/2021	7.419.854	25.000.000
30/04/2021	70.123.435	30.000.000
30/04/2021	75.654.876	15.000.000
20/08/2019	77.113.090	1.550.000
30/12/2020	78.370.090	120.440.000
25/12/2021	89.435.234	12.000.000
30/08/2021	90.635.000	1.100.000
30/12/2022	92.334.234	35.000.000
30/08/2022	95.345.214	20.000.000
Total 2021		275.360.000

Vencimiento	ID	Saldo al 31.12.2022
30/05/2022	3.453.234	7.000.000
30/09/2021	4.913.994	15.100.000
30/06/2022	5.098.322	12.000.000
30/04/2022	70.123.435	30.000.000
30/10/2022	71.123.444	15.000.000
30/11/2022	75.400.000	7.000.000
30/12/2020	78.370.090	80.440.000
25/12/2022	89.435.234	12.000.000
30/08/2022	90.635.000	1.100.000
20.04.2023	91.444.400	25.000.000
20/01/2023	95.888.900	32.000.000
Total 2022		236.640.000

Préstamos por cambio de residencia

El Colegio de Contadores de Chile a sus trabajadores les concede préstamos por cambio de residencia, donde se estipula un plazo de pago de tres años después de efectuado el cambio; a continuación, se detalla cuándo se debe comenzar a pagar según la indagación con la administración (tasa de interés de mercado 10 % anual).

N°	Detalle		Comienzo de pago	Monto 31.12.2020
1	Javiera	Alicia	Enero 2022	9.000.000
2	Julieta	Ignacia	Enero 2022	15.000.000
3	Paulina	Alejandra	Enero 2023	21.000.000
4	Juan	Carlos	Enero 2020	5.000.000
5	Ana	Luisa	Enero 2019	4.000.000
6	Maximiliano	Andrés	Enero 2023	24.000.000
7	Josefina	Ignacia	Enero 2021	15.000.000
8	Carlos	Andrés	Enero 2023	18.000.000
9	Enson	Daniel	Enero 2021	9.000.000
10	Álvaro	Ignacio	Enero 2017	4.000.000
	Total			124.000.000

Inventarios y productos biológicos

(a) Existencias de materias primas	400.000.000
(b) Existencia de productos elaborados	1.012.760.000
(c) Animales vivos	200.000.000
(d) Productos terminados	300.000.000
Total	1.912.760.000

5.a) Existencias de materias primas

Considerar los siguientes elementos para la adopción a las NIIF

Detalle	Montos
Existencias de materias primas (BCE)	400.000.000
Corrección monetaria	30.000.000
Costos indirectos de fabricación	200.000.000
Valor neto realizable	500.000.000

5.b) Detalle de existencia de productos elaborados

Artículo a

Detalle	Unidades			Precio	Valores			Método
	Entrada	Salida	Saldo	Compra	Entrada	Salida	Saldo	PMP
Año anterior	70.000		70.000	5000	350.000.000		350.000.000	5.000,00
Venta 15.04		50.000	20.000			250.000.000	100.000.000	5000,00
Compra 30.05	80.000		100.000	5700	456.000.000		556.000.000	5560,00
Venta 01.06		20.000	80.000			111.200.000	444.800.000	5560,00
Compra 16.08	50.000		130.000	5600	280.000.000		724.800.000	5.575,38
Venta 17.09		15.000	115.000			83.630.769	641.169.231	

Artículo b

Detalle	Unidades			Precio	Valores			Método
	Entrada	Salida	Saldo	Compra	Entrada	Salida	Saldo	PMP
Año anterior	10.000		10.000	2200	22.000.000		22.000.000	2.200,00
Venta 15.04		5.000	5.000			11.000.000	11.000.000	2200,00
Compra 30.05	50.000		55.000	2300	115.000.000		126.000.000	2290,91
Venta 01.06		15.000	40.000			34.363.636	91.636.364	2290,91

Artículo c

Detalle	Unidades			Precio	Valores			Método
	Entrada	Salida	Saldo	Compra	Entrada	Salida	Saldo	PMP
Año anterior	60.000		60.000	5000	300.000.000		300.000.000	5.000,00
Venta 15.04		10.000	50.000			50.000.000	250.000.000	5.000,00

Corrección monetaria

Artículo	Compra más alta	VIPC	Unidades	Total	Observaciones
A	5.700	-	115.000	655.500.000	Ultima compra segundo semestre
B	2.300	2.369,00	40.000	94.760.000	Ultima compra primer semestre, se aplica VIPC segundo semestre
C	5.000	5.250,00	50.000	262.500.000	No hay compras en el año, se aplica VIPC anual
Total				1.012.760.000	

5.c) Animales vivos

Detalle	Montos
Corrección monetaria	40.000.000
Valor razonable	200.000.000
Costos necesarios para su venta	50.000.000

5.d) Productos terminados

Detalle	Montos
Corrección monetaria	25.000.000
Valor neto realizable	250.000.000

Detalle inversión en asociadas y negocios conjuntos

	Directores	Directores	%	Pago inversión	Valor balance
B&N	10	2	30,00	200.000.000	285.000.000
AA	8	0	50,00	290.000.000	325.000.000
UC	10	4	15,00	5.000.000	13.500.000
Peor es nada	15	5	60,00	500.000.000	738.000.000
UCEM	10	1	35,00	200.000.000	311.500.000
UAH	10	6	0,05	40.000.000	74.500.000
UCSH	5	1	30,00	100.000.000	153.000.000
Totales					1.900.500.000

Detalle patrimonio inversiones

B&N	
Patrimonio	950.000.000
Capital	600.000.000
Resultados acumulados	200.000.000
Utilidad del ejercicio	150.000.000

AA	
Patrimonio	650.000.000
Capital	500.000.000
Resultados Acumulados	100.000.000
Utilidad del Ejercicio	50.000.000

UC	
Patrimonio	90.000.000
Capital	30.000.000
Resultados acumulados	50.000.000
Utilidad del ejercicio	10.000.000

Peor es nada	
Patrimonio	1.230.000.000
Capital	400.000.000
Resultados acumulados	330.000.000
Utilidad del ejercicio	500.000.000

UCEM	
Patrimonio	890.000.000
Capital	530.000.000
Resultados acumulados	150.000.000
Utilidad del ejercicio	210.000.000

UAH	
Patrimonio	1.490.000.000
Capital	630.000.000
Resultados acumulados	650.000.000
Utilidad del ejercicio	210.000.000

UCSH	
Patrimonio	510.000.000
Capital	50.000.000
Resultados acumulados	150.000.000
Utilidad del ejercicio	310.000.000

Goodwill

El 31 de diciembre de 2017, se adquirió una empresa pagando 500.000.000 y el patrimonio de la entidad era de 200.000.000; se adjunta el detalle financiero y tributario al 31.12.2020:

Detalle	Goodwill	Amortización	Neto
Financiero	277.500.000	22.500.000	255.000.000
Tributario	420.000.000	168.000.000	252.000.000

Detalle bienes de uso al 31.12.2019

Detalle	Vida útil utilizada	Vida útil (meses)	Bruto	Depreciación acumulada	Neto
Terrenos					
Blanco Encalada 359, Arica	0	0	180.000.000	0	180.000.000
O'Higgins 758, Punta Arenas	0	0	170.000.000	0	170.000.000
Manuel Rodríguez 630, Temuco	0	0	150.000.000	0	150.000.000
Total			500.000.000	**0**	500.000.000
Edificaciones					
Dieciocho 121, Santiago	60	600	60.000.000	20.000.000	40.000.000
Pedro León Gallo 2095, Calama	120	600	100.000.000	30.000.000	70.000.000
Vergara 671, Angol	72	600	40.000.000	10.000.000	30.000.000
Total			200.000.000	60.000.000	140.000.000
Vehículos					
Vehículos	24	72	30.000.000	6.000.000	24.000.000
Muebles y enseres					
Escritorios	24	72	10.000.000	5.000.000	5.000.000
Sillas	24	72	10.000.000	5.000.000	5.000.000
Total			20.000.000	10.000.000	10.000.000
Otras máquinas y equipos					
Rectificadora de luz	96	240	300.000.000	20.000.000	280.000.000
Máquinas y equipos					
Maquinarias	12	60	15.000.000	5.000.000	10.000.000

La administración decidió tasar, asignar valores residuales y nuevas vidas útiles financieras al 01.01.2020, de los cuales los ajustes no fueron realizados; se les pide a los auditores que ayuden con los ajustes de tasación y de depreciación de los activos.

Detalle	**Valor tasado**	**Vida útil restante financiera**	**Valor residual**
Terrenos			
Blanco Encalada 359, Arica	100.000.000		
O'Higgins 758, Punta Arenas	390.000.000		
Manuel Rodríguez 630, Temuco	380.000.000		
Edificaciones			
Dieciocho 121, Santiago	30.000.000	360	10.000.000
Pedro León Gallo 2095, Calama	150.000.000	720	20.000.000
Vergara 671, Angol	35.000.000	600	8.000.000
Vehículos terrestres			
Vehículos	Se mantiene su valor	60	8.000.000
Muebles y enseres			
Escritorios	12.000.000	120	1.500.000
Sillas	8.000.000	72	2.500.000
Estantes	5.000.000	84	500.000
Al efectuar la revisión se encontraron activos que no aparecían en la contabilidad, los cuales se contabilizaron a su valor de adquisición, según las facturas encontradas.			
Otras máquinas y equipos			
Rectificadora de luz	Se mantiene su valor	180	20.000.000
Máquinas y equipos	La maquinaria contiene tres componentes, que se detallan a continuación:		
Maquinarias			
Maquina transportadora	10.000.000	36	500.000
Maquina cortadora	5.000.000	24	200.000
Maquina recolectora	8.000.000	60	800.000

Detalle activos en *leasing*

El Colegio de Contadores de Chile A.G. desarrolla un arrendamiento financiero el 30 de agosto de 2020 con las siguientes condiciones:

- ✓ Máquina en arrendamiento
- ✓ Duración 96 meses
- ✓ Cuotas de 110 UF
- ✓ Opción de compra por 60 UF
- ✓ Pago primera cuota a la firma del contrato
- ✓ Tasa de interés del contrato 15 %
- ✓ Vida útil de 12 años
- ✓ Corrección monetaria de activos adquiridos en agosto 3,5 %

Detalle	Monto
Máquinas en leasing	225.000.000
Depreciación acumulada	(6.250.000)
Intereses diferidos leasing	110.000.000
Obligaciones por leasing	(330.000.000)
Totales	(1.250.000)

Detalle provisiones

La entidad cuenta con cuatro provisiones, las cuales se tienen que evaluar:

Detalle	Monto
(a) Provisión terremoto	500.000.000
(b) Provisión por juicios	979.000.000
(c)Provisión tipo comercial	10.000.000
(d) Provisión medioambiental	200.000.000
Total	422.250.000

10.a) El Colegio de Contadores de Chile A.G. recibe información al cierre de los estados financieros, por parte de Juan Andrés Salfate que, según información de QuakRedAlert, es probable con un 90 % que ocurra un terremoto grado 9,3, por lo cual se provisionarán 500.000.000.

10.b) Fiscalía del Colegio de Contadores de Chile A.G. maneja la información de los juicios entablados en su contra, la cual nos fue proporcionado, y en base a dichos antecedentes procedimos a detallar en conjunto con fiscalía la probabilidad de ocurrencia de que dichos juicios se transformen en una obligación cierta. El detalle de los juicios mantenidos por la entidad son los siguientes:

N°	Nombre	Origen	Monto	Probabilidad ocurrencia
1	Edgardo	Indemnización por accidente	100.000.000	20%
2	Amalia	Indemnización de perjuicios	200.000.000	70%
3	ByN	Reclamo multa	50.000.000	9%
4	Filgueira	Accidente	40.000.000	50%
5	Ramos	Despido injustificado	60.000.000	30%
6	Eduardo	Indemnización de perjuicios	20.000.000	5%
7	Ester	Indemnización de perjuicios	10.000.000	60%
8	Evangelina	Indemnización por años de servicios	60.000.000	30%
9	Fidelina	Indemnización de perjuicios	20.000.000	50%
10	Boudon	Indemnización de perjuicios	5.000.000	7%
11	Guillermo	Indemnización de perjuicios	4.000.000	80%
12	Inversiones	Indemnización de perjuicios	2.000.000	67%
13	Jorge	Indemnización por años de servicios	6.000.000	50%
14	María Belén	Indemnización de perjuicios	8.000.000	50%
15	Juan	Indemnización de perjuicios	14.000.000	30%
16	Flores	Despido injustificado	15.000.000	59%
17	Marco	Despido injustificado	25.000.000	30%
18	Araya	Indemnización de perjuicios	40.000.000	53%
19	Moreno	Despido injustificado	30.000.000	50%
20	Nidia	Indemnización de perjuicios	18.000.000	50%
21	Pablo	Indemnización por accidente	19.000.000	40%
22	Patricia	Indemnización por años de servicios	13.000.000	20%
23	Rita	Acción reivindicatoria	40.000.000	100%
24	Zagal	Indemnización de perjuicios	30.000.000	55%
25	Atalaya	Indemnización de perjuicios	10.000.000	50%
		Costas y reajustes juicios	140.000.000	
	Total		979.000.000	

10.c) El Colegio de Contadores de Chile A.G. vende productos con garantía; las ventas del año fueron 80.000 unidades, con un precio de venta de $ 150.000; cada falla mayor del producto tiene un costo de $ 30.000 y cada falla menor tiene un costo de $ 5.000. La probabilidad de ocurrencia es la siguiente:

Fallas	2015	2016	2017	2018	2019
Mayores	4,0%	3,5%	2,8%	4,1%	5,3%
Menores	8,4%	7,3%	9,4%	5,8%	8,6%

10.d) El Colegio de Contadores de Chile A.G. provisiona una multa medioambiental que es exigida pagar por ley cada año.

Detalles tributarios para impuestos diferidos

N°	Detalle	Monto
1	Productos terminados	300.000.000
2	Existencia de materias primas	400.000.000
3	Existencia de productos elaborados	1.012.760.000
4	Goodwill	252.000.000
5	Maquinarias y equipos	10.000.000
6	Muebles y enseres	10.000.000
7	Vehículos	24.000.000
8	Edificaciones	140.000.000
9	Terrenos	500.000.000
10	Provisión gastos de luz, agua y teléfono	300.000.000

Balance auditoría al 31.12.2020

N°	Cuentas	Inventarios		Resultado	
		Activo	Pasivo	Pérdida	Ganancia
1	Banco Santander	40.000.000			
2	Caja	50.000.000			
3	Banco Chile moneda extranjera	50.000.000			
4	Banco Estado	60.000.000			
5	Caja moneda extranjera	60.000.000			
6	Depósitos a plazo vencimiento 30 días	700.000.000			
7	Inversiones disponibles para la venta	140.000.000			
8	Inversiones para negociar	200.000.000			
9	Forward USD	50.540.000			
10	Swap de valor razonable	10.000.000			
11	Cuotas de Fondos Mutuos 180 días	280.000.000			
12	Garantías otorgadas	3.000.000			
13	Gastos anticipados - telefonía celular	4.000.000			
14	Gastos anticipados - telefonía fija	5.000.000			
15	Gastos anticipados - acceso a Internet	5.000.000			
16	Gastos anticipados - correo	10.000.000			
17	Gastos anticipados por arriendo de terreno	50.000.000			
18	Gastos anticipados por otros arriendo	50.000.000			
19	Gastos anticipados por arriendo de edificios	60.000.000			
20	Documentos protestados	30.000.000			
21	Fondos por rendir	40.000.000			
22	Cuentas por cobrar	40.000.000			

N°	Cuentas	Inventarios		Resultado	
		Activo	Pasivo	Pérdida	Ganancia
23	Documentos por cobrar	50.000.000			
24	Préstamos por cambio de residencia	124.000.000			
25	Deudores	270.210.000			
26	Deterioro acumulado de cuentas por cobrar		39.021.000		
27	Anticipos de deudores		20.000.000		
28	Productos terminados	300.000.000			
29	Existencia de materias primas	400.000.000			
30	Existencia de productos elaborados	1.012.760.000			
31	Animales vivos	200.000.000			
32	Pagos provisionales mensuales	65.047.449			
33	Crédito activo fijo	15.000.000			
34	Crédito Sence	3.000.000			
35	Inversión empresa relacionada ByN	285.000.000			
36	Inversión empresa relacionada AA	325.000.000			
37	Inversión empresa relacionada UC	13.500.000			
38	Inversión empresa relacionada Peor es nada	738.000.000			
39	Inversión empresa relacionada UCEM	311.500.000			
40	Inversión empresa relacionada UAH	74.500.000			
41	Inversión empresa relacionada UCSH	153.000.000			
42	Programas y licencias computacionales	50.000.000			
43	Amort. ac. de prog. y licencias comp.		5.000.000		
44	Goodwill	277.500.000			
45	Amortización Goodwill		22.500.000		
46	Maquinarias y equipos	15.000.000			
47	Muebles y enseres	20.000.000			
48	Vehículos	30.000.000			
49	Edificaciones	200.000.000			
50	Máquinas y equipos en leasing	225.000.000			
51	Otras máquinas y equipos	300.000.000			
52	Terrenos	500.000.000			
53	Dep. acum. de edificaciones		60.000.000		
54	Dep. acum. de maquinarias y equipos		5.000.000		
55	Dep. acum. de vehículos		6.000.000		
56	Dep. acum. de muebles y enseres		10.000.000		
57	Dep. acum. de otras máquinas y equipos		20.000.000		
58	Dep. acum. de máquinas en leasing		6.250.000		
59	Préstamos bancarios		300.000.000		
60	Obligación Banco Santander		100.000.000		
61	Obligaciones por leasing		330.000.000		
62	Intereses diferidos por leasing	110.000.000			
63	Acreedores		150.000.000		
64	Proveedores		300.000.000		
65	Provisión gastos de luz, agua y teléfono		300.000.000		
66	Seguros de vida		150.000.000		
67	Asignación familiar		50.000.000		
68	Subsidios por cesantía		50.000.000		

N°	Cuentas	Inventarios		Resultado	
		Activo	Pasivo	Pérdida	Ganancia
69	Provisión de vacaciones		350.000.000		
70	Provisión terremoto		500.000.000		
71	Provisión por juicios		979.000.000		
72	Provisión tipo comercial		10.000.000		
73	Provisión medioambiental		200.000.000		
74	Provisión impuesto a la renta		340.000.000		
75	Provisión indemnizaciones años de servicios		200.000.000		
76	Capital		1.500.000.000		
77	Revalorización capital propio		307.786.449		
78	Ganancias (pérdidas) acumuladas		1.000.000.000		
79	Ventas				908.595.000
80	Descuentos otorgados			20.000.000	
81	Costo de venta			100.000.000	
82	Remuneraciones			50.000.000	
83	Gratificaciones			12.500.000	
84	Colación			3.000.000	
85	Movilización			3.000.000	
86	Amortización intangibles			5.000.000	
87	Vacaciones			2.000.000	
88	Honorarios			30.000.000	
89	Arriendos			42.540.000	
90	Servicios básicos			88.454.405	
91	Transporte y correo			1.000.000	
92	Publicidad			2.000.000	
93	Asesoría contable			6.000.000	
94	Asesoría legal			11.229.000	
95	Deudores incobrables			39.021.000	
96	Depreciación maquinarias en leasing			6.250.000	
97	Depreciación maquinarias y equipos			0	
98	Depreciación muebles y enseres			0	
99	Depreciación edificios			0	
100	Depreciación vehículos			0	
101	Interese y multas sobre impuestos			1.200.000	
102	Comisiones de inversiones			100.000.000	
103	Ganancia valor razonable forward				50.540.000
104	Intereses ganados por depósitos a plazo				3.500.000
105	Utilidad empresas relacionadas				538.105.000
106	Intereses pagados por préstamos			3.000.000	
107	Intereses pagados por leasing			3.000.000	
108	Intereses pagados por línea de crédito			36.500.000	
109	Corrección monetaria activos biológicos				40.000.000
110	Corrección monetaria activos mercadería				84.954.405
111	Gastos básicos			30.000.000	
112	Garantías			10.000.000	
113	Impuesto a la renta			325.000.000	
	Totales	8.005.557.449	7.310.557.449	930.694.405	1.625.694.405
	Utilidad o (pérdida del ejercicio)		695.000.000	695.000.000	
	Totales	8.005.557.449	8.005.557.449	1.625.694.405	1.625.694.405

Desarrollo taller por rubro

5.1 Activos corrientes

Incluye aquellos activos que se espere realizar o se pretenda vender o consumir en el transcurso del ciclo normal de la operación de la entidad; o se mantenga fundamentalmente con fines de negociación; o se espere realizar dentro del período de doce meses posteriores a la fecha del balance; o se trate de efectivo u otro medio equivalente al efectivo, cuya utilización no esté restringida, para ser intercambiado o usado para cancelar un pasivo, al menos dentro de los doce meses siguientes a la fecha del balance (NIC 1, párrafo 66).
"Ciclo normal de la operación de una entidad es el período comprendido entre la adquisición de los activos que entran en proceso productivo, y su realización en efectivo o equivalente al efectivo".

Efectivos y equivalentes al efectivo

El efectivo comprende tanto la caja como los depósitos bancarios a la vista. El efectivo equivalente son inversiones a corto plazo de gran liquidez, que son fácilmente convertibles en importes determinados de efectivo, estando sujetos a un riesgo poco significativo de cambios en su valor, lo cuales se tienen para cumplir los compromisos de pago a corto plazo en lugar de para inversión u otros propósitos. Por consiguiente, una inversión será un equivalente al efectivo cuando tenga un vencimiento próximo, por ejemplo de tres meses o menos desde la fecha de adquisición (NIC 7 & Sección 7.2).

- ✓ Caja moneda funcional
- ✓ Caja (moneda extranjera)
- ✓ Efectivo en tránsito
- ✓ Banco (moneda funcional)
- ✓ Banco (moneda extranjera)
- ✓ Fondo fijo / caja chica
- ✓ Depósitos a plazo (vencimiento menor a 90 días)
- ✓ Fondos Mutuos (vencimiento menor a 90 días)

	Efectivo y equivalente al efectivo	Monto
	Banco Santander	40.000.000
	Caja	50.000.000
(b)	Banco Chile moneda extranjera	50.000.000
	Banco Estado	60.000.000
(a)	Caja moneda extranjera	60.000.000
(c)	Depósitos a plazo vencimiento 30 días	700.000.000
Totales		960.000.000

Monedas	Cotizaciones al				
	31.12.2019	31.10.2020	31.11.2020	31.12.2020	31.12.2021
Dólar	620,52	610,15	690,45	690,54	650,45
Euro	750,69	690,56	750,56	780,36	790,58

Colegio de Contadores y Auditores S.A. Auditoría al 31 de diciembre de 2020		E1
Programa de trabajo **Efectivo y equivalente de efectivo**	Preparado por:	VHL
	Fecha:	20.02.2021
	Revisado por:	CFR
	Fecha:	10.03.2021

Tratamientos de las diferencias de cambio (NIC 21 & Sección 30)

Una transacción en moneda extranjera deberá ser registrada inicialmente en la moneda funcional de la entidad utilizando el tipo de cambio SPOT, o contado (observado) a la fecha de la transacción (NIC 21, p21 & sección 30.7).

Al final de cada período sobre el que se informa, las partidas monetarias en moneda extranjera se convertirán utilizando la tasa de cambio de cierre.

Moneda	**Cantidad**	**Valor 31.12.2020**	**Total**
Euro	50.000	780,36	39.018.000
Dólar	50.000	690,54	34.527.000
Total			73.545.000

Moneda extranjera	**31.12.2020**	**Auditoría**	**Ajuste**
Caja	60.000.000	73.545.000	13.545.000

Cuenta	**Detalle**	**Debe**	**Haber**
	--------------- 1 ----------------		
Activo	Caja moneda extranjera	13.545.000	
Ganancia	Diferencia de cambio		13.545.000
	R: Ajuste según NIC 21 moneda extranjera, tipo de cambio Spot al 31.12.2020		

Aprobación

Carlos Filgueira Ramos	10.03.2021	Víctor Hugo Lindsay	20.02.2021
Socio a cargo	Fecha	Supervisor a cargo	Fecha
Julieta Filgueira Ulloa	10.02.2021		
Auditor a cargo	Fecha		

Colegio de Contadores y Auditores S.A. Auditoría al 31 de diciembre de 2020		E1
Programa de trabajo **Efectivo y equivalente de efectivo**	Preparado por:	VHL
	Fecha:	20.02.2022
	Revisado por:	CFR
	Fecha:	10.03.2021

✓ Detalle caja moneda extranjera al 31.12.2021

Moneda	Cantidad	Valor 31.12.2020	Total
Euro	50.000	790,58	39.529.000
Dólar	50.000	650,45	32.522.500
Total			72.051.500

Moneda extranjera	31.12.2020	31.12.2021	Ajuste
Euro	39.018.000	39.529.000	511.000
Dólar	34.527.000	32.522.500	(2.004.500)

Cuenta		Detalle	Debe	Haber
		---------------- 1 ----------------		
Activo	Caja moneda extranjera		511.000	
Ganancia		Diferencia de cambio		511.000
Activo	Caja moneda extranjera			2.004.500
Pérdida		Diferencia de cambio	2.004.500	
	R: Ajuste según NIC 21 moneda extranjera, tipo de cambio Spot al 31.12.2021			

Aprobación

Carlos Filgueira Ramos	10.03.2021	Víctor Hugo Lindsay	20.02.2021
Socio a cargo	Fecha	Supervisor a cargo	Fecha
Julieta Filgueira Ulloa	10.02.2021		
Auditor a cargo	Fecha		

Colegio de Contadores y Auditores S.A. Auditoría al 31 de diciembre de 2020		E1
Programa de trabajo **Efectivo y equivalente de efectivo**	Preparado por:	VHL
	Fecha:	20.02.2021
	Revisado por:	CFR
	Fecha:	10.03.2021

Tratamientos de las diferencias de cambio (NIC 21 & sección 30)

Una transacción en moneda extranjera deberá ser registrada inicialmente en la moneda funcional de la entidad utilizando el tipo de cambio SPOT, o contado (observado) a la fecha de la transacción (NIC 21, p21 & sección 30.7).

Al final de cada período sobre el que se informa, las partidas monetarias en moneda extranjera se convertirán utilizando la tasa de cambio de cierre.

Moneda	Cantidad	Valor 31.12.2020	Total
Euro	64.300	780,36	50.177.148
Total			50.177.148

Moneda extranjera	31.12.2020	Auditoría	Ajuste
Banco Chile	50.000.000	50.177.148	177.148

Cuenta	Detalle	Debe	Haber
	-------------- 2 ----------------		
Activo	Banco Chile moneda extranjera	177.148	
Ganancia	Diferencia de cambio		177.148
	R: Ajuste según NIC 21 moneda extranjera, tipo de cambio Spot al 31.12.2020		

Aprobación

Carlos Filgueira Ramos	10.03.2021	Víctor Hugo Lindsay	20.02.2021
Socio a cargo	Fecha	Supervisor a cargo	Fecha
Julieta Filgueira Ulloa	10.02.2021		
Auditor a cargo	Fecha		

Colegio de Contadores y Auditores S.A. Auditoría al 31 de diciembre de 2020		E1
	Preparado por:	VHL
Programa de trabajo **Efectivo y equivalente de efectivo**	Fecha:	20.02.2022
	Revisado por:	CFR
	Fecha:	10.03.2022

✓ Detalle banco moneda extranjera al 31.12.2021

Moneda	Cantidad	Valor 31.12.2021	Total
Euro	64.300	790,58	50.834.294
Total			50.834.294

Banco de Chile	31.12.2020	31.12.2021	Ajuste
Euro	50.177.148	50.834.294	657.146

Cuenta	Detalle	Debe	Haber
	-------------- 2 ----------------		
Activo	Banco Chile moneda extranjera	657.146	
Ganancia	Diferencia de cambio		657.146
	R: Ajuste según NIC 21 moneda extranjera, tipo de cambio Spot al 31.12.2021		

Aprobación

Carlos Filgueira Ramos	10.03.2022	Víctor Hugo Lindsay	20.02.2022
Socio a cargo	Fecha	Supervisor a cargo	Fecha
Julieta Filgueira Ulloa	10.02.2022		
Auditor a cargo	Fecha		

Colegio de Contadores y Auditores S.A. Auditoría al 31 de diciembre de 2020		E1
Programa de trabajo **Efectivo y equivalente de efectivo**	Preparado por:	VHL
	Fecha:	20.02.2021
	Revisado por:	CFR
	Fecha:	10.03.2021

Los depósitos a plazo deberán medirse a valor razonable con cambios en resultado, ya que son las condiciones contractuales del activo financiero y dan lugar, en fechas específicas, a flujos de efectivo que son únicamente pagos del principal e intereses sobre el importe del principal pendiente (NIIF 9, p4.1.2A, (b)).

Depósitos a plazo	Monto	Tomado	Vencimiento	Interés anual
Banco BCI 30 días	400.000.000	20.12.2020	20.01.2021	5%
Banco Santander 30 días	300.000.000	10.12.2020	10.01.2021	15%
Total	700.000.000			

NIIF 7 obliga revelar cuál es la tasa mensual y nominal.

Tasa mensual = ((1 + interés) ^ (1/12)) - 1

Tasa mensual (15%) = ((1,15) ^ (1/12)) – 1 = 0,0117 / 1,17 %

Tasa mensual (5%) = ((1,05) ^ (1/12)) – 1 = 0,0041 / 0,41 %

Depósitos a plazo	Monto	Días devengados	Valor mensual	Interés devengado
Banco BCI 30 días	400.000.000	11	1.640.000	601.337
Banco Santander 30 días	300.000.000	21	3.510.000	2.457.000
Total	700.000.000			

400.000.000 x 0,0041 = 1.640.000 / 30 = 54.667 X 11 = 601.337

300.000.000 x 0,0117 = 3.510.000 / 30 = 117.000 x 21 = 2.457.000

Depósito a plazo	31.12.2020	Auditoría	Ajuste
BCI	400.000.000	400.601.337	601.337
Santander	300.000.000	302.457.000	2.457.000

Cuenta	Detalle	Debe	Haber
	-------------- 3 ----------------		
Activo	Depósitos a plazo	511.000	
Ganancia	Ganancia valor razonable		3.058.337
	Ajuste de valor razonable de los depósitos a plazo, registrando el devengamiento de los intereses		

Otros activos financieros

Incluye inversiones en instrumentos financieros, cuya tenencia responde a la intención de obtener ganancias en el corto plazo (mantenidas para negociación), y las que han sido designadas específicamente como disponibles para la venta.

Estos instrumentos financieros se valorizan a valor razonable.

- ✓ Depósitos a plazo (mayor a 90 días y menos a un año).
- ✓ Fondos mutuos (mayor a 90 días y menos a un año).
- ✓ *Forward.*
- ✓ *Swaps.*
- ✓ Inversiones disponibles para la venta.
- ✓ Inversiones para negociar.

Otros activos financieros	Monto
(a) Inversiones disponibles para la venta	140.000.000
(b) Inversiones para negociar	200.000.000
(c) Forward USD	50.540.000
(d) Swap de valor razonable	10.000.000
Cuota de Fondos Mutuos 180 días	280.000.000
Totales	680.540.000

Colegio de Contadores y Auditores S.A. Auditoría al 31 de diciembre de 2020		L1
Programa de trabajo **Inversiones y flujos relacionados**	Preparado por:	VHL
	Fecha:	20.02.2021
	Revisado por:	CFR
	Fecha:	10.03.2021

Valor razonable (NIIF 13)

"…el precio que sería recibido por vender un activo o pagado por transferir un pasivo en una transacción ordenada entre participantes del mercado en la fecha de medición".

Se supone que el valor razonable puede determinarse prácticamente en todos los casos. Los precios de los instrumentos financieros pueden encontrarse listados en distintos mercados.

Clasificación de activos financieros

Las NIIF establece tres categorías para los activos financieros:

Negociación	Costo amortizado (se clasifican en otros activos no financieros no corrientes)
Disponible para la venta	(*) Inversiones mantenidas al vencimiento

Los criterios de reconocimiento y medida difieren para cada una de las categorías mencionadas. La clasificación depende de la intención.

(*) Las inversiones mantenidas al vencimiento se eliminan en la actualización de la NIIF y pasan a tratarse como inversiones medidas al costo amortizado.

Principios clave del valor razonable

Establece los principios para determinar el valor razonable de instrumentos financieros, refiriéndose a tres categorías:

Niveles de jerarquía	
1. Mercado activo	Precios cotizados y tasas cotizadas
2. Mercado no activo	Sin cotización de mercado / uso de técnicas de valorización (como el traspaso de contabilidad nacional a internacional)
3. Mercado no activo	Sin cotización de mercado y valorizados al costo amortizado (por lo general, inversiones en contabilidad nacional)

Inversiones para negociar

Mantenidos para negociación: en el caso de haber sido adquiridos con la finalidad de ser vendidos en el corto plazo.

Esta designación, una vez elegida, es irrevocable. El activo financiero debe ser mantenido en esta categoría hasta que es vendido, su madurez o su extinción	
Tratamiento	Aumento o disminución se reconocen en el resultado del ejercicio
Efecto EEFF	Valor razonable
Cotización	Mercados activos
Comisiones	Gasto cuando se adquieren

2.b) Inversiones para negociar

El 15 de diciembre de 2020, se compran acciones del Real Madrid y Barcelona para negociar.

Inversión	Comisiones de adquisición	Costo de adquisición 15.12.2020	Valor bolsa de valores 31.12.2020
Acciones Real Madrid	40.000.000	80.000.000	120.000.000
Acciones Barcelona	30.000.000	120.000.000	100.000.000
		200.000.000	220.000.000

Cuenta	Detalle	Debe	Haber
	-------------- 15.12.2020 ----------------		
Activo	Inversiones para negociar	200.000.000	
Gasto	Comisiones	70.000.000	
Pasivo	Cuentas por pagar		270.000.000
	R: Adquisición inversiones para negociar al 15.12.2020		

Cuenta	Detalle	Debe	Haber
	-------------- 31.12.2020 ----------------		
Activo	Inversiones para negociar	40.000.000	
Ganancia	Ganancia valor razonable		40.000.000
Activo	Inversiones para negociar		20.000.000
Gasto	Pérdida valor razonable	20.000.000	
	R: Actualización a valor razonable, según mercados activos (bolsa de valores)		

Inversiones	31.12.2020	Auditoría	Ajuste
Para negociar	200.000.000	220.000.000	20.000.000

Cuenta	Detalle	Debe	Haber
	-------------- 4 ----------------		
Activo	Inversiones para negociar	20.000.000	
Ganancia	Ganancia valor razonable		20.000.000
	R: Ajuste de auditoría reconocimiento de inversión para negociar a valor razonable al 31.12.2020		

Inversiones disponibles para la venta

Corresponde a activos financieros que no se clasifican como de negociación ni como mantenidos hasta el vencimiento.

Se puede cambiar y dejarlos a vencimiento si la administración lo determina

Tratamiento	⇒	Aumento o disminución se reconocen en otras reservas
Efecto EEFF	⇒	Valor razonable
Cotización	⇒	Mercados activos
Comisiones	⇒	Aumento de la inversión

2.a) Inversiones disponibles para la venta

El 10 de diciembre de 2020, se compran acciones de Blanco y Negro y de Azul Azul, con la intención de mantenerlas para la venta.

Inversión	Comisiones de adquisición	Costo de adquisición 10.12.2020	Valor bolsa de valores 31.12.2020
Acciones Blanco y Negro	25.000.000	100.000.000	115.000.000
Acciones Azul Azul	5.000.000	40.000.000	42.000.000
		140.000.000	157.000.000

Cuenta	Detalle	Debe	Haber
	-------------- 10.12.2020 ----------------		
Activo	Inversiones disponibles para la venta	140.000.000	
Activo	Inversiones disponibles para la venta	30.000.000	
Pasivo	Cuentas por pagar		170.000.000
	R: Adquisición inversiones para negociar al 10.12.2020		

Cuenta	Detalle	Debe	Haber
	-------------- 31.12.2020 ----------------		
Patrimonio	Otras reservas	13.000.000	
Activo	Inversiones disponibles para la venta		13.000.000
	R: Actualización a valor razonable, según mercados activos (bolsa de valores)		

Inversiones	31.12.2020	Auditoría	Ajuste
Disponibles para la venta	140.000.000	157.000.000	17.000.000
Otras reservas		13.000.000	13.000.000

Cuenta	Detalle	Debe	Haber
	--------------- 5 -----------------		
Activo	Inversiones disponibles para la venta	17.000.000	
Patrimonio	Otras reservas	13.000.000	
Gasto	Comisiones		30.000.000
	R: Ajuste de auditoría de inversión disponible para la venta		

2.b) Forward USD

El Colegio de Contadores de Chile A.G., al 30.10.2020, acuerda con el Banco Santander al cabo de seis meses intercambiar monedas fijado en un contrato, en lo cual se señala lo siguiente:

El Colegio de Contadores de Chile A.G. comprará USD 1.000.000 al banco por un tipo de cambio de $640 al 30.04.2021, el cual se liquidará en esa fecha.

El balance tiene una cuenta en el activo por *forward* de 50.540.000.

Mes	Valor futuro al 30.04.2021 dólar
31.10.2020	640,00
30.11.2020	700,10
21.12.2020	715,15

Mes	Valor futuro al 30.04.2021 dólar
31.01.2021	690,23
28.02.2021	670,34
31.03.2021	657,20

✓ Forward

Acuerdo mediante el cual el comprador se compromete a comprar una determinada cantidad de un activo a un precio fijado de antemano y a una fecha futura estipulada en el momento del acuerdo; por su parte, el vendedor se compromete a entregar el activo en dicha fecha futura.

Características del contrato

- ✓ No exige ningún desembolso inicial.
- ✓ Al vencimiento del contrato hay flujos monetarios, derivados de la entrega del activo o de la liquidación por diferencias.
- ✓ El riesgo de contraparte suele ser elevado como consecuencia de la inexistencia de una cámara compensadora.

Detalle	Pactado	Valor futuro	Diferencia	Valor forward
30.10.2020	640,00	640,00	-	-
30.11.2020	640,00	700,10	60,10	60.100.000
30.12.2020	640,00	715,15	15,05	15.050.000

Cuenta	Detalle	Debe	Haber
	---------- 30.11.2020 ----------		
Activo	Forward	60.100.000	
Resultado	Ganancia valor razonable		60.100.000
	R: Ajuste de forward a valor razonable según el valor futuro de 700,10		

Cuenta	Detalle	Debe	Haber
	-------------- 31.12.2020 ----------------		
Activo	Forward	15.050.000	
Resultado	Ganancia valor razonable		15.050.000
	R: Ajuste de forward a valor razonable según el valor futuro de 715,15		

Forward	**31.12.2020**	**Auditoría**	**Ajuste**
Forward	50.540.000	75.150.000	24.610.000

Cuenta	Detalle	Debe	Haber
	------------------ 6 -------------------		
Activo	Forward	24.610.000	
Ganancia	Ganancia valor razonable		24.610.000
	R: Ajuste de auditoría del forward, por contabilización a valor razonable según valor dólar al vencimiento		

✓ Reconocimiento posterior *forward*

Detalle	Pactado	Valor futuro	Diferencia	Valor forward
31.12.2020	640,00	715,15	-	-
31.01.2021	640,00	690,23	(24,92)	(24.920.000)
28.02.2021	640,00	670,34	(19,89)	(19.890.000)
31.03.2021	640,00	657,20	(13,14)	(13.140.000)
30.04.2021	640,00	660,00	2,80	2.800.000

	Forward		
31.12.2020	75.150.000	24.920.000	31.01.2021
30.04.2021	2.800.000	19.890.000	28.02.2021
		13.140.000	31.03.2021
	77.950.000	57.950.000	
	S.D.	20.000.000	

✓ Dos opciones para liquidar o reconocer el *forward* en alguna transacción

Cuenta	Detalle	Debe	Haber
	------------- opción 1 ----------------		
Activo	Banco (USD 1.000.000)	660.000.000	
Activo	Banco (contrato forward)		640.000.000
Activo	Forward		20.000.000
	R: Mes a mes se contabilizó el valor razonable del forward; al vencimiento se deben desarrollar los traspasos de los flujos monetarios, por parte de la entidad y el banco		

Cuenta	Detalle	Debe	Haber
	------------- opción 2 ----------------		
Activo	Banco	20.000.000	
Activo	Forward		20.000.000
	R: Se contabiliza la liquidación del forward por parte del banco, entregando el diferencial que se ganó en la transacción		

✓ Coberturas

Ejemplos de instrumentos derivados que pueden ser designados como instrumentos de cobertura:

- ✓ Futuros (*commodities*)
- ✓ *Forward* (moneda)
- ✓ *Swaps* (moneda y tasa)
- ✓ Opciones (tasa)

Un activo o pasivo financiero que no sea derivado solo puede designarse como instrumento de cobertura en el caso que sea una cobertura de riesgo de moneda extranjera

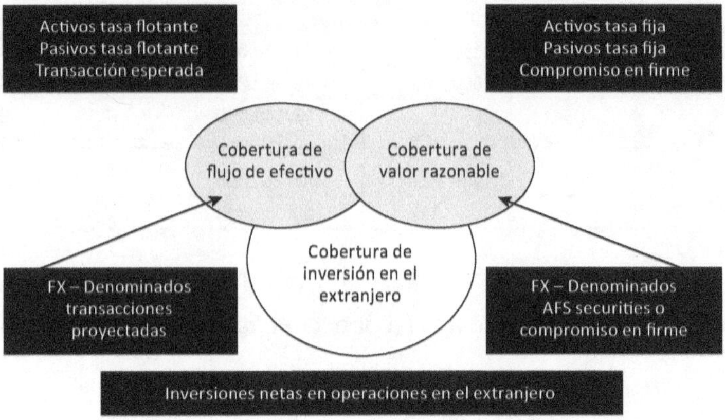

✓ *Coberturas de valor razonable (NIIF 9):*

Una cobertura de valor razonable es una cobertura a la variabilidad que pueda tener el valor razonable de un activo o pasivo que se encuentra reconocido en el balance o un compromiso en firme no reconocido previamente por la empresa.

✓ *Coberturas de flujo de efectivo (NIIF 9):*

Una cobertura de flujo de efectivo es una cobertura de la exposición a la variabilidad de los flujos que:

- ✓ Es atribuida a un riesgo asociado con el reconocimiento de un activo o pasivo (como todos o algunos de los pagos de los intereses futuros sobre intereses de deuda variable) o una transacción altamente probable.
- ✓ Afecta las pérdidas y ganancias.

Una cobertura de flujo de efectivo podría ser una cobertura de pago de interés variable sobre un instrumento de deuda, o la variabilidad en los futuros desembolsos de dinero sobre una transacción esperada para comprar existencias en una moneda extranjera.

2.c) Swap de valor razonable

Al 30 de junio de 2020, el Colegio de Contadores de Chile A.G. emite una deuda por 100.000.000, con el Banco Santander, a un tipo de interés fijo del 7 % semestral por dos años, pagadero cada seis meses.

Se pretende cubrir el valor del pasivo por lo que contrata un *swap* con el Banco Estado (de tasa fija a variable). El Colegio de Contadores de Chile A.G. está expuesto a tipos variables. A medida que fluctúa el mercado, el valor de la deuda a tipo fijo y del *swap* fluctúa en direcciones opuestas.

Se mantiene un pasivo en el balance denominado "Obligación Banco Santander" por $ 100.000.000".

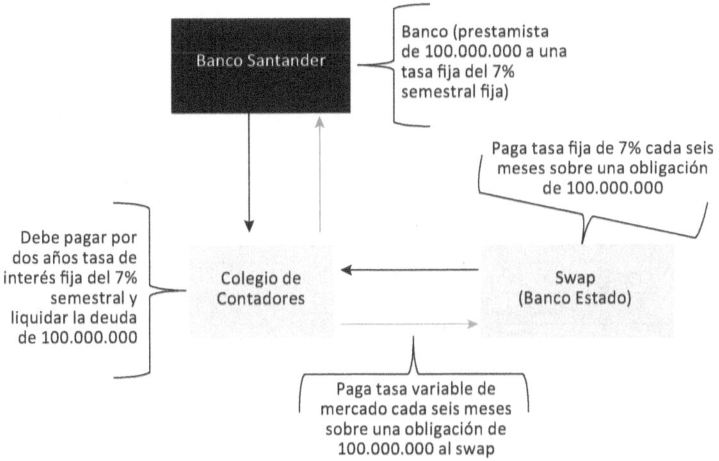

- Al 30 de junio de 2020, el Colegio de Contadores de Chile emite una deuda por 100.000.000 con el Banco Santander

Cuenta	Detalle	Debe	Haber
	------------ 30.06.2020 ------------		
Activo	Banco	100.000.000	
Pasivo	Obligación Banco Santander		100.000.000
	R: Reconocimiento de la obligación		

- El 31 de diciembre de 2020, se devenga el primer vencimiento, donde se debe pagar el 7 % sobre 100.000.000 al Banco Santander y registrar la diferencia por la tasa de interés variable pactada con el Banco Estado en la cobertura.

Cuenta	Detalle	Debe	Haber
	------------ 31.12.2020 ------------		
Gasto	Intereses	10.000.000	
Activo	Banco Santander (obligación)		7.000.000
Activo	Banco Estado (swap)		3.000.000

✓ Se debe actualizar la cobertura y la partida cubierta.

Detalle	Vencimiento	Tasa de interés	Tasa contrato	Valor
Banco Santander (obligación)	4	7%	28%	28.000.000
Banco Estado (swap)	4	10%	40%	40.000.000
		Neto		(12.000.000)

En el mes de diciembre, ya se pagó al Banco Estado (*swap*) 3.000.000, por lo cual la cobertura y la partida cubierta se deben actualizar por la diferencia (12.000.000 – 3.000.000 = 9.000.000).

Cuenta	Detalle	Debe	Haber
	------------- 31.12.2020 -------------		
Gasto	Pérdida valor razonable	9.000.000	
Pasivo	Swap de valor razonable		9.000.000
Pasivo	Obligaciones Banco Santander	9.000.000	
Ganancia	Ganancia valor razonable		9.000.000

Cobertura	31.12.2020	Auditoría	Ajuste
Swap	10.000.000	(9.000.000)	19.000.000
Obligaciones	100.000.000	91.000.000	9.000.000

Cuenta	Detalle	Debe	Haber
	------------------- 7 -------------------		
Pasivo	Obligaciones Banco Santander	9.000.000	
Activo	Swap de valor razonable		19.000.000
Pérdida	Intereses por obligaciones	10.000.000	
	R: Ajuste de auditoría del swap y obligaciones		

✓ Reconocimiento posterior *swap*.

✓ El 30 de junio de 2021, se devenga el segundo vencimiento, donde se debe pagar el 7 % sobre 100.000.000 al Banco Santander y registrar la diferencia por la tasa de interés variable (8 %) pactada con el Banco Estado en la cobertura.

Cuenta	Detalle	Debe	Haber
	------- 30.06.2021 --------		
Gasto	Intereses	8.000.000	
Activo	Banco Santander (obligación)		7.000.000
Activo	Banco Estado (swap)		1.000.000

✓ Se debe actualizar la cobertura y la partida cubierta

Detalle	Vencimiento	Tasa de interés	Tasa contrato	Valor
Banco Santander (obligación)	3	7%	21%	21.000.000
Banco Estado (swap)	3	8%	24%	24.000.000
		Neto		(3.000.000)

En el mes de junio, ya se pagó al Banco Estado (*swap*) 1.000.000, por lo cual la cobertura y la partida cubierta se deben actualizar por la diferencia (3.000.000 – 1.000.000 = 2.000.000).

Swap	
7.000.000	9.000.000
2.000.000	S.A.

Cuenta	Detalle	Debe	Haber
	------------- 30.06.2021 -------------		
Activo	Swap de valor razonable	7.000.000	
Ganancia	Ganancia valor razonable		7.000.000
Pérdida	Pérdida valor razonable	7.000.000	
Pasivo	Obligaciones Banco Santander		7.000.000

El 31 de diciembre de 2021, se devenga el tercer vencimiento, donde se debe pagar el 7% sobre 100.000.000 al Banco Santander y registrar la diferencia por la tasa de interés variable (6%) pactada con el Banco Estado en la cobertura

Cuenta	Detalle	Debe	Haber
	------- 31.12.2021 --------		
Gasto	Intereses	6.000.000	
Activo	Banco Estado (swap)	1.000.000	
Activo	Banco Santander (obligación)		7.000.000

✓ Se debe actualizar la cobertura y la partida cubierta

Detalle	Vencimiento	Tasa de interés	Tasa contrato	Valor
Banco Santander (obligación)	2	7%	14%	14.000.000
Banco Estado (swap)	2	6%	12%	12.000.000
		Neto		2.000.000

En el mes de diciembre, el Banco Estado (*swap*) canceló 1.000.000, por lo cual la cobertura y la partida cubierta se deben actualizar por la diferencia (2.000.000 – 1.000.000 = 1.000.000).

Swap	
7.000.000	9.000.000
3.000.000	
S.D.	1.000.000

Cuenta	Detalle	Debe	Haber
	------------ 31.12.2021 ------------		
Activo	Swap de valor razonable	3.000.000	
Ganancia	Ganancia valor razonable		3.000.000
Pérdida	Pérdida valor razonable	3.000.000	
Pasivo	Obligaciones Banco Santander		3.000.000

- ✓ El 30 de junio de 2022, se devenga el ultimo vencimiento, donde se debe pagar el 7 % sobre 100.000.000 al Banco Santander y, en este caso, no hay diferencia con respecto al interés variable (7 %)

Cuenta	Detalle	Debe	Haber
	------- 30.06.2022 --------		
Gasto	Intereses	7.000.000	
Activo	Banco Santander (obligación)		7.000.000

Cuenta	Detalle	Debe	Haber
	------------ 30.06.2022 ------------		
Pasivo	Obligaciones Banco Santander	1.000.000	
Activo	Swap de valor razonable		1.000.000
Pasivo	Obligaciones Banco Santander	100.000.000	
Activo	Banco		100.000.000

Aprobación

Carlos Filgueira Ramos	10.03.2022	Víctor Hugo Lindsay	20.02.2022
Socio a cargo	Fecha	Supervisor a cargo	Fecha
Julieta Filgueira Ulloa	10.02.2022		
Auditor a cargo	Fecha		

Otros activos no financieros

Se incluyen los servicios adquiridos amortizables durante el período pactado para recibirlos; generalmente se consideran activos corrientes y corresponde a gastos anticipados.

En el no corriente: se incluyen los servicios adquiridos amortizables durante el período pactado para recibirlos y corresponde a gastos anticipados que son amortizables en un período superior a un año; también se incluyen inversiones que se midan al costo amortizado, las cuales formarán parte del no corriente.

- ✓ Seguros anticipados
- ✓ Servicios publicitarios
- ✓ Garantía de arriendos
- ✓ Arriendos anticipados
- ✓ Gastos pagados por anticipado
- ✓ Boleta en garantía
- ✓ Gasto de remodelación
- ✓ Inversiones al costo amortizado

Otros activos no financieros	Monto
Garantías otorgadas	3.000.000
Gastos anticipados – telefonía celular	4.000.000
Gastos anticipados – telefonía fija	5.000.000
Gastos anticipados – acceso a Internet	5.000.000
Gastos anticipados – correo	10.000.000
Gastos anticipados – arriendo de terreno	50.000.000
Gastos anticipados por otros arriendos	50.000.000
Gastos anticipados por arriendo de edificios	60.000.000
Totales	187.000.000

Se debe diferenciar entre gastos anticipados y cargos diferidos

Gastos anticipados	Cargo diferido
Servicios adquiridos amortizables durante el período pactado para recibirlos	Bienes o servicios amortizables durante un tiempo estimado de recuperación de la erogación o de obtención de los beneficios esperados
El tiempo de amortización es exacto y está establecido contractualmente	El tiempo de amortización no es exacto, es estimado y como tal puede amortizarse en el tiempo estimado, o acelerarse o prolongarse prospectivamente
Se amortiza por línea recta, siendo su valor constante o fijo durante su vigencia	Su amortización puede hacerse en forma lineal, por suma de los dígitos de los años estimados de amortización en el tiempo
Según norma internacional, se clasifica en el rubro otros activos no financieros	Según NIC 1 es un gasto

Deudores comerciales y otras cuentas por cobrar

Activos financieros no derivados cuyos cobros son fijos o determinables, que no se negocian en un mercado activo, y que son distintos de aquellos clasificados como mantenidos para negociar o de aquellos que la entidad en el momento del reconocimiento inicial los haya designado para su contabilización al valor razonable con cambios en resultados o como disponibles para la venta.

- ✓ Clientes
- ✓ Facturas por cobrar
- ✓ Boletas por cobrar
- ✓ Letras por cobrar
- ✓ Documentos financieros por cobrar
- ✓ Cobranza bancaria
- ✓ Deudores varios
- ✓ Documentos protestados
- ✓ Préstamos por cobrar
- ✓ Intereses y dividendos por cobrar
- ✓ Préstamos por cobrar personal
- ✓ IVA crédito fiscal
- ✓ Anticipo de clientes
- ✓ Deterioro clientes
- ✓ Deterioro facturas por cobrar

- Deterioros deudores varios
- Ingresos diferidos

Otros activos no financieros	Monto
(a) Documentos protestados	30.000.000
Fondos por rendir	40.000.000
(a) Cuentas por cobrar	40.000.000
(a) Documentos por cobrar	50.000.000
(b) Préstamos por cambio de residencia	124.000.000
(a) Deudores	270.210.000
(a) Deterioro acumulado de cuentas por cobrar	(39.021.000)
Anticipo de deudores	(20.000.000)
Totales	495.189.000

Colegio de Contadores y Auditores S.A. Auditoría al 31 de diciembre de 2020		F1
Programa de trabajo **Cuentas por cobrar y ventas**	Preparado por:	JFZ
	Fecha:	10.01.2021
	Revisado por:	CFR
	Fecha:	20.02.2021

Deterioro de cuentas por cobrar

Sección 11,21 **NIIF 9**
• El deterioro debe medirse: en cada fecha de cierre de estados financieros • La pérdida se ha incurrido si y solo si existe evidencia objetiva del deterioro como resultado de uno o más acontecimientos que han ocurrido desde el registro inicial y estos afectan a los flujos futuros que pueden estimarse con fiabilidad • Las pérdidas esperadas de hechos futuros se podrán deteriorar

Norma tributaria
• Para los efectos de determinar la renta líquida imponible de las empresas, cuando dicho monto esté rebajando la utilidad del balance, deberá ser agregado para los efectos tributarios, por cuanto se trata de una simple cuantificación de hechos no producidos y por ello eventuales y que la ley de la renta no acepta deducir como gasto (SII, circular N°24 del 24 de abril del 2008)

Una entidad debe seleccionar su política contable para cuentas por cobrar comerciales en función del deterioro.

El reconocimiento del deterioro de cuentas por cobrar se genera según la siguiente política contable: deuda por vencer un 2 %, deuda menor a 90 días un 5 %, deuda entre 90 y 180 días un 20 %, deuda entre 181 y 365 un 50 % y más de 365 días un 100 %.

Para reflejar un comportamiento de nuestro deterioro y el desempeño de nuestra matriz de riesgo es necesario tomar en consideración una tasa de recuperación histórica de tres años consecutivos medidos en relación a períodos terminados y comparar la matriz de un período versus otro.

Para obtener tres tasas de recuperación, debemos tener cuatro cierres contables.

Deterioro cuentas por cobrar 2017 (sección 11.21 & NIIF 9)

Política contable, deuda por vencer un 2 %, deuda menor a 90 días un 5 %, deuda entre 90 y 180 días un 20 %, deuda entre 181 y 365 un 50 % y más de 365 días un 100 %.

✓ Matriz de riesgo año 2017:

Vencimiento	ID	Saldo al 31.12.2017	%	ID	Saldo al 31.12.2017
30/10/2017	1.422.532	11.200.000	5	1.422.532	560.000
30/10/2017	1.771.044	11.300.000	5	1.771.044	565.000
30/09/2017	4.913.994	11.400.000	20	4.913.994	2.280.000
30/10/2016	5.712.849	11.350.000	100	5.712.849	11.350.000
20/08/2016	77.113.090	11.300.000	100	77.113.090	11.300.000
20/08/2017	77.148.040	11.400.000	20	77.148.040	2.280.000
25/12/2016	78.370.090	12.350.000	100	78.370.090	12.350.000
30/12/2016	78.197.490	114.040.000	100	78.197.490	114.040.000
30/12/2016	8.637.441	11.120.000	100	8.637.441	11.120.000
30/10/2018	90.703.000	12.600.000	2	90.703.000	252.000
30/10/2018	96.869.690	13.300.000	2	96.869.690	266.000
Total 2017		231.360.000		Total	166.363.000

✓ Matriz de riesgo año 2018:

Vencimiento	ID	Saldo al 31.12.2018	%	ID	Saldo al 31.12.2018
30/10/2018	1.422.532	11.000.000	5	1.422.532	550.000
30/10/2018	4.744.109	13.200.000	5	4.744.109	660.000
30/09/2018	4.913.994	11.150.000	20	4.913.994	2.230.000
30/10/2017	77.113.090	11.200.000	100	77.113.090	11.200.000
20/08/2017	8.637.441	12.120.000	100	8.637.441	12.120.000
20/08/2018	78.197.490	112.000.000	20	78.197.490	22.400.000
25/12/2017	90.635.000	13.280.000	100	90.635.000	13.280.000
30/12/2017	90.703.000	13.300.000	100	90.703.000	13.300.000
30/12/2017	96.869.690	11.120.000	100	96.869.690	11.120.000
30/10/2019	92.580.000	11.560.000	2	92.580.000	231.200
30/10/2019	93.666.000	11.240.000	2	93.666.000	224.800
Total 2018		231.170.000		Total	87.316.000

✓ Matriz de riesgo año 2019:

Vencimiento	ID	Saldo al 31.12.2019	%	ID	Saldo al 31.12.2019
30/12/2018	1.422.532	1.170.000	100	1.422.532	1.170.000
25/05/2019	4.913.994	111.150.000	50	4.913.994	55.575.000
30/09/2018	5.398.705	1.200.000	100	5.398.705	1.200.000
20/08/2018	6.868.560	1.250.000	100	6.868.560	1.250.000
30/12/2018	76.563.090	1.500.000	100	76.563.090	1.500.000
25/05/2019	77.113.090	1.100.000	50	77.113.090	550.000
25/05/2019	78.197.490	111.100.000	50	78.197.490	55.550.000
30/10/2018	78.370.090	112.350.000	100	78.370.090	112.350.000
30/10/2019	78.536.950	14.400.000	5	78.536.950	720.000
30/10/2020	8.637.441	12.120.000	2	8.637.441	242.400
30/10/2020	82.623.500	1.540.000	2	82.623.500	30.800
Total 2019		368.880.000		Total	230.138.200

✓ Matriz de riesgo año 2020:

Vencimiento	ID	Saldo al 31.12.2020	%	ID	Saldo al 31.12.2020
30/12/2019	1.422.532	170.000	100	1.422.532	170.000
30/09/2019	4.913.994	15.100.000	100	4.913.994	15.100.000
30/04/2020	53.003.850	11.500.000	50	53.003.850	5.750.000
30/04/2020	6.874.129	1.350.000	50	6.874.129	675.000
30/04/2020	76.563.090	11.300.000	50	76.563.090	5.650.000
20/08/2019	77.113.090	1.550.000	100	77.113.090	1.550.000
20/08/2019	77.148.040	11.840.000	100	77.148.040	11.840.000
25/12/2019	78.370.090	111.300.000	100	78.370.090	111.300.000
30/08/2020	90.635.000	1.100.000	20	90.635.000	220.000
30/12/2021	78.197.490	112.440.000	2	78.197.490	2.248.000
30/08/2021	92.580.000	112.560.000	2	92.580.000	2.251.200
Total 2020		390.210.000		Total	156.755.000

✓ Tasa de recuperación 1:

ID	Saldo al 31.12.2017	ID	Saldo al 31.12.2018	Recuperación
1.422.532	560.000	1.422.532	550.000	10.000
1.771.044	565.000			565.000
		4.744.109	660.000	-
4.913.994	2.280.000	4.913.994	2.230.000	50.000
5.712.849	11.350.000			11.350.000
77.113.090	11.300.000	77.113.090	11.200.000	100.000
77.148.040	2.280.000			2.280.000
78.370.090	12.350.000			12.350.000
78.197.490	114.040.000	78.197.490	22.400.000	91.640.000
8.637.441	11.120.000	8.637.441	12.120.000	-
		90.635.000	13.280.000	-
90.703.000 252.000		90.703.000	13.300.000	-
		92.580.000	231.200	-
		93.666.000	224.800	-
96.869.690	266.000	96.869.690	11.120.000	-
Totales	166.363.000	Totales	87.316.000	118.435.000

Tasa de recuperación 1 = 118.345.000 / 166.363.000 = 71,14 %.

✓ Tasa de recuperación 2:

ID	Saldo al 31.12.2018	ID	Saldo al 31.12.2019	Recuperación
1.422.532	550.000	1.422.532	1.170.000	-
4.744.109	660.000			660.000
4.913.994	2.230.000	4.913.994	55.575.000	-
		5.398.705	1.200.000	-
		6.868.560	1.250.000	-
		76.563.090	1.500.000	-
77.113.090	11.200.000	77.113.090	550.000	10.650.000
78.197.490	22.400.000	78.197.490	55.550.000	-
		78.370.090	112.350.000	-
		78.536.950	720.000	-
8.637.441	12.120.000	8.637.441	242.400	11.877.600
		82.623.500	30.800	-
90.635.000	13.280.000			13.280.000
90.703.000	13.300.000			13.300.000
92.580.000	231.200			231.200
93.666.000	224.800			224.800
96.869.690	11.120.000			11.120.000
Totales	87.316.000	Totales	230.138.200	61.343.600

Tasa de recuperación 2 = 61.343.600 / 87.316.000 = 70,26 %.

✓ Tasa de recuperación 3:

ID	Saldo al 31.12.2019	ID	Saldo al 31.12.2020	Recuperación
1.422.532	1.170.000	1.422.532	170.000	1.000.000
4.913.994	55.575.000	4.913.994	15.100.000	40.475.000
5.398.705	1.200.000			1.200.000
		53.003.850	5.750.000	-
6.868.560	1.250.000			1.250.000
		6.874.129	675.000	-
76.563.090	1.500.000	76.563.090	5.650.000	-
77.113.090	550.000	77.113.090	1.550.000	-
		77.148.040	11.840.000	-
78.197.490	55.550.000	78.197.490	2.248.000	53.301.200
78.370.090	112.350.000	78.370.090	111.300.000	1.050.000
78.536.950	720.000			720.000
8.637.441	242.400			242.400
82.623.500	30.800			30.800
		90.635.000	220.000	-
		92.580.000	2.251.200	-
Totales	230.138.200	Totales	156.755.000	99.269.400

Tasa de recuperación 3 = 99.269.400 / 230.138.200 = 43,13 %.

Basado en los hechos de comparación estadística tomadas del año 2017, 2018 y 2019, la tasa de recuperación del deterioro de cuentas por cobrar es:

ID	Saldo al 31.12.2020
1.422.532	170.000
4.913.994	15.100.000
53.003.850	5.750.000
6.874.129	675.000
76.563.090	5.650.000
77.113.090	1.550.000
77.148.040	11.840.000
78.370.090	111.300.000
90.635.000	220.000
78.197.490	2.248.000
92.580.000	2.251.200
Total	156.755.000

Año	%	Recuperación
2017/2018	1	71,14%
2018/2019	2	70,26%
2019/2020	3	41,13%
Promedio		61,51%

Monto	Detalle
156.755.000	Matriz de riesgo
96.420.001	Tasa promedio 61,51%
60.334.999	Balance deterioro cxc

Deterioro cuentas	31.12.2020	Auditoría	Ajuste
Deterioro acumulado Cuentas por cobrar	39.021.000	60.334.999	21.313.999

Cuenta	Detalle	Debe	Haber
	------------------- 8 -------------------		
Gasto	Deterioro cuentas por cobrar	21.313.999	
Pasivo	Deterioro acumulado de cuentas por cobrar		21.313.999

Préstamos por cambio de residencia

El Colegio de Contadores de Chile A.G. a sus trabajadores les concede préstamos por cambio de residencia, donde se estipula un plazo de pago de tres años después de efectuado el cambio; a continuación, se detalla cuándo se debe comenzar a pagar según la indagación con la administración.

Conceptos y principios fundamentales (sección 2 & MC)

"Un activo es un recurso contralado por la entidad como resultado de sucesos pasados, del que la entidad espera obtener, en el futuro, beneficios económicos".

N°	Detalle	Pago	Monto	2021	2022	2023	2024	2025
1	Javiera	Ene-22	9.000.000		3.000.000	3.000.000	3.000.000	
2	Julieta	Ene-22	15.000.000		5.000.000	5.000.000	5.000.000	
3	Paulina	Ene-23	21.000.000			7.000.000	7.000.000	7.000.000
4	Juan	Ene-20	5.000.000	2.500.000	2.500.000			
5	Ana	Ene-19	4.000.000	4.000.000				
6	Max	Ene-23	24.000.000			8.000.000	8.000.000	8.000.000
7	Josefina	Ene-21	15.000.000	5.000.000	5.000.000	5.000.000		
8	Carlos	Ene-23	18.000.000			6.000.000	6.000.000	6.000.000
9	Enson	Ene-21	9.000.000	3.000.000	3.000.000	3.000.000		
10	Álvaro	Ene-17	4.000.000	4.000.000				
Totales			124.000.000	18.500.000	18.500.000	37.000.000	29.000.000	21.000.000

Flujos futuros al presente:

Flujo	Monto	Fórmula	Valor presente
1	18.500.000	M / (1,10) ^1	16.818.182
2	18.500.000	M / (1,10) ^2	15.289.256
3	37.000.000	M / (1,10) ^3	27.798.648
4	29.000.000	M / (1,10) ^4	19.807.390
5	21.000.000	M / (1,10) ^5	13.039.348
Total	124.000.000	Total	92.752.824

Préstamos por cobrar	31.12.2020	Auditoría	Ajuste
Préstamos	124.000.000	92.752.824	31.247.176

Cuenta	Detalle	Debe	Haber
	------------------- 9 --------------------		
Patrimonio	Resultados acumulados	31.247.176	
Activo	Préstamos por cambio de residencia		31.247.176

Reconocimiento de ingresos en el siguiente año:

Cuenta	Detalle	Debe	Haber
	------- 31.12.2021 --------		
Activo	Caja	18.500.000	
Activo	Préstamos por cambio de residencia		16.818.182
Ganancia	Intereses ganados		1.681.818

Aprobación

Carlos Filgueira Ramos	10.03.2022	Víctor Hugo Lindsay	20.02.2022
Socio a cargo	Fecha	Supervisor a cargo	Fecha
Julieta Filgueira Ulloa	10.02.2022		
Auditor a cargo	Fecha		

Cuentas por cobrar entidades relacionadas

Cuentas por cobrar a entidades relacionadas, que provengan o no de operaciones comerciales y cuyo plazo de recuperación no excede a un año a contar de la fecha de los estados financieros.

- ✓ Facturas por cobrar entidades relacionadas.
- ✓ Anticipo entidades relacionadas por cobrar.
- ✓ Letras por cobrar entidades relacionadas.
- ✓ Documentos financieros por cobrar entidades relacionadas.
- ✓ Préstamos por cobrar entidades relacionadas.
- ✓ Deterioro cuentas por cobrar entidades relacionadas.

Inventarios

Activos mantenidos para ser vendidos en el curso normal de la operación, en proceso de producción con vistas a esa venta, o en forma de materiales o suministros, para ser consumidos en el proceso de producción, o en la prestación de servicios. El detalle de las cuentas contables asociadas a este rubro son las siguientes:

- ✓ Mercaderías
- ✓ Productos terminados
- ✓ Subproductos, desechos y desperdicios
- ✓ Productos en proceso
- ✓ Materias primas
- ✓ Materiales, suministros y repuestos
- ✓ Envases y embalajes
- ✓ Obsolescencia de inventarios
- ✓ Deterioro de inventarios

Inventarios	Monto
(a) Existencia de materias primas	400.000.000
(b) Existencia de productos elaborados	1.012.760.000
(c) Productos terminados	300.000.000
Totales	1.712.760.000

Colegio de Contadores y Auditores S.A. Auditoría al 31 de diciembre de 2020		H1
Programa de trabajo **Inventarios – compras – costos**	Preparado por:	JFZ
	Fecha:	10.01.2021
	Revisado por:	CFR
	Fecha:	20.02.2021

La NIC 2 exige la aplicación de la antigua regla de la medición al costo o al valor neto realizable, según cual sea menor (NIC 2 p9). El valor neto realizable (VNR) es el precio estimado de venta de un activo en el curso normal de la operación menos los costos estimados para terminar su producción y para llevar a cabo la venta (NIC 2 p6).

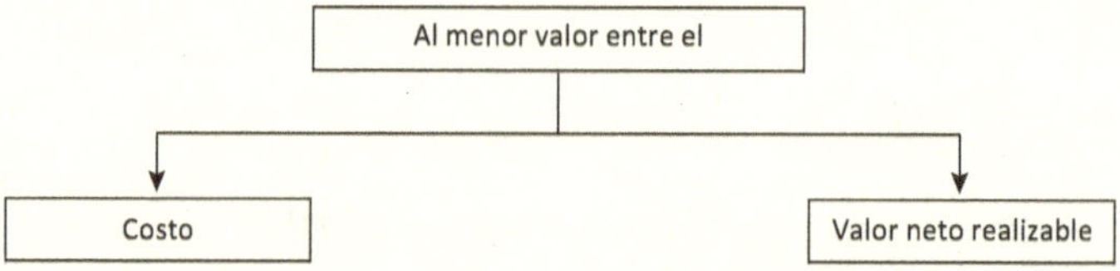

Cualquier rebaja de valor hasta alcanzar el VNR debe reconocerse como gasto en el período en que ocurra la rebaja.

Las existencias se deben registrar a VNR si los costos de las existencias no son recuperables por:

a) Daños; b) Obsolescencia; c) Reducción del precio de mercado; d) Aumento no previsto de costos estimados de venta.

✓ Reconocimiento de gastos (NIC 2 p34 y 35)

- Cuando los inventarios sean vendidos, el importe en libros de estos se reconocerá como gastos. El importe de cualquier rebaja de valor, hasta alcanzar el valor neto realizable, así como todas las demás pérdidas en los inventarios, será reconocido en el período en que ocurra.
- El costo de ciertos inventarios puede ser incorporado a la propiedad, planta y equipo de la entidad y se reconocerá en la medida que se distribuya la vida útil del bien.

NIIF	Ley sobre impuesto a la renta
• Las existencias no incorporan corrección monetaria • Las existencias se valorizan al menor valor entre el costo y el valor neto realizable	• Costo de venta determinado a partir de mano de obra directa y materia prima • Las existencias se valorizan al costo de reposición, representado por el costo corregido monetariamente vía IPC o vía variación de tipo de cambio, y considerando si la última compra fue el año anterior, durante el primer semestre o en el segundo semestre del año

5.a) Existencia de materias primas

Detalle	Montos
Existencia de materias primas (BCE)	400.000.000
Corrección monetaria	30.000.000
Costos indirectos de fabricación	200.000.000
Valor neto realizable	500.000.000

Las normas de inventario exigen la aplicación de la antigua regla de la medición al costo o al valor neto realizable, según cual sea menor. El valor neto realizable (VNR) es el precio estimado de venta de un activo en el curso normal de la operación menos los costos estimados para terminar su producción y para llevar a cabo la venta.

Como no se registra la corrección monetaria, por no encontrarse la entidad en una economía hiperinflacionaria, hay que desarrollar la eliminación de la corrección monetaria para llegar al costo real.

Detalle	Balance	Corrección monetaria	Valor final NIIF	Valor auditoría	Ajuste
Costo	400.000.000	30.000.000	370.000.000	370.000.000	30.000.000
VNR			500.000.000		

Inventarios	31.12.2020	Auditoría	Ajuste
Materias primas	400.000.000	370.000.000	30.000.000

Cuenta	Detalle	Debe	Haber
	------------------ 10 ------------------		
Resultado	Corrección monetarias existencia	30.000.000	
Activo	Existencia de materias primas		30.000.000

5.b) Detalle de existencia de productos elaborados

Corrección monetaria					
Artículo	Compra más alta	VIPC	Unidades	Total	Observaciones
A	5.700	-	115.000	655.500.000	Última compra segundo semestre
B	2.300	2.369,00	40.000	94.760.000	Última compra primer semestre, se aplica VIPC segundo semestre
C	5.000	5.250,00	50.000	262.500.000	No hay compras en el año, se aplica VIPC anual
		Total		1.012.760.000	

Artículos	Valor contable	Corrección monetaria	Valor
a	655.500.000	14.330.769	641.169.231
b	94.760.000	3.123.636	91.636.364
c	262.500.000	12.500.000	250.000.000
Total	1.012.760.000	29.954.405	982.805.595

Inventarios	31.12.2020	Auditoría	Ajuste
Productos elaborados	1.012.760.000	982.805.595	29.954.405

Cuenta	Detalle	Debe	Haber
	------------------- 11 -------------------		
Resultado	Corrección monetarias existencia	29.954.405	
Activo	Existencia de productos elaborados		29.954.405

5.c) Productos terminados

Detalle	Montos
Corrección monetaria	25.000.000
Valor neto realizable	250.000.000
Valor balance productos terminados	300.000.000

Detalle	Balance	Corrección monetaria	Valor final NIIF	Valor auditoría	Ajuste
Costo	300.000.000	25.000.000	275.000.000		
VNR			250.000.000	250.000.000	50.000.000

Inventarios	31.12.2020	Auditoría	Ajuste
Productos terminados	300.000.000	250.000.000	50.000.000

Cuenta	Detalle	Debe	Haber
	------------------- 12 --------------------		
Resultado	Corrección monetarias existencia	25.000.000	
Resultado	Pérdida de inventarios	25.000.000	
Activo	Intereses ganados		50.000.000

Aprobación

Carlos Filgueira Ramos	10.03.2022	Víctor Hugo Lindsay	20.02.2022
Socio a cargo	Fecha	Supervisor a cargo	Fecha
Julieta Filgueira Ulloa	10.02.2022		
Auditor a cargo	Fecha		

Activos biológicos

Corresponden a animales vivos o a plantas, cuyas transformaciones de carácter biológico son gestionadas por una entidad como parte de una actividad agrícola.

- ✓ Activos biológicos en producción.
- ✓ Activos biológicos en desarrollo.

Activos biológicos	Productos agrícolas	Productos resultantes del procesamiento a su cosecha o recolección
Ovejas	Lana	Hilo de lana, alfombras
Árboles de plantación forestal	Árboles talados	Madera, tronco
Ganado lechero	Leche	Queso
Cerdos	Reses sacrificadas	Salchichas, jamones
Plantas de algodón	Algodón cosechado	Hilo de algodón, vestimentas
Caña de azúcar	Caña cortada	Azúcar
Plantas de tabaco	Hojas recolectadas	Tabaco curado
Matas de té	Hojas recolectadas	Té
Viñedos	Uvas vendimiadas	Vino
Árboles frutales	Fruta recolectada	Fruta procesada
Palmas aceiteras	Fruta recolectada	Aceite de palma
Árboles de caucho	Látex recolectado	Productos de caucho

Colegio de Contadores y Auditores S.A. Auditoría al 31 de diciembre de 2020		H1
Programa de trabajo **Activos biológicos**	Preparado por:	JFZ
	Fecha:	10.01.2021
	Revisado por:	CFR
	Fecha:	20.02.2021

Cubre todo lo que se encuentre relacionado con la actividad agrícola: activos biológicos, productos agrícolas en su punto de cosecha o recolección y subvenciones de gobiernos; no está en su alcance las plantas productoras (NIC 41 párrafo 1).

Los activos biológicos se miden en la fecha de cierre de cada período de presentación de la información a sus valores razonables menos los costos en el punto de venta (NIC 41 p12).

El producto agrícola se mide en el punto de la cosecha al valor razonable menos los costos en el punto de venta. A partir de entonces, pasa a ser el costo de los inventarios (NIC 41 p13).

Algunas plantas, por ejemplo, matas de té, viñedos, palmas aceiteras y árboles de caucho, habitualmente cumplen la definición de una planta productora y están en el alcance de la NIC 16. Sin embargo, los productos que se desarrollan en las plantas productoras, por ejemplo, las hojas de té, uvas, el fruto de la palma aceitera y el látex, están dentro del alcance de la NIC 41.

5.d) Animales vivos

Detalle	Montos
Corrección monetaria	40.000.000
Valor razonable	200.000.000
Costos necesarios para su venta	50.000.000

Detalle	Balance	Corrección monetaria	Valor final NIIF	Valor auditoría	Ajuste
Costo	200.000.000	-	200.000.000		
VNR			150.000.000	150.000.000	50.000.000

Activos biológicos	**31.12.2020**	**Auditoría**	**Ajuste**
Animales vivos	200.000.000	150.000.000	50.000.000

Cuenta	Detalle	Debe	Haber
	------------------- 13 -------------------		
Resultado	Pérdida de activos biológicos	10.000.000	
Resultado	Corrección monetaria	40.000.000	
Activo	Animales vivos		50.000.000

Aprobación

Carlos Filgueira Ramos	10.03.2022	Víctor Hugo Lindsay	20.02.2022
Socio a cargo	Fecha	Supervisor a cargo	Fecha
Julieta Filgueira Ulloa	10.02.2022		
Auditor a cargo	Fecha		

Activos por impuestos corrientes

Corresponde incluir en este rubro solo conceptos que rebajen el pago de impuesto a la renta y se clasifica el concepto de pagos provisionales que excede a la provisión por impuesto a la renta u otros créditos al impuesto a la renta, tales como gastos de capacitación, donaciones a universidades y el crédito por compras de activo fijo.

- ✓ Pagos provisionales mensuales
- ✓ Crédito Sence
- ✓ Crédito activo fijo
- ✓ Donaciones

Inventarios	Monto
(a) Pagos provisionales mensuales	65.047.449
Crédito activo fijo	15.000.000
Crédito Sence	3.000.000
Totales	83.047.449

Mes	Monto	CM	Valor actualizado
Enero	5.756.421	1,016	5.848.524
Febrero	2.248.300	1,013	2.277.528
Marzo	4.019.859	1,009	4.056.038
Abril	4.962.017	1,007	4.996.751
Mayo	8.283.744	1,006	8.333.446
Junio	3.945.108	1,010	3.984.559
Julio	10.080.126	1,007	10.150.687
Agosto	9.296.904	1,005	9.343.389
Septiembre	2.539.786	1,007	2.557.565
Octubre	4.040.420	1,001	4.044.460
Noviembre	4.114.910	1,000	4.114.910
Diciembre	5.339.592	1,000	5.339.592
Totales	64.627.187		65.047.449

Las correcciones monetarias de los activos y pasivos monetarios se reflejarán en la cuenta contable de resultados por unidades de reajuste, cambiando la cuenta contable corrección monetaria.

Activos no corrientes

Se clasifican como no corriente, todas aquellas cuentas que no están contenidas en el activo corriente e incluye activos tangibles, intangibles y financieros que, por su naturaleza, son a largo plazo.

Inversiones contabilizadas con el método de la participación

Incluye los instrumentos financieros representativos de derecho patrimonial en otras empresas como las inversiones en asociadas o negocios conjuntos; la cuenta contable es la siguiente:

✓ Inversiones en empresas relacionadas

Inversiones con el método de la participación	Monto
Inversión empresa relacionada ByN	285.000.000
Inversión empresa relacionada AA	325.000.000
Inversión empresa relacionada UC	13.500.000
Inversión empresa relacionada Peor es nada	738.000.000
Inversión empresa relacionada UCEM	311.500.000
Inversión empresa relacionada UAH	74.500.000
Inversión empresa relacionada UCSH	153.000.000
Totales	1.900.500.000

NIIF

- Método de valorización depende de los parámetros de control que se tengan
- Control absoluto consolidación
- Control conjunto (consolidación proporcional pyme) & VP Full.
- Influencia significativa VP
- Otro valor razonable
- En los estados financieros separados de las sociedades matrices, las subsidiarias deben ser consideradas a costo o a valor razonable

Ley sobre impuesto a la renta

- Inversión nacional: costo corregido monetariamente por IPC
- Las inversiones en el extranjero: variaciones del tipo de cambio experimentado, el costo de la inversión es el informado en el capítulo XII B. Central
- Las inversiones realizas en el extranjero deben ser informadas en el Registro Inversionista Extranjero (RIE) vía declaración jurada simple (web SII)

Colegio de Contadores y Auditores S.A. Auditoría al 31 de diciembre de 2027		L1
	Preparado por:	JFZ
Programa de trabajo **Inversiones**	Fecha:	10.01.2021
	Revisado por:	CFR
	Fecha:	20.02.2021

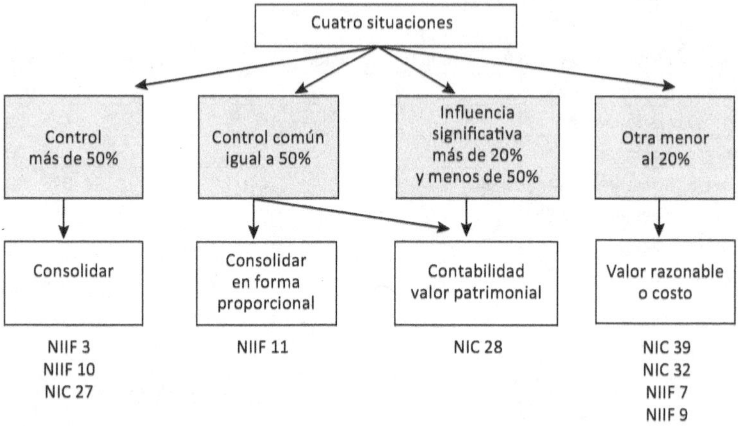

Cuando una entidad elabore estados financieros separados, contabilizará las inversiones en subsidiarias, negocios conjuntos y asociadas:

a) al costo
b) de acuerdo con la NIIF 9
c) utilizando el método de la participación tal como lo describe la NIC 28

La entidad aplicará el mismo tratamiento contable a cada categoría de inversión. Las inversiones contabilizadas al costo se reconocerán de acuerdo con la NIIF 5, Activos no corrientes mantenidos para la venta y operaciones discontinuadas, en aquellos casos en que estas se clasifiquen como mantenidas para la venta (o se incluyan en un grupo de activos para su disposición que se clasifique como mantenido para la venta). En estas circunstancias, no se modificará la medición de las inversiones contabilizadas de acuerdo con la NIIF 9 (NIC 27 p10).

✓ Detalle inversiones

Detalle	Influencia significativa	%	Valor contable	Valor auditoría	Ajuste
B y N	Sí	30	285.000.000	285.000.000	-
AA	No	50	325.000.000	290.000.000	(35.000.000)
UC	Sí	15	13.500.000	13.500.000	-
Peor es nada	Sí	60	738.000.000	738.000.000	-
UCEM	No	35	311.500.000	200.000.000	(111.500.000)
UAH	Sí	5	74.500.000	74.500.000	-
UCSH	Sí	30	153.000.000	153.000.000	-

Inversiones	**31.12.2020**	**Auditoría**	**Ajuste**
Método de la participación	1.900.500.000	1.754.000.000	146.500.000

Detalle patrimonio inversiones

AA		**UCEM**	
Patrimonio	650.000.000	Patrimonio	890.000.000
Capital	500.000.000	Capital	530.000.000
Resultados acumulados	100.000.000	Resultados acumulados	150.000.000
Utilidad del ejercicio	50.000.000	Utilidad del ejercicio	210.000.000

Cuenta	Detalle	Debe	Haber
	------------------ 14 ------------------		
Ganancia	Utilidad empresa relacionada AA	25.000.000	
Ganancia	Utilidad empresa relacionada UCEM	73.500.000	
Patrimonio	Resultados acumulados	48.000.000	
Activo	Inversión empresa relacionada AA		35.000.000
	Inversión empresa relacionada UCEM		111.500.000
	Se deben reclasificar las inversiones en el rubro otros activos no financieros no corrientes		

Aprobación

Carlos Filgueira Ramos	10.03.2022	Víctor Hugo Lindsay	20.02.2022
Socio a cargo	Fecha	Supervisor a cargo	Fecha
Julieta Filgueira Ulloa	10.02.2022		
Auditor a cargo	Fecha		

Intangibles

Un activo identificable, de carácter no monetario y sin apariencia física, el cual sea identificable (sección 18 y NIC 38)

- ✓ Programas de computación (software)
- ✓ Concesiones, licencias y otros derechos
- ✓ Patentes y propiedad intelectual
- ✓ Costos de exploración y desarrollo
- ✓ Fórmulas, diseños y prototipos
- ✓ Otros activos intangibles
- ✓ Derechos de agua
- ✓ Servidumbre de paso
- ✓ Amortización acumulada activos intangibles

Intangibles	Monto
Programas y licencias computacionales	50.000.000
Amortización acumulada programas y licencias	(5.000.000)
Totales	45.000.000

Propiedades, plantas y equipos

Son los activos tangibles que posee una entidad para su uso en la producción o suministro de bienes y servicios para propósitos administrativos; y que se esperan usar durante más de un período (sección 17 y NIC 16).

- ✓ Terrenos
- ✓ Edificios
- ✓ Maquinarias y equipos
- ✓ Equipos de transporte
- ✓ Muebles y enseres
- ✓ Equipos diversos
- ✓ Herramientas
- ✓ Construcción y obras en curso
- ✓ Plantas productoras (solo Full NIIF)
- ✓ Activos en *leasing*
- ✓ Depreciación acumulada propiedades, plantas y equipos

Intangibles	**Monto**
Máquinas y equipos	15.000.000
Muebles y enseres	20.000.000
Vehículos	30.000.000
Edificaciones	200.000.000
Máquinas y equipos en leasing	225.000.000
Otras máquinas y equipos	300.000.000
Terrenos	500.000.000
Depreciación acumulada de edificaciones	(60.000.000)
Depreciación acumulada de maquinarias y equipos	(5.000.000)
Depreciación acumulada de vehículos	(6.000.000)
Depreciación acumulada de muebles y enseres	(10.000.000)
Depreciación acumulada de otras máquinas y equipos	(20.000.000)
Depreciación acumulada de máquinas en leasing	(6.250.000)
Totales	1.182.750.000

Colegio de Contadores y Auditores S.A. Auditoría al 31 de diciembre de 2020 **Programa de trabajo** **Propiedades, plantas y equipos**	K1	
	Preparado por:	JFU
	Fecha:	10.01.2021
	Revisado por:	CFR
	Fecha:	20.02.2021

Un activo debe reconocerse, inicialmente, a su costo, lo que incluye todos los costos relacionados con la ubicación del activo en el lugar y en las condiciones actuales, listo para darle un uso productivo (NIC 16, p16):

- ✓ Su precio de adquisición, incluidos los aranceles de importación y los impuestos no recuperables.
- ✓ Todos los costos atribuibles a la ubicación del activo.
- ✓ La estimación inicial de los costos de desmantelamiento y retiro del elemento.

La capitalización de los desembolsos posteriores debe realizarse cuando es probable que el activo produzca beneficios futuros que superarán el estándar de rendimiento estimado originalmente.

Posteriormente, la entidad puede seguir usando el costo, pero los activos pueden revaluarse al valor razonable. Esta alternativa debe usarse en todas las fechas de presentación de la información y se debe aplicar a una clase entera de activos y no a un activo solo.

La norma en su párrafo 35 recomienda que al efectuarse una revaluación, y el valor del activo aumente o disminuya, se tiene que aumentar o disminuir la depreciación acumulada que mantenga la cuenta contable.

Las ganancias y pérdidas por revaluación deben contabilizarse en otros ingresos totales y dentro de la cuenta de superávit de revaluación (otras reservas). Hay algunas reglas especiales cuando se produce una pérdida por revaluación en casos en los que anteriormente hubo una ganancia por revaluación, en el cual se debe dar de baja primero el monto que se tiene en superávit de revaluación (otras reservas) y después pasará por resultados (pérdidas por deterioro) (NIC 16, p39 y 40).

Terrenos	**01.01.2020**	**Auditoría**	**Ajuste**
Blanco Encalada 359, Arica	180.000.000	100.000.000	(80.000.000)
O'Higgins 758, Punta Arenas	170.000.000	390.000.000	220.000.000
Manuel Rodríguez 630, Temuco	150.000.000	380.000.000	230.000.000

Cuenta	Detalle	Debe	Haber
	------------------- 15 -------------------		
Gasto	Deterioro terrenos	80.000.000	
Activo	Terrenos (Arica)		80.000.000
Activo	Terrenos (Punta Arenas)	220.000.000	
Patrimonio	Otras reservas (terreno PA)		220.000.000
Activo	Terrenos (Temuco)	230.000.000	
Patrimonio	Otras reservas (terreno T)		230.000.000
	Ajuste al 01.01.2020 por tasación de la propiedad, planta y equipo		

Edificio	01.01.2020	Auditoría	Ajuste
Dieciocho 121, Santiago	60.000.000		
Dep. acum. edificio	(20.000.000)		(10.000.000)
Neto	40.000.000	30.000.000	(10.000.000)

Cuenta	Detalle	Debe	Haber
	------------------- 16 -------------------		
Gasto	Deterioro edificios	10.000.000	
Pasivo	Dep. acum. edificio Santiago		10.000.000
	Ajuste al 01.01.2020 por tasación del edificio ubicado en Santiago		

Edificio	01.01.2020	Vida útil	Valor residual
Dieciocho 121, Santiago	60.000.000	360 meses	10.000.000
Dep. Acum. edificio	(30.000.000)		
Neto	30.000.000		

- Depreciación = AF 60.000.000 – depreciación acumulada 30.000.000 – valor residual 10.000.000
- Depreciación = 20.000.000 / 30 = 666.667

Cuenta	Detalle	Debe	Haber
	------------------- 17 -------------------		
Gasto	Depreciación edificio Santiago	666.667	
Pasivo	Dep. acum. edificio Santiago		666.667
	Ajuste al 31.12.2020 por depreciación del edificio ubicado en Santiago		

Edificio	01.01.2020	Auditoría	Ajuste
Pedro León Gallo 2095, Calama	100.000.000		50.000.000
Dep. acum. edificio Calma	(30.000.000)		30.000.000
Neto	70.000.000	150.000.000	80.000.000

Cuenta	Detalle	Debe	Haber
	------------------ 18 ------------------		
Pasivo	Dep. acum. edificio Calama	30.000.000	
Activo	Edificio (Calama)	50.000.000	
Patrimonio	Otras reservas (edificio Calama)		80.000.000
	Ajuste al 01.01.2020 por tasación del edificio ubicado en Calama		

Edificio	01.01.2020	Vida útil	Valor residual
Pedro León Gallo 2095, Calama	150.000.000	720 meses	20.000.000
Dep. acum. edificio Calama	-		
Neto	150.000.000		

- Depreciación = AF 150.000.000 – depreciación acumulada- valor residual 20.000.000
- Depreciación = 130.000.000 / 60 = 2.166.667
- Otras reservas = 80.000.000 / 60 = 1.333.333

Cuenta	Detalle	Debe	Haber
	------------------ 19 ------------------		
Gasto	Dep. acum. edificio Calama	833.334	
Patrimonio	Otras reservas (edificio Calama)	1.333.333	
Pasivo	Dep. acum. edificio Calama		2.166.667
	Ajuste al 31.12.2020 por depreciación del edificio ubicado en Calama		

Edificio	01.01.2020	Auditoría	Ajuste
Vergara 671, Angol	40.000.000		
Dep. acum. edificio Angol	(10.000.000)		5.000.000
Neto	30.000.000	35.000.000	5.000.000

Cuenta	Detalle	Debe	Haber
	------------------- 20 -------------------		
Pasivo	Dep. acum. edificio Angol	5.000.000	
Patrimonio	Otras reservas (edificio Angol)		5.000.000
	Ajuste al 01.01.2020 por tasación del edificio ubicado en Angol		

Edificio	01.01.2020	Vida útil	Valor residual
Vergara 671, Angol	40.000.000	600 meses	8.000.000
Dep. acum. edificio Angol	(5.000.000)		
Neto	35.000.000		

- Depreciación = AF 40.000.000 – depreciación acumulada 5.000.000 – valor residual 8.000.000.
- Depreciación = 27.000.000 / 560 = 540.000.
- Otras reservas = 5.000.000 / 50 = 100.000.

Cuenta	Detalle	Debe	Haber
	------------------- 21 -------------------		
Gasto	Depreciación edificio Angol	440.000	
Patrimonio	Otras reservas (edificio Angol)	100.000	
Pasivo	Dep. acum. edificio Angol		540.000
	Ajuste al 31.12.2020 por depreciación del edificio ubicado en Angol		

Vehículos	01.01.2020	Vida útil	Valor residual
Vehículos	30.000.000	60 meses	8.000.000
Dep. acum. vehículos	(6.000.000)		
Neto	24.000.000		

- Depreciación = AF 40.000.000 – depreciación acumulada 6.000.000 – valor residual 8.000.000
- Depreciación = 16.000.000 / 5 = 3.200.000

Cuenta	Detalle	Debe	Haber
	------------------- 22 -------------------		
Gasto	Depreciación vehículos	3.200.000	
Pasivo	Dep. acum. edificio vehículos		3.200.000
	Ajuste al 31.12.2020 por depreciación del vehículo		

Muebles y enseres	01.01.2020	Auditoría	Ajuste
Muebles y enseres	20.000.000		(20.000.000)
Dep. acum. muebles y enseres	(10.000.000)		10.000.000
Escritorios	-	12.000.000	12.000.000
Sillas	-	8.000.000	8.000.000
Estantes	-	5.000.000	5.000.000
Neto	10.000.000	25.000.000	15.000.000

Cuenta	Detalle	Debe	Haber
	------------------- 23 -------------------		
Pasivo	Dep. acum. muebles y enseres	10.000.000	
Activo	Muebles y enseres		20.000.000
Activo	Escritorios	12.000.000	
Activo	Sillas	8.000.000	
Activo	Estantes	5.000.000	
Patrimonio	Resultados acumulados		15.000.000
	Ajuste al 01.01.2020 ordenando los activos existentes de la sociedad		

Muebles y enseres	01.01.2020	Vida útil	Valor residual
Escritorios	12.000.000	120 meses	1.500.000
Sillas	8.000.000	72 meses	2.500.000
Estantes	5.000.000	84 meses	500.000

Cuenta	Detalle	Debe	Haber
	------------------- 24 -------------------		
Gasto	Depreciación escritorios	1.050.000	
Pasivo	Dep. acum. escritorios		1.050.000
Gasto	Depreciación sillas	916.667	
Pasivo	Dep. acum. sillas		916.667
Gasto	Depreciación estantes	642.857	
Pasivo	Dep. acum. estantes		642.857
	Ajuste al 31.12.2020 por depreciación de los muebles y enseres		

Otras máquinas	01.01.2020	Vida útil	Valor residual
Rectificadora de luz	300.000.000	180 meses	20.000.000
Dep. acumulada	20.000.000		
Neto	280.000.000		

- Depreciación = AF 300.000.000 – depreciación acumulada. 20.000.000 – valor residual 20.000.000.
- Depreciación = 260.000.000 / 15 = 17.333.333.

Cuenta	Detalle	Debe	Haber
	------------------ 25 ------------------		
Gasto	Depreciación otras máquinas	17.333.333	
Pasivo	Dep. acum. otras máquinas		17.333.333
	Ajuste al 31.12.2020 por depreciación de las otras máquinas		

Máquinas y equipos	01.01.2020	Auditoría	Ajuste
Maquinarias	15.000.000		(20.000.000)
Depreciación acumulada	(5.000.000)		10.000.000
Máquina transportadora	-	10.000.000	12.000.000
Máquina cortadora	-	5.000.000	8.000.000
Máquina recolectora	-	8.000.000	5.000.000
Neto	10.000.000	23.000.000	15.000.000

Cuenta	Detalle	Debe	Haber
	------------------ 26 ------------------		
Pasivo	Dep. acum. máquinas y equipos	5.000.000	
Activo	Máquinas y equipos		15.000.000
Activo	Máquina transportadora	10.000.000	
Activo	Máquina cortadora	5.000.000	
Activo	Máquina recolectora	8.000.000	
Patrimonio	Otras reservas maq. transportadora		5.652.400
Patrimonio	Otras reservas maq. cortadora		2.826.200
Patrimonio	Otras reservas maq. recolectora		4.521.400
	Ajuste al 01.01.2020, contabilizando la maquinaria por componente		

Máquinas y equipos	01.01.2020	Vida útil	Reservas	Valor residual
Máquina transportadora	10.000.000	36 meses	5.652.400	500.000
Máquina cortadora	5.000.000	24 meses	2.826.200	200.000
Máquina recolectora	8.000.000	60 meses	4.521.400	800.000

Cuenta	Detalle	Debe	Haber
	------------------- 27 -------------------		
Gasto	Depreciación maq. transportadora	1.282.534	
Patrimonio	Otras reservas maq. transportadora	1.884.133	
Pasivo	Dep. acum. maq. transportadora		3.166.667
Gasto	Depreciación maq. cortadora	986.900	
Patrimonio	Otras reservas maq. cortadora	1.413.100	
Pasivo	Dep. acum. maq. cortadora		2.400.000
Gasto	Depreciación maq. recolectora	535.720	
Patrimonio	Otras reservas maq. recolectora	904.280	
Pasivo	Dep. acum. maq. recolectora		1.440.000
	Ajuste al 31.12.2020 por depreciación de las maquinarias registradas por componente		

Arrendamientos (NIIF 16 & sección 20)

La NIIF 16 introduce un modelo único de contabilización de los arrendamientos y requiere que un arrendatario reconozca los activos y pasivos de todos los arrendamientos con una duración superior a doce meses, a menos que el activo subyacente sea de bajo valor. Se requiere que un arrendatario reconozca un activo por derecho de uso que representa su derecho a usar el activo arrendado subyacente y un pasivo por arrendamiento que representa su obligación para hacer pagos por arrendamiento.

En el reconocimiento inicial, se reconocerá, como un activo y un pasivo por el mismo importe, igual al valor razonable del bien arrendado, o bien al valor presente de los pagos mínimos por el arrendamiento.

Cuentas	Debe	Haber
Activos en leasing	xxx	
Obligaciones por leasing		xxx

Todos los costos atribuibles para llevar a cabo la transacción se reconocerán como parte del activo reconocido.

Cada una de las cuotas del arrendamiento se dividirá en dos partes que representan, respectivamente, las cargas financieras y la reducción de la deuda viva.

Cuentas	Debe	Haber
Intereses financieros (devengados)	xxx	
Obligaciones por leasing		xxx
Reconocimiento de los intereses devengados		
Obligaciones por leasing	xxx	
Banco		xxx
Pago de las cuotas, se reconocerán en la medida que se desarrolle el pago		

Como regla general, el período de depreciación para los activos arrendados capitalizados debe ser coherente con el de cualquier otro activo en virtud de la NIC 16. Sin embargo, a menos que exista una certeza razonable de que el arrendatario conservará la propiedad del activo al término del plazo del arrendamiento, el activo deberá depreciarse a lo largo del período que resulte menor entre el plazo del arrendamiento y la vida útil económica (NIIF16 p32).

Cuentas	Debe	Haber
Depreciación activos en leasing	xxx	
Depreciación acumulada activos en leasing		Xxx
Cargo por depreciación		

El colegio de contadores de Chile A.G. desarrolla un arrendamiento financiero el 30 de agosto de 2020 con las siguientes condiciones:

- ✓ Máquina en arrendamiento
- ✓ Duración 96 meses
- ✓ Cuotas de 110 UF
- ✓ Opción de compra por 60 UF
- ✓ Pago primera cuota a la firma del contrato
- ✓ Vida útil de doce años
- ✓ Tasa de interés del contrato (15%)

$$\text{Tasa mensual (i)} = \left[1 + \text{interés}\right]^{1/12} - 1$$

$$\text{Tasa mensual (i)} = \left[1 + 0{,}15\right]^{1/12} - 1$$

$$\text{Tasa mensual (i)} = 0{,}0117$$

$$\text{Valor actual} = 110 + 110 \times \frac{\left[1 + 0{,}0117\right]^{95} - 1}{0{,}0117 \times \left[1 + 0{,}0117\right]^{95}} + \frac{60}{\left[1 + 0{,}0117\right]^{96}}$$

$$\text{Valor actual} = 110 + 110 \times 57{,}1628251 + 19{,}64$$

$$\text{Valor actual} = 110 + \underbrace{6.287{,}91 + 19{,}64}_{\text{Valor descontado}}$$

$$\text{Valor actual} = 6.417{,}55 \qquad \text{Valor descontado} = 6.307{,}55$$

N°	Mes	Cuota	Interés	Amortización	Capital
0	-	-	-	-	6.307,55
1	Septiembre	110,00	73,80	36,20	6.271,35
2	Octubre	110,00	73,38	36,62	6.234,73
3	Noviembre	110,00	72,95	37,05	6.197,68
4	Diciembre	110,00	72,51	37,49	6.160,19

Monedas	Cotizaciones al 2020				
	Agosto	Septiembre	Octubre	Noviembre	Diciembre
UF	32.876,56	33.049,85	33.098,72	33.205,47	33.240,52

Activo en *leasing* = 6.417,55 x 32.876,56 = 210.986.968.
Obligaciones por *leasing* = 6.307,55 x 32.876,56 = 207.370.546.

Pago cuota inicial = 110 x 32.876,56 = 3.616.422 x 19% = 687.120 = banco 4.303.542.

Cuenta	Detalle	Debe	Haber
	- Agosto -		
Activo	Activos en leasing (VA 6.417,55)	210.986.968	
Activo	IVA CF	687.120	
Activo	Banco		4.303.542
Pasivo	Obligaciones por leasing		207.370.546
	Contabilización del contrato		

Detalle contrato

Detalle	Monto	Valor auditoría	Valor balance	Ajuste
Activo en leasing	210.986.968	210.986.968	225.000.000	(14.013.032)
Obligaciones por leasing	6.160,19 UF	204.767.919	330.000.000	(125.232.081)
Depreciación mensual	1.465.187	5.860.748	6.250.000	(389.252)
Intereses diferidos leasing	-	-	110.000.000	(110.000.000)

Cuenta	Detalle	Debe	Haber
	------------------ 28 -------------------		
Pasivo	Dep. acum. activos en leasing	389.252	
Gasto	Depreciación activos en leasing		389.252
Activo	Activos en leasing		14.013.032
Pasivo	Obligaciones en leasing	125.232.081	
Activo	Intereses diferidos en leasing		110.000.000
Gasto	Intereses leasing		1.219.049
	Ajuste de auditoría leasing		

Aprobación

Carlos Filgueira Ramos	10.03.2022	Víctor Hugo Lindsay	20.02.2022
Socio a cargo	Fecha	Supervisor a cargo	Fecha
Julieta Filgueira Ulloa	10.02.2022		
Auditor a cargo	Fecha		

Plusvalía

Corresponde al exceso del costo de la combinación de negocios sobre la participación de la adquirente en el valor razonable neto de los activos, pasivos y pasivos contingentes identificables que se haya reconocido de la subsidiaria, menos las pérdidas por deterioro acumuladas (sección 19, Combinaciones de negocios y plusvalía).

- ✓ Plusvalía
- ✓ Menor valor de inversión
- ✓ *Goodwill*
- ✓ Fondo de comercio
- ✓ Amortización *Goodwill*

Plusvalía	Monto
Goodwill	277.500.000
Amortización Goodwill	(22.500.000)
Totales	255.000.000

Propiedades de inversión

Son las propiedades y maquinarias (terrenos o edificios, considerados en su totalidad o en parte, o ambos) que se tienen (por parte del dueño o por parte del arrendatario que haya acordado un arrendamiento financiero) para obtener rentas, plusvalías o ambas, en lugar de su uso en la producción o suministro de bienes o servicios, o fines administrativos, o su venta en el curso ordinario de las operaciones.

- ✓ Terrenos en arrendamiento.
- ✓ Edificio en arrendamiento.
- ✓ Maquinarias y equipo en arrendamiento.
- ✓ Equipo de transporte en arrendamiento.
- ✓ Muebles en arrendamiento.
- ✓ Herramientas en arrendamiento.
- ✓ Depreciación acumuladas propiedades de inversión.

Pasivos corrientes

Un pasivo corriente corresponde a aquellos que se espera liquidar en el ciclo normal de la operación de la entidad; se mantenga fundamentalmente para negociación; deba liquidarse dentro del período de un año desde la fecha de los estados financieros; o la entidad no tenga un derecho incondicional para aplazar la cancelación del pasivo durante, al menos, un año desde la fecha de los estados financieros.

Otros pasivos financieros

En el corriente se clasifican las Obligaciones contraídas con bancos e instituciones financieras que se liquidarán dentro del plazo de un año a contar de la fecha de cierre de los estados financieros.

En el no corriente se clasifican las obligaciones que tienen vencimiento sobre los doce meses.

- ✓ Préstamos bancarios
- ✓ Línea de crédito utilizada
- ✓ Bancos (S.A.)
- ✓ Obligaciones por *leasing*
- ✓ Intereses diferidos por *leasing* (S.D.)
- ✓ *Swap* (S.A.)
- ✓ *Forward* (S.A.)
- ✓ Pasivos por instrumentos financieros
- ✓ Obligaciones emitidas

Otros pasivos financieros	Monto
Préstamos bancarios	300.000.000
Obligación Banco Santander	100.000.000
Obligaciones por leasing	330.000.000
Intereses diferidos por leasing	(110.000.000)
Totales	620.000.000

Cuentas por pagar y otras cuentas por pagar

Obligaciones provenientes de las operaciones comerciales. El detalle de las cuentas contables son las siguientes:

- ✓ Proveedores
- ✓ Anticipo de proveedores (S.D.)
- ✓ Letras por pagar
- ✓ Remuneraciones por pagar
- ✓ Facturas por pagar
- ✓ Acreedores varios
- ✓ AFP por pagar
- ✓ Cotizaciones por pagar
- ✓ Retenciones por pagar
- ✓ IVA débito fiscal
- ✓ Cuentas por pagar personal

Cuentas por pagar y otras cuentas por pagar	Monto
Acreedores	150.000.000
Proveedores	300.000.000
Provisión gasto de luz, agua y teléfono	300.000.000
Seguros de vida	150.000.000
Asignación familiar	50.000.000
Subsidios por cesantía	50.000.000
Provisión vacaciones	350.000.000
Totales	1.350.000.000

Cuentas por pagar entidades relacionadas

Cuentas por pagar a entidades relacionadas, que provengan o no de operaciones comerciales y cuyo plazo de recuperación no excede a un año a contar de la fecha de los estados financieros.

- ✓ Facturas por pagar entidades relacionadas
- ✓ Anticipo entidades relacionadas por pagar
- ✓ Letras por pagar entidades relacionadas
- ✓ Documentos financieros por pagar entidades relacionadas
- ✓ Préstamos por pagar entidades relacionadas
- ✓ Deterioro cuentas por pagar entidades relacionadas

Otras provisiones

Corresponde a la estimación de una obligación presente (legal o implícitamente) como resultado de un suceso pasado, que es probable que se deba cancelar y puede hacerse una estimación fiable del monto de la obligación.

También se debe agregar el saldo de los dividendos declarados y no pagados y la provisión mínima obligatoria en el caso que se hubiera acordado el pago de dividendos provisorios inferiores al 30 % de utilidad líquida.

- ✓ Provisiones
- ✓ Multas medioambientales
- ✓ Causas de tipo comercial
- ✓ Causas de tipo legal
- ✓ Contratos onerosos
- ✓ Reestructuración aprobada por directorio
- ✓ Dividendos legales
- ✓ Dividendos acordados
- ✓ Dividendos provisorios

Otras provisiones	**Monto**
(a) Provisión terremoto	500.000.000
(b) Provisión por juicios	979.000.000
(c) Provisión tipo comercial	10.000.000
Provisión medioambiental	200.000.000
Totales	1.689.000.000

Colegio de Contadores y Auditores S.A. Auditoría al 31 de diciembre de 2020		O1
Programa de trabajo **Provisiones**	Preparado por:	JFU
	Fecha:	10.01.2021
	Revisado por:	CFR
	Fecha:	20.02.2021

Las provisiones son pasivos de los que existe incertidumbre acerca de su cuantía o época de pago. Es decir, una provisión debe ajustarse a la definición de pasivo contenida en el marco conceptual, la cual establece que debe preverse una salida de:

- ✓ recursos
- ✓ un suceso pasado
- ✓ y en la fecha de presentación de la información existe una obligación legalmente exigible ante un tercero o una obligación implícita (NIC 37 p10)

Las provisiones pueden distinguirse de las obligaciones acumuladas o cuentas por pagar (o devengadas) que son objeto de estimación; por la existencia de incertidumbre del vencimiento tenemos, por ejemplo, que señalar dos situaciones claras que enmarca la normativa (NIC 37 p11):

3) Las cuentas por pagar por bienes o servicios que han sido suministrados o recibidos por la entidad y, además, han sido objeto de facturación o acuerdo formal con el proveedor.
4) Son cuentas por pagar los suministro o recepción de bienes o servicios que no han sido pagados, facturados o acordados formalmente con el proveedor, e incluyen las partidas que se deben a los empleados (por ejemplo, a causa de las partes proporcional de las vacaciones).

No se deben constituir provisiones para pérdidas operativas futuras, pero puede haber una provisión para contratos onerosos (NIC 37 p63).

Criterios de registro – ¿activo, pasivo o contingencia?

Activo	Probabilidad	Registro
Activo contingente (no se registran)	Probable mayor a 50%	Revelación
	Posible menor o igual a 50%	No revelación
	Remoto menor al 10%	No revelación
Pasivos/ provisión	Prácticamente seguro mayor al 90%	Registro
	Probable mayor al 50%	Registro
Pasivo contingente (no se registran)	Probable mayor a 50%	Revelación
	Posible menor o igual a 50%	Revelación
	Remoto menor al 10%	No revelación

Provisión terremotos

El Colegio de Contadores de Chile A.G. recibe información al cierre de los estados financieros, por parte de Juan Andrés Salfate, que según información de Quak RedAlert, es probable con un 90% que ocurra un terremoto grado 9.3, por lo cual se provisionarán 500.000.000.

1. La entidad tiene una obligación presente que proviene de eventos pasados.
2. Es probable que la entidad tenga que desprenderse de recursos que incorporan beneficios económicos para liquidar la obligación.

Provisiones	31.12.2020	Auditoría	Ajuste
Terremotos	500.500.000	-	500.000.000

Cuenta	Detalle	Debe	Haber
	------------------ 29 ------------------		
Pasivo	Provisión terremotos	500.000.000	
Patrimonio	Resultados acumulados		500.000.000
	Ajuste de eliminación de provisión que no cumple con la NIC 37		

Provisión juicios

Fiscalía del Colegio de Contadores de Chile A.G. maneja la información de los juicios entablados en su contra, el cual nos fue proporcionado, y en base a dichos antecedentes procedimos a detallar en conjunto con fiscalía la probabilidad de ocurrencia de que dichos juicios se transformen en una obligación cierta. El detalle de los juicios mantenidos por la entidad son los siguientes:

Provisiones	31.12.2020	Auditoría	Ajuste
Juicios	979.000.000	341.000.000	638.000.000

Cuenta	Detalle	Debe	Haber
	------------------ 30 ------------------		
Pasivo	Provisión juicios	638.000.000	
Patrimonio	Resultados acumulados		638.000.000
	Ajuste de eliminación de provisión que no cumple con la NIC 37		

Provisión tipo comercial

La sociedad vende productos con garantía. Las ventas del año fueron 80.000 unidades, con un precio de venta de $ 150.000; cada falla mayor del producto tiene un costo de $ 30.000 y cada falla menor tiene un costo de $ 5.000. La probabilidad de ocurrencia es la siguiente:

Fallas	2015	2016	2017	2018	2019
Mayores	4,0%	3,5%	2,8%	4,1%	5,3%
Menores	8,4%	7,3%	9,4%	5,8%	8,6%

Para cumplir con la sección 2 (Conceptos y principios fundamentales), se debe cumplir con la fiabilidad, donde señala que "La información es fiable cuando está libre de error significativo y sesgo, y representa fielmente lo que pretende representar o puede esperarse razonablemente que represente". Para cumplir con esta sección se deben considerar solo los tres últimos promedios, nunca más para no vulnerar los cambios económicos y la fiabilidad.

Defectos	2015	2016	2017	Sumatoria	Promedio
Mayores	2,8%	4,1%	5,3%	12,20	4,10 %
Menores	9,4%	5,8%	8,6%	23,80	7,90 %

Unidades	Defectos	%	Unidades	Valor	Totales
80.000	Mayores	4,10 %	3.280	30.000	98.400.000
	Menores	7,90 %	6.320	5.000	31.600.000
					130.000.000

Provisiones	**31.12.2020**	**Auditoría**	**Ajuste**
Tipo comercial	10.000.000	130.000.000	120.000.000

Cuenta	Detalle	Debe	Haber
	------------------ 31 --------------------		
Gasto	Garantías	120.000.000	
Pasivo	Provisión tipo comercial		120.000.000
	Ajuste contabilización de garantías		

Aprobación

Carlos Filgueira Ramos	10.03.2022	Víctor Hugo Lindsay	20.02.2022
Socio a cargo	Fecha	Supervisor a cargo	Fecha
Julieta Filgueira Ulloa	10.02.2022		
Auditor a cargo	Fecha		

Otros pasivos por impuestos

Impuesto a la renta que corresponde pagar por los resultados del ejercicio, deducidos los pagos provisionales obligatorios o voluntarios y otros créditos que se aplican a esta obligación.

Provisión impuesto a la renta

Otros pasivos por impuestos	Monto
Provisión impuesto a la renta	340.000.000
Totales	340.000.000

Provisión beneficios a los empleados

Obligaciones contraídas con los empleados, con respecto a planes de retiro o indemnización por años de servicios (se debe separar el corriente del no corriente).

- ✓ Provisión indemnizaciones años de servicios.
- ✓ Provisión beneficios de retiro.

Provisión por beneficios a los empleados	Monto
Provisión indemnización años de servicios	200.000.000
Totales	200.000.000

Patrimonio

Corresponde al patrimonio de los accionistas, socios o participacioncitas de la entidad, definido como la parte residual de los activos de la entidad, una vez deducidos todos sus pasivos.

- ✓ Capital
  - Capital
  - Acciones de tesorería
  - Revalorización de capital propio
- ✓ Ganancias o (pérdidas) acumuladas
  - Utilidades no distribuidas

- Pérdidas acumuladas
- Resultados acumulados

✓ Primas de emisión

- Primas de emisión

✓ Acciones propias en cartera

- Acciones de inversión
- Acciones de inversión en tesorería

✓ Otras participaciones en el patrimonio

- Capitalización en trámite
- Reducción de capital pendiente de formalizar

✓ Otras reservas

- Excedente de revaluación
- Excedente de revaluación en acciones liberadas
- Participación en excedentes de revaluación en inversiones relacionadas
- Reinversión
- Legal
- Contractuales
- Estatutarias
- Facultativas
- Otras reservas

Otros pasivos por impuestos	**Monto**
Capital	1.500.000.000
Revalorización capital propio	307.786.449
Ganancias (pérdidas) acumuladas	1.000.000.000
Ganancia (pérdida) del ejercicio	695.000.000
Totales	3.502.786.449

Colegio de Contadores y Auditores S.A. Auditoría al 31 de diciembre de 2020		I1
Programa de trabajo **Impuestos**	Preparado por:	JFU
	Fecha:	10.01.2021
	Revisado por:	CFR
	Fecha:	20.02.2021

Los activos por impuestos diferidos deben ser reconocidos de manera similar, suponiendo que es probable que haya una ganancia fiscal futura. Los activos por impuestos diferidos incluyen, obviamente, aquellos emergentes de compensaciones de pérdidas fiscales con ganancias fiscales de períodos posteriores (NIC 12 párrafos 24 y 34).

Diferencias temporales deducibles:

Partida financiera		Partida tributaria	Diferencia tributaria	Origina
Activo financiero	<	Activo tributario	Deducible	Activo por impuesto diferido
Pasivo financiero	>	Pasivo tributario	Deducible	Activo por impuesto diferido

Los pasivos por impuestos diferidos deben ser reconocidos con respecto a todas las diferencias temporales, salvo en relación con la amortización de la plusvalía no deducible y el reconocimiento inicial de determinados activos y pasivos en transacciones que no afectan ni el beneficio contable ni la ganancia fiscal.

Diferencias temporales imponibles:

Partida financiera		Partida tributaria	Diferencia tributaria	Origina
Activo financiero	>	Activo tributario	Imponible	Pasivo por impuesto diferido
Pasivo financiero	<	Pasivo tributario	Imponible	Pasivo por impuesto diferido

✓ Pérdidas y créditos fiscales no utilizados

Debe reconocerse un activo por impuestos diferidos, siempre que se puedan compensar, con ganancias fiscales de ejercicios posteriores, pérdidas o créditos fiscales no utilizados hasta el momento, pero solo en la medida en que sea probable la disponibilidad de ganancias fiscales futuras, contra los cuales cargar esas pérdidas o créditos fiscales no utilizados.

✓ Cálculo del impuesto diferido – cinco pasos:

1	Determinar los conceptos contables
2	Determinar los montos financieros y tributarios
3	Determinar si corresponde a una diferencia imponible o deducible
4	Multiplicarlas por la tasa vigente de impuesto que se espera que aplique
5	Determinar si debe reconocerse una ganancia o pérdida por concepto de impuestos diferidos

Año 31.12.2020 30%					
Detalle	**NIIF**	**Tributaria**	**Diferencia**	**Activo**	**Pasivo**
Forward USD	75.150.000	-	75.150.000		22.545.000
Deterioro acumulado de cuentas por cobrar	60.334.999	-	60.334.999	18.100.500	
Productos terminados	250.000.000	300.000.000	50.000.000	15.000.000	
Existencia de materias primas	370.000.000	400.000.000	30.000.000	9.000.000	
Existencia de productos elaborados	982.805.595	1.012.760.000	29.954.405	8.986.322	
Programas y licencias computacionales	45.000.000		45.000.000		13.500.000
Goodwill	255.000.000	252.000.000	3.000.000		900.000
Maquinarias y equipos	15.993.333	10.000.000	5.993.333		1.798.000
Muebles y enseres	22.390.476	10.000.000	22.390.476		6.717.143
Vehículos	20.800.000	24.000.000	3.200.000	9.600.000	
Edificaciones	211.626.666	140.000.000	71.626.666		21.488.000
Máquinas y equipos en leasing	358.301	-	358.301		107.490
Terrenos	870.000.000	500.000.000	370.000.000		111.000.000
Swap de valor razonable	9.000.000	-	9.000.000	2.700.000	
Provisión gastos de luz, agua y teléfono	300.000.000	300.000.000	-		
Provisión de vacaciones	350.000.000	-	350.000.000	105.000.000	
Provisión por juicios	341.000.000		341.000.000	102.300.000	
Provisión tipo comercial	130.000.000		130.000.000	39.000.000	
Provisión medioambiental	200.000.000		200.000.000	60.000.000	
Provisión indemnizaciones años de servicios	200.000.000		200.000.000	60.000.000	
Ingresos anticipados			300.000.000	90.000.000	
Totales				519.686.822	178.055.633

Ajustes	Debe	Haber
------------------- 32 --------------------		
Activo por impuestos diferidos	519.686.822	
Pasivo por impuestos diferidos		178.055.633
Impuesto a la renta		341.631.189

Aprobación

Carlos Filgueira Ramos	10.03.2022	Víctor Hugo Lindsay	20.02.2022
Socio a cargo	Fecha	Supervisor a cargo	Fecha
Julieta Filgueira Ulloa	10.02.2022		
Auditor a cargo	Fecha		

✓ Balance auditoría al 31.12.2020

Estado de situación financiera	Ajustes	31-12-2020	Ajustes	31-12-2020
		MF	MF	MF
ACTIVOS				
Activos corrientes				
Efectivo y equivalentes al efectivo		**960.000.000**		**974.233.148**
Banco Santander		40.000.000		40.000.000
Caja		50.000.000		50.000.000
Banco Chile moneda extranjera	2	50.000.000	177.148	50.177.148
Bancos Estado		60.000.000		60.000.000
Caja moneda extranjera	1	60.000.000	13.545.000	73.545.000
Depósitos a plazo vencimiento 30 días	3	700.000.000	511.000	700.511.000
Otros activos financieros		**680.540.000**		**732.150.000**
Inversiones disponibles para la venta	5	140.000.000	17.000.000	157.000.000
Inversiones para negociar	4	200.000.000	20.000.000	220.000.000
Forward USD	6	50.540.000	24.610.000	75.150.000
Swap de valor razonable	7	10.000.000	(10.000.000)	0
Cuotas de Fondos Mutuos 180 días		280.000.000		280.000.000
Otros activos no financieros		**187.000.000**		**187.000.000**
Garantías otorgadas		3.000.000		3.000.000
Gastos anticipados - telefonía celular		4.000.000		4.000.000
Gastos anticipados - telefonía fija		5.000.000		5.000.000
Gastos anticipados - acceso a Internet		5.000.000		5.000.000
Gastos anticipados - correo		10.000.000		10.000.000
Gastos antic. por arriendo de terreno		50.000.000		50.000.000
Gastos anticipados por otros arriendo		50.000.000		50.000.000
Gastos antic. por arriendo de edificios		60.000.000		60.000.000
Deudores comerciales y otras cuentas por cobrar		**495.189.000**		**442.627.825**
Documentos protestados		30.000.000		30.000.000
Fondos por rendir		40.000.000		40.000.000
Cuentas por cobrar		40.000.000		40.000.000
Documentos por cobrar		50.000.000		50.000.000
Préstamos por cambio de residencia	9	124.000.000	(31.247.176)	92.752.824
Deudores		270.210.000		270.210.000
Deterioro acum. de cuentas por cobrar	8	(39.021.000)	(21.313.999)	(60.334.999)
Anticipos de deudores		(20.000.000)		(20.000.000)
Cuentas por cobrar a entidades relacionadas		**0**		**0**
Inventarios		**1.712.760.000**		**1.602.805.595**
Productos terminados	12	300.000.000	(50.000.000)	250.000.000
Existencia de materias primas	10	400.000.000	(30.000.000)	370.000.000
Existencia de productos elaborados	11	1.012.760.000	(29.954.405)	982.805.595
Activos biológicos		**200.000.000**		**150.000.000**
Animales vivos		200.000.000	(50.000.000)	150.000.000
Activos por impuestos		**83.047.449**		**83.047.449**
Pagos provisionales mensuales		65.047.449		65.047.449
Crédito activo fijo		15.000.000		15.000.000
Crédito Sence		3.000.000		3.000.000
Total de activos corrientes		**4.318.536.449**	**(146.672.432)**	**4.171.864.017**

Estado de situación financiera	Ajustes	31-12-2020	Ajustes	31-12-2020
		MF	MF	MF
Activos no corrientes				
Otros activos financieros		**0**		**0**
Otros activos no financieros		**0**		**490.000.000**
Inversión relacionada AA	14		290.000.000	290.000.000
Inversión relacionada UCEM	14		200.000.000	200.000.000
Derechos por cobrar no corrientes		**0**		**0**
Cuentas por cobrar a entidades relacionadas		**0**		**0**
Inversiones relacionadas		**1.900.500.000**		**1.264.000.000**
Inversión relacionada ByN		285.000.000		285.000.000
Inversión relacionada AA	14	325.000.000	(325.000.000)	0
Inversión relacionada UC		13.500.000		13.500.000
Inversión relacionada Peor es nada		738.000.000		738.000.000
Inversión relacionada UCEM	14	311.500.000	(311.500.000)	0
Inversión empresa relacionada UAH		74.500.000		74.500.000
Inversión empresa relacionada UCSH		153.000.000		153.000.000
Activos intangibles		**45.000.000**		**45.000.000**
Programas y licencias comp.		50.000.000		50.000.000
Amort. ac. de prog. y licencias comp.		(5.000.000)		(5.000.000)
Plusvalía		**255.000.000**		**255.000.000**
Goodwill		277.500.000		277.500.000
Amortización Goodwill		(22.500.000)		(22.500.000)
Propiedades, planta y equipo		**1.182.750.000**		**1.608.603.362**
Maquinarias y equipos		15.000.000	(15.000.000)	0
Maquinaria transportadora			10.000.000	10.000.000
Maquinaria cortadora			5.000.000	5.000.000
Maquinaria recolectora			8.000.000	8.000.000
Muebles y enseres	23	20.000.000	(20.000.000)	0
Escritorios	23		12.000.000	12.000.000
Sillas	23		8.000.000	8.000.000
Estantes	23		5.000.000	5.000.000
Vehículos		30.000.000		30.000.000
Edificaciones	18	200.000.000	50.000.000	250.000.000
Máquinas y equipos en leasing	28	225.000.000	(14.013.032)	210.986.968
Otras máquinas y equipos		300.000.000	-	300.000.000
Terrenos	15	500.000.000	370.000.000	870.000.000
Dep. acum. de edificaciones	16.17.18. 19.20.21.	(60.000.000)	21.626.666	(38.373.334)
Dep. acum. de maquinarias y equipos	26.27.	(5.000.000)	(2.006.667)	(7.006.667)
Dep. acum. de vehículos	22	(6.000.000)	(3.200.000)	(9.200.000)
Dep. acum. de muebles y enseres	23.24.	(10.000.000)	7.390.476	(2.609.524)
Dep. acum. de otras máquinas y eq.	25	(20.000.000)	(17.333.333)	(37.333.333)
Dep. acum. de máquinas en leasing	28	(6.250.000)	389.252	(5.860.748)
Activos biológicos no corrientes		0		0
Propiedades de inversión		**0**		**0**
Activos por impuestos diferidos		**0**	**519.686.822**	**519.686.822**
Total de activos no corrientes		**3.383.250.000**	**799.040.184**	**4.182.290.184**
Total de activos		**7.701.786.449**	**652.367.752**	**8.354.154.201**

Estado de situación financiera	Ajustes	31-12-2020 MF	Ajustes MF	31-12-2020 MF
Pasivos				
Pasivos corrientes				
Otros pasivos financieros		**620.000.000**		**604.767.919**
Préstamos bancarios		300.000.000		300.000.000
Obligación Banco Santander	7	100.000.000	(9.000.000)	91.000.000
Obligaciones por leasing	28	330.000.000	(125.232.081)	204.767.919
Intereses diferidos por leasing	28	(110.000.000)	110.000.000	0
Swap de valor razonable	7		9.000.000	9.000.000
Cuentas por pagar comerciales y otras cuentas por pagar		**1.350.000.000**		**1.350.000.000**
Acreedores		150.000.000		150.000.000
Proveedores		300.000.000		300.000.000
Provisión gastos de luz, agua y teléfono		300.000.000		300.000.000
Seguros de vida		150.000.000		150.000.000
Asignación familiar		50.000.000		50.000.000
Subsidios por cesantía		50.000.000		50.000.000
Provisión de vacaciones		350.000.000		350.000.000
Cuentas por pagar a entidades relacionadas		**0**		**0**
Otras provisiones corrientes		**1.689.000.000**		**671.000.000**
Provisión terremoto	29	500.000.000	(500.000.000)	0
Provisión por juicios	30	979.000.000	(638.000.000)	341.000.000
Provisión tipo comercial	31	10.000.000	120.000.000	130.000.000
Provisión medioambiental		200.000.000		200.000.000
Pasivos por impuestos		**340.000.000**		**340.000.000**
Provisión impuesto a la renta		340.000.000		340.000.000
Provisiones corrientes por beneficios a los empleados		**200.000.000**		**200.000.000**
Provisión indemnizaciones años de servicios		200.000.000		200.000.000
Otros pasivos no financieros		**0**		**0**
Total de pasivos corrientes		**4.199.000.000**	**(1.033.232.081)**	**3.165.767.919**
Pasivos no corrientes				
Pasivo por impuestos diferidos		**0**	**178.055.633**	**178.055.633**
Total de pasivos no corrientes		**0**	**178.055.633**	**178.055.633**
Total de pasivos		**4.199.000.000**	**(855.176.448)**	**3.343.823.552**
Patrimonio				
Capital		1.807.786.449		1.807.786.449
Ganancias (pérdidas) acumuladas	9.14.23. 29.30.	1.000.000.000	1.073.752.824	2.073.752.824
Otras reservas	5.15.18.19. 20.21.26.27.	0	529.365.154	529.365.154
Ganancia (pérdida) del ejercicio		695.000.000	(95.573.778)	599.426.222
Patrimonio total		**3.502.786.449**	**1.507.544.200**	**5.010.330.649**
Total de patrimonio y pasivos		**7.701.786.449**	**652.367.752**	**8.354.154.201**

CAPÍTULO VI

Preguntas de auditoría con alternativa

1. El objeto principal de las Normas Internacionales de Auditoría consiste en:
    a) Establecer los objetivos y requisitos que deben aplicarse en la auditoría de los estados financieros
    b) Establecer un código de reglas que contemplen todas las situaciones y circunstancias que se le pueden plantear el auditor
    c) Prescribir requisitos contables que deben ser aplicados en la presentación de los estados financieros
    d) Proporcionar asistencia de carácter práctico a los auditores y promover las buenas prácticas

2. ¿Cuál de los siguientes no es un organismo encargado de la elaboración de normas de la IFAC?
    a) El Consejo Internacional de Normas de Auditoría y Aseguramiento
    b) El Consejo de Normas Internacionales de Formación Contable
    c) El Consejo de Normas Internacionales de Contabilidad
    d) El Consejo de Normas Internacionales de Ética para Contadores

3. ¿Cuál de las siguientes afirmaciones no es verdadera acerca de las Normas Internacionales de Auditoría?
    a) Deben aplicarse en la auditoría de los estados financieros
    b) Comprenden los objetivos y requisitos y una guía relacionada
    c) Toda desviación de lo prescripto por estas normas debe ser justificada
    d) Invalidan las regulaciones locales que rigen la auditoría en un país en particular

4. El auditor expresa una opinión sobre los estados financieros que han sido auditados. ¿Qué nivel de certeza proporciona esta opinión?

    a) Certeza moderada
    b) Certeza razonable
    c) Certeza significativa
    d) Certeza absoluta

5. El objetivo de la auditoría de los estados financieros consiste en permitirle al auditor:

    a) Proteger los intereses de los accionistas minoritarios
    b) Detectar incorrecciones a causa de fraude o error
    c) Emitir una opinión sobre los estados financieros
    d) Compilar información e informar acerca de los hallazgos basados en hechos

6. Los estados financieros mencionados en el informe de auditoría no incluyen:

    a) Un estado de pérdidas y ganancias
    b) Una nota sobre las políticas contables
    c) Un resumen con los resultados de cinco ejercicios
    d) Un estado de cambios en el patrimonio neto

7. ¿Al realizar una auditoría de acuerdo con las NIA, el auditor debe tener en cuenta los requerimientos emanados de cuál de las siguientes normas?

    1. Códigos de ética
    2. Legislación y normativa
    3. Los términos del encargo de auditoría
    4. Ninguna de las anteriores

    a) 1 únicamente
    b) 2 y 3
    c) 1 y 2
    d) 4

8. ¿Cuál de los siguientes factores no constituye una limitación inherente a la auditoría, que afecta la capacidad del auditor de detectar incorrecciones materiales?

a) El concepto de empresa en marcha
b) La naturaleza del proceso de auditoría
c) La naturaleza de la presentación de la información financiera
d) La necesidad de que la auditoría sea practicada dentro de un plazo razonable y a un costo razonable

9. Durante el curso de la auditoría, el auditor podrá utilizar los siguientes documentos:

1. Un análisis de gastos con fines impositivos
2. Una lista de cuentas por cobrar con pronto vencimiento
3. Conciliaciones del estado de cuenta de proveedores

¿Cuál de ellos será aceptable si han sido preparados por el cliente como base para trabajo de auditoría adicional?

a) Ninguno
b) 1 únicamente
c) 1 y 2
d) 1, 2 y 3

10. El uso de papeles de trabajo estandarizados puede mejorar la eficiencia en su preparación y revisión. ¿Cuál de los siguientes documentos es más adecuado para la estandarización?

a) La carta de encargo
b) Una carta de solicitud de un informe bancario
c) La estrategia general de la auditoría
d) Una manifestación escrita de la dirección

11. Los papeles de trabajo de auditoría se dividen generalmente en archivos corrientes y permanentes, por una cuestión tanto de conveniencia como de control. ¿Cuál de las siguientes cartas pertenecerá más probablemente al archivo de auditoría permanente que al archivo de auditoría corriente?

a) La carta de encargo
b) Informe sobre deficiencias en el control interno
c) Manifestación escrita de la dirección
d) Carta de confirmación bancaria

12. Es importante preparar los papeles de auditoría, ya que:

    a) Generalmente lo exige la legislación nacional
    b) Proporciona evidencia para respaldar la opinión de auditoría
    c) Permite planear la auditoría del año siguiente
    d) Evita que el auditor pueda ser demandado judicialmente por negligencia

13. Durante el análisis de transacciones cerca del cierre del ejercicio, el auditor encuentra numerosas alteraciones que asignan una fecha posterior a las facturas de proveedores, de manera que no han sido incluidas en las cuentas por pagar comerciales.

    El auditor también descubre que varias copias de facturas de venta llevan una fecha anterior a la transacción y han sido incluidas en las ventas del ejercicio, y las cifras de los registros del inventario físico han sido alteradas.
    Esta combinación de circunstancias, por lo general, indica:

    a) La utilización de transacciones posteriores y la manipulación de los registros a fin de ocultar la apropiación indebida de recibos de efectivo
    b) El fraude en la presentación de la información financiera, diseñado para mejorar las ganancias declaradas para el ejercicio bajo análisis
    c) Fraude que involucra colusión de los empleados con los proveedores para extraer pagos de bienes no solicitados ni recibidos
    d) La corrección de errores con respecto a la fecha de corte a fin de tomar en cuenta bienes recibidos y despachados durante el conteo físico del inventario

14. ¿Cuál de las siguientes afirmaciones expresa mejor el deber del auditor de confidencialidad para con su cliente con respecto a la información obtenida durante el curso del trabajo profesional?

    a) El auditor solo debe revelar información confidencial del cliente luego de haber obtenido el consentimiento para ello por parte de la junta de directores
    b) El auditor debe proporcionar toda información del cliente solicitada por un accionista en la asamblea anual general
    c) El auditor nunca debe revelar información confidencial del cliente a menos que resulte esencial para la comprensión de un informe de auditoría con salvedades

d) El auditor debe revelar cierta información confidencial del cliente si considera que tiene un derecho u obligación legal de hacerlo

15. La NIA 240, Responsabilidades del auditor en la auditoría de estados financieros con respecto al fraude, requiere específicamente que el auditor haga todo lo que se detalla a continuación, salvo:

    a) Comunicarse con la dirección y los responsables del gobierno
    b) Diseñar y realizar procedimientos de auditoría a fin de responder al riesgo de que la dirección pase por alto los controles
    c) Obtener manifestaciones escritas de la dirección con respecto al fraude
    d) Escribir al banco para obtener la confirmación de los saldos bancarios a fin de probar que no ha ocurrido ningún fraude

16. De acuerdo con la NIA 240, Responsabilidades del auditor en la auditoría de estados financieros con respecto al fraude, ¿cuál de los siguientes no es un error?

    a) Alterar los registros y partidas relacionados con transacciones significativas e inusuales
    b) Un error al reunir o procesar la información en base a la cual se preparan los estados financieros
    c) Una aplicación errónea no intencional de los principios contables relacionados con la medición, reconocimiento, clasificación, presentación o revelación
    d) Una estimación contable incorrecta que surge de haber pasado por alto o malinterpretado los hechos

17. De acuerdo con la NIA 240, Responsabilidades del auditor en la auditoría de estados financieros con respecto al fraude, ¿cuál de las siguientes circunstancias no indica la posibilidad de fraude?

    a) Ajustes de último momento que afectan los resultados financieros de manera significativa
    b) Instalación de nuevo software relativo al sistema contable
    c) Partidas significativas en las conciliaciones, sin ninguna explicación
    d) Tolerancia a las violaciones del código de conducta de la entidad

18. ¿Cuál de las siguientes situaciones representará más probablemente un error y no fraude?

    a) Pasar por alto o malinterpretar cuestiones que resultan en una estimación contable incorrecta
    b) Registrar transacciones sin un contenido económico
    c) Suprimir u omitir los efectos de las transacciones de los registros o documentos
    d) La apropiación indebida de activos

19. Un documento cuyo principal objeto consiste en describir el alcance y contenido de una auditoría es, por lo general, conocido como:

    a) La carta de encargo
    b) La estrategia de auditoría
    c) El procedimiento de auditoría
    d) La carta a la dirección

20. La principal razón para planear una auditoría consiste en:

    a) Realizar la auditoría de forma efectiva
    b) Formular y acordar un cronograma con el cliente
    c) Comunicar los honorarios aproximados al cliente
    d) Asegurarse de que el equipo de auditoría sepa qué se espera de ellos

21. El principal objeto de un plan de auditoría consiste en:

    a) Una serie de preguntas detalladas para determinar y evaluar todas las características importantes del sistema de controles internos utilizado
    b) Una lista de información adicional a revelar y otros requisitos que deben cumplirse a fin de asegurar el cumplimiento con las NIA, las leyes, normas contables y reglas de la bolsa de valores
    c) Una lista general de instrucciones sobre los métodos de auditoría utilizados por la firma de auditoría en cada área, y los procedimientos generales de la firma
    d) Un conjunto de instrucciones a los asistentes de auditoría, destinado a controlar y registrar la ejecución de su trabajo

22. El objetivo principal del auditor al adquirir una comprensión acerca de la entidad consiste en:

   a) Identificar y comprender los hechos y transacciones que pueden afectar significativamente los estados financieros
   b) Evaluar el riesgo de fraude en la presentación de la información financiera
   c) Comprender los requisitos específicos de la industria
   d) Planear la auditoría a fin de realizarla de manera efectiva

23. ¿Cuál de las siguientes áreas sería la menos relevante para el auditor a fin de lograr un nivel de comprensión de la entidad?

   a) Incumplimiento con las normas internacionales de información financiera
   b) Evaluación del riesgo de control inherente
   c) Evaluación de las manifestaciones escritas de la dirección
   d) Identificación de las transacciones entre partes relacionadas

24. ¿Cuál de las siguientes afirmaciones describe un elemento de información significativo de manera más acertada?

   a) Su omisión o error puede influenciar las decisiones económicas de los usuarios de los estados financieros
   b) Resulta significativa en relación con saldos de cuentas y clases de transacciones específicos
   c) Proporciona un criterio límite entre puntos críticos, como de ganancias a pérdidas
   d) Es una cuestión que debe ser juzgada tanto en forma cualitativa como cuantitativa

25. Si la materialidad se establece en $50.000, el ajuste mínimo que debe ser realizado para que la presentación de los estados financieros sea evaluada como razonable es:

   a) Ninguno
   b) $39.000
   c) $50.000
   d) $89.000

26. La susceptibilidad del saldo de una cuenta o de una clase de transacciones a incorrecciones materiales es conocida como:

    a) Riesgo de auditoría
    b) Riesgo de control
    c) Riesgo inherente
    d) Riesgo de detección

27. Dentro del contexto de la auditoría de los estados financieros de una empresa, el riesgo de detección representa el riesgo de que:

    a) El sistema contable de la empresa no prevenga o detecte y corrija las incorreciones materiales
    b) Los procedimientos del auditor no detecten las incorreciones materiales
    c) El auditor sea considerado responsable ante terceros por no haber detectado unas incorreciones materiales
    d) Surge a partir de la susceptibilidad de las transacciones y los saldos a incorreciones materiales

28. ¿En qué circunstancias deberá el auditor documentar la comprensión adquirida acerca del sistema contable y de control interno del cliente?

    a) Solo cuando audita una sociedad de responsabilidad limitada
    b) Solo cuando tiene la intención de fiarse de los controles internos
    c) Solo cuando el sistema contable y de control interno son relativamente complejos
    d) Siempre, independientemente de cualquier otro trabajo de auditoría planeado

29. De acuerdo con la NIA 315, Identificación y valoración de los riesgos de incorrección material mediante el conocimiento de la entidad y de su entorno, ¿cuál de las siguientes no forma parte del rol de la discusión entre los miembros del equipo de auditoría?

    a) Proporciona la oportunidad de que los miembros del equipo de auditoría más experimentados compartan su punto de vista basado en su conocimiento de la entidad

b) Les permite a los miembros del equipo de auditoría intercambiar información con respecto a los riesgos de negocios que afectan a la entidad, y acerca de las áreas y la manera en que los estados financieros pueden ser susceptibles de error o fraude
c) Ayuda a los miembros del equipo de auditoría a comprender la manera en que los resultados de los procedimientos que realizan pueden afectar otros aspectos de la auditoría
d) Permite medir y analizar el desempeño financiero de la entidad

30. ¿Qué son las actividades de control de acuerdo con la NIA 315, Identificación y valoración de los riesgos de incorrección material mediante el conocimiento de la entidad y de su entorno?

a) Sistemas de información y procesos de negocios relevantes para la presentación de la información financiera
b) La implementación de sistemas de TI significativos relacionados con la presentación de la información financiera
c) Canales de comunicación abierta que contribuyen a asegurar que las excepciones sean informadas y se tomen medidas al respecto
d) Políticas y procedimientos que contribuyen a asegurar que las directivas de la dirección sean llevadas a cabo

31. Un extracto de la descripción de los sistemas de un supermercado establece que todo el dinero en efectivo recibido por los cajeros durante el día debe ser depositado en la caja fuerte nocturna por el gerente de la tienda antes de la finalización de la jornada comercial.

Los tipos de control utilizados en esta parte del sistema son:
a) Autorización y control físico
b) Control físico y separación de tareas
c) Supervisión y separación de tareas
d) Control contable y físico

32. De acuerdo con la NIA 315, Identificación y valoración de los riesgos de incorrección material mediante el conocimiento de la entidad y de su entorno, ¿qué categoría de políticas y procedimientos probablemente no sea considerada parte de las actividades de control que pueden ser relevantes para la auditoría?

a) Restructuración corporativa
b) Evaluaciones de desempeño
c) Controles físicos
d) Separación de tareas

33. El objeto del procedimiento que implica el seguimiento de algunas transacciones a través del sistema contable (conocido como "prueba paso a paso") consiste en:

a) Confirmar o adquirir una comprensión acerca del sistema contable y de control interno
b) Identificar las debilidades en el sistema contable y de control interno
c) Identificar controles internos en los que el auditor pueda fiarse
d) Confirmar la evaluación preliminar de la evaluación de controles

34. ¿Cuál de las siguientes condiciones probablemente indique la existencia de un riesgo de incorrección material?

1. La aplicación de nuevos pronunciamientos en el área contable
2. Cambios en el entorno de la TI
3. Una expansión hacia nuevos emplazamientos
4. Un alto nivel de regulación compleja

a) 1 y 3 únicamente
b) 1 y 4 únicamente
c) 2, 3 y 4 únicamente
d) 1, 2, 3 y 4

35. De acuerdo con la NIA 200, Objetivos globales del auditor independiente y realización de la auditoría de conformidad con las Normas Internacionales de Auditoría, ¿a qué riesgo hace referencia la siguiente definición?
El riesgo de que una incorreción que puede ocurrir en una afirmación y ser significativa, ya sea de manera aislada o tomada en forma conjunta con las demás incorreciones, no sea prevenida, o detectada y corregida, en forma oportuna por el control interno de la entidad.

a) Riesgo de auditoría
b) Riesgo de control

c) Riesgo de detección
d) Riesgo inherente

36. De acuerdo con la NIA 200, Objetivos globales del auditor independiente y realización de la auditoría de conformidad con las Normas Internacionales de Auditoría, ¿qué riesgo es definido de la siguiente manera?

La susceptibilidad de una afirmación a una incorreción que podría ser considerada material, ya sea de manera aislada o en forma conjunta con otras incorreciones, antes de la consideración de todo control relacionado.

a) Riesgo de auditoría
b) Riesgo de control
c) Riesgo de detección
d) Riesgo inherente

37. De acuerdo con la NIA 200, Objetivos globales del auditor independiente y realización de la auditoría de conformidad con las Normas Internacionales de Auditoría, ¿qué riesgo es definido de la siguiente manera?

El riesgo de que los procedimientos realizados por el auditor a fin de reducir el riesgo de auditoría a un nivel aceptablemente bajo no detecten una incorreción existente que podría ser material, ya sea de manera aislada o en forma conjunta con otras incorreciones.

a) Riesgo de auditoría
b) Riesgo de control
c) Riesgo de detección
d) Riesgo inherente

38. ¿Cuál de las siguientes actividades subcontratadas por una entidad a un proveedor de servicios externos presenta menos probabilidades de ser relevante para el auditor externo de la entidad?

a) La preparación de los estados financieros
b) La capacitación y contratación del personal
c) La gestión de un vehículo arrendado
d) Cobro de deudas por factores

39. Una empresa financiera utiliza una organización de servicios para procesar un alto volumen de transacciones del tipo más complejo. ¿Cuál de las siguientes circunstancias probablemente le causará al auditor de la empresa financiera mayores dificultades para poder formar una opinión?

a) La posibilidad de pérdida de documentación de entrada al transmitirla a la organización de servicios
b) Sistemas inadecuados de generación de copias de seguridad y de reconstitución en la organización de servicios
c) Falta de identificación de excepciones en la información de salida por parte del personal de la entidad
d) Denegación del permiso de visitar la organización de servicios para realizar pruebas de control

40. ¿Cuál de las siguientes cuestiones no está incluida en un informe de tipo 1 preparado por una organización de servicios para uso restringido de su dirección, los clientes y los auditores del cliente?

a) La suficiencia de la estrategia a fin de alcanzar los objetivos establecidos
b) La operación efectiva en base a las pruebas de control
c) La existencia operacional de los controles
d) La exactitud de la descripción

41. De acuerdo con la NIA 330, Respuesta del auditor a los riesgos valorados, ¿cuál de los siguientes factores no influirá en el juicio del auditor con respecto a lo que constituye evidencia de auditoría suficiente y adecuada?

a) Limitaciones en cuanto a la disponibilidad de capital y crédito
b) Eficacia de los controles y respuestas de la dirección al riesgo
c) Nivel de persuasión de la evidencia de auditoría
d) Fuentes y nivel de fiabilidad de la información disponible

42. El objetivo principal de la realización de pruebas de control consiste en proporcionar una certeza razonable de que:

a) Se cuenta con un nivel de comprensión suficiente acerca del flujo de documentación a través del sistema y la operación del control contable en él
b) Se ha obtenido evidencia adecuada para todos los procedimientos contables

c) El sistema contable y de control interno han sido diseñados de manera apropiada y los controles internos operan durante todo el período
d) Los procedimientos de control operacional son efectivos en la gestión del riesgo por parte de la entidad

43. ¿Cuál de los siguientes elementos no será considerado por el auditor al decidir si una deficiencia en el control interno es significativa?

a) Los montos en los estados financieros expuestos a las deficiencias
b) El volumen de actividad expuesta a la deficiencia
c) El trabajo de auditoría planificado con respecto al área de los estados financieros expuesta a la deficiencia
d) La causa y frecuencia de las excepciones detectadas a raíz de la deficiencia

44. ¿Cómo se deben comunicar las deficiencias significativas en el control interno?

a) En forma verbal, al finalizar la auditoría
b) Por escrito, al finalizar la auditoría
c) En forma verbal, de manera oportuna
d) Por escrito, de manera oportuna

45. La inspección física de los activos intangibles apunta principalmente a la siguiente afirmación contenida en los estados financieros:

a) Derecho a utilizar los activos
b) Existencia de los activos
c) Registro íntegro de los activos
d) Exactitud en el registro de los activos

46. ¿Cuál de las siguientes formas de evidencia de auditoría será probablemente la menos confiable?

a) Un certificado del banco
b) La respuesta a una solicitud de confirmación directa
c) El informe de un valuador externo
d) Manifestaciones por escrito de la dirección

47. Al decidir con respecto a la cantidad de evidencia necesaria a fin de formar una opinión sobre una cuestión en particular, el factor que deberá influir en el auditor en menor medida es:

    a) El tiempo necesario para obtener la evidencia
    b) La materialidad de la cuestión analizada
    c) Los términos del encargo de auditoría
    d) La fuente de evidencia

48. La NIA 500, Evidencia de auditoría, establece que "...la fiabilidad de la evidencia depende de cada circunstancia en particular...".

    ¿Cuál de las siguientes fuentes de auditoría será, por lo general, considerada como la más confiable?

    a) Las facturas de compra de proveedores
    b) Confirmaciones orales de los directores
    c) Una carta de confirmación del banco
    d) Recibos de entrega de mercadería

49. ¿Cuál de las siguientes es una prueba de control?

    a) Realizar nuevamente una conciliación bancaria a la fecha de presentación de la información
    b) Contar el efectivo físico al cierre del ejercicio y corroborar el total con el monto registrado
    c) Revisar las facturas de compra en busca de una firma que autorice el pago al proveedor
    d) Corroborar la información de pago en un extracto bancario con las facturas de compra justificativas

50. ¿Cuál de los siguientes es un procedimiento sustantivo sobre la cifra de ingresos en un conjunto de estados financieros?

    a) Comparación de las cifras con las de ejercicios anteriores y con las cifras mensuales estimadas de ventas y costo de ventas
    b) Hacer el seguimiento de una o dos transacciones a través del sistema desde la orden hasta el pago, de acuerdo con los registros en las notas del sistema

c) Examinar una muestra de las facturas de venta, a fin de verificar si los precios, costos y extensiones han sido inicialados como verificados por un empleado de ventas
d) Revisar varias páginas del libro diario de ventas a fin de asegurarse de que la secuencia de facturas de venta está completa

51. ¿En cuál de las siguientes etapas de la auditoría no resulta probable que el auditor utilice procedimientos analíticos?

a) La planificación de la auditoría
b) La evaluación del riesgo de control
c) Como procedimientos sustantivos
d) La revisión general al final de la auditoría

52. El principal objetivo de los procedimientos analíticos en la etapa de planificación de la auditoría es:

a) Reducir el alcance de los demás procedimientos de auditoría necesarios durante la auditoría
b) Identificar el área de riesgo potencial
c) Realizar "verificaciones mediante totales de control"
d) Confirmar la uniformidad de los estados financieros en su conjunto

53. ¿Cuál de los siguientes no es un procedimiento analítico típico?

a) El estudio de las relaciones entre la información financiera y la información no financiera relevante
b) La comparación de la información financiera con información similar sobre la industria en la que la entidad opera
c) La comparación entre los montos de gastos de capital registrados y las facturas correspondientes
d) La comparación entre los montos de gastos de capital registrados y los montos establecidos en el presupuesto

54. ¿Cuál de las siguientes afirmaciones describe con mayor exactitud la efectividad de los procedimientos analíticos?

a) Son más efectivos cuando se los aplica a los resultados de una entidad en su conjunto en vez de a sus componentes

b) No son efectivos para la evaluación de la integridad de una población contable
c) Es posible que no sean apropiados para evaluar áreas con un alto nivel de discreción por parte de la dirección
d) No son apropiados cuando la información contable que debe ser comparada es producida de manera separada

55. Los procedimientos analíticos basados en las cuentas por cobrar comerciales y las cifras de ingresos al cierre del ejercicio, muestran que el período promedio de cobro, es decir, el tiempo que lleva a los clientes a crédito pagar lo que deben, ha aumentado de 73 días en 2023 a 87 días en 2024.

¿Cuál es la explicación más lógica para este aumento?
a) Se han realizado ventas sustanciales a clientes a crédito en los últimos días de 2024, pero no en 2023
b) Se han realizado ventas sustanciales a clientes a crédito en los últimos días de 2023, pero no en 2024
c) En 2024, el descuento por pronto pago fue aumentado del 1 % al 1,5 %
d) Una deuda incobrable generada en 2023 por $ 20.000, que constituye una excepción, ha sido pasada a pérdida en 2024

56. Al considerar el tamaño adecuado de la muestra de una población con una gran cantidad de partidas, ¿cuál de los siguientes elementos tomará en cuenta el auditor?

1. Estratificación
2. Cantidad de partidas en la población
3. Error tolerable

a) Ninguna
b) 1 únicamente
c) 1 y 2
d) 1 y 3

57. Un auditor planea fiarse del sistema de controles internos con respecto a las compras y los pagos, y diseña pruebas de control para asegurarse de que los controles han estado operando de manera efectiva durante todo el período contable.

Los resultados de las pruebas muestran que uno de los controles no operó de manera efectiva durante un mes en el año, en el que se contrató un empleado administrativo temporal. El seguimiento de las desviaciones muestra que no generaron errores en los registros contables. ¿Cuál de las siguientes conclusiones será la más apropiada?

a) El control no es confiable y, por lo tanto, el nivel de los procedimientos sustantivos no puede reducirse
b) El nivel de los procedimientos sustantivos puede ser reducido durante el año, pero el error debe ser informado a la dirección
c) El nivel de los procedimientos sustantivos puede ser reducido durante once meses y el mes restante evaluado como una población aparte
d) Debe identificarse y evaluarse un control alternativo para el total del período contable antes de adoptar cualquier decisión con respecto al nivel de los procedimientos sustantivos

58. Como parte de las pruebas de auditoría a fin de cumplir con el objetivo de auditoría de que "las cuentas por cobrar comerciales no sean sobrestimadas", el responsable de auditoría a cargo de la auditoría de una empresa manufacturera planea enviar resúmenes de cuenta a una muestra de clientes y solicitarles que confirmen el saldo.

¿Cuál de los siguientes métodos de selección de muestras sería el más apropiado en estas circunstancias?
a) Una muestra aleatoria seleccionada a partir de una población de clientes individuales utilizada durante el año
b) Una muestra seleccionada a partir de la población de clientes individuales utilizada durante el año, con una tendencia hacia aquellos con transacciones de mayor valor durante el año
c) Una muestra aleatoria seleccionada a partir de la población de los saldos de los clientes al cierre del ejercicio
d) Una muestra seleccionada a partir de la población de los saldos de clientes al cierre del ejercicio, con una tendencia hacia los saldos de mayor valor

59. Al utilizar el muestreo estadístico para llevar a cabo una prueba de auditoría, el auditor podrá intentar reducir el riesgo ajeno al muestreo de la siguiente manera:

a) Asegurándose de que la muestra se encuentra estratificada
b) Mediante una supervisión adecuada y la revisión de la realización de la prueba de auditoría
c) Reduciendo el nivel de error tolerable
d) Aumentando el nivel de certeza requerido de la prueba

60. Durante la etapa de planificación de la auditoría, el auditor consideró que un error de $30.000 probablemente resultaría significativo para las ganancias, y planificó muestras y pruebas de acuerdo a ello. Los únicos errores encontrados como resultado del trabajo de auditoría planificado fueron dos partidas de inventario, cada una de ellas sobrestimada en $5.000. El director financiero no está dispuesto a ajustar los estados financieros, salvo a fin de evitar una opinión de auditoría modificada.

¿Qué medida deberá adoptar el auditor?
a) Aceptar los estados financieros como están, dado que los errores no son significativos
b) Proyectar el error monetario y compararlo con la representación errónea tolerable
c) Solicitar el ajuste de las cuentas, dado que los errores identificados deben ser corregidos
d) Insistir en que el cliente vuelva a realizar la valuación del inventario

61. El objetivo de obtener manifestaciones escritas de la dirección consiste en:

a) Llevar a la atención de la dirección toda área de debilidad significativa identificada en los registros, sistemas y controles contables evaluados durante la auditoría
b) Dejar registrada la respuesta de la dirección a las cuestiones planteadas por el auditor y sus propuestas de acción para rectificar las debilidades que el auditor ha identificado
c) Definir claramente el alcance de las responsabilidades del auditor y proporcionar una confirmación por escrito de los términos de aceptación de la designación por parte del auditor
d) Obtener la confirmación de que la dirección considera que ha cumplido con sus responsabilidades y respaldar otra evidencia de auditoría relevante para los estados financieros

62. Durante el curso de la auditoría, el auditor recibirá manifestaciones orales de la dirección, con respecto a las cuales no existe evidencia independiente disponible. El auditor deberá solicitar la confirmación por escrito de estas manifestaciones de la dirección a fin de:

    a) Reducir la posibilidad de malentendidos entre el auditor y la dirección
    b) Proteger al auditor de toda responsabilidad legal que surja de cualquier representación errónea en los estados financieros
    c) Probar que la dirección ha llevado los registros contables de acuerdo con el marco conceptual para la presentación de la información financiera relevante
    d) Reducir el alcance de los procedimientos alternativos que el auditor realizaría si no los obtuviera

63. La negativa de la dirección a proporcionar una manifestación por escrito que el auditor considera necesaria representaría:

    a) Evidencia de que no se ha hecho una presentación razonable de los estados financieros
    b) Un acto fraudulento por parte de la dirección
    c) Una cuestión que debe ser informada en la carta con el informe de las debilidades
    d) Una limitación en la evidencia recopilada que requiere un informe de auditoría modificado

64. En base al siguiente cronograma, ¿cuál es la fecha más apropiada para que el auditor obtenga la carta de manifestaciones?

    1. 31 de enero de 2029 - todo el trabajo de campo de auditoría ha sido completado
    2. 28 de febrero de 2029 - los estados financieros han sido aprobados por la junta de directores
    3. 5 de marzo de 2029 - firma del informe de auditoría
    4. 25 de abril de 2029 - asamblea anual general de la empresa

    a) 1
    b) 2
    c) 3
    d) 4

65. El principal objetivo de la asistencia del auditor al conteo del inventario físico es confirmar la siguiente característica del inventario:

    a) Existencia
    b) Propiedad
    c) Valoración
    d) Integridad

66. La principal tarea del auditor cuando asiste al conteo físico de inventario al cierre del ejercicio de una empresa cliente, consiste en:

    a) Obtener la certeza de que los procedimientos establecidos por la dirección son implementados de manera adecuada
    b) Asistir a la dirección en la adecuada supervisión y realización del conteo
    c) Identificar todo error en el conteo de inventario obsoleto
    d) Concordar todos los conteos físicos con los registros contables del inventario

67. ¿Cuál de los siguientes procedimientos tiene escasas probabilidades de proporcionar evidencia con respecto a los pasivos contingentes?

    a) Revisar las respuestas a una solicitud de confirmación directa recibida de los clientes
    b) La inspección de las actas de reunión de la junta de directores
    c) Mantener una charla con los responsables del área legal de la empresa
    d) Revisar las cartas enviadas por el banco

68. ¿Para cuál de los siguientes objetivos de auditoría resultará más relevante y suficiente una confirmación directa de los saldos de las cuentas por cobrar comerciales?

    a) Valoración
    b) Clasificación
    c) Existencia
    d) Integridad

69. El director ejecutivo de una empresa cliente ha solicitado que el auditor no le escriba a uno de los principales clientes, FC, seleccionado para una confirmación directa, dado que FC es un amigo personal cercano que podría ofenderse ante dicha solicitud.

En estas circunstancias, el paso a seguir por el auditor sería:

a) Indicar que dicha negativa constituye una restricción al alcance de la auditoría, que llevará a una modificación del informe de auditoría
b) Realizar la confirmación externa según lo planeado, dado que la responsabilidad del auditor es para con los accionistas y no para con los directores
c) Realizar la confirmación externa reemplazando al cliente por otro con características similares, a fin de preservar la integridad de la muestra
d) Llevar a cabo la confirmación externa con los otros clientes seleccionados y aplicar procedimientos alternativos a fin de obtener evidencia suficiente y adecuada con respecto a FC

70. La dirección de una empresa ha solicitado que los auditores externos utilicen el departamento de auditoría interna de la empresa. ¿Cuál de las siguientes afirmaciones refleja con más exactitud la relación entre dichos auditores externos e internos?

a) La responsabilidad final sobre la opinión de auditoría recae en el auditor externo, quien, por lo tanto, no debe utilizar el trabajo de la auditoría interna
b) Utilizar el trabajo de la auditoría interna es aconsejable, dado que reduce la exposición del auditor externo a la responsabilidad legal
c) El auditor externo deberá evaluar el trabajo de la auditoría interna y, si lo considera adecuado, utilizar una parte específica del trabajo, pero solo en las áreas donde el riesgo de auditoría es bajo
d) Cuando tiene la intención de basarse en el trabajo específico de la auditoría interna, el auditor externo deberá evaluar su suficiencia

71. Una gran empresa que cotiza en la bolsa ha creado recientemente un departamento de auditoría interna. La junta de directores está conformada por directores ejecutivos y no ejecutivos. A fin de asegurar el más alto grado de objetividad, la auditoría interna deberá reportar a:

a) El gerente ejecutivo
b) El director financiero
c) Un comité de directores no ejecutivos
d) Un comité de directores ejecutivos

72. ¿En cuál de las siguientes áreas por lo general no operará la auditoría interna?
   a) Diseño e implementación de los controles internos
   b) Análisis del aspecto económico, la eficiencia y eficacia de las operaciones
   c) Evaluación de la información financiera y operativa
   d) Control de todos los conteos físicos con los registros contables del inventario

73. El auditor deberá expresar una opinión con salvedades por imposibilidad de obtener evidencia de auditoría suficiente y adecuada en caso de que la dirección:
   a) Designe al auditor luego del conteo físico del inventario al cierre del ejercicio
   b) Solicite que ciertos clientes sean excluidos de la circularización de los saldos de cuentas al cierre del ejercicio
   c) Niegue al auditor acceso a las actas de las reuniones de directorio
   d) Se niegue a confirmar en una manifestación escrita el resultado probable de un reclamo legal pendiente

74. Los estados financieros de una empresa incluyen un saldo adeudado por un cliente que es significativo. Los auditores no creen que dicho saldo vaya a ser cancelado. ¿Cómo deberá ser el informe del auditor?
   a) Sin modificaciones
   b) Abstención de opinión
   c) Opinión adversa
   d) Opinión con salvedades

75. Los registros contables de una empresa fueron destruidos por el fuego poco tiempo después del cierre del ejercicio. Los estados financieros han sido preparados sobre la base de estimaciones, pero no ha sido posible para el auditor realizar demasiados procedimientos de auditoría. ¿Cómo deberá ser el informe del auditor?
   a) Incorrecciones materiales con respecto a las estimaciones contables - opinión adversa
   b) Imposibilidad de obtener evidencia - abstención de opinión
   c) Párrafo de énfasis - incertidumbre significativa
   d) Revelación inadecuada - opinión con salvedades "con excepción de"

76. Los estados financieros de una empresa presentan una ganancia antes de impuestos de $ 15 millones y activos netos por un valor de $ 100 millones. Algunos de los productos del inventario presentados en el estado de situación financiera a un costo de $ 6 presentan un bajo nivel de ventas. La dirección de la empresa confía que estos productos serán finalmente vendidos, pero los auditores consideran necesario crear una provisión por un valor de $ 2 millones. La dirección se ha negado a ajustar los estados financieros.
El informe del auditor deberá ser:

a) Con salvedades “con excepción de” - incorrección
b) Con salvedades “con excepción de” - imposibilidad de obtener evidencia
c) Sin modificaciones, dado que la cuestión no es significativa
d) Sin modificaciones, con un párrafo de énfasis

77. El auditor opina que la empresa no puede continuar su actividad comercial debido a una modificación en la legislación que declara la actividad de la empresa ilegal. Los estados financieros son preparados sobre la base de la categoría de empresa en marcha y los hechos son totalmente revelados en las notas.
¿Cómo deberá ser el informe del auditor?

a) Expresar una opinión adversa
b) Con salvedades “con excepción de” por discrepancias con respecto a la base para la preparación de los registros contables
c) Sin salvedades
d) Expresar una opinión sin modificaciones con un párrafo de énfasis que señale el problema de la categoría de empresa en marcha

78. ¿Cuál de los siguientes factores no resultará relevante para el auditor al decidir si debe mencionar un problema con respecto a la categoría de empresa en funcionamiento en su informe sobre los estados financieros de la subsidiaria de una empresa que cotiza en bolsa?

a) El hecho de que toda referencia a ello podría llevar a la designación de un síndico o liquidador de la subsidiaria
b) Información de pronóstico de la dirección y presupuestos para la subsidiaria
c) La cancelación de un préstamo bancario sustancial, pagadero quince meses luego de la fecha de presentación de la información
d) Garantías de asistencia financiera otorgadas por la empresa controladora

79. Si bien existe una incertidumbre material con respecto a la capacidad de la entidad de continuar operando como una empresa en marcha, los directores de la empresa han preparado los estados financieros en base al concepto de empresa en funcionamiento y los auditores están de acuerdo con ello. Los estados financieros revelan las condiciones que generan dudas considerables y la naturaleza de los ajustes que serían necesarios si los estados financieros estuvieran preparados sobre una base de autoridad alternativa.

    Los auditores deberán:

    a) Abstenerse de expresar una opinión, dado que la presunción de empresa en funcionamiento subyace a la preparación de los estados financieros
    b) Calificar la opinión del auditor debido a la incorrección material, dado que la base de empresa en funcionamiento es inapropiada
    c) Incluir un párrafo de incertidumbre material respecto de la capacidad de la entidad de continuar operando como una empresa en funcionamiento a fin de señalar la cuestión
    d) Emitir un informe del auditor sin modificaciones

80. Dos semanas después de fin de año, la fábrica principal de Filgueira S.A.. se quemó, y solo el 70% de la capacidad de producción de la fábrica puede trasladarse a otras fábricas de la compañía. La dirección está eligiendo no revelar esta cuestión en los estados financieros.

    El informe del auditor debería:

    a) Emitirse sin modificaciones
    b) Expresar una opinión con salvedades, "con excepción de", debido a la falta de revelación
    c) Revelar una opinión
    d) Expresar una opinión adversa

Ejercicios y preguntas de auditoría

1. ¿Todos los auditores deben realizar su trabajo de acuerdo con las NIA?

2. Las NIA parecen ser normas muy extensas y detalladas. ¿Realizar una auditoría de acuerdo con las NIA significa que no hay lugar para el juicio profesional y que el proceso de auditoría se convierte en un proceso de "marcar casillas de verificación"?

3. ¿La NIA 230 requiere el uso de papeles de trabajo estandarizados?

4. Documentación de auditoría (NIA 230)
   Sugiera cuatro ventajas y desventajas de la estandarización de los papeles de trabajo de auditoría.

5. Archivos de auditoría permanentes vs corrientes:

N°	Permanente o corriente	Detalle
1		Manifestaciones escritas de la dirección
2		Listado de comprobación de cumplimiento con las cláusulas de revelación de información estatutarias y las Normas Internacionales de Información Financiera
3		Memorándum, actas de constitución y estatutos
4		Listado de comprobación de culminación de cuentas
5		Cartas de encargo de auditoría firmadas que establecen los términos
6		Descripciones de los sistemas de contabilidad en diagramas de flujo y forma narrativa
7		Datos de evaluación de controles internos: cuestionarios diagramas organizacionales, con detalles adicionales para el departamento de finanzas y listados de comprobaciones
8		Informe para la dirección, indicando debilidades materiales en los controles internos, incluyendo respuestas del cliente
9		Plan general de auditoría (valoraciones de riesgo y materialidad planificada) y programas de auditoría
10		Diagramas organizacionales, con detalles adicionales para el departamento de finanzas

6. ¿Por qué es importante que los auditores protejan la confidencialidad de la información de sus clientes, incluso la incluida en los papeles de trabajo de la auditoría?

Proteger la confidencialidad de la información del cliente es importante por muchos motivos, por ejemplo:

7. Fraude y error

Detalle	Fraude	Error
Alteración, falsificación o manipulación de registros o documentos contables		
Un error en la aplicación de las políticas contables		
Colusión		
Errores matemáticos o administrativos al recopilar o procesar la información contable		
Aplicación incorrecta de las políticas contables		
Malversación de activos		
Pasar por alto o malinterpretar cuestiones que resultan en una estimación contable incorrecta		
Registrar transacciones sin un contenido económico		
Suprimir u omitir los efectos de las transacciones de los registros o documentos		

8. Sugiera cuatro cuestiones específicas que deben ser informadas a los responsables del gobierno corporativo.

9. Sugiera hechos o condiciones, además de las ya identificadas, que proporcionan una oportunidad, un motivo o un medio para cometer fraude en la presentación de la información financiera, o indican que dicho fraude posiblemente ya haya sido cometido.

10. El tamaño, complejidad y características de propiedad de un negocio influyen de manera significativa sobre la consideración de los factores de riesgo de fraude relevantes. Sugiera tres factores de riesgo de fraude que podrían ser generalmente considerados para una gran empresa, pero que no serían aplicables o resultarían de menor importancia en una empresa más pequeña.

11. Sugiera las implicancias en la auditoría de:

    1. Un fraude mediante la malversación de dinero en efectivo en la caja chica.
    2. Contratos de venta ficticios celebrados por el director de ventas.

    Proporcione cuatro respuestas para la pregunta 1 y cuatro respuestas para la pregunta 2, con las razones de cada respuesta.

12. ¿Un auditor estaría en falta si no detectara un fraude material?

13. Sugiera diez cuestiones a considerar al desarrollar la estrategia general de auditoría, utilizando los cinco títulos siguientes como base:

    1. Coordinación, dirección, supervisión y revisión
    2. Conocimiento acerca del negocio
    3. Riesgo y materialidad
    4. Sistemas contables y de control interno
    5. Naturaleza, tiempos y alcance de los procedimientos

14. Al adquirir una comprensión acerca de la entidad y su entorno, a fin de respaldar la auditoría, el auditor probablemente se fiará de diversos tipos de información.

    Seleccione la fuente más probable, cliente, auditor o externa, para uno de los siguientes tipos de información:

Detalle	**Cliente**	**Auditor**	**Externo**
Presupuestos y pronósticos financieros			
Estados financieros del año anterior			
Registro de control de crédito			
Archivo permanente de auditoría			
Información del gobierno			
Hallazgos de las investigaciones realizadas por los reguladores de la industria			
Informes realizados por la auditoría interna			
Correspondencia con los asesores legales			
Las actas de las reuniones de la dirección			
Los papeles de trabajo del auditor anterior			
Artículos relacionados en publicaciones de la industria			

15. Analice el siguiente ejercicio: bajo los siguientes encabezados, sugiera hasta cinco clases de información que necesitará para un nuevo cliente:

    1. General económico
    2. Dirección y propiedad de la entidad
    3. Desempeño financiero
    4. Industria
    5. Actividad comercial
    6. Entorno de la presentación de la información

16. En el caso de empresas auditadas en años anteriores, la mayoría de la información necesaria para la planificación estará disponible en los papeles de trabajo (PT) y en otros archivos.

    Analice el siguiente ejercicio:

    Para un cliente actual, sugiera cinco áreas internas y cinco áreas externas que pueden generar cambios que deberán ser documentados.

17. Proporcione ejemplos de condiciones o hechos financieros, operativos o de otra índole que, en forma individual o colectiva, podrían generar dudas considerables con respecto a la presunción de empresa en funcionamiento:

    a) Financieros: seis ejemplos
    b) Operativos: tres ejemplos
    c) Otros: tres ejemplos

18. Filgueira S.A. es un fabricante de textiles y accesorios, proveedor de organizaciones minoristas.

    Los ingresos de la empresa se han reducido en un 20 % durante el ejercicio al 31 de marzo de 2024, y su margen operativo ha caído de 15 % a 12 %.

    Filgueira S.A. tiene un préstamo a largo plazo de $ 80.000, regido por una cláusula, que establece que si el índice actual cae por debajo del 0,75, el prestador puede solicitar la cancelación del préstamo de manera inmediata. Los actuales activos de la empresa ascienden a $ 670.000 al 31 de marzo de 2024, y su actual pasivo asciende a $ 900.000.

    La directora de ventas de Filgueira S.A., Julieta Filgueira, renunció a su puesto en febrero de 2024, y la dirección está experimentando dificultades para encontrar un reemplazo adecuado. Una de las razones de la renuncia de Julieta fue la pérdida de un importante contrato para el aprovisionamiento de una cadena de tiendas de mobiliario para el hogar, que representaba el 25 % de los ingresos de Filgueira S.A. en los últimos doce meses.

    ¿Cuáles son los indicadores de que Filgueira S.A. se encuentra quizás atravesando dificultades relacionadas con la condición de empresa en funcionamiento al 31 de marzo de 2024?

19. Durante la auditoría se descubren los tres errores siguientes:

    1. Cuentas por cobrar comerciales - sobrestimadas en $ 40.000
    2. Inventarios - sobrestimados en $ 58.000
    3. Cuentas por pagar comerciales - subestimadas en $ 80.000

    La materialidad es de $ 100.000.

    Determine el ajuste mínimo (de ser necesario) que debe realizarse para que la presentación de los estados financieros sea evaluada como razonable si (1) los tres errores afectan a las ganancias y (2) solo el segundo error afecta a las ganancias.

20. Riesgo inherente

Detalle	**Estados financieros**	**Afirmaciones**	**Estados financieros y afirmaciones**
Dudas acerca de la integridad de la información			
Falta de experiencia de la dirección en la preparación de los estados financieros			
Cuentas con un alto grado de estimación			
La entidad no cuenta con el capital suficiente para continuar con las operaciones			
Potencial para la obsolescencia técnica de productos y servicios			
Transacciones subyacentes complejas y hechos que pueden requerir el trabajo de un experto			
Estructura de capital compleja			
Activos codiciados y de gran movilidad (efectivo), susceptibles a pérdidas o malversación (robo, estafa)			
Transacciones inusuales y complejas completadas al fin del período o en una fecha próxima			
Numerosos emplazamientos y diversificación geográfica de las instalaciones de producción			
Cambios en la demanda al consumidor			
Transacciones que no están sujetas al procesamiento habitual			

21. "El riesgo de que una incorrección que pudiera existir en una afirmación sobre un tipo de transacción, saldo contable u otra revelación de información, y que pudiera ser material ya sea individualmente o de forma agregada con otras incorrecciones, no sea prevenida, o detectada y corregida oportunamente, por el sistema de control interno de la entidad".

NIA 200 Definiciones.
Esencialmente, la entidad auditada deberá contar con controles a fin de prevenir que se generen incorreciones en el sistema contable, ya sea a causa de error o fraude o, en caso de que ya existan, asegurar su identificación y rectificación. Sugiera seis factores que pueden indicar un riesgo de control alto.

22. Filgueira Ltda. es una empresa manufacturera que tiene sucursales en el extranjero. La empresa ha tenido un rápido crecimiento en los dos últimos años y, para obtener financiamiento para seguir desarrollándose, solicitó un importante préstamo bancario. Filgueira Ltda. pertenece a tres hermanos; cada uno de ellos posee un tercio del capital accionario de la empresa.

    ¿Qué factores específicos de Filgueira Ltda. generan riesgos de incorreción material?

23. Evaluación de riesgo

    FC opera en el sector de servicios financieros. La empresa acaba de introducir un nuevo sistema de computación que fue creado por ByN. El director ejecutivo de FC es titular del 55% de las acciones de ByN. FC tiene un departamento contable pequeño con una alta rotación de personal. Recientemente se designó un nuevo director financiero.
    ¿Qué factores específicos de FC generan riesgos de incorrección material?

24. Para cada uno de estos tres métodos de documentación para la valoración de riesgos, decida si considera que cada declaración en la lista de abajo sea una ventaja de ese método, o tal vez sea una ventaja, o no sea una ventaja.

    Seleccione su respuesta de las opciones:

Sí	Si cree que sea una ventaja
Tal vez	Si cree que tal vez sea una ventaja
No	Si no cree que no sea una ventaja

Detalle	Notas descriptivas			Diagramas de flujo			Cuestionarios		
	Sí	Posible	No	Sí	Posible	No	Sí	Posible	No
Fácil de leer / comprender									
Requiere poca capacitación formal									
Rápido									
Integral									
Gráfico/visual									
Destaca las características/ control									
Estandarizado									
No se necesita mucha narrativa									
Enfoque del "relato"									
Fácil de modificar									
Utilizado para evaluar controles									

25. FC es una pequeña empresa que fabrica piezas para motores y las vende a fabricantes de automóviles. La siguiente información respecto del sistema de ventas ha sido tomada de la sección de planificación del archivo de auditoría.

    Cuando un cliente emite una orden, los datos son registrados por Maximiliano, un empleado administrativo que maneja el libro mayor de ventas, quien luego ingresa los datos de la orden en el sistema. No se utilizan formularios oficiales para las órdenes, sino que cada orden recibe un número secuencial al ser ingresada en el sistema.

    Si un cliente pide un descuento, la decisión de otorgarlo recae en Maximiliano, en cuyo caso registra el descuento otorgado en el formulario de orden manual y utiliza la información para calcular el precio de venta al generar la factura de venta.

    En caso de que un nuevo cliente realice una orden, se registra un límite de crédito automático de \$ 5.000 en el legajo del cliente, el cual aumenta a \$ 10.000 luego de un año, si el cliente ha pagado todas sus facturas a tiempo.

    En el departamento de ventas, Maximiliano es asistido por Javiera, quien trabaja en FC a tiempo parcial. Javiera envía extractos a los clientes cuando estos así lo solicitan, y también lleva un registro manual de las consultas y discrepancias respecto de las facturas. Javiera se ocupa también del control de crédito pero, si bien los términos de pago de las facturas son de 40 días, dada la escasez de tiempo solo realiza un seguimiento de los clientes que no han abonado su factura luego de 90 días.

    Respecto del sistema de ventas de FC, ¿puede identificar seis deficiencias de control, y recomendar un control para abordar cada una de dichas deficiencias?

26. Analice la siguiente lista de cuestiones identificadas durante la auditoría de FC, una empresa manufacturera. ¿Cuál de estas cuestiones cree que debería comunicarse a los responsables del gobierno de FC, y por qué?

    1. Varias conciliaciones bancarias no habían sido firmadas como constancia de haber sido revisadas por el contralor financiero.
    2. No siempre se había obtenido autorización para que un vendedor otorgara a un cliente un descuento del 5 %.

    Algunos trabajadores informales recibían su pago "en mano" y no estaban ingresados en el sistema de nómina.

    Las deficiencias significativas deberían comunicarse a los responsables del gobierno, y es una cuestión de criterio determinar qué deficiencias se consideran lo suficientemente importantes para ser comunicadas. En este ejemplo, el auditor puede decidir comunicar todas las cuestiones por los siguientes motivos:

27. Utilice la siguiente lista de ideas para generar ejemplos de información que podría ser utilizada para ayudar al auditor a obtener evidencia de auditoría relevante para la auditoría de los activos tangibles no corrientes.

    1. Sistemas contables
    2. Documentación
    3. Activos tangibles
    4. Dirección y empleados
    5. Terceros (p. ej.: bancos, expertos en propiedad)

28. Usted está en proceso de asignación de derechos y obligaciones respecto a la propiedad de un cliente sobre un terreno.

    Establezca un ranking para los siguientes elementos de evidencia de auditoría relacionados con la fiabilidad al categorizarlas en una tabla, donde 1 sea la más fiable y 4 sea la menos fiable.

Preguntar a la dirección si la empresa cliente es propietaria del terreno	Solicitar al banco una confirmación por escrito que tiene en su poder los títulos de propiedad
Llamar al banco y averiguar si el banco tiene títulos de propiedad a nombre del cliente	Hacer una visita al banco y examinar los títulos de propiedad en su poder

29. Procedimientos - técnicas para la generación de evidencia de auditoría "específica para cada cliente". Sugiera evidencia de auditoría para incorporaciones a planta y equipo:

    - Integridad
    - Valuación y asignación
    - Derechos (y obligaciones)
    - Existencia

30. ¿Cómo evalúa el auditor la relevancia de los elementos individuales de la evidencia?

31. ¿Cuál es la mejor evidencia de auditoría?

32. Para cada una de las siguientes afirmaciones en los estados financieros con respecto a los ingresos por ventas, sugiera un procedimiento analítico apropiado:

    a) Integridad
    b) Ocurrencia y corte de operaciones
    c) Exactitud

    En caso de que los procedimientos analíticos no sean aplicables o resulten insuficientes, sugiera una prueba de detalle.

33. Filgueira Spa tenía cien empleados el año pasado, con un total de sueldos de $ 840.000, y cien empleados este año, con un costo por sueldos de $ 950.000, lo que implica un incremento del 13 %. El aumento anual en el sueldo fue del 6 % y el nivel de la actividad ha permanecido aproximadamente constante.

    1. Sugiera dos razones, más allá de errores o irregularidades, que puedan haber originado este incremento mayor a lo esperado.
    2. Si no encuentra una razón satisfactoria para este aumento, sugiera cuatro maneras en las que la nómina podría haber sido "inflada" mediante error o irregularidades.

34. FC es una organización minorista que vende indumentaria, alimentos y muebles. Cuenta con 200 tiendas propias y abre varias tiendas nuevas cada año.

    La empresa ha comenzado a realizar ventas en línea a través de su sitio web.

Sugiera algunos procedimientos de evaluación analítica que podrían llevarse a cabo para obtener evidencia vinculada con los ingresos percibidos por FC durante el ejercicio.

35. Sugiera cuatro circunstancias en las que puede resultar necesaria una verificación del 100 % de una clase de transacciones o de los saldos de las cuentas.

36. Sugiera tres razones por las cuales un auditor no llevará a cabo una verificación completa de todas las transacciones y saldos de una actividad comercial.

37. Para cada uno de los siguientes factores, decida si el efecto sobre el tamaño de la muestra será un aumento o una disminución, o si no tendrá ningún efecto.

N°	Detalle	Aumentar	Disminuir	Sin efecto
1	Aumento en el nivel de fiabilidad que el auditor tiene la intención de asignar al sistema contable y control interno			
2	Aumento en el error tolerable			
3	Aumento en la tasa de desviación esperada			
4	Aumento en la cantidad de unidades de muestreo en una población			

38. Sugiera cinco ventajas relativas y cinco desventajas del muestreo no estadístico.

39. Filgueira Consultores es una empresa de servicios públicos que suministra energía a clientes residenciales y comerciales. Durante la auditoría de sus últimos estados contables, se puso de manifiesto una serie de cuestiones, las cuales se detallan más adelante.

¿Considera que el auditor debería solicitar a la dirección manifestaciones escritas respecto de alguna de estas cuestiones?
Considere su razonamiento para hacer su selección.

	Sí	No	
1			El deterioro por saldos de cuentas comerciales se redujo del 8% al 3% del total de las cuentas por cobrar, y no se ha confirmado ningún procedimiento de auditoría
2			Los detalles de un juicio contra la empresa se indicaron en las notas a los estados contables, y no ha sido confirmado ningún otro procedimiento de auditoría
3			El banco de Filgueira Consultores se negó a continuar brindando financiamiento a la empresa, dado que sus ganancias se redujeron en un 50% y existen problemas de liquidez y solvencia a largo plazo

CAPÍTULO VII

Respuestas preguntas de auditoría

N°	Letra	Argumento
1	a	
2	c	El IASB, encargado de elaborar las Normas Internacionales de Información Financiera (Normas NIIF no es controlado por la IFAC)
3	d	La NIA no invalida las regulaciones locales
4	b	El auditor proporciona un nivel alto, pero no absoluto, de certeza acerca de que la información sujeta a auditoría se encuentra libre de representaciones erróneas significativas. Ello es expresado en forma positiva en el informe de auditoría como "certeza razonable"
5	c	La NIA 200, Objetivos globales del auditor independiente y realización de la auditoría de conformidad con las Normas Internacionales de Auditoría
6	c	La nota sobre políticas contables debe ser una nota identificada como parte de los estados financieros. A y D son estados financieros
7	d	La NIA 200, Objetivos globales del auditor independiente y realización de la auditoría de conformidad con las Normas Internacionales de Auditoría
8	a	De acuerdo con la NIA 200, Objetivos globales del auditor independiente y realización de la auditoría de conformidad con las Normas Internacionales de Auditoría; B, C y D contribuyen a las limitaciones inherentes
9	d	La documentación preparada por la entidad puede ser utilizada siempre y cuando el auditor considere que ha sido preparada correctamente
10	b	A, C y D siempre deben estar adaptados para cada cliente y proyecto; las solicitudes de informes bancarios con fines de auditoría generalmente se encuentran estandarizadas en todas las prácticas de auditoría
11	a	Los términos del encargo de auditoría, por lo general, resultan relevantes para el futuro; las otras cartas corresponden a la auditoría de un año en particular (las cartas con un informe de las debilidades pueden también corresponder al archivo permanente si resultan relevantes para el futuro)
12	b	La NIA 230, Documentación de auditoría; pocos aspectos de la realización de una auditoría (salvo por la presentación de la información), está regulada por ley
13	b	Este es un ejemplo de engaño motivado, por ejemplo, por presiones para alcanzar un objetivo de ganancias

N°	Letra	Argumento
14	d	El deber de confidencialidad del auditor, el cual impide cualquier información a un tercero de forma ordinaria, puede ser anulado mediante los estatutos o tribunales de justicia (NIA 240, Responsabilidades del auditor en la auditoría de estados financieros con respecto al fraude)
15	d	Todas las demás son mencionadas específicamente en la NIA 240; si bien D podría ser una prueba válida de auditoría en ciertas circunstancias, la NIA 240 no la menciona específicamente
16	a	(A), es un ejemplo de fraude en la presentación de la información financiera de acuerdo con el párrafo A4 de la NIA 240. Las otras son ejemplos de incorrecciones no intencionales
17	b	(B), constituye un suceso de rutina relacionado con la actividad comercial y no indica un fraude; A, C y D son mencionadas específicamente en el apéndice 3 a la NIA 240 como ejemplos de circunstancias que indican la posibilidad de fraude
18	a	B, C y D, han sido realizadas intencionalmente
19	b	Según se establece en la NIA 300, Planificación de la auditoría de estados financieros
20	a	Según se establece en la NIA 300, Planificación de la auditoría de estados financieros
21	d	Según se establece en la NIA 300, Planificación de la auditoría de estados financieros (A describe un cuestionario de control interno, B un listado de comprobación de las normas contables, C un manual de auditoría)
22	a	Según lo establecido en la NIA 315, Identificación y valoración de los riesgos de incorrección material mediante el conocimiento de la entidad y de su entorno (B y C son demasiado específicas y D es el objeto principal de la planificación, no de la adquisición de conocimientos)
23	c	A, B y D son áreas establecidas en la NIA 315. La evaluación de las manifestaciones escritas es probable que aparezca posteriormente en el proceso de auditoría
24	a	Vea la NIA 320, Importancia relativa o materialidad en la planificación y ejecución de la auditoría (B, C y D pueden resultar acertadas en algunas, pero no en todas las circunstancias; D también describe cuestiones más allá de la materialidad, p. ej., evaluaciones de riesgo)
25	d	En total, la ganancia neta y los activos netos corrientes han sido sobrestimados por un valor de $89.000, lo que resulta significativo; por lo tanto, será necesario un ajuste mínimo de $39.000
26	c	De acuerdo a lo establecido en la NIA 200, Objetivos globales del auditor independiente y realización de la auditoría de conformidad con las Normas Internacionales de Auditoría
27	b	Según la NIA 200, Objetivos globales del auditor independiente y realización de la auditoría de conformidad con las Normas Internacionales de Auditoría; A corresponde al riesgo de control y D al riesgo inherente
28	d	De acuerdo a lo establecido por la NIA 315, Identificación y valoración de los riesgos de incorrección material mediante el conocimiento de la entidad y de su entorno
29	d	Todas las demás respuestas son específicamente mencionadas en el párrafo A12 de la NIA 315, Identificación y valoración de los riesgos de incorrección material mediante el conocimiento de la entidad y de su entorno
30	d	De acuerdo con el párrafo 884 de la NIA 315, las otras son, en el mejor de los casos, parcialmente correctas
31	b	La pregunta hace hincapié en la separación de tareas, dado que el gerente de la tienda lleva a cabo la acción y una caja fuerte es un método físico de protección

N°	Letra	Argumento
32	a	Las demás se nombran en el párrafo 9, apéndice 1, NIA 315
33	a	Las "pruebas paso a paso" proporcionan información acerca del diseño del sistema o la operación del control, y pueden ser tratadas como parte de una prueba de control, pero en forma aislada no son suficientes para sustentar una evaluación del riesgo de control inferior a alta
34	d	De acuerdo con el apéndice 2 a la NIA 315, que incluye todos estos elementos en la lista de condiciones y hechos que pueden indicar un riesgo de incorrección material
35	b	De acuerdo con las definiciones establecidas en el párrafo 13 de la NIA 200
36	d	De acuerdo con las definiciones establecidas en el párrafo 13 de la NIA 200
37	c	De acuerdo con el párrafo 13 de la NIA 200
38	b	La respuesta A es claramente relevante; el cobro de deudas por factores es una función financiera (que tiene un impacto sobre las cuentas por cobrar comerciales en los estados financieros y sobre cierta información revelada); los activos arrendados también requieren la revelación de información específica en los estados financieros
39	d	Si bien no resulta muy habitual visitar una organización de servicios, el hecho de que se haya solicitado el permiso sugiere que el auditor considera que la visita es necesaria, p. ej.: a causa de "un alto volumen de transacciones complejas"
40	b	Esta cuestión está cubierta en el informe de tipo 2
41	a	A es una condición que puede indicar riesgos de incorreción material, de acuerdo con el apéndice 2 a la NIA 315, Identificación y valoración de los riesgos de incorrección material mediante el conocimiento de la entidad y de su entorno; B, C y D son mencionadas en el párrafo A62 de la NIA 330, Respuesta del auditor a los riesgos valorados
42	c	Vea el glosario y la NIA 300, Planificación de la auditoría de estados financieros
43	c	La NIA 265, párrafo A6 se refiere a A, B y D, pero no al nivel de trabajo de auditoría planificado con respecto a la deficiencia
44	d	(NIA 265, párrafo 9)
45	b	NIA 500, Evidencia de auditoría
46	d	Evidencia generada en forma interna -las restantes son generadas a partir de terceros (NIA 500, Evidencia de auditoría)
47	a	Al decidir qué constituye evidencia de auditoría suficiente y adecuada, el auditor considera factores tales como la evaluación del riesgo inherente y de control, la materialidad, los conocimientos previos, la fuente y fiabilidad de la evidencia, etcétera, de modo que B, C y D tendrían un cierto grado de influencia; la opción A podría ser tomada en cuenta al elegir entre distintas pruebas
48	c	Se trata de evidencia documental de una fuente independiente de la empresa, recibida directamente por el auditor
49	c	A, B y D son procedimientos sustantivos (relativos a cantidades monetarias)
50	a	A describe un procedimiento analítico -una forma de procedimiento sustantivo; B es una "prueba de recorrido", y C y D son pruebas de control
51	b	La NIA 520, Procedimientos analíticos, establece la utilización de los procedimientos analíticos en tres etapas: A, C y D; no se utiliza en las pruebas de control

N°	Letra	Argumento
52	b	Si bien los procedimientos analíticos en la etapa de la planificación ayudarán a determinar la naturaleza, los tiempos y el alcance de otros procedimientos de auditoría, no los reducirán en sí mismos; C es un procedimiento sustantivo, no utilizado en la planificación, y D ocurre durante la etapa de revisión general (NIA 520, Procedimientos analíticos)
53	c	C es un procedimiento sustantivo detallado que consiste en la corroboración con los documentos fuente comprobatorios
54	c	Todas las otras son falsas de acuerdo con la NIA 520, Procedimientos analíticos, p.ej. los procedimientos analíticos son más efectivos cuando la información está desglosada (lo contrario de A)
55	a	En 2024, los clientes han pagado a un plazo mayor, o una circunstancia excepcional ha modificado la cifra; A aumenta el tiempo promedio en 2024 y es, por lo tanto, la respuesta correcta; B aumentaría el tiempo promedio en 2023; C habría incentivado a los clientes a pagar a menor plazo en 2024; D habría reducido el tiempo promedio para 2024
56	d	La cantidad de partidas en la población generalmente no tiene gran incidencia en el tamaño de las muestras (NIA 530, Muestreo de auditoría); sin embargo, puede ser posible hacer algún pequeño ajuste a fin de reducir el tamaño de las muestras en donde la población tenga pocas partidas y la representación errónea tolerable sea baja
57	c	Dado que el control operó correctamente durante once meses, los procedimientos sustantivos pueden reducirse durante ese período, y el resto formará una población separada (NIA 530, Muestreo de auditoría)
58	d	El objetivo establecido consiste en evaluar las cuentas por cobrar comerciales para detectar sobrestimaciones; por lo tanto, la muestra puede ser seleccionada de una lista de saldos de clientes al cierre del ejercicio; mediante una tendencia hacia los saldos de mayor valor, resultará más probable detectar sobrestimaciones significativas
59	b	El riesgo ajeno al muestreo surge a partir de factores que llevan al auditor a una conclusión errónea por cualquier motivo no relacionado con el tamaño de la muestra, p. ej.: utilizar procedimientos inapropiados o no reconocer un error; por lo tanto, puede ser reducido mediante la respuesta B; A, C y D tienen relación con el muestreo y algún tipo de incidencia en el tamaño de la muestra
60	b	El efecto del error proyectado sobre el objetivo de la prueba y otras áreas de la auditoría debe ser tenido en cuenta (NIA 530, Muestreo de auditoría); los errores no pueden ser dejados de lado por ser errores no significativos. A, dado que el total resultaría significativo; C es falsa y D es una medida extrema hasta que los resultados de la muestra hayan sido evaluados
61	d	La NIA 580, Manifestaciones escritas; A y B corresponden al informe a la dirección; C a la carta de encargo
62	a	La NIA 580, Manifestaciones escritas
63	d	De acuerdo con la NIA 580, Manifestaciones escritas, puede expresarse una opinión con salvedades, o una abstención de opinión
64	c	De acuerdo con la NIA 580, una carta de manifestaciones de la dirección lleva por lo general la misma fecha que el informe de auditoría; C es preferible a B, porque es la más cercana, y D es demasiado tarde para que las manifestaciones sean relevantes para la opinión de auditoría
65	a	NIA 501, Evidencia de auditoría -consideraciones específicas para determinadas áreas, sobre la asistencia al conteo físico del inventario

N°	Letra	Argumento
66	a	La asistencia le permite al auditor inspeccionar el inventario, observar el cumplimiento con los procedimientos establecidos por la dirección y proporcionar evidencia de su la fiabilidad (NIA 501, Evidencia de auditoría -consideraciones específicas para determinadas áreas)
67	a	Las confirmaciones directas de los clientes no tienen ninguna relación con los pasivos contingentes; B, C o D pueden revelar la existencia de un pasivo contingente
68	c	Si bien resultará relevante para A y D, es menos suficiente que para la afirmación de existencia
69	d	El auditor puede acceder a la solicitud de la dirección de no confirmar cierta información (con un justificativo válido, p. ej.: a fin de mantener intacta la relación con un cliente) y aplicar procedimientos alternativos para obtener evidencia suficiente y adecuada; la solicitud del director ejecutivo no es una negativa (por lo tanto, la respuesta A es incorrecta), B no puede ser llevada a cabo sin la autorización del cliente, y C es contraria a lo establecido en la NIA 530
70	d	La NIA 610, Utilización del trabajo de los auditores internos, no restringe el uso de trabajo específico a áreas donde el riesgo de auditoría es bajo. Sí requiere una evaluación de la suficiencia del trabajo de auditoría interna utilizado por el auditor externo
71	c	Este es el órgano con mayor autoridad y mayor nivel de independencia al que la auditoría interna debe reportar (NIA 610, Utilización del trabajo de los auditores internos)
72	a	De acuerdo con la NIA 610, Utilización del trabajo de los auditores internos, las actividades de auditoría interna incluyen B, C y D (entre otras); A es un área donde, por lo general, no deberán operar, dado que esto implicaría un conflicto de responsabilidades con su rol de monitoreo del control interno según fue implementado por la dirección
73	c	No existe evidencia significativa que el auditor pudiera buscar en C
74	d	La incorrección es significativa y nada sugiere que se trate de imposibilidad de obtener evidencia; por lo tanto, no es A ni B; la cuestión no tiene un efecto generalizado y, por lo tanto, no es C (NIA 705, Opinión modificada en el informe emitido por un auditor independiente)
75	b	La limitación impuesta por las circunstancias es significativa y tiene un efecto generalizado (NIA 705, Opinión modificada en el informe emitido por un auditor independiente)
76	a	La incorrección es significativa y no parece tratarse de falta de evidencia (NIA 705, Opinión modificada en el informe emitido por un auditor independiente)
77	a	NIA 570 ,Empresa en funcionamiento; la revelación no compensa una base inapropiada para la presentación -la empresa no puede continuar con su actividad comercial
78	a	El auditor no debe dejar de modificar su informe (si de lo contrario resultaría apropiado) únicamente en razón de A; B, C y D son relevantes
79	c	La presunción de empresa en marcha es apropiada, pero la incertidumbre material (duda considerable) aún existe; dado que la revelación parece ser adecuada/apropiada, la opinión del auditor no deberá verse afectada, pero se debe llamar la atención con respecto a esta cuestión (NIA 570, Empresa en funcionamiento)
80	b	La compañía debería revelar la cuestión dado que tiene un efecto material en el comercio de los años siguientes. Por tanto, la falta de revelación de una cuestión material originará una opinión "con excepción de"

Respuestas ejercicios y preguntas de auditoría

Pregunta 1

Actualmente, la respuesta es no. La auditoría se rige por legislación local y los auditores solo deben seguir las normas exigidas por ley en su jurisdicción. En algunos países, estas son las NIA; en otros, como en el Reino Unido, se trata de las NIA con ciertos agregados y modificaciones; otros países, como los Estados Unidos, cuentan con sus propias normas locales.

El IAASB invita a organizaciones locales encargadas de la elaboración de normas en todo el mundo a participar en sus discusiones y en el desarrollo de nuevas normas, lo que contribuye a asegurar una mayor acogida de las NIA y también implica que las modificaciones a las NIA son generalmente incorporadas en la revisión de las normas locales, lo que significa que se ha logrado un alto nivel de progreso hacia la armonización de las normas de auditoría en los últimos años.

Pregunta 2

Por supuesto que no. Las NIA establecen los requerimientos básicos que se deben cumplir, pero su aplicación depende en gran medida del juicio profesional. Por ejemplo, las NIA requieren que el auditor evalúe los riesgos y la materialidad; el juicio profesional y la experiencia será necesarios, entonces, para realizar esta evaluación y diseñar los procedimientos de auditoría adecuados a fin de obtener la evidencia de auditoría suficiente y adecuada.

Pregunta 3

No, si bien muchas firmas utilizan papeles de trabajo estandarizados en la práctica, este no es un requisito de la NIA 230. Lo que la norma sí establece es la información que debe ser documentada, y el nivel de detalle de la documentación. La manera exacta de hacerlo será decisión de cada firma de auditores. Muchas utilizan documentación estandarizada para ciertos aspectos de la auditoría, ya que su objetivo consiste en asegurarse de que todo el personal de auditoría, incluidos aquellos con menos experiencia, preparen la documentación de manera que cumpla con los requisitos de la NIA 230.

Pregunta 4

Ventajas	Desventajas
La preparación y revisión resulta más eficiente cuando los archivos de auditoría, y las secciones y documentos dentro de estos son presentados de manera sistemática	Un enfoque "mecánico" puede perjudicar la apreciación de los objetivos de las pruebas y las implicancias de las incorrecciones y desviaciones encontradas
Ayuda a que el personal más junior se familiarice con los procedimientos estándar (p. ej.: asistir al conteo físico del inventario y solicitar confirmaciones directas por parte de los clientes)	Adoptar un "enfoque estándar" puede llegar a desalentar la iniciativa y el ejercicio del juicio profesional
De igual manera, facilita la delegación de tareas	Los programas estándar pueden llevar a una actitud del "mínimo esfuerzo"
Proporciona un método de control de calidad al requerir un enfoque uniforme en todas las auditorías y asegurar que los procedimientos esenciales no sean pasados por alto	Puede resultar inadecuado seguir procedimientos estándar para un cliente en particular (p. ej.: un cliente con ingresos por suscripciones en vez de ingresos por ventas)

Pregunta 5

1	Corrientes
2	Corrientes
3	Permanentes
4	Corrientes
5	Permanentes
6	Permanentes
7	Permanentes
8	Corrientes
9	Corrientes
10	Corrientes

Pregunta 6

- Divulgar información acerca de asuntos del cliente no es un buen comportamiento profesional y evidencia una falta de integridad.
- El cliente de auditoría debe confiar en que el auditor protegerá la confidencialidad de la información obtenida durante la auditoría para poder brindarle pleno acceso a información requerida para los fines de la auditoría.

- Si no se protege la confidencialidad de la información, los clientes de auditoría perderán la confianza en su auditor. Esto puede perjudicar la relación de trabajo entre el auditor y el cliente y, en casos extremos, puede hacer que el cliente que solicita la auditoría decida prescindir de los servicios del auditor.
- Si el auditor utiliza ciertos tipos de información del cliente para su beneficio personal, por ejemplo, para realizar transacciones basadas en información privilegiada, puede enfrentar problemas legales.

Pregunta 7

Detalle	Fraude	Error
Alteración, falsificación o manipulación de registros o documentos contables	x	
Un error en la aplicación de las políticas contables		x
Colusión	x	
Errores matemáticos o administrativos al recopilar o procesar la información contable		X
Aplicación incorrecta de las políticas contables	x	
Malversación de activos	x	
Pasar por alto o malinterpretar cuestiones que resultan en una estimación contable incorrecta		X
Registrar transacciones sin un contenido económico	x	
Suprimir u omitir los efectos de las transacciones de los registros o documentos	x	

Pregunta 8

1. Dudas acerca de la competencia e integridad de la dirección.
2. Fraude de la dirección (debe buscarse asesoramiento legal).
3. Incorrecciones materiales en los estados financieros, ya sea debido a fraude o error.
4. Debilidades significativas en los controles internos.

La comunicación de incorrecciones debidas a fraude a los responsables del gobierno también es tratada en la NIA 260, Comunicación con los responsables del gobierno de la entidad.

Pregunta 9

1. Valores éticos inadecuados por parte de la dirección que resulten evidentes.
2. Monitoreo inadecuado de controles significativos.
3. El empleo de personal contable, de tecnología de la información o de auditoría interna que resulte ineficiente.
4. Una alta rotación entre los miembros de la dirección, asesores o miembros del directorio.
5. Una historia de violaciones a los requisitos legales.
6. Incapacidad de generar flujos de fondos de las operaciones mientras que se informan ganancias y un crecimiento de las ganancias.
7. Activos, pasivos, ingresos o gastos basados en estimaciones significativas (p. ej.: recuperabilidad de las cuentas por cobrar, el tiempo de reconocimiento de ingresos, etcétera).
8. Alto grado de dependencia en el endeudamiento y dificultad de cumplir con las cláusulas de los contratos de deuda.

Pregunta 10

1. Falta de efectividad de los responsables del gobierno y/o de la función de auditoría interna.
2. Deficiencias al hacer cumplir y monitorear un código de conducta formal (por escrito).
3. Un sistema de presupuestos ineficiente.

Pregunta 11

Fraude sobre dinero en efectivo del fondo de caja

1. Poca relevancia al evaluar el riesgo de incorrección debido al valor inmaterial del dinero en efectivo de la caja chica.
2. El monto de la pérdida potencial, por lo general, será limitado de acuerdo a la manera en que se destina dinero a la caja chica (sistema de fondo fijo).
3. El empleado a cargo de la caja chica generalmente tiene un nivel bajo de autoridad.
4. Se espera que la entidad tenga seguro de "fidelidad" para cubrir toda pérdida financiera que pueda surgir, de modo que la pérdida real soportada será poco significativa.

Fraude de la dirección

1. La fiabilidad de la evidencia obtenida previamente debe ser reevaluada. En particular, la autenticidad de los registros y documentación contable, y la integridad y veracidad de las manifestaciones de la dirección.
2. Aún si el monto no es significativo para los estados financieros, puede indicar un problema con un alcance más generalizado.
3. La posibilidad de colusión por parte de empleados, otros directores y/o terceros debe ser investigada.
4. Puede indicar un entorno débil de control o una pobre integridad entre la dirección.

Pregunta 12

El descubrimiento posterior de incorrecciones materiales (ya sea debido a fraude o error), no indica en sí mismo una auditoría inadecuada (es decir, que no cumple con los principios básicos y procedimientos esenciales). Lo importante es determinar si el auditor consideró de manera adecuada el riesgo de fraude al planear y realizar la auditoría, y si tomó en cuenta los factores de riesgo de fraude identificados (si existían). Debe recordar que, dado que por lo general el fraude es acompañado de actos para ocultarlo, existe un riesgo inevitable de que las incorrecciones materiales debido a fraude no sean detectadas (debido a las limitaciones inherentes de la auditoría).

Pregunta 13

1. Coordinación, dirección, supervisión y revisión
   - Cantidad de emplazamientos y necesidades de personal.
   - Terceros involucrados (p. ej.: auditoría interna [NIA 610] módulo 10, peritos, otros auditores).
   - Cronograma de auditoría y fechas de presentación de la información.
   - Términos del encargo de auditoría (p. ej.: provisión de otros servicios, como, p. ej.: revisiones de los sistemas).

2. Conocimiento acerca del negocio
   - Situación económica - internacional, nacional y local.
   - Factores que afectan a la industria (p. ej.: falta de empleados calificados).

- Desarrollos tecnológicos (p. ej.: utilización del e-commerce).
- Competencia y visión de negocios del personal clave de la dirección.

3. Riesgo y materialidad
   - Áreas de riesgo conocidas (p. ej.: existe una amenaza de adquisición hostil de la entidad, o se presentan dudas significativas con respecto a la condición de empresa en funcionamiento).
   - Probabilidad de errores o fraude significativos.
   - Relevancia de las partes relacionadas y las transacciones entre partes relacionadas.
   - Nivel de materialidad de las transacciones y saldos con respecto a la situación financiera y el estado de pérdidas y ganancias.

4. Sistemas contables y de control interno
   - Conocimiento y experiencia previa con respecto a la suficiencia de la información contable como base para la preparación de los estados financieros.
   - Prácticas y políticas contables (p. ej.: registro contable de arrendamientos).
   - Relaciones entre la "fachada del negocio" y la "trastienda" (especialmente en e-commerce).
   - Nivel de fiabilidad que el auditor espera asignar a los controles.

5. Naturaleza, tiempos y alcance de los procedimientos
   - Nivel de informatización y disponibilidad de técnicas de auditoría asistidas por computadora
   - Trabajo y hallazgos de la auditoría interna.
   - Nivel de fiabilidad asignada a los controles internos.
   - Utilización de procedimientos analíticos sustantivos.
   - Fechas de presentación de la información (p. ej.: a fin de cumplir con plazos muy breves para la presentación de la información, los procedimientos de auditoría pueden ser realizados antes del cierre del ejercicio y luego "arrastrados").

Pregunta 14

Detalle	Cliente	Auditor	Externo
Presupuestos y pronósticos financieros	x		
Estados financieros del año anterior	x		
Registro de control de crédito	x		
Archivo permanente de auditoría		x	
Información del gobierno			X
Hallazgos de las investigaciones realizadas por los reguladores de la industria	x		
Informes realizados por la auditoría interna	x		
Correspondencia con los asesores legales	x		
Las actas de las reuniones de la dirección	x		
Los papeles de trabajo del auditor anterior			X
Artículos relacionados en publicaciones de la industria			X

Pregunta 15

General económico Recesión/crecimiento Tasas de interés Fuentes de financiamiento Inflación Políticas de gobierno	**Dirección y propiedad de la entidad** Estructura corporativa Dueños y partes relacionadas Local/extranjera Estructura de capital Estructura organizacional	**Desempeño financiero** Ratios principales Tendencias Políticas contables Ganancias/flujo de fondos Compromisos de arrendamiento
Industria Mercado/competencia Cíclico/por temporadas Tecnología/métodos Ratios principales Prácticas contables específicas	**Actividad comercial** Naturaleza (fabricante, exportador) Emplazamientos (oficina, depósito) Empleo (acuerdos con los sindicatos) Productos/servicios/mercados Proveedores	**Entorno de la presentación de la información** Legislación Regulaciones y requisitos Normas impositivas Requisitos de presentación de la información de auditoría Usuarios de los estados financieros

Pregunta 16

Internas 1. Desarrollos comerciales 2. Nuevos productos, servicios 3. Personal clave (nuevo y anterior) 4. Sistemas contables 5. Administración y funciones de TI	**Externas** 1. Nueva legislación y regulación 2. Normas contables más actualizadas 3. Reguladores especializados y sindicatos 4. La competencia y sus productos 5. Intereses/tasas de cambio/impositivas, etcétera

Pregunta 17

a) Financieros:

- Posición de pasivo neto/pasivo neto corriente.
- Préstamos a plazo fijo prontos al vencimiento sin perspectivas realistas de renovación o pago.
- Retiro de las facilidades de financiamiento, p. ej.: por parte de los proveedores
- Flujos de efectivo operativo negativos - históricos o con respecto a la información financiera futura.
- Excesiva confianza en los préstamos a corto plazo para financiar activos a largo plazo.
- Pérdidas operativas sustanciales y recurrentes.

b) Operativos:

- Pérdida de miembros clave de la dirección sin haber podido reemplazarlos.
- Pérdida de un mercado, franquicia, licencia o proveedor de gran importancia.
- Dificultades con respecto a la mano de obra o escasez de suministros importantes.

c) Otros:

- Falta de cumplimiento con los requisitos de capital u otros requisitos legales.
- Procesos judiciales en trámite contra la entidad que podrían, de tener éxito, resultar en sentencias judiciales con las que no se podría cumplir.
- Modificaciones en la legislación o las políticas del gobierno.

Pregunta 18

Una reducción en los ingresos y los márgenes de ganancia operativa indican que Filgueira S.A. está atravesando dificultades para mantener su rendimiento financiero. Si bien en el corto plazo, una reducción en la rentabilidad puede no necesariamente indicar un problema mayor, en el largo plazo, períodos sostenidos de reducción del rendimiento financiero indican dificultades para mantenerse como empresa en funcionamiento.

La empresa tiene también problemas de liquidez. El actual índice es de solo 0,744 (670/900), que indica una imposibilidad de cumplir con el actual pasivo con el activo que posee la empresa. Ello indica potenciales problemas de capital de trabajo y la incapacidad de cumplir con los pagos, p. ej.: de cancelar los pasivos impositivos o cumplir con los acreedores comerciales; podría generar un deterioro de las relaciones comerciales o incluso implicar el comienzo de un proceso de liquidación.

Asimismo, el actual índice constituye una cláusula que rige un préstamo, la cual ya no se cumple. El proveedor de financiamiento puede solicitar la cancelación del pago, y si Filgueira S.A. no puede abonar el monto adeudado, es posible que también tenga que recurrir a la venta de activos para generar el efectivo suficiente.

La renuncia del director de ventas indica problemas relacionados con el concepto de empresa en funcionamiento, dado que la pérdida de personal dirección clave sin un remplazo adecuados deja a la empresa sin la capacidad de gestión necesaria. La empresa debería contar con un director de ventas para tratar de mejorar en rendimiento financiero.

Pregunta 19

1. En total, las ganancias netas y los activos netos corrientes han sido sobrestimados en $ 178.000, lo que es significativo. Es necesario, entonces, un ajuste mínimo de $ 78.000. Por ejemplo, si la subestimación de las cuentas comerciales por pagar se debe a pasivos por compras que han sido omitidos, entonces si la dirección está dispuesta a ajustar las cuentas comerciales por pagar a fin de corregir la subestimación de $80.000, el total del ajuste restante, $ 98.000 se encuentra por debajo del límite de materialidad.
2. Las incorrecciones en las cuentas por cobrar y por pagar comerciales deben reflejarse en otra parte del balance. Por ejemplo, es posible que el efectivo en el banco esté sobrestimado (o que el sobregiro bancario esté subestimado) si los errores se deben a una fecha de corte incorrecta con respecto a los cobros y pagos en efectivo. El efecto sobre los activos y las ganancias netas es, por lo tanto, de solo $ 58.000, lo que no resulta significativo.

   Sin embargo, si, por ejemplo, la fecha de corte utilizada era incorrecta, la dirección debe estar dispuesta a realizar los ajustes correspondientes; en caso contrario, esto podría generar dudas acerca de si el "error" fue involuntario o planeado.

Pregunta 20

Detalle	Estados financieros	Afirmaciones	Estados financieros y afirmaciones
Dudas acerca de la integridad de la información	x		
Falta de experiencia de la dirección en la preparación de los estados financieros	x		
Cuentas con un alto grado de estimación		x	
La entidad no cuenta con el capital suficiente para continuar con las operaciones	x		
Potencial para la obsolescencia técnica de productos y servicios			x
Transacciones subyacentes complejas y hechos que pueden requerir el trabajo de un experto		x	
Estructura de capital compleja			x
Activos codiciados y de gran movilidad (efectivo), susceptibles a pérdidas o malversación (robo, estafa)	x		
Transacciones inusuales y complejas completadas al fin del período o en una fecha próxima	x		
Numerosos emplazamientos y diversificación geográfica de las instalaciones de producción		x	
Cambios en la demanda al consumidor	x		
Transacciones que no están sujetas al procesamiento habitual			x

Pregunta 21

1. Historial de errores encontrados por el auditor.
2. Actitud de la dirección/dominación.
3. Personal incompetente o con poca experiencia.
4. Ausencia de separación de tareas.
5. Supervisión inadecuada del personal.
6. Tamaño de la entidad/sistemas contables.

Pregunta 22

- Sucursales en el extranjero: puede resultar complejo contabilizar las transacciones en moneda extranjera, y se puede incrementar el riesgo de error. Asimismo, pueden presentarse dificultades a la hora de ejercer el control sobre las sucursales, lo que puede facilitar la existencia de fraude o error.

- Expansión rápida: la expansión puede hacer que aumente el volumen de transacciones. Es posible que el departamento contable no pueda seguir el ritmo de este incremento, con lo cual es más probable que se cometan errores.
- Solicitud de préstamo bancario: genera un riesgo de parcialidad en los estados contables, dado que hacer que el balance luzca más sólido y mejorar el rendimiento aumentará la probabilidad de que el banco otorgue el préstamo.
- Empresa administrada por sus propietarios: los hermanos controlan la compañía, lo cual se traduce en un posible alto riesgo de que los administradores pasen por alto los controles y deliberadamente incluyan información errónea en los estados contables.

Pregunta 23

Los siguientes puntos constituyen riesgos de incorrección material para FC:

- Servicios financieros: este es un sector altamente regulado, lo cual incrementa el riesgo de incumplimiento de las reglamentaciones contables específicas.
- Nuevo sistema de computación: los sistemas nuevos generan un riesgo de error por diversos motivos; por ejemplo, es posible que aún no se hayan establecido controles sobre el nuevo sistema, y el personal no estará familiarizado con él, lo cual aumenta el riesgo de error humano.
- Transacción entre partes relacionadas: FC y ByN son partes relacionadas, lo cual genera un riesgo de incorreción de la transacción en cuestión.
- Departamento contable pequeño: en un departamento contable pequeño, resulta complejo establecer controles tales como la separación de funciones y la autorización y aprobación.
- Alta rotación de personal: el personal tiene poca experiencia y escasos conocimientos acerca de los sistemas y controles de FC, lo cual aumenta el riesgo de error.
- Nuevo director financiero: la persona responsable de los controles y los estados contables carece de experiencia en FC, lo cual aumenta el riesgo de control; por ejemplo, para el director financiero será difícil realizar una buena evaluación analítica de las cuentas de la administración mensual.

Pregunta 24

Detalle	Notas descriptivas			Diagramas de flujo			Cuestionarios		
	Sí	Posible	No	Sí	Posible	No	Sí	Posible	No
Fácil de leer / comprender	x				x			x	
Requiere poca capacitación formal	x					x			x
Rápido		x			x			x	
Integral		x			x			x	
Gráfico/visual			x	x			x		
Destaca las características/ control			x	x			x		
Estandarizado			x	x			x		
No se necesita mucha narrativa			x	x			x		
Enfoque del "relato"	x					x			X
Fácil de modificar		x			x			x	
Utilizado para evaluar controles			x			x			X

Pregunta 25

1. Maximiliano se ocupa de las órdenes de los clientes y también genera facturas de venta, para que no ocurra una separación de tareas. Existe una baja probabilidad de detectar los errores, y oportunidades para cometer un fraude. Javiera u otro integrante del personal podrían involucrarse en la generación de facturas de ventas.
2. No parece haber un procedimiento para la aprobación de los descuentos otorgados a los clientes. Maximiliano podría otorgar demasiados descuentos que afectarán el flujo de fondos y las ganancias de la empresa. Asimismo, es posible que no esté otorgando descuentos que sí debería, lo que podría llevar a una pérdida de plusvalía en lo que se refiere a la base de clientes. FC debería contar con una política para descuentos, y el otorgamiento de los descuentos no debería depender de FC. Los descuentos que superen un cierto monto requieren la aprobación de un empleado de mayor jerarquía.
3. No se utilizan formularios de orden secuenciales preimpresos. Esto implica que las órdenes podrían extraviarse y resulta difícil su organización. Es posible que Maximiliano no registre la información correcta necesaria al momento en que el cliente emite la orden. El departamento de venta debería introducir el uso de formularios de orden oficiales con un número secuencial, los cuales deberían utilizarse en todos los casos. Debería realizarse un control regular de las órdenes incompletas y no facturadas.

4. Los extractos de los clientes no se envían de manera automática al fin de cada mes. Es probable que no se detecten problemas con las órdenes o errores en las cantidades facturadas. Deberían enviarse extractos mensuales a todos los clientes, y proveer una solución oportuna a toda discrepancia planteada por un cliente.
5. Se le asigna un límite automático de crédito a los clientes nuevos. Existe un riesgo de que sean clientes que no pagan a tiempo con un historial de crédito negativo. Debería realizarse una verificación de crédito respecto de todos los nuevos clientes, y el límite de crédito debería basarse en su calificación de crédito, en lugar de asignar un monto fijo de crédito para todos los nuevos clientes.
6. El control de crédito no es lo suficientemente minucioso y no se realiza el seguimiento correspondiente a los clientes que presentan falta de pago de conformidad con los términos establecidos en la factura. Esto puede afectar el flujo de fondos de la empresa y la gestión del capital de trabajo. Los clientes deben ser contactados tan pronto como se retrasen en su pago una vez transcurridos los 40 días. Deberán establecerse contactos posteriores a intervalos regulares a fin de recordar a los clientes de las consecuencias de la falta de pago.

Pregunta 26

1. La falta de revisión de las conciliaciones bancarias constituye una deficiencia de control, y dada la importancia que el dinero en efectivo tiene para el negocio, los controles deberían ser estrictos. Si las conciliaciones bancarias no se preparan correctamente y no se revisan, se incrementa el riesgo de fraude y error. La comunicación debería indicar la deficiencia de control y sus implicaciones, y recomendar una mejora.
2. La falta de autorización para realizar descuentos a los clientes también constituye una deficiencia de control. Si se otorgan descuentos inadecuados a los clientes, el flujo de fondos de la empresa podría verse afectado y tener un impacto sobre la gestión del capital de trabajo. Asimismo, existe un mayor riesgo de fraude, dado que los vendedores podrían ofrecer descuentos, pero no ingresarlos en el sistema contable, y así quedarse con la diferencia. Tal como se indicó anteriormente, la comunicación debería indicar la deficiencia de control y sus implicaciones, y recomendar una mejora.

3. El pago en efectivo a los trabajadores informales podría indicar que la empresa no está cumpliendo con las leyes impositivas y laborales locales. Esto podría constituir un riesgo empresarial significativo y podría obligar a pagar multas y sanciones a las autoridades. También existe un mayor riesgo de fraude, dado que se podría tomar dinero en efectivo por trabajos que, en realidad, no se han llevado a cabo. La comunicación debería sugerir que se interrumpa inmediatamente esta práctica, y que en el futuro, todos los trabajadores informales sean registrados en el sistema.

Pregunta 27

1. Los sistemas contables pueden proporcionar a las cuentas mayores relativas a los activos (costo, depreciación acumulada), el registro de activos no corrientes.
2. La documentación podría incluir facturas de compra/formularios de órdenes, avisos de recibo de mercadería, presupuestos de desembolsos de capital, actas de directorio para la aprobación de adquisiciones significativas, documentación de seguros.
3. Los activos en sí mismos son una fuente de evidencia y proporcionan información respecto de la condición física de los activos y su existencia.
4. La dirección/los empleados pueden brindar información respecto del uso de estos activos, si funcionan correctamente, y si existe plan alguno para su disposición.
5. El banco podría brindar información respecto de todo gravamen impuesto sobre un activo (p. ej.: préstamos otorgados garantizados por un activo). Un experto en propiedad podría brindar información útil para contribuir a obtener evidencia respecto de la valuación de los activos.

Pregunta 28

1	Hacer una visita al banco y examinar los títulos de propiedad en su poder
2	Solicitar al banco una confirmación por escrito que tiene en su poder los títulos de propiedad
3	Llamar al banco y averiguar si el banco tiene títulos de propiedad a nombre del cliente
4	Preguntar a la dirección si la empresa cliente es propietaria del terreno

Pregunta 29

- Integridad
  Revisar las cuentas de reparaciones en el libro mayor general (en busca de gastos de naturaleza de capital), rastrear las facturas de venta en el libro mayor general a fin de asegurar que todas han sido capitalizadas adecuadamente.

- Exactitud, valoración y asignación.
  Política de depreciación – tasas y cálculos, factura – para confirmar el monto abonado por los nuevos activos.

- Derechos (y obligaciones)
  Factura (enviadas a la entidad auditada).

- Existencia
  Inspección (física) de las adquisiciones recientes de activos.

Pregunta 30

Las afirmaciones contenidas en los estados financieros de acuerdo con la NIA 315 establecen objetivos para los procedimientos de auditoría para cada clase de transacción, saldo o información adicional a revelar. Por lo tanto, en el caso de un saldo al cierre del período, como las cuentas por cobrar comerciales, el auditor debe considerar si la evidencia es relevante para las afirmaciones de existencia, derechos y obligaciones, integridad, valoración y clasificación.

Pregunta 31

Por lo general, en términos de fiabilidad:

- La evidencia documental es mejor que la evidencia oral (los documentos deben ser, idealmente, originales, no copias o faxes).
- La evidencia de terceros (p. ej.: del banco, clientes, prestamistas bancarios) es mejor que la obtenida de una fuente interna. Presentan una menor probabilidad de sesgo que las manifestaciones de la dirección.
- La evidencia generada por el auditor es la mejor. Por ejemplo, la inspección de activos (una buena prueba para la afirmación de existencia) y los procedimientos analíticos).

Sin embargo, lo "mejor" depende también de su relevancia (con respecto a una afirmación en los estados financieros) y suficiencia. Por ejemplo:

- La inspección de un activo prueba su existencia, pero no corrobora el derecho a utilizar el bien.
- Es posible que la inspección de un documento de propiedad (p. ej.: una factura de compra) pruebe que la propiedad ha sido transferida (aunque ello estaría condicionado al pago de la factura), pero aún si el activo existe, es posible que ya no sea de propiedad de la entidad. Por ejemplo, cuando se realiza una compra de inventario que luego se vende, pero permanece en posesión de la entidad.

En el mejor de los casos, la mayoría de la evidencia es persuasiva, pero no proporciona una certeza absoluta. De allí surge la necesidad de mantener un criterio uniforme al considerar la suficiencia de la evidencia.

Pregunta 32

Afirmaciones	Procedimientos analíticos	Pruebas de detalle
Integridad	Comparación con el presupuesto/períodos anteriores	Prueba de fecha de corte (despacho de mercadería)
	Análisis del % de ganancia bruta	Contabilización del libro diario de ventas al libro mayor general
		Órdenes de venta contra notas de despacho y facturas
Ocurrencia	Coeficiente de devolución de ventas sobre las ventas	Facturas de venta contra pedidos de los clientes
	Número o valor promedio de las notas de crédito por mes	Notas de crédito posteriores al cierre del ejercicio
		Devolución de ventas y deducciones
Exactitud	Comparación con el presupuesto/períodos anteriores	Contabilización del libro diario de ventas al libro mayor general
	Ratio de descuentos sobre ventas a crédito	Pruebas de fecha de corte (mercadería despachada)
		Muestra de facturas

Pregunta 33

Modelo de respuesta 1

1. Es posible que haya habido una modificación en la composición de las ventas en relación con la mercadería adquirida con anterioridad; bienes que fueron reemplazados por bienes fabricados en la empresa, lo que originó horas extras autorizadas.

   Respuesta: compare las cifras de ventas para distintos productos con el año anterior.
2. Es posible que se haya contratado mano de obra más calificada (y, por lo tanto, más costosa).

Modelo de respuesta 2

1. Contabilización incorrecta en el libro mayor general (nominal), es decir, un error.

   Respuesta: realice procedimientos sustantivos con el objeto de encontrar cualquier error de esta naturaleza.

   1. Empleados ficticios en la nómina, es decir, fraude.
   2. Pago de horas extras no autorizadas – podría no ser intencional.
   3. Empleados que reciben una remuneración mayor a la autorizada – no es necesariamente intencional.

Pregunta 34

- Una comparación mes a mes de los ingresos percibidos por segmento de negocios (es decir, una comparación por separado para los segmentos de indumentaria, alimentos y muebles).
- Un cálculo de los ingresos de cada tienda, en comparación con el ejercicio anterior.
- Una comparación de los ingresos reales por segmento de negocios en relación con las cifras presupuestadas/proyectadas.
- Una comparación de los ingresos totales y la tendencia de los últimos cinco años respecto de los competidores de la industria.

Pregunta 35

1. La población consiste en una cantidad más pequeña de partidas de gran valor.
2. Partidas a las que la materialidad monetaria no es aplicable.
3. Partidas inusuales, únicas o excepcionales.
4. Áreas de riesgo excepcionalmente alto.

Pregunta 36

- Costo - recurso de auditoría alto.
- Tiempo - declaraciones financieras retrasadas de forma innecesaria.
- Los usuarios de los estados financieros no requieren el 100 % de exactitud para todos los balances y transacciones.

Pregunta 37

1	Aumento en el nivel de fiabilidad que el auditor tiene la intención de asignar al sistema contable y de control interno **Respuesta: aumento**	A fin de respaldar una evaluación de riesgo de control de un nivel más bajo, se requerirán muestras de mayor tamaño para las pruebas de control (pero muestras de menor tamaño para los procedimientos sustantivos si las pruebas de control indican que existe un sólido sistema de control)
2	Aumento en el error tolerable **Respuesta: disminución**	Si el auditor está dispuesto a aceptar, digamos, una tasa de error del 3% en lugar de un 1%, se reducirá la cantidad de pruebas (y, por lo tanto, el tamaño de las muestras)
3	Aumento en la tasa de desviación esperada ("error esperado") **Respuesta: aumento**	Si se espera encontrar más errores (quizás porque así lo sugieren los hallazgos del período anterior u otros), se requerirá un mayor trabajo (es decir, un mayor tamaño de la muestra); tenga en cuenta que si se espera que la tasa de error sea alta, el riesgo de control será del 100% no habrá pruebas de control
4	Aumento en la cantidad de unidades de muestreo en una población **Respuesta: no tiene ningún efecto**	El tamaño de un población grande tendrá un efecto reducido, si es que lo tiene, en el tamaño de la muestra (p. ej.: el tamaño de la muestra podrá ser de 60, independientemente de si la población contiene 1.600, 16.000 o 160.000 partidas); para las poblaciones pequeñas, la evidencia se reúne, por lo general, por medio de procedimientos selectivos de evaluación distintos al muestreo de auditoría

Pregunta 38

Ventajas

1. Método que ha sido utilizado por muchos años, que se conoce bien y ha sido perfeccionado con la experiencia.
2. Se puede emplear un mayor juicio y pericia.
3. La selección que no es al azar puede resultar más rápida/efectiva en cuanto a los costos.
4. No se necesita un conocimiento especial sobre estadística.
5. Su aplicación es usualmente menos costosa.

Desventajas

1. Es posible que los tamaños de las muestras sean demasiado pequeños para cumplir con los objetivos fijados.
2. El riesgo de muestreo no puede ser cuantificado.
3. El muestreo estadístico puede resultar menos costoso si se utilizan técnicas asistidas por computadora.
4. Los tamaños de las muestras pueden llegar a ser innecesariamente extensos.
5. El sesgo personal en la selección de las muestras puede ser inevitable, p. ej.: si se aplica una selección irregular.

Pregunta 39

N°	Sí	No	Detalle
1	X		El auditor podría optar por solicitar una carta por escrito, ya que el deterioro de cuentas por cobrar es determinado a criterio de la administración. Si el auditor puede obtener suficiente evidencia adecuada sobre la suficiencia del deterioro utilizando procedimientos de auditoría alternativos, por ejemplo, controles de efectivo después de una determinada fecha o procedimientos analíticos sustantivos, entonces la carta no es esencial
2	X		La decisión respecto de si el juicio debe ser expuesto o reconocido en los estados contables también depende del criterio de la dirección. Para esta cuestión, es menos probable que para la primera que los procedimientos alternativos puedan brindar evidencia de auditoría suficiente y adecuada, dado que es posible que solamente la dirección conozca los detalles del juicio. Se debería solicitar una carta por escrito, especialmente si el juicio pudiera resultar sustancial para los estados contables
3	X		La tercera cuestión implica que Filgueira Consultores está atravesando dificultades relacionadas con la categoría de empresa en funcionamiento. Se debería solicitar una manifestación por escrito sobre la opinión de la dirección respecto de que Filgueira Consultores es una empresa en funcionamiento, y que resulta adecuado preparar los estados contables sobre esa base

CAPÍTULO VIII

Anexo plan de cuenta general en formato NIIF

Activos estructura 1

Referencia	Estructura 1
Marco conceptual	**Activos**
NIC 1	**Activos corrientes**
NIC 7.45, NIC 1,54[i]	**Efectivo y equivalentes al efectivo**
1.1	Caja
1.2	Caja moneda extranjera
1.3	Fondo fijo/ caja chica
1.4	Efectivo en tránsito
1.5	Banco
1.6	Banco moneda extrajera
1.7	Depósitos a plazo (vencimiento menor 90 días)
1.8	Fondos Mutuos (vencimiento menor 90 días)
NIC 1.54[d]	**Otros activos financieros, corrientes**
1.1	Inversiones al valor razonable
1.1.1	Futuros
1.1.2	Forwards
1.1.3	Swaps
1.1.4	Options
1.1.5	Caps/Floors
1.1.6	Fondos Mutuos (vencimiento mayor a 90 días menor 1 año)
1.1.7	Depósitos a plazo (vencimiento mayor 90 días menor 1 año)
1.2	Inversiones disponibles para la venta
1.3	Inversiones para negociar
NIC 1.54	**Otros activos no financieros, corrientes**
1.1	Seguros anticipados
1.2	Servicios publicitarios
1.3	Garantía de arriendos
1.4	Arriendos anticipados
1.5	Gastos pagados por anticipado
1.6	Boleta en garantía

NIC 1.54 h, NIC 1.78 l		**Deudores comerciales y otras cuentas por cobrar corrientes**
1.1		Facturas, boletas y otros comprobantes por cobrar
1.2		Anticipo de clientes
1.3		Letras por cobrar
1.4		Documentos financieros por cobrar
1.5		Cobranza bancaria
1.6		Deudores varios
	1.6.1	Préstamos por cobrar
	1.6.2	Intereses y dividendos por cobrar
	1.6.3	Cuentas por cobrar activos mantenidos para la venta
	1.6.4	Fondos por rendir
1.7		Cuentas por cobrar personal
	1.7.1	Personal
	1.7.2	Socios (accionistas)
	1.7.3	Directores
	1.7.4	Gerentes
1.8		Deterioro de cuentas por cobrar
	1.8.1	Deterioro facturas, boletas por cobrar
	1.8.2	Deterioro cobranza bancaria
	1.8.3	Deterioro deudores varios
	1.8.4	Deterioro cuentas por cobrar personal
1.9		IVA crédito fiscal
1.10		Ingresos diferidos (se presentan negativos)
NIC 1.78 [b]		**Cuentas por cobrar a entidades relacionadas corrientes**
1.1		Facturas, otros comprobantes por cobrar relacionadas
1.2		Anticipo entidades relacionadas
1.3		Letras por cobrar entidades relacionadas
1.4		Documentos financieros entidades relacionadas
1.5		Deudas varias entidades relacionadas
	1.5.1	Préstamos
	1.5.2	Intereses y dividendos
	1.5.3	Cuenta por cobrar activos mantenidos para la venta
1.6		Deterioro de cuentas por cobrar entidades relacionadas
NIC 1.54 q, NIC 2.6 [l]		**Inventarios**
1.1		Mercaderías
	1.1.1	Mercaderías manufacturadas
	1.1.2	Mercaderías de extracción
	1.1.3	Mercaderías agropecuarias
	1.1.4	Mercaderías inmuebles
	1.1.5	Otras mercaderías
	1.1.6	Deterioro mercaderías
1.2		Productos terminados
	1.2.1	Productos manufacturados
	1.2.2	Productos de extracción terminados
	1.2.3	Productos agropecuarios
	1.2.4	Productos inmuebles

1.2.5	Existencias de servicios terminados
1.2.6	Otros productos terminados
1.2.7	Costos de financiación – productos terminados
1.2.8	Deterioro productos terminados
1.3	Subproductos, desechos y desperdicios
1.3.1	Subproductos, desechos y desperdicios
1.3.2	Desechos y desperdicios
1.3.3	Deterioro subproductos
1.4	Productos en proceso
1.4.1	Productos en proceso de manufactura
1.4.2	Productos extraídos en proceso de transformación
1.4.3	Productos agropecuarios en proceso
1.4.4	Productos inmuebles en proceso
1.4.5	Existencias de servicios en proceso
1.4.6	Otros productos en proceso
1.4.7	Costos de financiación – productos en proceso
1.4.8	Deterioro productos en proceso
1.5	Materias primas
1.5.1	Materias primas para productos manufacturados
1.5.2	Materias primas para productos de extracción
1.5.3	Materias primas para productos agropecuarios
1.5.4	Materias primas para inmuebles
1.5.5	Deterioro materias primas
1.6	Materiales, suministros y repuestos
1.6.1	Materiales auxiliares
1.6.2	Suministros
1.6.3	Repuestos
1.6.4	Deterioro materiales, suministros y repuestos
1.7	Envases y embalajes
1.7.1	Envases
1.7.2	Embalajes
1.7.3	Deterioro envases
NIC 1.54 f, NIC 41.12	**Activos biológicos corrientes**
1.1	Activos biológicos en producción
1.2	Activos biológicos en desarrollo
NIC 1.54 n	**Activos por impuestos corrientes**
1.1	Pagos provisionales mensuales
1.2	PPM por utilidades absorbidas
1.3	Crédito Sence
1.4	Crédito activo fijo
NIC 1.66	**Total de activos corrientes distintos de los activos o grupos de activos para su disposición clasificados como mantenidos para la venta o como mantenidos para distribuir a los propietarios**
NIIF 5.38	Activos no corrientes o grupos de activos para su disposición clasificados como mantenidos para la venta
NIIF 5.38, NIIF 5. 5ª	Activos no corrientes o grupos de activos para su disposición clasificados como mantenidos para distribuir a los propietarios

NIC 1.54 j, NIIF 5. 5[a]		**Activos no corrientes o grupos de activos para su disposición clasificados como mantenidos para la venta o como mantenidos para distribuir a los propietarios**
NIC 1.66		**Total de activos corrientes**
NIC 1		**Activos no corrientes**
NIC 1.54 [d]		**Otros activos financieros no corrientes**
1.1		Inversiones al valor razonable largo plazo
	1.1.1	Futuros porción largo plazo
	1.1.2	Forwards porción largo plazo
	1.1.3	Swaps porción largo plazo
	1.1.4	Options porción largo plazo
	1.1.5	Caps/ Floors porción largo plazo
	1.1.6	Fondos Mutuos porción largo plazo
	1.1.7	Depósitos a plazo porción largo plazo
	1.1.8	Inversiones disponibles para la venta largo plazo
	1.1.9	Inversiones para negociar largo plazo
NIC 1.54		**Otros activos no financieros no corrientes**
1.1		Inversiones medida a costo amortizado
1.2		Seguros anticipados porción largo plazo
1.3		Servicios publicitarios porción largo plazo
1.4		Garantía de arriendos porción largo plazo
1.5		Arriendos anticipados porción largo plazo
1.6		Gastos pagados por anticipado porción largo plazo
1.7		Boleta en garantía porción largo plazo
NIC 1.54 h, NIC 1.78 [l]		**Derechos por cobrar no corrientes**
1.1		Facturas, boletas y otros comprobantes por cobrar porción largo plazo
1.2		Letras por cobrar porción largo plazo
1.3		Documentos financieros por cobrar porción largo plazo
1.4		Cobranza bancaria porción largo plazo
1.5		Deudores varios porción largo plazo
	1.5.1	Préstamos
	1.5.2	Intereses y dividendos
	1.5.3	Cuentas por cobrar de activos mantenidos para la venta
	1.5.4	Fondos por rendir
1.6		Cuentas por cobrar personal porción largo plazo
	1.6.1	Personal
	1.6.2	Socios (accionistas)
	1.6.3	Directores
	1.6.4	Gerentes
1.7		Ingresos financieros (se presentan negativos) porción largo plazo
NIC 1.78 [b]		**Cuentas por cobrar a entidades relacionadas no corrientes**
1.1		Facturas relacionadas largo plazo
1.2		Letras por cobrar relacionadas largo plazo
1.3		Documentos financieros relacionadas largo plazo
1.4		Deudores relacionadas largo plazo

NIIF 8.24 NIIF 8.2	**Inversiones contabilizadas utilizando el método de la participación**
1.1	Inversiones de derecho patrimonial
1.2	Inversión en entidades relacionadas
NIC 1.54 c, NIC 38.11	**Activos intangibles distintos de la plusvalía**
1.1	Programas de computación (software)
1.2	Concesiones, licencias y otros derechos
1.3	Patentes y propiedad intelectual
1.4	Costos de exploración y desarrollo
1.5	Fórmulas, diseños y prototipos
1.6	Otros activos intangibles
1.7	Servidumbre de paso
1.8	Derechos de agua
NIC 1.54 c, NIC 38.11	**Plusvalía**
1.1	Plusvalía
1.2	Goodwill
1.3	Fondo de comercio
1.4	Menor valor de inversión
NIC 1.54ª, NIC 16.73	**Propiedades, planta y equipo**
1.1	Terrenos
1.2	Edificios
1.3	Maquinarias y equipos
1.4	Equipos de transporte
1.5	Muebles y enseres
1.6	Equipos diversos
1.7	Herramientas
1.8	Construcción y obras en curso
1.9	Activos en leasing
1.10	Planta productora
1.11	Depreciaciones acumuladas
NIC 1.54 f, NIC 41.12	**Activos biológicos no corrientes**
1.1	Activos biológicos en producción porción largo plazo
1.2	Activos biológicos en desarrollo porción largo plazo
NIC 1.54b, NIC 40	**Propiedades de inversión**
1.1	Terrenos
1.2	Edificios
NIC 1.54o, NIC1.56, NIC12	**Activos por impuestos diferidos**
1.1	Activos por impuestos diferidos
NIIF 8.33 b, NIC 1.66	**Total de activos no corrientes**
NIIF8.23, NIIF 8.28	**Total de activos**

Pasivos estructura 2

Referencia	Estructura 2
Marco conceptual	**Pasivos**
NIC 1	**Pasivos corrientes**
NIC 1.54 m	**Otros pasivos financieros corrientes**
1.1	Préstamos de instituciones financieras
1.2	Contratos de arrendamientos financieros
1.3	Otros instrumentos financieros por pagar
1.4	Obligaciones emitidas
1.5	Préstamos con compromiso de recompra
1.6	Pasivos por instrumentos financieros
1.8	Obligaciones por leasing
1.9	Intereses diferidos por leasing
NIC 1.54 k	**Cuentas por pagar comerciales y otras cuentas por pagar**
1.1	Facturas, boletas y otros comprobantes por pagar
1.2	Anticipo a proveedores
1.3	Letras por pagar
1.4	Remuneraciones por pagar
1.5	Proveedores
1.6	Acreedores varios
1.7	AFP por pagar
1.8	Cotizaciones
1.9	Retenciones
1.10	IVA DF
1.11	Provisión vacaciones
1.12	Provisión gastos generales
1.13	Provisión gastos devengados del año
1.14	Cuentas por pagar personal
1.14.1	Personal
1.14.2	Socios (accionistas)
1.14.3	Directores
1.14.4	Gerentes
NIC 1.78 b	**Cuentas por pagar a entidades relacionadas corrientes**
1.1	Facturas por pagar entidades relacionadas
1.2	Letras por pagar entidades relacionadas
1.3	Documentos financieros por pagar relacionadas
1.4	Deudas varias entidades relacionadas por pagar
1.4.1	Préstamos por pagar
1.4.2	Intereses
1.4.3	CXP de pasivo mantenido para la venta
NIC 1.54 l, NIC 37.84	**Otras provisiones corrientes**
1.1	Provisiones juicios
1.2	Provisión multas medioambientales
1.3	Provisión tipo comercial

1.4	Provisión tipo legal
1.5	Provisión contratos onerosos
1.6	Provisión por reestructuración
1.7	Otras provisiones
1.8	Dividendos legales
1.9	Dividendos acordados
1.10	Dividendos provisorios
NIC 1.54 [n]	**Pasivos por impuestos corrientes**
1.1	Provisión impuesto renta
NIC 1.54 [l]	**Provisiones corrientes por beneficios a los empleados**
1.1	Provisión indemnización años de servicios
1.2	Provisión beneficio de retiro
NIC 1.54	**Otros pasivos no financieros, corrientes**
1.1	Otros pasivos no financieros
NIC 1.66	**Total de pasivos corrientes distintos de los pasivos incluidos en grupos de activos para su disposición clasificados como mantenidos para la venta**
NIC 1.54 p	**Pasivos incluidos en grupos de activos para su disposición clasificados como mantenidos para la venta**
NIC 1.69	**Total de pasivos corrientes**
NIC 1	**Pasivos no corrientes**
NIC 1.54 m	**Otros pasivos financieros no corrientes**
1.1	Préstamos bancarios porción largo plazo
1.2	Contratos de arrendamientos porción largo plazo
1.3	Otros instrumentos financieros por pagar porción largo plazo
1.4	Obligaciones emitidas porción largo plazo
1.5	Préstamos con compromiso de recompra porción largo plazo
1.6	Pasivos por instrumentos financieros porción largo plazo
1.7	Obligaciones por leasing porción largo plazo
1.8	Intereses diferidos por leasing porción largo plazo
NIC 1.54 [k]	**Pasivos no corrientes**
1.1	Facturas, boletas y otros comprobantes por pagar porción largo plazo
1.2	Letras por pagar porción largo plazo
1.3	Proveedores porción largo plazo
1.4	Acreedores varios porción largo plazo
1.5	Cuentas por pagar personal porción largo plazo
1.5.1	Personal
1.5.2	Socios (accionistas)
1.5.3	Directores
1.5.4	Gerentes
NIC 1.78 [b]	**Cuentas por pagar a entidades relacionadas no corrientes**
1.1	Facturas por pagar relacionadas porción largo plazo
1.2	Letras por pagar relacionadas porción largo plazo
1.3	Deudores relacionadas porción largo plazo
1.3.1	Préstamos por pagar
1.3.2	Intereses

1.3.3	CXP de pasivo mantenido para la venta
NIC 1.54 I, NIC 37.84	**Otras provisiones no corrientes**
1.1	Provisiones juicios largo plazo
1.2	Otras provisiones largo plazo
NIC 1.54 o, NIC 1,56	**Pasivo por impuestos diferidos**
1.1	Pasivos por impuestos diferidos
NIC 1.54 ˡ	**Provisiones no corrientes por beneficios a los empleados**
1.1	Provisión indemnización años de servicios largo plazo
1.2	Provisión beneficio de retiro largo plazo
NIC 1.54	**Otros pasivos no financieros no corrientes**
1.1	Otros pasivos financieros largo plazo
NIC 1.69	**Total de pasivos no corrientes**
NIIF 8.23, NIIF 8.28	**Total de pasivos**

Patrimonio estructura 3

Referencia	Estructura 3
NIC 1	**Patrimonio**
NIC 1.54 [r]	**Capital emitido**
1.1	Capital social
1.2	Acciones de tesorería
1.3	Revalorización de capital propio
NIC 1.54 [r]	**Ganancias (pérdidas) acumuladas**
1.1	Utilidades no distribuidas
1.2	Pérdidas acumuladas
1.3	Utilidad o pérdida del ejercicio
1.4	Resultados acumulados
NIC 1.54 [r]	**Primas de emisión**
1.1	Primas de emisión
NIC 1.54 [r]	**Acciones propias en cartera**
1.1	Acciones de inversión
1.2	Acciones de inversión en tesorería
NIC 1.54 [r]	**Otras participaciones en el patrimonio**
1.1	Capitalización en trámite
1.2	Reducciones de capital pendientes de formalizar
NIC 1.54 [r]	**Otras reservas**
1.1	Excedente de revaluación
1.2	Excedente de revaluación en acciones liberadas
1.3	Participación en excedentes de revaluación en inversiones en relacionadas
1.4	Reinversión
1.5	Legal
1.6	Contractuales
1.7	Estatutarias
1.8	Facultativas
1.9	Otras reservas
NIC 1.54 [r]	**Patrimonio atribuible a los propietarios de la controladora**
NIC 1	**Participaciones no controladoras**
NIC 1	**Patrimonio total**
	Total de patrimonio y pasivos

Estados de resultados por naturaleza estructura 4 y 5

Referencia	Estructura 4 y 5
Marco conceptual	**Estado de resultados**
Marco conceptual	**Ganancia (pérdida)**
NIC 1.82 a	**Ingresos de actividades ordinarias**
1.1	Venta de mercaderías
1.2	Venta de productos terminados
1.3	Venta de subproductos, desechos y desperdicios
1.4	Prestación de servicios
1.5	Devoluciones sobre las ventas
NIC 1.82 aa	**Ganancias que surgen de la baja en cuentas de activos financieros medidos al costo amortizado**
1.1	Activos financieros mantenidos al vencimiento
NIC 1.82 aa	**Pérdidas que surgen de la baja en cuentas de activos financieros medidos al costo amortizado**
1.1	Activos financieros mantenidos al vencimiento
NIC 1.103	**Otros ingresos, por naturaleza**
1.1	Servicios en beneficio del personal
1.2	Comisiones
1.3	Regalías
1.4	Arriendos
1.5	Otros ingresos
NIC 1.102	**Cambios en inventarios de productos terminados y en proceso**
1.1	Mercaderías
1.2	Materias primas y consumibles utilizados
1.3	Materiales, suministros y repuestos
1.4	Envases y embalajes
NIC 1.102	**Materias primas y consumibles utilizadas**
1.1	Mercaderías
1.2	Productos terminados
1.3	Desechos y desperdicios
NIC 1.102	**Gastos por beneficios a los empleados**
1.1	Remuneraciones
1.2	Otras remuneraciones
1.3	Indemnizaciones al personal
1.4	Capacitación
1.5	Atención al personal
1.6	Gerentes
1.7	Seguridad y previsión social
1.8	Remuneraciones al directorio
1.9	Beneficios de los trabajadores
NIC 1.102	**Gasto por depreciación y amortización**
1.1	Depreciación
1.2	Amortización
NIIF 7.20	**Reversión de pérdidas por deterioro de valor (pérdidas por deterioro de valor) reconocidas en el resultado de período**

1.1	Deterioro por cobrar comerciales
1.2	Deterioro por cobrar personal
1.3	Deterioro por cobrar relacionadas
1.4	Deterioro por cobrar varios
NIC 1.103	**Otros gastos, por naturaleza**
1.1	Transporte y correo
1.2	Honorarios y comisiones
1.3	Producción encargada a terceros
1.4	Mantención y reparaciones
1.5	Arriendos
1.6	Servicios básicos
1.7	Publicidad
1.8	Asesorías
1.9	Seguros
1.10	Regalías
1.11	Suscripciones y cotizaciones
1.12	Licencias y derechos de vigencia
1.13	Suministros
1.14	Gastos de investigación y desarrollo
1.15	Gestión ambiental
NIC 1.102, NIC1.103	**Otras ganancias (pérdidas)**
1.1	Intereses y multas sobre impuestos
1.2	Arriendo empresas relacionadas
1.3	Castigo propiedad, plantas y equipos
1.4	Recuperación de castigos de cuentas por cobrar
1.5	Venta de activos fijos
NIIF 7 IG7	**Ingresos financieros**
1.1	Rendimientos ganados
1.2	Dividendos
1.3	Descuentos obtenidos por pronto pago
1.5	Otros ingresos financieros
NIC 1.82 [b]	**Costos financieros**
1.1	Gastos de operaciones de endeudamiento
1.2	Gastos en operaciones de endeudamiento de leasing
1.3	Intereses por préstamo y otros préstamos
1.4	Descuentos concedidos por pronto pago
1.6	
NIC 1.82 [c]	**Participación en las ganancias (pérdidas) de asociadas y negocios conjuntos que se contabilicen utilizando el método de la participación**
1.1	Utilidad inversión empresas relacionadas
1.2	Pérdida inversión empresa relacionadas
NIC 1.85 b, NIC 21,52 [a]	**Diferencia de cambio**
1.1	Ganancias por diferencias de cambios
1.2	Pérdidas por diferencias de cambios
1.3	Pérdidas por instrumentos financieros derivados
1.4	Ganancias por instrumentos financieros derivados

NIC 21	**Resultado por unidades de reajuste**
1.1	Ganancia por unidades de reajustes
1.2	Pérdida por unidades de reajustes
NIC 1.82 [ca]	**Ganancias (pérdidas) que surgen de la diferencia entre el valor libro anterior y el valor justo de activos financieros reclasificados medidos a valor razonable**
1.1	Pérdidas por medición de activos y pasivos financieros al valor razonable
1.2	Ganancias por medición de activos y pasivos financieros al valor razonable
NIIF 8.23	**Ganancia (pérdida), antes de impuestos**
NIC 1.82 d	**Gasto por impuesto a las ganancias**
1.1	Impuesto a la renta corriente - corriente
1.2	Impuesto a la renta corriente - diferido
NIC 1.82 [f]	**Ganancia (pérdida) procedente de operaciones continuadas**
NIC 1.82 [e i]	**Ganancia (pérdida) procedente de operaciones discontinuadas**
NIIF 8.23	**Ganancia (pérdida)**

www.ingramcontent.com/pod-product-compliance
Lightning Source LLC
LaVergne TN
LVHW092054051026
849517LV00013B/2667
* 9 7 8 9 5 6 3 5 7 2 3 1 5 *